ŒUVRES

DE

WALTER SCOTT.

TOME II.

IMPRIMERIE DE LACHEVARDIERE,
RUE DU COLOMBIER, N° 30.

ROMANS POÉTIQUES

ET

POÉSIES DIVERSES.

TRADUCTION
DE M. DEFAUCONPRET,

AVEC DES ÉCLAIRCISSEMENS ET DES NOTES
HISTORIQUES.

TOME II.

HAROLD L'INDOMPTABLE. — ROKEBY. —
LES FIANÇAILLES DE TRIERMAIN. — LE LORD DES ILES. —
LA VISION DE DON RODRIGUE. — MÉLANGES HISTORIQUES.

PARIS.
FURNE, LIBRAIRE-ÉDITEUR,
QUAI DES AUGUSTINS, n° 39.

M DCCC XXXI.

ROMANS POÉTIQUES
ET POÉSIES.

HAROLD
L'INDOMPTABLE.
POÈME EN SIX CHANTS.

INTRODUCTION.

Il est un malaise de l'âme que nous avons tous éprouvé pendant une longue soirée ou un jour sombre et pluvieux. Nos esprits engourdis perdent leur enjouement, rien ne peut hâter la marche lente des heures. Les rayons brillans de l'imagination s'obscurcissent, et la sagesse veut en vain nous offrir sa lumière ; le plus riant tableau nous paraît sans couleur, et la plus douce musique sans mélodie. Nous n'osons pas cependant nous plaindre de l'invisible poids qui nous accable... Quelle sympathie trouverait celui qui ne peut dire ce qui cause sa peine ?

Le joyeux chasseur éprouve cette tristesse, lorsque les nuages d'automne se fondent en torrens, et si un temps contraire l'empêche d'aller tuer la bécasse. Elle est aussi bien connue du pêcheur, qui espère en vain qu'une douce pluie d'été viendra bientôt terminer la sécheresse. Mais que vous êtes à plaindre, surtout, jeunes beautés boudeuses, à qui un père sévère ou une tante plus rigide encore, défendent d'aller au bal, ou à un spectacle curieux, pendant que toutes vos amies préparent près de vous leurs parures éblouissantes!

Ennui! ou Spleen, comme t'appelaient nos pères! combien d'inventions ingénieuses nous te devons: les cartes, l'ivoire roulant du billard, les dés bruyans, et l'art du tour. Tu peux réclamer encore maints jeux savans et autres bagatelles sérieuses, et peut-être cette machine pneumatique, terreur des grenouilles et des rats. (Que de meurtres déguisés sous un nom philosophique!)

Quel poète pourrait compter tous les livres compilés pour attirer tes regards indifférens! Que de pièces de théâtre, de poèmes, de romans, qu'on n'a jamais lus qu'une fois!... Mais je ne mets point de ce nombre le conte auquel l'aimable Edgeworth a donné ton nom, et qui est ton antidote... j'en excepte aussi les vers de Thomson, ce rêve poétique dans lequel il célébra l'indolence. Puissent mes chants être un jour admis parmi ces heureuses inspirations de la muse[1].

Chacun a son refuge préféré, quand l'ennui l'assiège; pour moi, j'aime à entretenir mon feu poétique, en lisant par oisiveté une nouvelle chevaleresque. Je m'étends avec nonchalance sur mon sofa, jusqu'à ce que la lampe qui m'éclaire s'obscurcisse, et qu'un sommeil douteux vienne suppléer au reste de l'histoire; alors d'antiques paladins et de farouches géans, de tendres damoiselles et des nains farfadets, m'apparaissent en long cortège, et le conte du romancier devient le songe du lecteur.

C'est ainsi que je parviendrais à supporter partout la maladie de l'ennui. Serais-je condamné, comme le Paridel de Pope, à demeurer sur un fauteuil trop mou, je sau-

---

(1) Allusion à l'*Ennui*, par miss Edgeworth, et au *Palais de l'Indolence*, par Thomson. — Éd.

rais trouver pour tromper le temps un charme irrésistible dans les vieux romans de la chevalerie errante, dans les légendes des nécromanciens et des fées, ou dans ces histoires orientales qui nous entretiennent des bons et des mauvais génies, de talismans et de rochers avec des ailes. Oui, voilà ce qui occupe mes loisirs ; je l'avoue, et je permets au goût de s'en indigner, et à la sage raison de se moquer de moi.

Souvent aussi, dans de semblables momens, des rimes que je ne cherche point viendront s'aligner d'elles-mêmes, et composer un récit romantique, brûlé plus tard sans regret, lorsqu'une occupation plus grave m'appelle. En voici un qui a survécu, et je puis dire fièrement qu'il ne demande pas le sourire de la critique, mais qu'il ne craint pas son regard dédaigneux. Mon conte peut bien servir à faire passer une heure : tout ce que mon livre demande, c'est que l'ennui daigne sourire en bâillant, quand il en sera à la dernière page.

CHANT PREMIER.

I.

Le comte Witikind était d'une race royale, et conduisait une armée de guerriers danois. Malheur aux royaumes où il abordait ! A sa voix, des flots de sang inondaient la terre. Les jeunes filles étaient enlevées et les prêtres égorgés ; les corbeaux et les loups venaient en foule se disputer les restes des cadavres. Quand il déployait son étendard noir, la guerre précédait ses pas, les ruines marquaient son passage, et l'incendie des temples servait à guider les Danois jusque dans leurs vaisseaux.

II.

Le nom de Witikind était connu sur les rivages d'Irlande ; les vents de la France avaient souvent déroulé ses bannières, et l'Écosse les avait aussi vues flotter sur ses arides montagnes. Mais c'était surtout vers les côtes d'Angleterre qu'il trouvait un riche butin. Il avait tellement multiplié ses ravages, que si les insulaires apercevaient dans le lointain une voile inconnue, les clairons guerriers appelaient aux armes, les citoyens se hâtaient de fortifier leurs remparts, et les villageois fuyaient leurs sillons pour éviter la rage des pirates. Des signaux étaient allumés sur toutes les hauteurs; le beffroi faisait retentir le son d'alarme, pendant que les moines épouvantés se mettaient en prières, et chantaient:—Préservez-nous, Vierge du ciel, des torrens et de l'incendie, de la peste, de la famine, et de la colère du comte Witikind.

III.

La riche Angleterre avait pour lui tant d'attraits, qu'il résolut d'en faire sa seconde patrie; il entra dans le Humber, et débarqua avec tous ses Danois. Trois comtes vaillans vinrent le combattre; les deux premiers furent ses prisonniers, le troisième resta sur le champ de bataille. Witikind abandonna les rives du Humber, et porta ses ravages dans le Northumberland. Le roi saxon, blanchi par la vieillesse, était faible dans les combats, mais sage dans les conseils. Il préféra obtenir la paix de ce païen si terrible, en lui envoyant des présens, et il acheta le repos de ses sujets. Le comte consentit à prendre le titre de vassal du sceptre d'Angleterre.

IV.

Le temps rouille l'épée la mieux aiguisée; le temps use le câble le plus fort; il ne respecte pas davantage la vigueur des mortels. Parmi les Danois venus dans la Grande-Bretagne, sous les ordres de Witikind, les uns étaient d'un âge avancé, les autres n'étaient plus; le comte lui-même commençait à trouver son armure trop pesante; les rides sillonnaient son front, et ses cheveux blanchirent. Il eut besoin de chercher l'appui d'un bâton ou un coursier docile. Avec sa force il perdit sa férocité; il fit sa paix avec les prélats et les prêtres, et, baissant humblement la tête devant eux, il écouta leurs conseils avec patience. L'évêque de Saint-Cuthbert était un saint personnage qui ne donnait que de sages avis.

V.

— Vous avez égorgé et pillé, lui disait-il ; il est temps d'effacer les souillures de votre âme. Vous avez immolé des prêtres et brûlé des églises ; il est temps de penser au repentir. Vous avez adoré les démons ; il est temps de quitter les ténèbres pour la lumière. Puisque quelques années de vie vous sont accordées encore, tournez votre espoir vers le ciel.

Le vieux païen leva la tête, et répondit au prélat en le regardant fixement : — Donne-moi les domaines situés sur les rives de la Tyne et du Wear, et je quitterai ma croyance pour la tienne.

VI.

L'évêque lui accorda tout ce qu'il demandait, à condition qu'il en ferait hommage à l'Église. Le comte Witikind y consentit, plus joyeux d'acquérir de nouvelles terres que de changer de religion. L'antique église de Durham fut préparée pour le recevoir ; le clergé s'assembla avec solennité ; le comte arriva couvert d'une peau d'ours, et appuyé sur le bras de sa concubine Hilda. Fléchissant le genou devant la châsse de saint Cuthbert, il assista patiemment à des cérémonies inconnues, abjura ses idoles, et reçut sur la tête l'onde mystique de la grâce. Mais le regard de ce prosélyte en cheveux blancs avait quelque chose de si féroce, que le prêtre qui le baptisa pâlit, et ne put s'empêcher de frémir. Les vieux moines marmottèrent sous leurs capuchons : — « Une souche si sauvage pourra-t-elle jamais produire un heureux rejeton ? »

VII.

Quand la cérémonie fut terminée, Witikind se rendit à son château, sur les bords de la Tyne. Le prélat l'y suivit pour lui faire honneur. Les bannières flottaient dans les airs ; les moines les précédaient à cheval, et derrière eux venaient des hommes armés de lances. Bientôt le cortège défile dans la vallée ; à la porte de la forteresse était le jeune Harold, fils unique et héritier du comte.

VIII.

Le jeune Harold était déjà redoutable par son audace, sa force et son caractère irascible. Son aspect était dur et sauvage ; il ne portait ni collier ni bracelet d'or ; et ce jour de fête ne le vit point revêtir un riche vêtement. Sa tête était découverte, et ses sandales délacées ; les boucles de ses noirs cheveux pendaient sur son front, et laissaient seulement entrevoir ses regards menaçans ; sa main était armée d'une massue danoise, dont les pointes étaient souillées d'un sang qui fumait encore. A quelques pas derrière lui on apercevait une louve et ses deux louveteaux qu'il avait tués ce matin même à la chasse. Il ne fit qu'un brusque salut à son père, et aucun à l'évêque.

IX.

—Est-ce bien toi, dit-il, qui te laisses conduire par des prêtres ; est-ce bien toi que cet hypocrite regard et ce front humilié rendent semblable au jeune novice qui médite déjà de violer ses vœux? Est-ce bien là ce Witikind-le-Terrible, le fils du roi Eric, l'époux de la fière Gunhilda, qui conquit sa fiancée avec le glaive et la hache? Es-tu bien encore ce guerrier qui ravit le calice de saint Pierre, et le convertit en bracelets consacrés à Freya et à Thor? Est-ce bien toi qui, devant l'autel d'Odin, écrasas d'un coup de ton gantelet la tête d'un buffle sauvage? Tu suivais alors les rites des dieux de la guerre, et tu les honorais par les exploits des braves et des forts. Aujourd'hui, vieillard sans énergie, iras-tu avouer tes crimes à un moine tonsuré, changer ta cuirasse contre la haire, et te condamner toi-même au jeûne et au fouet, comme un vil esclave? Ou, admis dans un cloître, asile de l'indolence, voudras-tu t'énerver entre un prêtre et une courtisane? Honte éternelle au fils d'Eric! Les harpes de tous nos scaldes flétriront ta gloire, et Harold te refusera le nom de père.

x.

Le comte Witikind écume de fureur: — Écoute-moi, Harold, fils endurci, s'écria-t-il; seras-tu toujours plus téméraire et plus arrogant? Je t'ordonne de renoncer à des outrages insensés. Crains mon courroux et garde le silence. J'acquitte la dette légitime du repentir; l'Église m'accorde une riche récompense, et je prouverai par mon épée la vérité de ses dogmes. Je ne dois compte de mes actions à personne, et encore moins à mon fils. Mais pourquoi te parlé-je de repentir et de vérité, à toi qui, depuis ton berceau, n'as connu ni la pitié ni la raison? Fuis loin de ces lieux; va trouver le tigre et l'ours dans leurs cavernes: voilà les compagnons dignes de toi.

xi.

Harold sourit avec férocité, et reprit froidement: — Nous devons honorer nos pères et les craindre... Pour moi, je suis ce que m'ont fait tes leçons; mon berceau fut ton bouclier; mon premier jouet fut ton glaive. Enfant, on m'apprit à frapper des mains et à pousser des cris de triomphe lorsque la flamme embrasait les châteaux. On me faisait tremper les mains dans le sang d'un ennemi vaincu, et ce sang servait de fard à mon visage. C'est toi qui n'as jamais connu la vérité, toi qui vends dans ta vieillesse le culte de tes ancêtres. Lorsque cette louve — et il lança le cadavre sanglant dans la plaine, — lorsque cette louve, revenue à la vie, offrira encore ses mamelles à ses nourrissons, Harold reverra le visage de son père!... Jusqu'alors, ancien idolâtre et nouveau chrétien, adieu!

xii.

Prêtres, moines et prélat, tous restèrent immobiles de terreur, et laissèrent passer au milieu d'eux le jeune païen. Il renversa un porte-croix de dessus son cheval, et s'élança sur la selle. On poussa un cri de douleur lorsqu'on vit le signe du salut tomber à terre. Le vieux comte tira son épée du fourreau : mais le prélat, plus calme, lui arrêta le bras. — Laissez-le s'éloigner! dit-il; le ciel connaît son heure... Mais il faudra qu'il donne des preuves de repentir, qu'il prie et qu'il verse des larmes amères, avant de posséder aucun domaine sur les rives de la Tyne et du Wear. C'est ainsi que le jeune Harold l'indomptable, fils du comte Witikind, dit adieu à son père.

XIII.

Un repas splendide réunit les prêtres et les soldats, les païens et les chrétiens. Le sage prélat tolère lui-même un scandale qu'il espère détruire avec le temps. Il eût été dangereux, selon lui, de parler de sobriété à un Danois qui n'était encore chrétien qu'à demi. L'hydromel et l'orge fermentée coulent à grands flots. On chante, on crie, on mêle le *Kirie eleison* aux chants guerriers du Danemarck et de la Norwège. Enfin, s'étant mutuellement lassés, les convives s'étendent sur des nattes de jonc. A la bruyante gaieté succède le calme du sommeil; mais un orage semble déclarer la guerre au château.

XIV.

Dans une tour solitaire était Gunnar aux blonds cheveux, fils de la vielle Ermengarde. Harold l'avait choisi pour son page; car Ermengarde avait pris soin de son enfance. Le jeune Gunnar se désolait en pensant que son maître n'allait avoir dans l'exil ni ami ni asile! Il entend les roulemens de la foudre et le bruit de la pluie. — Hélas! dit le page, Harold erre au milieu des ténèbres, exposé à toute la rage des élémens! Harold est dur et sauvage; mais il m'aimait cependant, parce que j'étais le fils d'Ermengarde; et j'ai souvent suivi mon maître à la chasse, depuis l'aurore jusqu'à la nuit, sans en recevoir une seule réprimande. Que n'ai-je quelques années de plus! Je quitterais bientôt les rives de la Tyne; car, avant de rendre le dernier soupir ; ma mère m'ordonna de ne jamais abandonner son nourrisson.

XV.

— Il pleut, l'éclair luit, la foudre éclate, comme si Lok, le dieu du mal, avait brisé sa chaîne. Maudit par l'Église et chassé par son père, Harold ne doit pas espérer que ni chrétien ni païen lui donne un refuge. Quel mortel peut affronter une si terrible tempête? Sans guide, sans manteau, Harold va périr dans quelque marécage!... Quelque chose qui puisse arriver à Gunnar, il ne restera point ici. Il s'arrache de sa couche, et saisissant sa lance, il descend dans la salle du festin. Le bruit de ses pas ne réveille aucun des convives, qui semblent tous dormir du sommeil profond de la mort. — Ingrats et lâches, dit le page indigné, vous oubliez le héros du Danemarck. Pour vous, moines indolens qui vivez dans l'abondance, vous allez céder à Gunnar de l'or et un cheval.

XVI.

Se souciant fort peu des malédictions de l'Église, Gunnar s'empare de la bourse du prieur de Jorval. Le lendemain matin, l'abbé de Saint-Ménehat cherchera vainement son manteau enrichi de fourrures, et le vieux sénéchal sera surpris de ne plus trouver ses clefs.

Le page s'est rendu à l'écurie, et, sautant sur le palefroi de l'évêque, il laisse derrière lui le château et le village, pour joindre le fils de Witikind. Le coursier ne galope qu'à regret par un tel orage, lui qui n'était pas accoutumé à braver la rigueur du temps. Ses hennissemens parviennent aux oreilles d'un autre coursier qui était attaché à un arbre. Celui-ci hennit aussi pour lui répondre, et la flamme d'un éclair montre à Gunnar Harold étendu sur le gazon.

XVII.

Il se relève soudain, et s'écrie d'une voix tonnante : — Arrête! En même temps sa terrible main s'est armée de sa massue. Le fils d'Ermengarde se nomme, lui déclare son projet, lui montre le palefroi, et lui offre la bourse du prieur. — Retourne au château, retourne, téméraire, lui répond Harold. Tu ne peux partager ni mes plaisirs ni mes chagrins. Ne t'ai-je pas vu pleurer la mort d'un oiseau? Pourrais-tu fixer ton pied sur la tête d'un ennemi expirant, affronter les dieux, les démons, et les mortels plus abhorrés encore? Risquer à chaque instant sa vie, aimer le sang et le carnage, voilà les qualités que j'exige de mon écuyer..... Tu vois bien que tu ne pourrais jamais l'être. Adieu donc.

XVIII.

Le jeune Gunnar frémit comme le feuillage du tremble, en entendant cette voix farouche, et en voyant ce sombre regard; il fut sur le point de se repentir de son serment. Mais il était trop tard pour revenir sur ses pas; il craignait la honte, et il aimait son maître. Il le supplia de se laisser fléchir. — Hélas! dit-il, si mon bras est trop faible, si tu te défies de mon courage, permets-moi de te suivre pour l'amour d'Ermengarde. Peux-tu croire que Gunnar te trahisse jamais par la crainte du trépas? N'ai-je pas risqué ma vie pour t'apporter cet or et ce manteau? Et d'ailleurs, quel sort m'attend auprès de Witikind? M'exposeras-tu à la vengeance des prêtres et à la colère de ton père? Irai-je finir honteusement mes jours dans un cachot?

XIX.

Le regard d'Harold s'adoucit, et il détourna la tête en essuyant ses yeux, soit qu'une larme eût mouillé sa paupière, soit que ce fût une goutte de pluie. — Tu es donc proscrit? dit-il à Gunnar. A ce titre tu peux être mon page!

Dirai-je tous les climats qu'ils parcoururent ensemble; toutes les aventures qu'ils rencontrèrent, et leurs nombreux combats. Quelquefois seul, quelquefois à la tête de quelques braves, Harold était toujours vainqueur. On disait que son regard brillait d'une lumière surnaturelle.

Sa force extraordinaire, son humeur sombre et farouche qui lui faisait préférer au séjour des villes un lit de gazon et un abri de feuillage, ses exploits inouïs et son intrépidité, semblaient appartenir à un mauvais génie, et l'on répétait tout bas que Harold, fils de Witikind, était un démon échappé de l'enfer.

XX.

Les années ont succédé aux années. Le vieux prélat est enseveli dans un cercueil de plomb. On montre, dans la chapelle, le marbre qui le représente avec sa crosse et son scapulaire, les mains jointes, et comme suppliant le ciel. La mitre de saint Cuthbert a passé sur le front du fier Aldingar. Désireux d'étendre les droits de son siège, il emploie la ruse ou la force pour soumettre les rebelles.

Aldingar a revêtu ses habits pontificaux, et le chapitre de Durham s'est rassemblé par ses ordres.

— Mes frères, dit l'orgueilleux prélat, je vous annonce la mort de notre vassal le comte Witikind. Il a légué tous ses biens et tous ses trésors à l'Église, et fondé une sainte congrégation où l'on priera pour le repos de son âme. Son fils Harold mène une vie errante; craint des hommes et abhorré du ciel, un tel héritier ne peut posséder les terres de son père sur la Tyne et le Wear. La sainte Église les réclame et s'en empare.

XXI.

Le vieux chanoine Eustace répondit : — Harold est d'une audace et d'une intrépidité sans égales. La renommée a porté jusqu'à nous son nom redoutable. La mort a été le partage de quiconque a osé le braver. Laissons-lui l'héritage de son père; le ciel pourra un jour changer son cœur; mais, si nous le condamnons à vivre dépouillé de tout...., le désespoir est un mauvais conseiller.... Eustace fut interrompu par le murmure de ses frères; le prélat fronça le sourcil en le regardant, et il fut décidé d'une voix unanime que l'Église reprendrait les terres de Saint-Cuthbert.

CHANT SECOND.

I.

Qu'il est doux, dit une vieille ballade, d'errer dans le bocage au joli mois de mai, quand les oiseaux vous y invitent par leurs concerts mélodieux! Le frêne porte avec grâce son aigrette aérienne, le bouleau se pare de ses feuilles argentées, et le sombre chêne les domine fièrement comme une tour superbe : en vain mille branches s'entrelacent, les rayons du soleil percent ce dôme de verdure, colorent le feuillage d'une teinte plus vive, et ajoutent encore à l'éclat de la fleur nouvelle. Que je plains le mortel qui dédaigne l'asile des bois quand le chevreuil et le cerf timide y cherchent un abri contre les feux du jour!

II.

La saison de l'automne a moins de charmes peut-être; elle vient trop tôt flétrir le gazon et dépouiller l'arbre de sa verdure. Un morne silence règne dans la forêt : il n'est interrompu que par le chant plaintif du rouge-gorge, la chute monotone des feuilles desséchées, ou les aboiemens lointains du limier qu'appelle le chasseur; mais j'aime encore les bois solitaires, soit que le soleil y brille dans toute sa splendeur et nuance les troncs dépouillés des arbres, soit que la gelée blanche se convertisse en vapeurs et entoure la forêt comme le voile d'une jeune veuve qui ne cache qu'à demi, sous la gaze légère, les traits pâles de la beauté affligée.

III.

La belle Metelill habitait le bois de Durham; son père violait toutes les lois de la chasse, et vivait de l'arc et du carquois. Les flèches de Wulfstane ravageaient impunément les plaines et les coteaux de la Tyne, la vallée de Weardale, les bois de Stanhope et les rives de Ganless; mais Jutta de Roukhope était encore plus redoutée que son époux par sa réputation de magicienne. On tremblait quand ses yeux s'enflammaient de colère, on tremblait davantage encore quand elle vous adressait son amer sourire. Malheur à celui qui était l'objet de ses ressentimens : les traits de Wulfstane étaient moins prompts et moins funestes que ses regards irrités !

IV.

Cependant, ainsi l'avait voulu le ciel, ce couple odieux avait une fille ravissante de beauté. Jamais fiancée plus belle ne fut admise dans la couche d'un prince; jamais, peut-être, l'île de la Grande-Bretagne n'a vu depuis des charmes aussi divins.

La douce Metelill ignorait l'imposture et le crime. Simple et innocente, ses seules armes, ses seuls enchantemens, c'étaient la fossette arrondie de son sourire, sa pudique rougeur et ses yeux de jais : elle était si jeune et si naïve, qu'elle avait peine à renoncer aux jeux de l'enfance, et qu'elle aimait encore secrètement à errer sous le feuillage pour y tresser des guirlandes, et orner de fleurs les boucles de ses noirs cheveux. Cependant ce cœur si ingénu éprouvait déjà le premier sentiment de l'amour ! Ah, pauvre fille ! prends bien garde ! ce dieu qui s'est introduit dans ton sein n'est encore qu'un hôte bienveillant, et ne fait qu'ajouter au charme délicieux et perfide, aux émotions paisibles de ton cœur; mais bientôt, tyran jaloux, il voudra régner seul.

V.

Un matin la jeune fille porta dans le bois ses pas errans, et s'assit auprès d'une fontaine pour former un collier avec les baies rouges de l'églantier. Semblable à l'alouette qui salue l'aurore par ses chants joyeux, Metelill fit entendre ce lai villageois :

VI.

Lord William est né dans un château,
Il attend un riche héritage !

Eh bien ! milord préfère le hameau
 Et des bois le discret ombrage.
Dans les cités pour séduire les cœurs
 La beauté cherche la parure ;
Eh bien ! milord aime les simples fleurs
 Que je mêle à ma chevelure.

De Saint-Cuthbert le pieux pèlerin
 Humblement baise son rosaire ;
Je puis prétendre à cet honneur divin,
 Et je ne suis qu'une bergère.
Lorsque ma main forme un collier charmant
 Des fruits de l'églantier sauvage,
Milord survient, le baise tendrement,
 Mais je rougis de cet hommage.

Sermens d'amour furent toujours trompeurs,
 Répète souvent ma nourrice ;
Ma mère aussi dit que jeunes seigneurs
 Trompent la bergère novice.
Mais ces avis ne sont pas faits pour moi,
 J'ai fait choix d'un amant fidèle ;
Jamais milord ne trahira sa foi,
 Il m'aime d'amour éternelle.

VII.

Tout-à-coup elle s'arrête et tressaille, en sentant un gantelet de fer posé sur son bras tremblant ; elle tourne la tête, et voit avec terreur un chevalier armé de pied en cap : son casque et son écu sont usés, son justaucorps tombe en lambeaux ; il semble un de ces géans dont les crimes lassèrent jadis la patience du ciel. Sa voix, qu'il cherche à radoucir pour exprimer sa satisfaction, est encore terrible. — Jeune fille, dit-il, continue ta ballade ; n'aie point de peur... je t'écoute avec plaisir.

VIII.

Surprise à l'aspect de cet inconnu, tout ce que la jeune fille put faire, ce fut de tomber à genoux et de croiser les mains. — Pardonne, dit-elle en hésitant, pardonne les terreurs d'une pauvre bergère ; si tu es un mortel ; mais si les histoires qu'on fait sont véritables, si tu es le guerrier de la forêt qui viens me punir d'oser faire entendre ma voix sous cet ombrage, ma mère Jutta connaît les secrets magiques qui fléchissent les mauvais génies, permets que ses charmes tout-puissans te demandent ma grâce; cesse de m'arrêter, je t'en supplie.

Le chevalier sourit sous son casque; puis, relevant sa visière, il fit voir son visage à la jeune fille, et s'efforça de donner à son regard toute la douceur qu'il pouvait exprimer : tel est le calme des nuits d'automne quand la voix de l'orage s'est tue; mais les pêcheurs prudens qui contemplent encore les nuages et l'horizon obscurci, conduisent leurs barques dans la baie voisine.

IX.

— Jeune fille, dit le guerrier, sois discrète, et daigne m'écouter : j'ai long-temps erré dans des contrées lointaines, et je viens enfin chercher un asile dans ma terre natale; mais je cherche aussi une compagne; je veux qu'elle soit douce, tendre et simple. Les filles des grands n'ont aucun attrait pour moi. Je suis d'un caractère un peu sauvage, je sens dans mes veines le feu du sang royal, et je ne crois pas qu'il me convienne de m'unir à une de mes égales. Puisque les vierges timides disent que mes traits sont farouches, et mon aspect sans grâce, pour avoir une belle postérité, que la fiancée de mon choix ait la beauté en partage... Tu me plais, c'est la première fois que je puis arrêter mes yeux sur un front où se peint la terreur; ce sein qui palpite, cette larme qui mouille ta paupière ajoutent encore à tes appas... Accorde-moi un baiser... Allons, jeune fille, pourquoi trembler?... Maintenant, va trouver tes parens dans leur chaumière, et dis-leur qu'un fiancé ira bientôt te parler de son amour et leur demander ta main.

X.

La jeune fille courut bien vite au toit paternel, comme un lièvre timide qui s'échappe des griffes d'un lévrier; mais elle n'osa pas confier ce secret et son aventure, craignant les reproches de son père, qui lui défendait souvent d'aller s'égarer dans l'épaisseur de la forêt. La nuit vint, la vieille Jutta s'assit auprès de son rouet, et Wulfstane se mit à réparer son arc et ses flèches à la lueur incertaine de la lampe. Soudain ses chiens de chasse se réveillent en sursaut; un bras puissant ébranle la cabane, Wulfstane saisit ses armes; la porte s'ouvre, un farouche guerrier s'avance à grands pas.

XI.

— Que la paix soit avec vous! dit-il. Quoi! personne ne répond; cessez d'être surpris et d'avoir peur. C'est moi!... Cette jeune fille a dû m'annoncer... Peut-être n'a-t-elle pas osé le faire... N'importe... C'est moi qui demande la belle Metelill en mariage. Je suis Harold l'indomptable, dont le nom est l'orgueil des braves et la honte des lâches.

Le père et la mère s'interrogent mutuellement par des regards qui expriment la terreur et la colère. Wulfstane, toujours prêt à guerroyer, commençait à mesurer de l'œil la taille de l'étranger, mais son courage l'abandonna soudain quand il comprit que le combat serait inégal. Les regards de Jutta disent assez avec quelles funestes malédictions elle prononce tout bas le nom d'Harold; mais elles sont impuissantes sur le fils de Witikind, et la sorcière n'ose plus le regarder qu'avec l'air égaré de la surprise.

XII.

Bientôt la vieille eut recours à la ruse, arme naturelle des femmes, et répondit avec douceur au chevalier, que sa fille était trop jeune encore.—Harold reprit que c'était là l'excuse d'une vierge timide. — L'héritier d'un riche baron, ajouta-t-elle, prétend avoir touché son cœur. — Dites-lui tout bas que c'est Harold qui est son rival. Jutta crut alors prudent de demander un délai : — Que le chevalier, dit-elle, daigne attendre jusqu'à demain matin, il est nuit!... le seigneur Harold honorera ses hôtes, s'il consent à dormir sous leur toit. Elle espérait bien, si Harold acceptait, que ce serait son dernier sommeil. —

Je refuse pour cette nuit, répondit Harold, mais je reviendrai bientôt pour ne plus vous quitter. A ces mots il franchit d'un pas gigantesque le seuil de la porte, et disparaît dans l'obscurité.

XIII.

Étourdis un moment de cette visite inattendue, Wulfstane et Jutta passèrent bientôt de la crainte à la colère, et leurs reproches tombèrent d'abord sur la pauvre Metelill : — Ne lui avait-on pas défendu cent fois d'aller errer dans la forêt ! C'est vous, lui dit-on, qui êtes la cause du malheur qui nous menace; retirez-vous, allez penser un peu à la sagesse et au repentir. Metelill obéit, et baigna bientôt sa couche de ces larmes que l'absence fait verser aux amans; ou, si elle put enfin se livrer au sommeil, l'hommage du farouche Harold la poursuivit dans ses songes.

XIV.

A peine était-elle partie, que son père et sa mère tournèrent leur mauvaise humeur l'un contre l'autre. — Tu passes pour un chasseur hardi, s'écria Jutta, et tu as pu endurer une telle insulte ! — L'homme déclare la guerre à l'homme, répondit Wulfstane, il faut être sorcière pour attaquer les démons. Le sombre regard d'Harold, sa taille et sa force, n'appartiennent pas à un simple mortel... mais toi, qu'est devenue la promesse que tu m'avais faite? Le lord William, le riche héritier du baron Ulrick devait être l'époux de Metelill. Tous les secrets dont tu es si fière ne servent-ils donc qu'à faire mourir la chèvre d'un paysan, ou à inonder ses semailles par les pluies d'automne? Ne sais-tu que te traîner dans les marécages, ou troubler le sommeil d'un pauvre berger? Est-ce là tout ce qui te vaut le nom de sorcière; ce nom qui heureusement te livrera un jour aux charbons ardens de l'enfer? Ne serait-ce pas le moment d'employer tes maléfices? Mais je vois que tu auras besoin que cette flèche aiguë se charge de ta vengeance.

XV.

Jutta répondit en fronçant le sourcil : — Je ne chercherai point à combattre ta folie ou ta rage. Mais, avant que le soleil de demain soit couché, tu verras, Wulfstane, si je sais me venger. Crois-moi, malgré ton arc et ton adresse que j'ai moi-même invoqués dans un premier moment de colère, ce n'est pas la destinée d'Harold de périr comme le cerf de la forêt. Mais Harold, toi-même, et cette lune qui pâlira avant de disparaître derrière la colline ; oui, la lune, Harold et toi-même, vous connaîtrez tout le pouvoir de mes enchantemens.

En répétant cette menace, elle se dirige du côté de la porte, et laisse Wulfstane apaiser ou nourrir seul son ressentiment.

XVI.

Jutta poursuit sa marche avec tant de rapidité qu'elle semble avoir oublié sa vieillesse. Elle rencontre un moine sur son passage ; il se retire à l'écart, et se signe d'une main tremblante. Elle traverse un hameau, les dogues cessent d'aboyer, et témoignent par leurs gémissemens l'horreur qu'inspire sa présence. Elle s'enfonce dans la forêt ; un bruit étrange annonce au loin son approche, c'est le renard qui glapit, et le courlis qui fait entendre son cri plaintif dans la fondrière ; le corbeau croasse sur la cime du chêne, dont le feuillage incliné ombrage le torrent écumeux ; et le chat-pard qui cherche sa proie, a pris soudain la fuite. Jutta gravit la roche escarpée, et invoque une divinité du paganisme.

XVII.

INVOCATION.

— O toi qui, assis sur ton trône de rocher, vois l'Esthonien et le Finlandais, fidèles à ton culte, aiguiser leurs glaives vengeurs destinés à inonder tes autels du sang odieux des chrétiens, écoute-moi, divinité des montagnes, écoute-moi, puissant ZERNEBOCK.

— Roi des forêts, tes merveilles ont étonné jadis cette roche aride; mille tribus y ont chanté tes louanges, et sur cette pierre où les druides ont gravé des caractères mystérieux, le sang des victimes a coulé par torrens! aujourd'hui, c'est une femme seule qui vient y répandre quelques gouttes du sien. Elle est la dernière et la plus faible de tes prêtresses; écoute-la, Zernebock, et sois docile à sa voix.

— Silence! il vient..... le vent glacé de la nuit gémit dans le ravin. La lune s'obscurcit, et s'entoure de nuages; mes cheveux hérissés, le frisson qui me saisit, annoncent que le dieu approche.... ceux qui oseront le regarder seront frappés de mort... Arrête! je tombe à genoux, et je me couvre d'un voile: O toi qui planes sur la tempête, toi qui ébranles la colline et brises le chêne, Zernebock, épargne-moi.

— Mais non, il ne vient pas encore! ce retard, cette indifférence sont donc le prix de mon zèle. O toi... t'appellerai-je dieu ou démon? que d'autres cherchent à te rendre propice par leurs humbles prières; moi je t'appelle par des conjurations magiques. Je prononcerai ce mot terrible qui va effrayer ton maître dans les feux de l'enfer, et ébranler sa triple chaîne. Mais je t'entends, Zernebock, et je sens ta présence.

XVIII.

— Fille de la poussière! dit la voix retentissante; — le sol de la vallée trembla, et le rocher massif s'ébranla sur sa base; — fille de la poussière, ce n'est pas à moi qu'est confiée la destinée d'Harold. Le ciel et l'enfer se disputent son âme et sa vie; j'ignore si nous remporterons la victoire à sa dernière heure. Il se lève en ce moment une étoile rougeâtre qui le menace de sa fatale influence: profite du temps qu'elle mettra à parcourir sa carrière pour employer tes noires trames. Allume la guerre entre Harold et l'Église, et livre sa vie à de périlleux hasards. Je te promets mon aide pour le perdre.

La voix s'est tue; un bruit terrible, semblable aux roulemens de la foudre, trouble un moment le morne silence de la nuit, et va épouvanter les hameaux livrés au sommeil.

— Est-ce là tout ce que tu viens m'apprendre? s'écria Jutta d'un ton farouche; retourne dans le climat des brouillards et des orages: c'est là, divinité impuissante, qu'est ton digne séjour; jamais le Breton ne fléchira le genou devant un génie tel que toi. — Elle frappa l'autel de sa baguette; mais ce fut aussi légèrement qu'une beauté timide touche son palefroi pour hâter sa marche: cédant à ce faible effort, cette pierre énorme se détache de sa base ébranlée, roule dans le vallon avec le fracas de la foudre, et va s'engloutir dans l'onde du lac, qui bondit, écume, et inonde ses bords. Mais à peine la lune laissait tomber son paisible rayon sur ce lac agité, que Jutta était déjà de retour dans sa chaumière.

CHANT TROISIÈME.

I.

Tours antiques de Durham! il fut un temps où je contemplais vos créneaux avec cette vague espérance qui embellit l'aurore de la vie! non que, même alors, mon âme osât se livrer à la vaine ambition d'obtenir un jour les honneurs du trône ou de la mitre! mais, à l'aspect de vos murs vénérés, une vision flatteuse me montrait dans le lointain, un toit commode, un modeste presbytère... C'est ainsi que l'espérance m'abusa comme elle abuse tous les mortels.

Mais j'aime encore tes piliers massifs, ô toi qui es en même temps un temple pour la Divinité et une forteresse contre l'Écosse; j'irais volontiers errer dans ton illustre enceinte, riche du souvenir des temps passés. Semblable au voyageur qui abandonne le champ de ses pères pour aller parcourir les contrées que consacre l'histoire, et arracher leurs monumens à l'oubli, je ferais encore retentir tes voûtes des hymnes du prêtre et du bouclier sonore du paladin.

Vains regrets!... D'autres soins réclament mes loisirs dans un autre climat. Mais la harpe du Nord m'ordonne de célébrer avec elle l'histoire de tes premiers âges. Je voudrais que l'instrument harmonieux m'inspirât l'art de retracer le beau spectacle que tu offris à Harold lorsque, du sommet de Beaurepaire, il aperçut, au lever de l'aurore, les tours saxonnes d'Eadmer entourées des ondes du Wear.

II.

Les premiers feux du soleil trahissaient les détours de la rivière, qui semblait se cacher sous l'ombrage des arbres dont ses bords sont ornés. Les tourelles gothiques projetaient leurs ombres gigantesques, et la cloche de matines faisait entendre ses sons prolongés, que répétaient au loin les échos du donjon.

III.

Les vapeurs du matin s'élevaient de la terre, et le peuple joyeux des oiseaux se réveillait en répétant ses concerts. Les cors sonores appelaient à la chasse la meute endormie; la brise semblait s'arrêter dans son vol aérien, pour dérober le parfum des fleurs et jouer avec leur tige légère. Ce tableau, que révèlent les premières clartés de l'aurore, cette douce mélodie des oiseaux, et le souffle parfumé du matin, charmèrent le cœur farouche d'Harold; involontairement ému, il suspend son casque à un arbre voisin, qui sert aussi d'appui à sa massue et à son épée. Il s'asseoit sur le vert tapis du gazon, et adoucit l'expression sauvage de son regard : si quelqu'un avait eu à demander une faveur à ce fier Danois, il eût été sage de profiter de ce moment.

IV.

Gunnar se plaça auprès de son maître; et, remarquant

le calme de son visage, il épia l'occasion favorable de hasarder un conseil. C'est ainsi que, lorsque les derniers flots d'un torrent s'écoulent, le timide pèlerin hésite encore, et s'arrête sur la rive avant de risquer le passage; tel l'écuyer d'Harold craignait encore de réveiller l'humeur chagrine de son seigneur, lorsque celui-ci releva la tête, et Gunnar vit briller ses yeux comme ces rayons du soleil qui dispersent les nuages.

V.

— Fils d'Ermengarde, s'écria-t-il, descendant des bardes, et fils d'une prophétesse, prends ta harpe, et salue cette brillante aurore par un noble chant de gloire! que ta voix retentisse comme le cor du chasseur et l'harmonie sauvage des bois; tel était le plaisir de mon ancêtre Éric, lorsque le point du jour dissipait les ténèbres. Le scalde Heymar appelait au son de sa harpe tous ses compagnons endormis sur les dépouilles des ours et des loups; ils s'élançaient comme les lions du fond de leur repaire; et, pleins d'un noble enthousiasme, ils allaient rivaliser de courage. Illustre Éric! ô toi, le plus vaillant des fils d'Odin, où repose ton ombre magnanime? Admis au palais de Valhala, tu savoures l'hydromel dans le crâne des vaincus; ou peut-être tu habites encore le rivage désert d'où ton monument défie les vagues écumeuses! En quelque lieu que tu sois, ils te sont connus, sans doute, nos travaux, nos combats, nos trophées et nos malheurs! Il dit, et Gunnar obéit aussitôt. —

VI.

Du fils d'Inguar quand vint le dernier jour,
Des flots de sang inondèrent la plage;
On entendit l'orfraie et le vautour
Se réjouir sur leur roche sauvage :
Il a péri de la mort des héros!
Il revivra dans l'hymne de la guerre.
« Paix au guerrier habitant des tombeaux,
» Le fils d'Inguar fut digne de son père! »

Près de Cremsay, dont les flots écumeux
En mugissant rencontrent le rivage,
Quel noir fantôme apparaît à nos yeux,
Mêlant sa voix à celle de l'orage?
Dans leurs terreurs les pâles matelots
Ont répété le chant des funérailles :
« Honneur, honneur à l'enfant des batailles,
» Paix au guerrier habitant des tombeaux. »

Qui trouble donc ta cendre solitaire?
A-t-on ravi ta lance ou ton cimier?
Illustre Éric, une main téméraire
A-t-elle osé toucher ton bouclier?
Sur le tombeau je vois encor tes armes,
Dors du sommeil que goûtent les héros ;
Du voyageur fais cesser les alarmes !
« Paix au guerrier habitant des tombeaux. »

Éric répond : « De quels cris de victoire
Mon monument a soudain retenti?
D'un fils d'Odin ils célèbrent la gloire,
Le nom d'Harold. . . . . »

VII.

— Arrête, dit le chevalier ; le noble scalde célébrait la valeur de nos pères, mais il n'entreprit jamais de faire entendre au héros le chant de ses propres exploits. Dans le banquet d'Odin, une place d'honneur est destinée au barde qui ne s'est jamais avili jusqu'à flatter ; mais une plus grande gloire encore sera le prix de celui qui ose dire des vérités peu agréables.

Le jeune Gunnar regarda son maître avec un sourire qui exprimait ses doutes, et ne répondit rien. Mais Harold devina aisément sa pensée. — Est-ce bien avec moi, dit-il, timide écuyer, que tu n'oses te livrer à la franchise? Ta censure n'affecte pas plus mon cœur que l'hiver n'enlève au laurier ses feuilles toujours vertes. Parle quand tu voudras ; mais toutefois prends bien garde au caprice de ma sombre humeur. Il serait cruel pour moi de faire tomber l'orage de ma colère sur le jeune page qui a si long-temps porté mon bouclier, et qui n'a jamais cessé, malgré sa faiblesse, d'être le serviteur fidèle d'Harold.

— Eh bien, dit le page, c'est à cette terrible colère que mon reproche s'adressera. Il semble souvent qu'un démon s'empare soudain de mon seigneur ; un seul mot mal interprété lui fait porter la main sur sa lance et sa massue, et l'entraîne dans d'innombrables périls... Plût aux dieux que Gunnar fût la dernière victime immolée à ce mauvais génie, et qu'une fois rassasié de mon sang, il cessât de te poursuivre !

VIII.

Le chevalier du Nord fit un geste d'impatience, et répondit à Gunnar : — Cesse d'outrager une race de héros qu'il ne t'appartient pas de juger... Tels sont les descendans d'Odin, quand la fureur divine du farouche Bersekar leur inspire des exploits au-dessus du courage des mortels. Aussitôt que le guerrier sent cette irrésistible influence, il traverse les lacs et franchit les remparts ; sans bouclier, sans cuirasse, il se précipite seul sur mille ennemis, brise leurs lances comme de simples roseaux, déchire leurs cottes-de-mailles comme les vêtemens de soie d'une jeune fille, et survit à toutes les blessures dont il est criblé. Les vautours accourent à ses cris de carnage et de victoire ; son épée semble altérée de sang, et tout ce qui s'oppose à sa marche est livré aux flammes ou aux ruines. Alors, tel qu'un lion rassasié, il cherche une caverne solitaire, et il s'endort jusqu'à ce qu'il redevienne homme... Tu sais à quels signes reconnaître l'approche de ce délire furieux... Pense alors à ta sûreté, et garde le silence. Mais quand tu me vois calme, tu peux dire hardiment tout ce qu'un chevalier doit écouter. Je t'aime, Gunnar ; tes chants ont la vertu de ramener la paix dans mon âme. C'est ainsi, prétendent les moines chrétiens, que les démons étaient chassés autrefois. N'aie donc aucune crainte ; tu peux franchement m'expliquer ta pensée.

IX.

Semblable au pilote prudent qui, se voyant engagé dans un détroit inconnu, sonde les bas fonds avant de poursuivre sa route, le page observe attentivement le regard de son maître, et s'arrête par intervalles pour tirer de sa harpe une mélodie capable de charmer ce cœur facile à s'irriter, pendant que sa romance ne révèle qu'à demi l'avis secret qu'il voudrait lui donner.

> Malheur à la nacelle errante,
> Jouet de l'onde et des autans,
> Quand le démon des ouragans
> Élève sa voix menaçante!
> Mais, mille fois malheur aux matelots
> Qu'un traître guide sur les flots!

> Dans les sables de la Syrie,
> Malheur au pèlerin pieux,
> Qui, trouvant la source tarie,
> Implore vainement les cieux;
> Malheur surtout si le Copte perfide
> Dans le Désert lui sert de guide.

> Malheur encore au chevalier
> Qui dans le combat perd sa lance;
> Malheur à lui si son coursier
> S'abat, et trahit sa vaillance.
> Malheur surtout, oui, mille fois malheur,
> S'il écoute un sexe trompeur.

X.

— Oses-tu donc, dit Harold, accuser la belle Metelill?
— Je dois l'avouer, elle est belle, reprit le page en laissant errer sa main sur les cordes de sa harpe; elle est belle. Cependant, ajouta-t-il en changeant d'air et de rhythme :

> Je dois l'avouer, elle est belle!
> Mais, malgré l'éclat de ses yeux
> Et l'ébène de ses cheveux,
> Il en est de plus belles qu'elle!
> Ah! si j'étais au rang des chevaliers!
> (Ce titre un jour me sera dû, j'espère)
> Gunnar aux pieds d'une amante étrangère
> N'irait jamais déposer ses lauriers.

> J'aime du Nord la terre antique,
> Ses chênes des ans respectés,

Et ses rochers où la Baltique
Voit mourir ses flots révoltés.
Au dieu du jour notre patrie est chère,
Quand vient le soir il ralentit ses pas;
Et laisse aux mers ses traces de lumière
Pour consoler les nuits de nos climats [1].

Mais la fille de la Norwège
A surtout des droits sur mon cœur;
De nos monts couronnés de neige
Son sein égale la blancheur;
Du pin altier sa taille a l'élégance,
Le voile d'or que forment ses cheveux
Rend plus brillant l'azur de ses beaux yeux.
Jamais son cœur ne connut l'inconstance.

De nos chasseurs les jeux guerriers
Ont aussi pour elle des charmes;
C'est sa main qui donne les armes,
Et qui prépare les lauriers.
Quand le héros a conquis la victoire,
Avec amour elle lui tend les bras,
Ou sans regret partage son trépas!...
Fille du Nord, tu fais aimer la gloire!

XI.

— Gunnar, dit le chevalier en souriant, tu peins sous de si nobles traits les vierges du Nord, que j'ai presque regret de n'avoir pas choisi pour la dame de mes pensées une beauté aux yeux bleus, à la chevelure d'or et à l'âme altière... Mais de quoi peux-tu accuser Metelill?

— Je ne peux lui reprocher, reprit Gunnar, que l'ignoble métier de son père... Le bruit public donne aussi à Jutta une réputation peu honorable, et ses yeux trahissent la bassesse de son âme. Deux fois vous avez visité cette chaumière maudite, et deux fois vous en êtes revenu avec ce délire furieux qui vous fait exposer votre vie dans des exploits désespérés.

(1) On sait que la durée du jour est d'autant plus longue sur chaque hémisphère boréal et austral, à mesure que le soleil se rapproche davantage des tropiques du cancer ou de celui du capricorne. Les jours solsticiaux embrassent alors les vingt-quatre heures au pôle vers lequel le soleil s'est avancé. — Éd.

XII.

— Tu es dans l'erreur, dit Harold ; Jutta m'a répondu sagement que, lorsqu'un chevalier veut courtiser une jeune fille, il doit, avant de conclure son hymen, acquérir des terres et un château pour sa fiancée... J'ai donc réclamé l'héritage de mon père. — Voilà bien, s'écria Gunnar, la ruse de Jutta! Elle veut que vous, Danois et païen, vous alliez réclamer des terres aux moines de Durham, qui n'ont pas oublié que leurs vassaux furent jadis égorgés par Harold dans leurs propres foyers. — L'œil d'Harold s'enflamme à ces mots : il répond d'une voix de tonnerre ; — Tu en as menti, page téméraire ; le château que je réclame m'appartient ; il fut bâti par Witikind sur les rives de la Tyne. Le chat sauvage défend sa tannière, le timide roitelet combat pour son nid ; et moi je renoncerais à mes droits, que me disputent des moines! Partons ; le son de cette cloche annonce le chapitre tenu par l'évêque. J'y paraîtrai, selon les avis de Jutta, pour exposer ma demande ; s'ils persistent à me refuser, malheur à l'Église et au couvent!

Lecteur, rendons-nous aussi au chapitre.

CHANT QUATRIÈME.

I.

Maint poète a célébré le silence solennel des nefs gothiques, les autels couronnés d'un dais, les riches sculptures des tombeaux, et tous les ornemens pompeux des antiques églises, gages de la pitié des fidèles, aujourd'hui bien refroidie. Mais les légendes nous apprennent que la luxure osa souvent s'introduire dans les saints asiles du cloître, comme on avait vu jadis le prêtre de Baal pénétrer dans le temple du vrai Dieu.

Je suis charmé toutefois que lorsqu'il plut à nos voisins barbares de venir, sans y être appelés, purifier nos contrées des haillons de Rome, ils n'aient point prononcé sur nos temples la malédiction que leur fanatisme fit tomber sur les leurs. Je leur sais gré d'avoir épargné les saints martyrs et leurs tombeaux, quoiqu'ils fussent consacrés par des miracles catholiques; et que les voûtes retentissent encore du son mélodieux des orgues.

N'allez pas croire, lecteur, si je peins ici un prélat ambitieux et avare, que tous ceux qui ont porté la mitre de notre saint Guthbert ressemblaient à l'évêque Aldingar. Dans les temps modernes, comme dans les temps les plus reculés, cette mitre couronna le front de plus d'un digne serviteur du ciel, dont les vertus pouvaient bien faire oublier les crimes de leurs prédécesseurs. Je nommerai Morton et Matthews. Honneur aussi au respectable Barrington [1]!

II.

Mais la muse m'ordonne de revenir à mon sujet, et de décrire le chapitre du couvent, l'ordre et la symétrie qui présidaient à l'arrangement des livres et des saintes reliques. D'énormes volumes fermés par des agrafes de cuivre, et que la main du prêtre studieux parcourait rarement, étaient déployés sur un pupitre richement sculpté pour figurer dans cette cérémonie solennelle. Au-dessus de la tête des moines, les voûtes et les arceaux des nefs offraient maint écusson orné d'élégantes devises. Aldingar était venu s'asseoir, en grande pompe, sur un siège surmonté d'un dais : jamais prélat plus hautain n'avait porté la crosse de saint Cuthbert. Les chanoines et les diacres avaient pris leurs places au-dessous de lui, chacun selon son rang; tous gardaient un profond silence, et restaient immobiles comme des statues dans leur stalle de chêne. Leur regard sévère témoignait seul qu'ils n'étaient pas des images de marbre.

III.

Le prélat se préparait à prendre la parole, chaque pieux personnage inclina sa tête sur son sein; mais, avant

---

(1) Évêque actuel de Durham. — ÉD.

que sa voix fût entendue, il s'éleva au dehors un tumulte
ui exprimait l'étonnement et la crainte; tels sont les cris
ue pousse la foule rassemblée dans les rues, lorsqu'un
incendie qui vient d'éclater excite à la fois sa curiosité et
sa terreur. Ce bruit durait encore; un bras puissant
ébranle sur ses gonds l'énorme porte de l'église; elle cède
à ses efforts, les deux battans s'ouvrent, et les moines ont
à peine le temps d'appeler à leur aide un ange ou un saint,
que déjà Harold l'indomptable est au milieu du chœur de
l'église.

IV.

— Voici le fils du vieux Witikind, le comte Harold,
s'écrie-t-il; craignez sa fureur, auguste prélat, et vous,
chanoines en chaperon : Harold réclame les terres que
conquirent ses ancêtres!

L'évêque promène autour de lui des regards troublés;
il voudrait prononcer un refus, et n'ose le faire; il n'est
pas de chanoine ni de diacre, cependant, qui ne consentît
volontiers à jeûner une semaine pour se trouver en sûreté
chez lui. Enfin, Aldingar reprend courage et répond avec
fierté:—Tu demandes ce que tu ne peux obtenir : l'Église
n'a point de fief à confier à un Danois privé du baptême.
Ton père fut chrétien, et il a sagement consacré tous ses
trésors à faire dire des prières pour le repos de son âme.
Les fiefs qu'il avait reçus de l'Église sont redevenus la propriété de l'Église; elle les a donnés à Anthony Conyers et
à Albéric Vère, qui portent la bannière sacrée de saint
Cuthbert lorsque les guerriers du Nord viennent piller
les rives du Wear; cesse donc de troubler notre chapitre
par des reproches ou des outrages, et retourne en paix
comme tu es venu.

V.

Le farouche païen le regarde avec un amer sourire:—
Conyers et Vère, dit-il, sont dispensés de remplir ce pieux
devoir; un espace de six pieds dans votre chœur, un
bouclier de pierre, une cuirasse de plomb, voilà tout ce

qu'ils réclament... Gunnar, apporte-moi les preuves de ce que j'avance. — Il dit, et jette sur l'autel une main et une tête récemment séparées du tronc dont elles firent partie : les diacres et les moines frissonnent de terreur. Ils reconnaissent les traits glacés et les cheveux gris de Conyers, et la main de sir Albéric Vère à une ancienne cicatrice. Tout le chapitre pâlit à ce spectacle, et balbutie tout bas une prière.

VI.

Le comte Harold sourit de leur épouvante. — Est-ce bien là, leur demanda-t-il, est-ce bien là cette main qui devait porter votre bannière? est-ce bien là cette tête qui devait se parer du casque dans les combats et défendre l'Église? Sont-ce là les deux héritiers d'Harold? Trouvez-moi, dans les vallées de la Tyne et du Wear, un chevalier capable de manier cette lourde massue; sinon, rendez-moi mes fiefs, et je ne croirai pas vos têtes dépourvues entièrement de sagesse. — Il relève cette massue ensanglantée, la fait tourner avec un aigre sifflement que répète l'écho des voûtes; et, la laissant tomber sur le monument du roi Osric, il le brise comme un fragile cristal. — Que dites-vous, s'écrie-t-il, de ce sifflement de ma massue? Croyez-vous qu'on puisse aisément dépouiller de ses terres le guerrier qui porte une telle arme?... Répondez... Mais je veux bien vous laisser le temps de délibérer. Que saint Cuthbert vous inspire, si saint Cuthbert est un saint. Je fais dix pas dans le presbytère, et je reviens au milieu de vous. Graves personnages, adieu.

VII.

Il s'éloigne; et le bruit retentissant de ses pas expire sous les voûtes. A peine cette espèce de fantôme a-t-il disparu, que le prélat relève sa tête penchée sur son sein, et ses yeux expriment l'effroi que causerait une apparition. — Ministres de saint Cuthbert, dit-il, aidez-moi de vos conseils; jamais évêque n'en eut plus besoin que moi. Si le prince des démons revêtait la forme humaine, il choisirait ces traits, ce regard et ce sourire amer. Pourrait-on jamais trouver dans les domaines de saint Cuthbert un chevalier qui osât combattre pour notre cause ce mauvais génie? Apprenez-moi donc quelle réponse je dois faire! C'est un crime d'accorder ce qu'il demande; il y va de la vie si nous refusons.

VIII.

Vinsauf, le père chargé du cellier, s'était déjà, de bon matin, versé une coupe de malvoisie. Voici comment il opina : —Attendons jusqu'à demain pour donner la réponse du chapitre. Invitons Harold à un banquet, que le vin y coule à grands flots; s'il est homme, il boit; s'il boit, il est à nous. Des bracelets de fer orneront ses bras... Son lit sera dressé dans une de nos tours.

Ce saint moine avait un visage riant... O mes amis, ne vous fiez pas toujours à ces visages-là! Vinsauf vidait volontiers une coupe remplie de vin; il aimait la bonne chère et la gaieté... Jamais poète n'estima autant que moi un quartier de venaison et le jus brillant de la grappe; mais, plutôt que de m'asseoir à table à côté de Vinsauf, quand le gibier viendrait de Bearpark, et le nectar de Bordeaux, je préférerais une galette et un verre d'eau de la Tyne, dans la cellule obscure d'un ermite.

IX.

Walwayn prit ensuite la parole. Savant dans l'art d'Esculape, il connaissait toutes les plantes que le soleil et la rosée font épanouir, mais surtout celles dont le suc a une fatale influence sur le sang et le cerveau. Le villageois qui le voyait, au clair de la lune, cueillant des simples sur le bord des ruisseaux, l'eût pris volontiers, à sa taille maigre et à sa marche mystérieuse, pour un habitant de la tombe.

—Winsauf, dit-il, ton vin n'est pas sans vertu, ns chaînes sont pesantes, nos tours sont fortes : mais trois gouttes de ce flacon valent encore mieux que les cachots, les chaîne et le vin. Elles feront descendre Harold sous terre, dans une prison plus sombre, plus étroite et plus profonde ! Que le fils de Witikind nous débarrasse de sa présence ; qu'il reçoive la mort d'un dogue enragé, et le tombeau d'un païen. —

J'ai été condamné par la fièvre à rester étendu dans mon lit. Je passais des heures à épier les pas du médecin, comme si sa présence seule devait calmer mes douleurs ; j'écoutais ses paroles de consolation comme des oracles célestes. Je voyais enfin avec joie arriver le jour où je recevrais ses adieux, et je bénissais ce dieu sauveur. Mais plutôt que de laisser approcher de mon lit un homme tel que Walwayn, je préférerais mourir sans le secours de l'art d'Épidaure.

X.

— Ce que vous proposez, dit le prélat indécis, l'Église peut le pardonner à la ferveur du zèle, et garder prudemment le silence. Mais de tels moyens ne peuvent être approuvés d'avance... Anselme de Jarrow, donnez-nous maintenant votre avis ; le sceau de la sagesse est gravé sur votre front. Toute une vie passée dans le cloître, et votre science mystique, nous inspireront sans doute un expédient salutaire. Anselme de Jarrow, vous êtes ma seule espérance. Le pape lui-même pourrait vous consulter comme moi.

XI.

Le prieur répondit : — Ce fut toujours un parti sage de faire attendre ce qu'on n'ose pas refuser. Avant que le comte Harold puisse faire valoir ses prétentions par la force, trouvons-lui des périls dignes de son courage ; voyons si ce géant audacieux hasardera ses pas dans le séjour des ténèbres, du danger et de la terreur. Il ne voudra pas sans doute réclamer contre notre arrêt ; nous n'exigerons de lui que des épreuves de chevalier. Le fameux Guy et sir Bevis-le-Fort sortiraient de la tombe, que nos domaines pourraient leur fournir de longues aventures. Le château des Sept-Boucliers...

Le père Anselme se tait... Le fils de Witikind a déjà mis le pied sur le seuil de la porte. On l'attend dans le plus grand silence ; il se présente couvert de sa peau d'ours, et sa massue sur l'épaule. L'écume était sur ses lèvres, ses yeux étaient étincelans ; car l'impatience avait allumé sa fureur. — Prélat, dit-il, m'accorderas-tu enfin ma demande? ou faudra-t-il que j'obtienne justice par le fer et la flamme?

XII.

— Intrépide Harold, répondit l'évêque, nous ne pouvons délibérer sur vos prétentions que lorsque nous aurons reçu des preuves de votre valeur... Ce n'est pas que nous en doutions ; mais telle est la loi.

— Crois-tu donc, reprit Harold, que le petit-fils d'Éric consentirait à être le jouet de ton troupeau de moines ? Parle, que faut-il faire?... Veux-tu que je saisisse d'un bras vigoureux le cercueil de plomb de saint Cuthbert, et que je le fasse voler dans le chœur comme une pierre lancée par la fronde?

— Abstenez-vous d'une telle épreuve, dit le moine du cellier ; vous apprendrez de la bouche de nos ménestrels ce qu'on exige de vous ; vous l'apprendrez dans un banquet, pendant que nous vous verserons le vin dans une coupe d'or ; et vous conviendrez, vaillant Harold, que le prélat et son clergé vous offrent des exploits dignes de vous. —

XIII.

Les convives sont dans la salle du festin ; le joyeux bruit des verres charme l'oreille. Mais Harold écoute surtout le ménestrel Hugues Meneville. Son âme impétueuse fut toujours facilement domptée par les accords de l'harmonie ; il fixait ses grands yeux noirs sur la harpe du barde, et oubliait souvent d'approcher la coupe de ses lèvres, tant l'histoire des enchantemens avait d'attraits pour lui. Aussi le prélat était-il tenté de reprocher à Vinsauf d'avoir inutilement ravagé son cellier.

XIV.
LE CHATEAU DES SEPT BOUCLIERS.
BALLADE.

Le druide Urien avait sept filles. Initiées dans les secrets de la magie, elles avaient le pouvoir de faire descendre la lune du ciel. La renommée parla tant de leurs appas, que sept princes puissans vinrent briguer l'honneur d'être leurs époux.

Les rois Mador et Rhys vinrent de Powis et du pays de Galles; leurs cheveux étaient en désordre, et leur aspect repoussant. Ewain le boiteux arriva de Strath-Clwyde, et Donald, à la barbe rousse, de la ville de Galloway.

Lot, roi de Lodon, était né le dos voûté; Dunmaïl de Cumbrie n'avait jamais eu de dents. Mais Adolphe de Bambrough, prince du Northumberland, était aimable, brave, jeune et bien fait.

La jalousie divisa les sœurs, car chacune d'elles eût préféré le brave et beau prince Adolphe. La jalousie fit naître la haine. Elles allaient se déchirer entre elles, lorsque la terre s'ouvrit, et le roi des enfers parut.

Il promit aux filles du druide de les contenter toutes. Elles jurèrent à l'ennemi des hommes de lui obéir aveuglément. Il leur remit à chacune une quenouille et un fuseau.

— Écoutez-moi, dit ensuite l'ange proscrit :

— Vous filerez avec ces fuseaux à l'heure de minuit, et sept tours s'élèveront soudain. C'est là que le prodige s'accomplira; c'est là que triomphera le mal, et que vous habiterez avec celui que chacune de vous préfère.

Elles allèrent s'asseoir dans le vallon éclairé par la lune. Les chants qu'elles firent entendre ne peuvent se répéter. Elles se blessèrent le sein, et la laine noire qu'elles filaient fut imbibée de leur sang.

Pendant que les fuseaux tournaient légèrement dans leurs mains, le château s'élève comme un songe; les sept tours sortent de la terre comme une vapeur; sept ponts-levis les défendent, sept fossés les entourent.

Ce fut dans ce terrible château que les sept monarques célébrèrent leurs noces, mais six d'entre eux sont égorgés le lendemain matin. Les sept vierges, les yeux enflammés et tenant encore à la main leurs poignards sanglans, entourent la couche d'Adolphe.

— Nous venons d'immoler six époux couronnés! lui disent-elles; te voilà maître des six royaumes. Partage ton cœur entre sept fiancées, ou la couche du septième sera ensanglantée comme celle des autres.

Heureusement que, la veille de son hymen, le prince Adolphe avait reçu la bénédiction d'un pieux confesseur; il s'élance de son lit, et saisissant son épée, il immole les sept filles du druide Urien.

Il ferme le château, et à chaque porte il suspend une couronne et un bouclier. Il dirige ensuite ses pas vers le cloître de Saint-Dunstan, et y termine ses jours sous le cilice d'un saint anachorète.

Les trésors des sept monarques sont déposés dans ce château, les démons les gardent et en défendent l'approche : quiconque osera y pénétrer depuis l'heure du couvre-feu jusqu'à celle de matines, se rendra maître de ces précieuses richesses.

Mais à mesure que le monde vieillit, les hommes dégénèrent. Il n'est pas dans la Grande-Bretagne un chevalier assez hardi, assez courageux et assez prudent pour tenter cette périlleuse aventure.

Les sommets de Cheviot s'inclineront comme l'épi flexible, avant que les guerriers d'Albyn abandonnent le Northumberland; et les durs rochers de Bambro se fondront au soleil, avant que ces trésors soient conquis.

XV.

— Et c'est là l'épreuve à laquelle on met mon audace? s'écria le farouche Harold. Il faut aller dormir dans une de ces couches solitaires! Successeur de saint Cuthbert, je vous dis bonsoir : demain le château des sept boucliers recevra le comte Harold.

CHANT CINQUIÈME.

I.

Le sage courtisan du jeune prince danois, qui consentait à voir avec son maître une baleine dans un nuage, soutenait une vérité sans le savoir, car l'imagination brode le voile de la nature. Les couleurs nuancées d'une soirée d'orage, celle d'une aurore pâle, la sombre vapeur qui recèle la foudre ou la neige argentée, ne sont que le canevas sur lequel l'imagination prodigue ses riches détails, et, mêlant avec son pinceau bizarre ce qui existe avec ce qui n'est qu'illusion, crée un tableau dont l'aspect enchante nos yeux abusés.

Les objets informes que nous offrent la terre et les montagnes sont encore du domaine de la magicienne; car elle ne compose pas seulement ses tableaux avec les couleurs aériennes qu'elle trouve sur la surface des mers et dans l'espace des cieux; ses châteaux enchantés s'élèvent aussi sur la terre, que son char ne dédaigne pas de parcourir.

II.

Harold suivait un sentier stérile, pressé d'aller tenter l'aventure des sept boucliers. Gunnar, le page fidèle, accompagnait son maître, dont il n'abandonnait jamais le côté. Ils rencontrent sur leur passage un fragment de granit qui s'était détaché d'une roche voisine. Un jeune bouleau inclinait son feuillage sous cette masse aride, et ses racines s'étaient entrelacées sous ses débris et dans ses fentes.

Cet arbre et ce rocher occupèrent long-temps la pensée de Gunnar, jusqu'à ce qu'une larme vint mouiller ses joues, et le page timide s'adressant à son maître, lui dit : — Quel est l'emblème qu'un barde croirait voir dans ce dur granit et sa verte guirlande? — On pourrait, répondit Harold, trouver dans ce granit l'image du casque d'un vaillant guerrier tué dans la bataille, et ces rameaux qui l'ombragent seraient le panache qu'il reçut de celle qui avait touché son cœur. — Non, non, reprit le page : je vois plutôt l'emblème des malheureuses amours d'une jeune fille qui unit sa destinée à celle d'un héros dont le cœur ignore le pouvoir de l'amour. La douce pluie du ciel nourrit seule ces rameaux inclinés ; les carreaux brûlans de la foudre briseront à la fois l'arbre et le rocher : de même, celle qui aime sans être aimée, n'a d'autre consolation que ses larmes.... d'autre refuge que la mort.

III.

— Je ne puis expliquer ton humeur capricieuse, dit Harold ; tu fuis les jeunes beautés, et tu parles toujours d'amour. Au milieu des périls de la guerre, tu te tiens à l'écart ; et cependant tu es condamné, par ta mauvaise étoile, à errer avec un chevalier dont tous les plaisirs sont dans les champs du carnage. Je l'avouerai toutefois, malgré ta faiblesse et ta timidité, tu as su trouver le chemin de mon cœur, et nous ne nous séparerons jamais. Harold livrerait tout l'univers aux flammes, plutôt que de souffrir que le moindre outrage fût fait à Gunnar.

IV.

Le page reconnaissant ne répondit rien ; mais il leva les yeux vers le ciel et croisa les mains, comme pour dire : — Mes fatigues, mes longs voyages sont assez payés ! Et puis affectant plus de gaieté, il se hasarda peu à peu à s'entretenir de nouveau avec son maître : bientôt les mots sortirent de sa bouche en sons cadencés, et il chanta ces vers harmonieux :

V.

Ah ! si dans les champs du carnage
Je n'ose suivre Harold vainqueur,
Qui peut contempler ta valeur
Avec plus d'orgueil que ton page ?
Aux lambris d'or, à la couche d'un roi,
Gunnar préfère un humble asile ;
Sur ta peau d'ours Gunnar s'endort tranquille,
Pourvu qu'il dorme auprès de toi.

VI.

— Silence, dit tout-à-coup Harold avec un accent qui marquait la surprise mêlée d'une légère crainte; silence; nous ne sommes pas seuls ici! le fantôme du pèlerin s'approche; je reconnais à son capuchon et à son manteau celui qui m'a déjà deux fois apparu pour me faire entendre de téméraires reproches. Observe-le attentivement, Gunnar, auprès de cet arbre brûlé par l'orage... Regarde... Tu ne pus le voir lorsqu'il se montra à mes yeux dans la vallée du Jourdain, ni sur les rochers de Céphalonie où sa présence fut suivie d'un si terrible orage : aujourd'hui, le vois-tu ? — Le page, troublé par la terreur, répondit : — Je ne vois rien, si ce n'est l'ombre que projettent sur le sentier les rameaux desséchés du chêne, dont elle suit les mouvemens, semblable à la robe flottante d'un pèlerin.

VII.

Harold contemplait le chêne sans détourner un seul instant les yeux; il s'écria enfin avec assurance : — Advienne ce qu'il pourra, fantôme menaçant, ni le ciel ni l'enfer ne pourront dire qu'Harold se soit laissé intimider par leurs ombres. Je lui parlerai; quoique ces accens me causent ce frémissement que les âmes vulgaires appellent la crainte, je saurai la braver. Harold s'avance à grands pas, s'arrête sous l'ombre du chêne, et croisant ses bras sur son cœur, il dit : — Parle, je t'écoute.

VIII.

Une voix fit entendre ces paroles : — Chevalier farouche et indomptable dans tes fureurs, quand connaîtras-tu donc le repentir? Jusques à quand le bruit de tes pas troublera-t-il le sommeil des morts?... Oui, chacun de tes pas réveille l'habitant de la tombe et fait pousser des cris de triomphe aux démons du carnage et de la vengeance. Il est temps que tu te tournes vers le ciel. La vie est courte, et l'heure du jugement n'est pas éloignée.

IX.

Le descendant d'Odin répondit, flottant entre son orgueil et sa terreur : — C'est vainement que tu reprocherais au loup le carnage des troupeaux, et aux rochers leur cœur endurci... Je leur ressemble. Le sang que m'ont transmis mes pères circule dans mes veines en torrent de feu : dis-moi si dans le séjour des Gholes[1] et des fantômes on a oublié la renommée d'Éric, et celle de Witikind, surnommé le dévastateur, dont les vaisseaux n'abordaient jamais un rivage que pour y porter l'incendie et la mort. Witikind était mon père... Fils d'un tel guerrier, puis-je ne pas être aussi cruel que lui !... Fuis donc, et cesse de m'adresser de vains reproches : je suis le fils de Witikind.

X.

Le fantôme gémit,... la montagne fut ébranlée, le faon et le daim timides tressaillirent à ce triste son ; le genêt et la fougère furent agités par une ondulation soudaine comme si un orage s'était élevé. — Tu as dit vrai, ajouta le fantôme ; mais cesse de répéter que ce père coupable signala par le sang toutes les traces de ses pas depuis le berceau jusqu'à la tombe. Il livra aux flammes les temples et les cités, et parcourut la terre comme le tison ardent de l'ange des ruines... Mais enfin il connut le remords. Peut-être même son exemple, si bien imité par sa postérité, fait-il partie de son châtiment... Mais toi, lorsque tu entendras gronder l'orage de ta colère, prépare-toi à te dompter toi-même ; réveille-toi, ô mon fils ; si tu ne résistes pas à la voix de la haine, la porte du repentir te sera fermée à jamais.

XI.

— Il s'est évanoui, dit Harold qui ne voit plus que l'ombre du chêne ; il a disparu, le fantôme ! sa présence était pour moi un poids aussi accablant que celui dont le spectre de la nuit oppresse le malheureux dont un songe de terreur trouble le sommeil. Les battemens de mon cœur sont aussi rapides que les pas du fugitif, et une froide sueur inonde mon front... O Gunnar! prête-moi ce flacon que nous a remis le moine en nous disant que trois gouttes de la

(1) Vampires de la mythologie scandinave. — Éd.

liqueur qu'il contient suffisaient pour rendre la vie au guerrier expirant ; pour la première fois Harold aura demandé le suc d'une fleur afin de ranimer ses forces et son courage ! — Le page lui donna le flacon que Walwayn avait rempli d'un poison inventé par son art. L'effet en était si fatal, qu'une goutte produisait le délire, et deux gouttes la mort. Harold allait l'approcher de ses lèvres, lorsqu'une musique et des clameurs joyeuses retentirent sur le coteau ; il aperçoit dans le vallon la pompe d'un hyménée, et il entend répéter plusieurs fois : — Heureuse soit la belle Metelill ! —

XII.

Harold pouvait reconnaître du lieu où il était tous ceux qu'animaient le plaisir et les sons de l'harmonie. Les uns accompagnaient à cheval les deux époux, et les autres, à pied, mesuraient tous leurs pas par la douce cadence de la musique nuptiale. Tous répétaient en chœur les refrains des chants du bonheur, et les échos semblaient se plaire à y mêler aussi la sauvage harmonie qu'on entend dans les cavernes souterraines et les vallées profondes.

XIII.

A travers la joie qui enivre tous ceux qui font partie de cette fête, on peut remarquer les différentes passions qui les agitent : de même que le feu élémentaire se nourrit également d'une pure essence et des ronces sauvages, — douce ou impétueuse, la joie adopte la couleur de l'âme. Aimable, pure et franche dans le généreux fiancé, elle avait à combattre la crainte dans la jeune vierge ; mais elle brillait à travers la larme de la pudeur, qui embellit les joues de la beauté timide comme une goutte de pluie ajoute encore un charme de plus à la rose. Le sombre sourire de Wulfstane exprimait la satisfaction de son avarice ; on lisait, dans les yeux de Jutta, le triomphe de la vengeance et de la méchanceté.

La sorcière n'ignorant pas la dangereuse aventure où courait Harold, le regardait déjà comme descendu dans

le séjour des morts; son démon lui avait dit ce matin : —
Si avant le coucher du soleil l'hymen a uni William et
Metelill, le terrible Danois ne pourra plus nuire aux
jeunes époux. La vieille disait donc : — Harold n'est plus :
que son âme ne goûte qu'un repos troublé! que la mandragore et l'ivraie prennent racine dans sa tombe; que
les songes du désespoir le poursuivent dans le sommeil
de la mort, et que son réveil soit plus horrible encore au
dernier jour du monde!

XIV.

Mais c'est lorsque la joie est le plus vive, que le chagrin
et l'infortune ne sont pas loin, disent les sages. Défiez-vous alors de la terreur avec son frisson, et du danger
perfide. On risque de les rencontrer partout; et ils ressemblent aux serpens qui se cachent de préférence sous le
gazon où fleurit la primevère. C'est ainsi que le cortège
de ce joyeux hyménée trouva Harold sur son passage. Frémissant de fureur, le chevalier poussa un cri, qui fut
comme l'arrêt de mort prononcé sur la tête de tous ceux
qui s'avançaient sous les auspices du bonheur. Ses victimes ne peuvent voir l'éclair que jettent ses yeux, le mouvement convulsif de ses traits, et ses lèvres qui écument
comme celles du sanglier harcelé par une meute; mais
chacun prend la fuite en voyant le fragment que son bras
robuste vient d'arracher aux flancs du rocher, et dont il
menace d'écraser ceux qui oseraient l'attendre.

XV.

Chacun fuit; deux ennemis cependant se préparent au
combat. Lord William, étranger à la peur, tire son épée;
Wulfstane tend son arc fatal; mais, avant qu'il en eût
lâché la corde, le quartier de roche vole dans l'air,
comme s'il eût été lancé par le feu de l'Hécla, et tombe
sur le front du téméraire chasseur. Tout ce qui avait tout
à l'heure en lui la forme humaine a cessé d'exister; il ne
reste de Wulfstane qu'un cadavre défiguré, à demi enseveli sous la pierre sanglante.

XVI.

Tel que l'aigle qui fond rapidement du ciel dans la plaine, Harold est déjà descendu de la colline. Comme on voit les faibles oiseaux qui gémissent, et fuient à la vue du tyran des airs, chacun se disperse à l'approche d'Harold; le jeune époux l'attend seul de pied ferme, tel que le noble faucon qui ose se mesurer avec l'aigle étonné de sa témérité. La lourde massue du Danois a déjà brisé l'épée de William, qui tombe lui-même sur le sable. Dieu du ciel! tu peux seul venir au secours de l'époux de Metelill, ou bientôt il aura cessé de vivre avant que la première heure de son hymen soit écoulée!

XVII.

La fureur d'Harold est à son comble; l'éclair sinistre de la mort brille dans ses yeux; il fronce ses épais sourcils; il grince des dents, sa main se contracte, une blanche écume couvre ses lèvres, son terrible bras est prêt à frapper, lorsque le jeune Gunnar s'élance, arrête la massue homicide, et, se jetant aux genoux de son maître, s'écrie : Laisse-toi toucher par la pitié! pense, Harold, aux paroles menaçantes prononcées par le fantôme! L'heure qu'il a prédite est arrivée : grâce! grâce! Harold, ou crains le désespoir!...

Cette voix suspend la rage d'Harold.... Cependant son bras demeure levé, et son visage ressemble à celui du ministre de la mort, qui attend le signal.

Le page ne cesse de l'implorer : — Fais le signe mystérieux de la croix, lui dit-il; répète la prière des chrétiens; résiste au démon qui veut s'emparer de toi, ou tu es perdu!

Harold, cédant à un sentiment qu'il ne peut définir, fait le signe de la croix... Au même instant, ses regards s'adoucissent, son front se déride et s'éclaircit; la fatale massue retombe doucement à son côté; il détourne ses pas et s'éloigne. Souvent encore, cependant, tel qu'un convive qui quitte la table du festin avant que le banquet soit terminé, il tourne la tête, comme s'il regrettait une inutile victoire... Mais il a enfin donné une preuve de clémence : le fils de Witikind a fait un pas vers le ciel.

XVIII.

La mort demeure encore derrière lui, et frappe une dernière victime. Lord William est étendu sur la plaine; près de lui, Metelill se désole, et semble près d'expirer. On accourt, on demande des essences;... on trouve un riche flacon; il contient sans doute un élixir secourable; Jutta le veut goûter, avant de l'approcher des lèvres de ceux qu'elle aime. La liqueur de Walwayn n'a pas été donnée en vain. A peine la sorcière en a-t-elle versé trois gouttes dans son gosier, qu'elle pousse un cri lamentable qui réveille tous les oiseaux de sinistre présage. Le corbeau croasse, le choucas gémit sur le chêne, et la frésaie accourt du bois dans la vallée. Ce cri est si effrayant qu'il trouble jusqu'au sommeil du héron, et que le renard et le loup lui répondent (car des loups habitaient alors les hauteurs de Cheviot); les montagnes se renvoient la voix expirante de la sorcière. Mais le dernier écho ne l'avait pas encore répétée, que Jutta n'était déjà plus.

XIX.

Telle fut la scène de carnage qu'éclaira le jour de votre hyménée, noble William, naïve Metelill. On voit souvent, avec les premières lueurs de l'aurore, le soleil reposer sur la montagne son disque obscurci et entouré d'une nuée rougeâtre; mais, bientôt parvenu au sommet de sa course, le roi du jour s'avance dans toute sa pompe... C'est ainsi, jeunes époux, que l'amour vous fit bientôt oublier ce nuage menaçant, embellit votre âge mûr, et vous accorda des jours sereins pour votre vieillesse.

CHANT SIXIÈME.

I.

J'espère bien que mon histoire ne donnera l'envie à

aucun voyageur de venir en tilbury, en calèche ou en diligence, visiter le château des Sept-Boucliers. L'état dans lequel on le trouve aujourd'hui ne confirme guère la ballade de Hugues Meneville. On ne voit même plus sur la bruyère sauvage d'autres tours que celles que l'imagination y bâtit; et excepté un fossé dont les bords entretiennent quelques touffes de gazon, il ne reste aucune ruine qui rappelle un ancien édifice.

Cependant de graves auteurs ont daigné consacrer leurs veilles précieuses à ce château magique; dans leurs savantes théories, ils ont voulu prouver que c'était une citadelle construite par des légions romaines pour arrêter les envahissemens des peuples de la Calédonie. Je pourrais citer Hutchinson, Horsley et Camden, mais j'aime mieux consulter les traditions moins savantes des habitans des campagnes, qui, lorsque l'origine des monumens se perd dans la nuit des siècles, les attribuent au dieu du mal, et choisissent volontiers l'ange de l'enfer pour leur grand architecte.

II.

Je dis donc que ce fut sur un château magique, que le fier comte Harold fixa ses regards surpris. La rosée du soir humectait les fleurs de la bruyère. Les derniers rayons du soleil couronnaient les montagnes comme d'une couche de feu, et doraient les créneaux des tours antiques avant de s'éteindre dans les ondes. L'intrépide paladin danois admire les sept boucliers suspendus à chacune des portes, et les armoiries dont ils sont ornés.

Celui du prince de Galles portait un loup, et celui de Rhys de Powis un cerf. L'emblème du roi de Strath Clwyd était une barque échouée. On reconnaissait le bouclier de Donald de Galloway à un cheval au galop. Un épi d'or attestait la fertilité de la contrée d'où le roi de Lodon était venu. Les armes de Dunmail étaient une dague. Enfin, l'écu d'Adolphe offrait un rocher battu par les flots et surmonté d'une croix.

Telles étaient les différentes armoiries de ces antiques boucliers.

III.

Le comte Harold s'avança ensuite vers la porte massive du château, dont les verrous étaient usés par la rouille; cependant aucun chevalier n'eût osé tenter de franchir ce passage devenu si facile. Plus forte que des bataillons armés, la terreur et l'épouvante en défendaient l'approche, et opposaient aux assaillans des obstacles plus insurmontables que les verrous et les barres de fer. La superstition y rassemblait des ennemis surnaturels, et y élevait des remparts magiques.

Mais aujourd'hui tous ses enchantemens sont inutiles, Harold renverse la porte d'un bras puissant, et pénètre dans le château. Le vent du soir ébranla soudain les trophées d'armes qui ornaient ces antiques murailles, et fit entendre comme un gémissement lugubre. Ce bruit, dans un semblable lieu, eût glacé d'effroi tout autre cœur que celui d'Harold. Mais le fils de Witikind n'éprouva que ce frémissement que cause aux héros l'approche désirée d'une aventure périlleuse.

IV.

Cependant le Danois et son page n'aperçoivent rien qui annonce la menace d'un danger prochain. Les cours et les corridors sont déserts et solitaires. Ils visitent les sept tours, et trouvent dans chacune d'elles l'appartement d'un roi, et une couche richement ornée, comme si c'eût été la veille que l'hymen des sept princesses avait été célébré; les tables étaient encore servies avec pompe, et cependant deux siècles s'étaient écoulés depuis cette fête fatale. On y remarquait les flacons, la vaisselle et des coupes du plus précieux métal (un peu terni, il est vrai), un trône orné de drap d'or et d'un dais superbe; enfin, l'antique tapisserie partagée en lambeaux aussi minces que le fragile tissu d'Arachné.

v.

Dans chaque appartement un rideau de pourpre, semblable à un crêpe funèbre, dérobait la vue de l'alcôve, et sur chaque lit étaient des ossemens hideux. A l'entour, on rencontrait des costumes barbares, des vestes brodées d'or, des colliers en pierres précieuses, et des diadèmes tels que ceux dont les anciens souverains ornaient leurs fronts; mais les têtes blanchies de ceux qui les portaient jadis étaient couvertes de poussière comme leurs vaines couronnes.

C'étaient les dépouilles mortelles de ces mêmes princes qui, ivres de vin et de plaisir, s'étaient endormis, il y avait deux siècles, sur le sein de ces fiancées, dont la feinte pudeur fut changée en soif de sang avant le lever de l'aurore.

Le bonheur et le malheur sont tellement unis dans les fils fragiles de l'existence, que jusqu'à ce que les ciseaux du destin aient déchiré le tissu, on ne peut les séparer ni juger de l'heure qui va suivre, par l'heure qui a précédé.

vi.

Mais le septième appartement, qui avait été témoin de la vengeance d'Adolphe, offrait un spectacle encore plus horrible. C'était là que l'on trouvait les squelettes des sept magiciennes, encore dans la position où elles reçurent la mort. L'une avait été étendue d'un seul coup, on devinait qu'une autre avait long-temps lutté contre l'agonie. Là, une main tenait encore un poignard comme pour se défendre; ici, une des sœurs semblait demander grâce sur ses genoux décharnés; il y en avait une autre qui était tombée devant la porte, comme si elle eût été tuée en fuyant.

Le farouche chevalier sourit à l'aspect de ces cadavres; car il se souvint avec dépit de Metelill. — Juste vengeance, s'écria-t-il, de la perfidie des femmes, ces créatures aussi changeantes que l'air, aussi légères que la vapeur du matin! Le mal est venu dans ce monde par la femme, disent les prêtres des chrétiens. Je défie ta science de ménestrel, ô Gunnar, de me citer l'exemple d'une seule femme sincère dans son amour, et qui n'ait jamais trahi sa foi.

VII.

Le page sourit et soupire en même temps.

Il essuie une larme qui était tombée sur sa joue, et dit :
— Je craindrais de ne pas célébrer dignement un tel sujet, à moins que ce ne fût mon chant de mort ; car nos scaldes prétendent qu'à notre dernière heure la harpe du Nord a une harmonie céleste. Oui, je pourrais vanter l'amour d'une femme qui brava le danger, le mépris et le trépas. Sa fidélité fut inébranlable : elle avait la pureté du diamant. Son amour fut inconnu, et ne reçut pas le retour qu'il méritait ; mais sa constance sut supporter tout : errante de climat en climat, elle suivit un guerrier à travers les privations, les dangers et les malheurs…. Quelle récompense demanda-t-elle ? aucune… excepté une pierre funéraire qui fit enfin connaître son secret. Voilà de quoi une femme fut capable… Il est vrai qu'Eivir était une fille du Nord.

VIII.

— Tu es bien enthousiasmé pour cette vierge danoise ? dit le comte Harold. Cependant, mon cher Gunnar, j'avouerai qu'elle était digne d'être aimée et admirée ! Mais Eivir dort dans son tombeau ; et où trouver aujourd'hui une amante comme elle ? Quelle femme aurait autant de constance pour celui qu'elle aimerait, que tu en as montré à ton maître ?... Mais couche-toi, mon page fidèle… L'ombre de la nuit devient plus sombre… Ne tremble pas parce que tu as des morts auprès de toi. Ils furent ce que nous sommes ; après quelques jours de vie nous serons comme eux. Cependant, Gunnar, repose-toi à mon côté sur mon manteau, afin de te rassurer en pensant que tu dors auprès d'Harold.

Ils dormirent dans ce fatal château jusqu'à ce que l'aurore vint les réveiller.

IX.

Le comte Harold parut, à son réveil, un homme différent de lui-même : ses yeux étaient troublés ; son front offrait les traces d'une surprise mêlée de terreur. — Lève-toi, mon page, s'écria-t-il ; sortons de ce lieu ! Il ne reprit la parole que lorsqu'ils eurent franchi la porte du château. Ce fut là qu'il s'arrêta, et qu'il dit à Gunnar : — Mes mœurs farouches ont réveillé les morts et troublé le saint repos de la tombe. Il m'a semblé, cette nuit, que j'étais sur le cratère sublime de l'Hécla, et que je pouvais parcourir des yeux les gouffres enflammés de l'enfer. Auprès de moi passaient les âmes des morts, que les démons conduisaient dans ce fatal séjour avec d'affreux hurlemens. Mes yeux se sont troublés, ma tête s'est égarée en voyant ces ministres des éternels supplices entraîner ces malheureux qui avaient été naguère des hommes.

X.

— J'ai reconnu la sorcière Jutta à ses yeux hagards, à ses cheveux en désordre, et auprès d'elle Wulfstane, qui a péri ma victime, et qui était encore couvert de sanglantes meurtrissures. J'en aurais vu davantage, s'il ne s'était élevé un ouragan terrible qui a bouleversé les neiges. J'ai entendu le même bruit que produit un guerrier qui précipite le pas de son palefroi ; et trois chevaliers armés ont paru menant un coursier noir complètement enharnaché. Le feu étincelait à travers leurs visières baissées. Le premier a dit : — Harold l'indomptable, sois le bienvenu ! Le second : — Victoire ! le fils du comte Witikind est à nous ! Et le troisième, m'adressant la parole, m'a ordonné de mettre le pied à l'étrier, au nom de Zernebock. — C'est à nous, ô Harold, a-t-il ajouté ; c'est à nous que tu dois ta force et ton audace. Vassal de l'enfer, ne pense pas à résister à l'enfer.

— Le fantôme disait vrai ; mon âme obéissait comme malgré elle à cette voix d'autorité qu'elle semblait reconnaître comme le captif devine le son lugubre de la cloche qui l'avertit que sa dernière heure est arrivée, et qu'il va être arraché de sa prison. Je sentais que tout refus serait inutile; ma main était déjà sur la crinière fatale; j'étais prêt à m'élancer sur la selle, lorsque le fantôme mystérieux du pèlerin accourant à mon secours, les démons ont fui en mugissant comme un orage passager.

XI.

— Le noir capuchon, rejeté en arrière, m'a permis de voir ce visage qu'il m'avait toujours caché. Oui, Gunnar, j'ai reconnu mon père dans celui qui est venu plusieurs fois arrêter mes fureurs par ses conseils. Witikind est condamné, pour ses fautes et pour les miennes, à errer malheureux sur la terre, jusqu'à ce que son fils tourne vers le ciel un cœur repentant, et obtienne le repos de son âme... Gunnar, il n'est pas juste que son ombre reste plus long-temps exilée dans ce monde de misère et de douleur. Je veux dompter mon cœur sauvage, apprendre la pitié et le pardon : et toi, mon page, tu dois m'aider à écouter le repentir; ainsi l'a dit le fantôme. Ta mère fut une prophétesse, a-t-il ajouté; sa science lui apprit que le fil de ta vie était étroitement lié à celui de la mienne. Il m'a parlé ensuite, en termes obscurs, d'un déguisement qu'Ermengarde avait inventé pour tromper les yeux indiscrets, et unir à jamais nos destinées. Il me semblait, pendant que mon père parlait, que je comprenais le sens de cette énigme. Je ne vois plus en ce moment que doute et obscurité.

Harold voulut couvrir de sa main son front soucieux, et s'aperçut qu'il avait oublié son gantelet dans le château.

XII.

En écoutant le récit de ce songe mystérieux, Gunnar trembla et pâlit; mais les derniers mots d'Harold le firent rougir comme la rose qui va s'épanouir. Charmé de pouvoir dérober à son maître cette pudeur qui le trahit, il retourna sur ses pas pour aller chercher le gantelet... Mais bientôt un cri de terreur appelle Harold à son secours.

XIII.

Que trouve le comte Harold dans ce château où il a passé la nuit?... l'ange du mal sous la forme du dieu qu'adorent les Scandinaves. C'est Odin lui-même : les dépouilles de l'ours du Nord lui servent de manteau; un météore brille sur sa tête comme un panache menaçant, moins terrible toutefois que l'éclair que lance son regard. Sa taille est égale à celle de la statue de pierre qui orne l'autel d'Upsal. Une barbe blanche ombrage son menton; sa main tient sa lance faite avec le tronc d'un pin; il se couvre de son épais bouclier. L'accent de sa voix a quelque chose de sombre et de solennel; il s'adresse au fils de Witikind, en retenant toujours le jeune page.

XIV.

—Harold, dit-il, quel délire est le tien, de déserter le culte de tes pères, et de renoncer au dieu des héros? C'est de moi que vient la gloire ou la honte; je préside à la chasse et aux combats; un froncement de mes sourcils anéantit les armées. Renonceras-tu donc aussi à ce banquet, où ont été admis tant de guerriers de ta race, Éric et le fier Thorarine, dont les exploits ne seront jamais oubliés? C'est moi seul qui donne la récompense pour laquelle vivent les fils de la valeur,... la victoire et la vengeance... C'est moi seul qui donne la félicité pour laquelle ils bravent le trépas. C'est dans mon palais que l'on sert l'immortel breuvage dans le crâne d'un ennemi. Harold, tu m'appartiens; j'en atteste ce gantelet, gage de la fidélité qu'un vassal doit à son seigneur.

XV.

— Génie du mal, répond Harold avec assurance, je te somme de fuir de ces lieux; qui que tu sois, je te défie. Je saurai me rendre maître de la fureur que tes paroles ont réveillée dans mon âme; tu ne me raviras ni mon gantelet, ni mon bouclier, ni ma lance... Laisse ce jeune page, et disparais.

—Eivir m'appartient, reprit le spectre; elle a été

marquée de mon sceau dès le jour de sa naissance. Penses-tu qu'un prêtre pourra l'effacer avec quelques gouttes d'eau, ou qu'un nom et un sexe empruntés anéantiront les droits d'un dieu?

Ces étranges paroles égarent la raison d'Harold; il grince des dents avec dépit et rage, car sa nouvelle foi n'a pas encore dompté entièrement son ancienne impétuosité. — J'oserai te braver, s'écrie-t-il, au nom d'une croyance plus pure et d'un ciel plus digne de la vertu, qui viennent de m'être révélés. — Il saisit sa massue, et un combat s'engage entre le mortel et le démon.

XVI.

Des nuages de fumée obscurcirent le ciel; la terre trembla; mais ni les feux des enfers, ni la foudre, ni le château ébranlé dans ses fondemens ne purent lasser le courage d'Harold. Dompté par une force supérieure, le démon s'évanouit avec l'orage, et le paladin du nord emporta son Eivir loin de ce lieu de terreur, pour la rendre à la lumière, à la liberté et à la vie.

XVII.

Il la déposa sur un banc de mousse. Non loin de là murmurait un ruisseau aux flots argentés. Des pensées nouvelles troublent l'âme d'Harold; des craintes jusqu'alors inconnues agitent tous ses sens, pendant qu'il jette d'une main timide quelques gouttes d'eau sur le front de celle qui fut son page; il voit les couleurs de la vie embellir de nouveau de leur incarnat les joues de cette Eivir si tendre et si fidèle. — Comment ai-je pu, disait-il en lui-même, ne pas la deviner aux tresses de ses blonds cheveux? Comment les vêtemens d'un page ont-ils suffi pour me cacher les émotions de ce sein blanc comme la neige? Insensé que j'étais d'aller chercher le carnage et la mort à travers les flots et les déserts, quand j'avais auprès de moi une telle compagne!

XVIII.

Se regardant ensuite dans le miroir de l'onde, il est

honteux du désordre de sa chevelure et de la barbe épaisse qui rend son air encore plus farouche. Il lave les traces sanglantes de son dernier combat, et ce guerrier terrible éprouve enfin la crainte et l'amour. Que fait Eivir!... Elle est revenue à la vie; cependant elle reste muette, et ose à peine entr'ouvrir ses yeux bleus; elle se plaît sans doute à épier en silence, et un peu confuse, les premières émotions du cœur d'Harold : la rougeur de son front exprime la pudeur et l'espérance.

XIX.

Vainement le héros de Danemarck cherche des termes pour parler de ses nouveaux sentimens, sa bouche n'est familière qu'avec ceux de l'outrage et de la fureur. Il relève sa compagne timide, et lui dit avec une franchise martiale :

— Eivir, puisque tu as si long-temps suivi les pas d'Harold, c'est toi à ton tour qui dois guider les siens. C'est demain la fête de saint Cuthbert; il verra devant son autel un chevalier chrétien amener une fiancée chrétienne : et l'on dira du fils de Witikind qu'il a été baptisé et marié le même jour.

Jeunes filles, puissent les doux aveux de vos amans être inspirés par la même franchise !

CONCLUSION.

Eh bien, Ennui, qu'as-tu qui te chagrine? Pourquoi ces yeux distraits et cette bouche béante? Tu n'as pas besoin de tourner la page, comme si c'était une feuille de plomb, ou de jeter le volume de côté jusqu'à demain. Sois content : j'ai fini, et je ne lasserai pas ta patience en empruntant une anecdote à Bartholin ou à Sporro. Pardonne à un ménestrel qui vient d'écrire six longs chants, et qui dédaigne d'y ajouter une seule note.

Alfred Johannot pinx.   Blanchard sc.   terminé par Tavernier.

ROKEBY

CHANT VI.

Publié par Furne à Paris.

ROKEBY.

POÈME EN SIX CHANTS.

A

JOHN B. S. MORRIT, esq.,
DONT LE BEAU DOMAINE DE ROKEBY
EST LE THÉATRE DE CE POÈME,
HOMMAGE D'UN AMI SINCÈRE.

WALTER SCOTT.

Les évènemens de ce poème se passent en partie à Rokeby, sur la Greta, dans le comté d'York, et en partie dans la forteresse de Barnard-Castle et autres lieux du voisinage.

Le temps occupé par l'action est un espace de cinq jours, dont trois s'écoulent entre la fin du cinquième chant et le commencement du sixième.

La date des évènemens supposés serait immédiatement après la grande bataille de Marston-Moor, le 3 juillet 1644. Cette époque de troubles et d'anarchie a été préférée par l'auteur, sans qu'il eût l'intention de combiner son histoire avec les évènemens militaires ou politiques de la guerre civile, mais plutôt pour donner plus de probabilité au récit fabuleux qui est aujourd'hui soumis au jugement du public.

CHANT PREMIER.

I.

La lune d'été brille dans les cieux, mais les vents déchaînés soufflent avec violence ; les nuages qui se succèdent ne cessent de varier l'aspect de l'astre des nuits; sa lumière éclate et disparaît tour à tour sur les murailles du fort de Barnard et sur les ondes de la Tees; semblable au songe étrange qui trouble un coupable dont le remords et la peur assiègent le sommeil, la lune rougit soudain comme la honte, et bientôt elle semble brûler du feu plus sombre de la colère; l'ombre que projettent les nuages va et vient comme les couleurs changeantes de la crainte; enfin, les cieux semblent se cacher derrière un voile de deuil, et disparaissent dans les ténèbres, comme le désespoir.

La sentinelle de la tour antique de Baliol regarde en silence les reflets de la lumière sur les rives ombragées de la Tees; elle observe les nuages qui s'amoncellent vers le nord, et écoute le bruit des gouttes de pluie qui tombent sur le faîte de la forteresse et sur les créneaux : la voix lugubre des vents la fait frémir; elle s'enveloppe dans les plis de son large manteau.

II.

Les tours du château de Barnard, dont les ombres mobiles se dessinent sur l'onde fugitive, sont la demeure d'un châtelain qui, dans les incertitudes et les émotions confuses de son cœur, le dispute au désordre fantastique de la voûte des cieux.

Avant que le sommeil eût assoupi les sens du farouche Oswald, il avait plusieurs fois changé de position, et cherché vainement, par un pénible effort, à bannir ses noires pensées.

Le sommeil exauce enfin ses vœux; mais il traîne à sa suite des souvenirs trop réels et des fantômes imaginaires qui mêlent ensemble, dans un désordre bizarre, le passé et l'avenir. La conscience, devançant les années, reproche déjà au châtelain un crime inutile, et appelle les furies, armées de leurs serpens et de leur fouet vengeur. Les transes de leur victime attestent les traits cruels qui la déchirent, et montrent quel est le repos qu'un coupable trouve dans sa couche solitaire.

III.

Les angoisses secrètes d'Oswald se peignent sur son visage en traits aussi fugitifs et non moins sinistres que les ombres que projettent les nuages sur la surface de la Tees. On y eût distingué la rougeur subite de la honte et le feu plus concentré de la fureur, pendant que la main frémissante du châtelain endormi semblait saisir une dague ou une épée. Bientôt son sein oppressé laisse échapper un soupir, une larme mouille ses paupières entr'ouvertes, et la pâleur livide de son front achève d'exprimer la douleur qui le dévore. Un tressaillement soudain glace son sang dans ses veines; la contraction de ses lèvres, des menaces à demi articulées, annoncent que la terreur a succédé aux regrets. Cette dernière transe interrompt le sommeil d'Oswald; il se réveille en sursaut.

IV.

Il se réveille et n'ose plus fermer les yeux, dans la crainte d'un sommeil aussi terrible. Il va regarder la lampe, écoute l'airain qui répète les heures, le cri nocturne du hibou et la voix mélancolique de la brise; parfois il entend les chants guerriers que répète la sentinelle, pour charmer le temps de la garde, et il envie le sort du pauvre soldat qui, à la pointe du jour, ira trouver, sur son lit de paille, le paisible sommeil de l'enfance exempte de soucis.

V.

Le bruit lointain du galop rapide d'un coursier vient frapper l'oreille d'Oswald; il abandonne aussitôt sa couche: la vengeance et la terreur pouvaient seules lui faire distinguer un son qui ne réveillait encore aucun écho des alentours du château. Mais déjà ce bruit s'approche: Oswald entend la voix de la sentinelle qui interroge le cavalier; les chaînes retentissantes annoncent que le pont-levis s'abaisse; on parle dans la cour, et des torches précèdent l'étranger du côté de l'appartement du châtelain: — Ce sont des nouvelles importantes de l'armée, s'écrie-t-on, c'est un messager arrivé en toute hâte! — Oswald, troublé, se contraint, et répond en ces termes : — Qu'on apporte des alimens et du vin, qu'on ranime la flamme du foyer ; que l'étranger soit introduit et qu'on se retire.

VI.

L'étranger entre d'un pas fatigué ; le panache de son casque couvre les traits de son visage ; un vêtement de peau de buffle enveloppe, dans ses larges replis, sa haute stature. A peine s'il daigne répondre à l'accueil empressé que lui fait Oswald ; mais il témoigne, par un sourire dédaigneux, qu'il voit et méprise la ruse du châtelain, qui avait eu le soin de placer le flambeau de manière que sa clarté, tombant sur le visage du soldat, lui permît d'examiner ses regards sans lui découvrir les siens. Cependant l'étranger se dépouille de sa lourde peau de buffle, et les reflets de la lumière viennent se briser sur sa cuirasse d'acier. Il dépose son casque, secoue la rosée qui a mouillé son panache, quitte ses gantelets, qu'il place près du feu petillant, et va s'asseoir à la table qu'on vient de servir. C'est sans porter une santé, sans faire un salut, sans prononcer une parole de courtoisie, qu'il vide la coupe à longs traits et contente sa faim dévorante, aussi peu cérémonieux qu'un loup affamé qui déchire sa proie.

VII.

Son hôte le regarde avec une impatience mêlée de crainte, pendant qu'il continue paisiblement son repas, et que la liqueur qu'il savoure ajoute encore à la fierté de son front. Tantôt Oswald se retire à l'écart, tantôt il traverse l'appartement à grands pas, ayant peine à dissimuler l'inquiétude qui l'agite, et maudissant chaque instant de retard ; mais bientôt c'est en tremblant qu'il voit finir ce repas si prolongé ; il lui semble que ses gens ont obéi trop vite au signe qu'il leur a fait de le laisser seul avec l'étranger, à qui il lui tarde de demander les nouvelles secrètes qu'il apporte. Son silence témoigne que son cœur flotte entre la crainte et la honte.

VIII.

L'aspect de l'étranger est bien fait pour justifier la crainte et le soupçon. Un climat brûlant et de longues fatigues ont devancé sur son visage les ravages du temps ; des rides sillonnent son front ; ses tempes sont dépouillées de cheveux, et ceux qui lui restent commencent à blanchir. Mais on remarque encore en lui ce que les années peuvent seules faire disparaître, l'orgueil de son sourire, le feu de son regard, cette contraction des lèvres qui exprime le dédain, et un air terrible et menaçant. Jamais ses lèvres n'ont pâli ; jamais une larme n'a éteint dans ses yeux cette audace qui inspire la crainte et défie la douleur. Familiarisé avec le danger sous toutes les formes, il a vu la mort s'offrir à lui dans les tempêtes et les tremblemens de terre, dans les combats, les fléaux dévastateurs, les tortures lentes des supplices, sur la brèche, et dans les mines souterraines ; il a toujours su la braver avec mépris.

IX.

Cependant, si le farouche Bertram peut, sans émotion, affronter le danger et voir couler le sang, il y a quelque chose de plus que le sang-froid sur ce front basané et ces traits endurcis ; des passions criminelles y ont laissé leurs traces durables. Tout ce qui prête une espèce d'attrait aux erreurs du premier âge, la gaieté et l'abandon de la folie se sont évanouis avec la jeunesse de Bertram, et les semences du vice sont restées en lui, dépouillées de leurs fleurs. Si le sol dans lequel ces semences ont été nourries avait reçu dans le printemps de sa vie le bienfait d'une douce culture, il aurait eu assez de vigueur pour produire des fruits moins amers. Non que le cœur de Bertram eût jamais connu des sentimens tendres ; mais sa prodigalité eût été changée en bienfaisance, sa soif de l'or, qu'il ne désirait tant que pour le dissiper, eût été oubliée pour la soif de la gloire, et son orgueil aurait pris la vertu pour guide.

X.

Tel qu'il était, affranchi du frein de la conscience, souillé de vices grossiers et du carnage, Bertram avait encore une âme intrépide, qui savait prendre un noble essor, et s'élever au-dessus d'elle-même. Un coupable moins fier, un cœur moins hardi tremblait devant son terrible regard. Oswald le sentit, lorsqu'il essaya, mais en vain, par des détours adroits, d'amener son hôte à lui dire, sans qu'il le lui demandât, les nouvelles qu'il lui tardait d'apprendre. Le sujet sur lequel disserte sa bouche est bien étranger à celui qui intéresse son cœur. Bertram ne daigne pas s'apercevoir de sa peine secrète, et continue à lui répondre brièvement et en termes brusques; ou, s'écartant lui-même du sujet, il se perd dans de vagues et bizarres digressions, pour forcer le châtelain confus à obtenir par une franche question une réponse directe.

XI.

Oswald parla quelque temps des communes, du Covenant, des lois et de l'Église réformée... Mais le sourire dédaigneux de Bertram le força de changer de conversation.

— Y a-t-il eu une bataille? demanda-t-il enfin en balbutiant. Un soldat tel que Bertram, renommé par ses exploits dans les climats lointains, n'a jamais abandonné l'armée la veille d'une action; il reste sous ses drapeaux jusqu'à ce que la victoire soit déclarée.

— Comment, répondit le guerrier, lorsque vous-même, Oswald Wycliffe, vous goûtez un tranquille repos dans ces tours que défendent les ondes de la Tees, trouverez-vous étrange que d'autres viennent partager votre asile, et disent adieu à des champs de bataille où les dangers, les fatigues et la mort sont les seuls fruits que la guerre civile permette de cueillir?

— Allons, Bertram, parlons sans raillerie. Nous savons que l'ennemi s'avançait pour troubler les travaux de notre armée du nord, campée sur les remparts d'York. Tu étais avec le vaillant Fairfax, et tu n'as pu éviter le combat... Quelle en a été l'issue?

XII.

— Vous voulez le récit du combat? Je vais vous satisfaire. Nos bataillons se sont rencontrés dans la plaine de Marston; les trompettes ont fait entendre leurs fanfares menaçantes; dans les yeux de nos guerriers brillait l'ardeur la plus noble. Des deux côtés on se livre à de bruyantes clameurs; les uns s'écriaient: *Dieu et la bonne cause!* les autres: *Dieu et le roi!* En vrais Anglais, les deux partis fondent l'un sur l'autre, sans espérer aucun prix de leur valeur, et risquant de tout perdre. J'aurais pu rire, si le temps me l'eût permis, du fanatisme de ces farouches soldats, qui combattaient pour la république et pour le roi. Les uns, pour le rêve du bien public, les autres, pour les honneurs et les distinctions, prodiguaient leur sang et leur vie, afin d'obtenir le titre de martyr ou de patriote. Si Bertram eût été le chef de ces bandes valeureuses, il n'eût point, en fanatique superstitieux, cherché l'Eldorado dans le ciel. C'est au Chili que j'aurais porté la guerre. Lima m'eût ouvert ses portes d'argent; je serais entré triomphant dans le riche Mexique; j'aurais ravagé les trésors du Pérou, et la gloire de Pizarre et de Cortez eût été éclipsée par celle de Bertram.

— Ami, ne cesseras-tu pas de t'écarter du sujet qui nous intéresse; allons, quelle est la suite de ce combat?

XIII.

— Je brille au moment où retentit le clairon belliqueux, et à la table des festins, quoique aucune belle n'ait jamais aimé jusqu'ici le cœur ou le visage sombre de Bertram... Mais je reprends mon récit: La bataille pouvait se comparer à la lutte de deux courans, lorsque l'Orénoque, dans son orgueilleux courroux, loin de porter à l'Océan le tribut de ses ondes, lui déclare la guerre, et précipite contre ses flots une mer rivale. Les vagues soulevées bondissent en mugissant, et lancent leur écume jusqu'aux cieux. Le pilote pâlit, et cherche en vain à distinguer l'onde amère de celle du fleuve indompté. Tels nos bataillons se mêlent sur la plaine sanglante, et laissent la victoire indécise, jusqu'à ce que le terrible Rupert vienne fondre sur nous à la tête d'une troupe de vaillans auxiliaires, et fasse reculer nos républicains, malgré leur courage religieux. Que dirai-je de plus? Le désordre se met dans nos rangs, et nos chefs ont cessé de vivre. Mille guerriers qui, à la voix de leurs prêtres, avaient abandonné leurs campagnes, pour défendre les communes et l'évangile, et humilier le roi et les prélats, sont étendus sans vie sur la plaine; ils nagent dans les flots de leur sang, incapables désormais d'outrager le sceptre et la mitre. Tel était l'état de la bataille lorsque je suis parti.

XIV.

— Fatale nouvelle! s'écrie Wycliffe: et, affectant le désespoir, il penche la tête sur son sein: mais une étrange joie brille dans ses yeux, pour démentir sa feinte douleur. Fatale nouvelle!... N'as-tu pas dit que nos chefs ont perdu la vie, alors que leur secours était le plus nécessaire? Achève ce malheureux récit, et dis-moi quels sont ceux qui ont succombé dans ce jour funeste, quels capitaines illustres ont acheté par leur mort une gloire immortelle. Si telle a été la fin de mon plus cruel ennemi, mes larmes couleront sur sa tombe justement honorée... Quoi donc! point de réponse?... Ami, tu sais quel est celui de notre armée qui est l'objet de toute ma haine, celui que tu ne pouvais voir toi-même sans courroux: pourquoi me laisser dans l'incertitude sur son sort?

Bertram répond sans s'émouvoir: — Veux-tu savoir le sort d'un ami ou d'un ennemi? demande-le-moi simplement et sans détour, et tu recevras la réponse franche d'un soldat ; je ne sais point éclaircir d'obscures questions ni expliquer des énigmes.

XV.

La colère, que la ruse et la crainte avaient réprimée, éclate enfin dans le cœur de Wycliffe, et la bravade d'un obscur soldat réveille en lui tout l'orgueil de sa race.

— Misérable ! s'écrie-t-il, as-tu rempli ta mission de sang ? Philippe de Mortham vit-il encore ? As-tu trahi ton chef ou ton serment ? Parle : as-tu tenu la promesse que tu me fis d'immoler Mortham pendant la bataille ?

A ces mots, le soldat s'élance de son siège, et, saisissant la main d'Oswald, il la presse avec tant de force, que le sang en jaillit, comme si la sienne eût été armée d'un gantelet de fer.

— Je bois à ta santé, lui dit-il, et vidant la coupe en souriant, il laisse retomber la main de Wycliffe.

— Maintenant, ajouta-t-il, Oswald, dévoile ton cœur, et parle naturellement ! N'es-tu pas digne, si tes lâches craintes ne s'y opposaient, d'aller mener, comme moi, la vie errante d'un flibustier ? Que t'importe la bonne cause, si les trésors et les domaines de Mortham tombent en ton pouvoir ? Que te fait la prise d'York, si ma vaillante main a exécuté tes ordres ? Tu te soucies bien que Fairfax et ses meilleurs officiers rougissent de leur sang la plaine de Marston, si Philippe de Mortham a expiré à leurs côtés. Assieds-toi donc, et soyons comme des compagnons qui vident les coupes après une victoire, en se racontant ces exploits qui font frémir les enfans et les femmes. Je vais te faire le récit de la mort de Philippe.

XVI.

— Lorsque tu me verras renoncer à ma vengeance, appelle-moi misérable, et estime-moi un faible ennemi ; lorsque j'aurai pardonné un affront, traite-moi de vil esclave, et vis sans crainte ! Philippe de Mortham a été un de ceux que Bertram de Risingham appelle du nom d'ennemis, ou plutôt un de ces traîtres que ma vengeance inévitable poursuit dès qu'ils ont mérité le titre d'amis ingrats. Selon son usage, avant que la bataille fût engagée, il parcourut les rangs de ses soldats ; il avait levé sa visière. Je vis la tristesse peinte dans ses yeux lorsqu'il reconnut dans l'armée royale la bannière de son parent Rokeby : — C'est ainsi, dit-il, que les amis se divisent.— Je l'entendis, et me souvins de ces jours où nous avions si souvent décidé ensemble la victoire incertaine, alors que le cœur de Bertram était le bouclier de Philippe.

— Je me rappelai comment, dans les arides déserts de Darien, où la mort vole sur les ailes du vent du soir, j'étendais mon manteau sur mon ami, et m'exposais, sans abri, à la rosée empoisonnée ; je pensai aux rochers de Quariana, où, échappé de notre frêle esquif, je portai sur le rivage Mortham mourant, malgré les vagues furieuses qui semblaient me le disputer : c'est là que, lorsqu'une flèche indienne lui perça le cœur, je ne craignis pas d'exprimer avec mes lèvres le poison de sa blessure. Ces pensées m'assaillirent toutes à la fois, comme les vagues d'un torrent, et faillirent emporter mes projets de vengeance.

XVII.

— Les cœurs ne sont pas de pierre, et la pierre se brise ; les cœurs ne sont pas de fer, et le fer est docile à la main qui le plie. Lorsque Mortham me dit, comme autrefois, de me tenir à son côté pendant la bataille, je vis à peine la forêt mouvante des lances, j'entendis à peine les fanfares des clairons ; dans l'indécision et le trouble où était mon cœur, j'oubliais presque la bataille qui allait se livrer. Enfin je me ressouvins que, séduit par la vaine promesse de partager son château et ses trésors, j'étais revenu au rivage qui nous avait vus naître. Mais le seigneur du château de Mortham s'était éloigné bientôt de l'ami courageux qui avait combattu avec lui : des scrupules, des craintes superstitieuses, affligèrent ses dernières années ; des prêtres rusés s'emparèrent d'une victime facile, et condamnèrent tous les exploits et toutes les pensées d'une âme jadis trop hardie. Je fus forcé de chercher un autre toit; ma licence fut condamnée dans son château, séjour de la sagesse : me donnait-il de l'or, je dissipais en un seul jour trois fois plus que je ne recevais. J'errai donc comme un proscrit, incapable de cultiver les champs ou de choisir un autre métier : je devins tel que le fer d'une lance rouillé, qu'on regarde comme inutile et dangereux à la fois. Les femmes craignaient mes regards audacieux; le citoyen paisible tremblait à mon approche; le marchand, effrayé du feu de mes yeux, s'empressait de fermer son coffre-fort lorsqu'il voyait Bertram; tous les lâches amis du repos s'éloignaient du fils négligé de la guerre.

XVIII.

— Mais enfin les discordes civiles donnèrent le signal, et mon métier de soldat fut le métier de tous. Rappelé par Mortham, je revins conduire ses vassaux aux combats. Quel fut le prix de mon zèle? Je ne pouvais vanter ma piété, ni répéter de saintes oraisons : de sombres fanatiques obtinrent toutes les faveurs; et moi, déshonoré et dédaigné, je n'avais que l'heureux choix de courir au-devant de la mort... Tes gestes impatiens me disent que je ne t'apprends rien que tu ne saches déjà. Mais écoute-moi avec attention; c'est un sentiment d'honneur qui me fait répéter toutes les circonstances qui ont précédé le destin de Mortham.

XIX.

— Les pensées qui ne s'échappent que lentement de nos lèvres, traversent le cœur avec la rapidité des éclairs. J'avais à peine enfoncé mes éperons dans les flancs de mon coursier, que j'avais déjà mis fin à mes incertitudes; et, avant que nos escadrons se fussent mêlés, le sort de Mortham était arrêté. Je le suivis dans les vicissitudes de la bataille; la victoire resta inconstante comme un jour de printemps, jusqu'à ce que, tel qu'un torrent qui a rompu ses digues, le prince Rupert fondit sur nos guerriers. Alors, au milieu du tumulte, de la fumée et du désordre, lorsque chacun combattait pour défendre sa vie, j'armai ma carabine, et Mortham tomba avec son coursier : il leva vers le ciel ses yeux mourans, qui exprimaient le courroux et la douleur ; ce fut son dernier regard. Ne pense pas que je me sois arrêté pour voir la suite de la bataille ; je ne m'étais pas encore dégagé de la foule des combattans, que nos cavaliers étaient déjà en déroute. J'entendis raconter à Monckton que les Écossais, saisis d'une soudaine terreur, avaient tourné bride du côté du nord, maudissant le jour où Lesley avait traversé la Tweed. Cependant, lorsque j'arrivai sur les rives de la Swale, un autre bruit circulait déjà : le vaillant Cromwell, disait-on, avait changé la fortune de la journée à la tête de sa cavalerie : mais, vraie ou fausse, cette nouvelle est aussi indifférente à Bertram qu'à Oswald. —

XX.

Wycliffe se garda bien de témoigner combien son orgueil était révolté du ton arrogant et libre avec lequel son complice osait se montrer son égal ; il affecta de lui parler avec douceur et courtoisie, et lui jura une amitié et une reconnaissance éternelles : mais Bertram interrompit toutes ces protestations. — Wycliffe, lui dit-il, ne pense pas que je demeure ici : à peine si je veux attendre le point du jour ; instruit par l'expérience de ma jeunesse, je ne me fie pas aux sermens d'un complice. Les vallées de ma terre natale répètent encore le chant tragique de Percy Rede, entraîné à sa perte par le perfide Girsonfield. Souvent, sur les bords lugubres de la Pringle, le berger voit encore apparaître son spectre sanglant. Citerai-je aussi cette statue, ouvrage du ciseau d'un ancien sculpteur, que l'on contemple avec effroi près du lieu qui m'a donné son nom, la forteresse de Risingham, où la Reed arrose le hameau et les arbres champêtres de Woodburn ? Cette statue représente un géant d'une force extraordinaire ; son carquois est sur ses épaules, et il porte une courte tunique. Va demander comment périt cet audacieux chasseur, ce chef intrépide de nos vallées; le vieillard et l'enfant te répondront qu'il fut victime de la trahison d'un frère. Instruit par les histoires de mes jeunes années, penses-tu, je te le répète, que je croirai à tes sermens?

XXI.

— Lorsque nous parlâmes pour la dernière fois du coup que ma main devait frapper, rien ne fut convenu entre nous; nous ne dîmes point comment nous partagerions les richesses de Mortham. Je vais prononcer sur la part que les lois différentes que nous suivons nous forcent de réclamer.

— Toi, né vassal de la couronne d'Angleterre, tu dois savoir quels sont tes droits à l'héritage. C'est à toi qu'appartiennent, comme au plus proche parent, les terres et les revenus de Philippe; je te les cède : mais tu respecteras les statuts du flibustier. Ami de l'Océan, ennemi de tous ceux qui voyagent sur les flots, lorsque son compagnon succombe dans un combat, il hérite de sa part du butin; lorsqu'un chef ennemi périt sous ses coups, c'est encore lui qui reçoit ses dépouilles : ces deux lois m'assurent également les trésors apportés des mers indiennes et accumulés par Mortham dans ses obscurs souterrains. J'irai donc m'emparer de l'or en lingot, des pierres précieuses, des calices et des vases enlevés aux temples, des diamans arrachés à la beauté éplorée, de toutes les richesses enfin conquises dans tant de contrées différentes. Tu m'accompagneras pour me les livrer; car, sans toi, il me serait difficile de trouver accès dans le château de Mortham. Je te dirai bientôt adieu, et j'irai goûter tous les plaisirs que l'or peut acheter : une fois tous mes désirs satisfaits, les discordes civiles occuperont de nouveau mon glaive impatient.

XXII.

Une réponse douteuse s'arrête sur les lèvres d'Oswald; malgré ses ruses, il écoute avec terreur cet audacieux sicaire qui lui fait la loi, et son cœur troublé flotte entre la haine et la joie, les remords et la crainte. Charmé de voir partir Bertram, il regrette la riche récompense que réclame le meurtrier; il maudit son orgueil et son arrogance, et n'ose pas se hasarder avec lui dans le voyage qu'il lui propose. Enfin il se décide pour le parti moyen qu'adoptent toujours la lâcheté et l'astuce. — Sa charge, dit-il, lui défend de s'absenter de la forteresse dans de semblables momens : Wilfrid accompagnera Bertram ; son fils et son ami iront ensemble.

XXIII.

Le mépris modéra la colère de Bertram et changea son sombre coup d'œil en un sourire farouche : Wilfrid ou toi, répondit-il, peu m'importe qui de vous deux me portera la clef d'or; mais ne crois pas que ta lâche pensée m'échappe : elle me fait sourire de pitié. Si tu crains ma terrible main, Oswald Wycliffe, qui te protège ici contre elle? J'ai franchi des remparts plus élevés que les tiens, j'ai traversé à la nage des fleuves plus larges que la Tees : ne puis-je pas te poignarder avant qu'un seul cri ait averti la sentinelle?.... Cesse de trembler : ce n'est point là mon dessein; mais si ce l'était, tu n'aurais à m'opposer qu'une faible défense ; tu peux m'en croire ;... cette main au besoin a frappé des coups plus hardis. Va réveiller ton fils. Le temps presse : je devrais être déjà loin.

XXIV.

Aucune des noirceurs d'Oswald ne souillait le cœur du jeune Wilfrid : son cœur était trop tendre pour être propre aux hasards périlleux de la fortune. Lorsqu'une nombreuse famille et des fils plus farouches faisaient l'orgueil d'Oswald, le châtelain raillait souvent l'âme faible et la main timide de Wilfrid ; mais la tendresse et le bonheur de sa mère consolaient ce faible enfant. Aucun de ces caprices qui caractérisent l'enfance n'annonçait en lui le courage; il aimait à étudier les riches écrits de Shakspeare, mais il laissait les tableaux guerriers et la description des fêtes, la gaieté de Falstaff et les combats de Percy, pour méditer la morale de Jacques, pour rêver avec Hamlet et verser de douces larmes sur le malheur de Desdemone.

XXV.

Aucun des plaisirs chers à la jeunesse n'avait d'attraits pour Wilfrid. Il préférait aux coursiers, aux faucons et aux meutes bruyantes, les promenades paisibles sur les bords d'un ruisseau solitaire ou d'un lac silencieux; il cherchait souvent les paysages de Deepdale, où l'on ne voit que des rochers, d'épais taillis et la voûte des cieux; il gravissait les hauteurs escarpées de Catcastle ou les tours de Pendragon. C'est là que ses pensées s'égaraient dans les rêves fantastiques d'un amour fidèle ou d'un printemps éternel, jusqu'à ce que, les ailes fatiguées de la contemplation ne pouvant plus le soutenir, il se trouvât de nouveau sur la terre.

XXVI.

Il aimait — comme l'attestent maintes ballades chantées encore dans la vallée de Stanmore; car il connaissait l'art des ménestrels, cet art que l'on ne peut enseigner ni apprendre... Il aimait... La nature avait formé son âme pour l'amour, et l'imagination entretenait sa flamme... Il aimait sans retour... car il est rare qu'un amant dont le cœur est si tendre fasse partager ses feux. Il aimait en silence; tous ses regards exprimaient la passion, ses lèvres ne parlaient que d'amitié. Ainsi s'était écoulée sa vie rêveuse... jusqu'au jour où son père vit périr tous ses frères, l'espoir de ses vieux ans. Wilfrid resta seul héritier du fruit de tous ses stratagèmes et de son avarice; Wilfrid fut destiné à parcourir le labyrinthe obscur de l'ambition, sous les auspices de l'astucieux Oswald.

XXVII.

Oswald lui ordonne d'aimer et de courtiser la belle Matilde, héritière du chevalier de Rokeby. L'aimer était pour lui facile, Matilde était déjà la dame de ses pensées;

lui plaire n'était point une tâche aussi aisée pour un cœur qui n'osait ni espérer ni demander. Matilde cependant accordait à son esclave tout ce qu'on peut accorder par compassion, — l'estime, l'amitié, des égards, et la louange qui fut toujours la plus douce récompense du ménestrel. Elle lisait les vers qu'approuvait le goût de Wilfrid, chantait les ballades qu'il aimait ou que composait sa muse; mais, regrettant de nourrir la flamme fatale d'un amour sans espoir, elle refusait parfois, dans un caprice bienveillant, l'accueil dû à l'amitié; et soudain, plaignant la douleur de sa victime, elle lui rendait ses dangereux sourires.

XXVIII.

Telle était la destinée de Wilfrid lorsque la voix terrible de la guerre retentit dans la contrée. Trois bannières différentes flottèrent sur les rives de la Tees. Le serf les vit avec un noir pressentiment; elles se réunissaient jadis pour s'opposer aux incursions des Écossais; aujourd'hui les seigneurs et les vassaux se défient les uns des autres. Le chevalier de Rokeby sortit de son château, situé sur les rives de la Greta, et alla réunir ses soldats à ceux des valeureux comtes du nord qui s'armaient pour le roi Charles. Mortham son allié (car sa sœur, descendue il est vrai dans la tombe avant la guerre civile, avait été l'épouse de Rokeby), Philippe de Mortham marcha sous les ordres de Fairfax pendant que, d'accord avec l'artificieux Vane, mais moins prompt à courir aux champs de bataille, Wycliffe se fortifiait dans les remparts antiques de Barnard, qu'il occupait au nom des communes.

XXIX.

La belle héritière du chevalier de Rokeby attend dans son château l'évènement des combats. La guerre civile respectait tous ceux qui étaient sans appui, épargnant au milieu de ses fureurs l'enfance, le sexe et la vieillesse; mais Wilfrid, fils de l'ennemi de Rokeby, doit cesser de se rendre à la faveur du crépuscule sur les bords de la

Greta, pour y voir Matilde, en affectant, avec toute la dissimulation dont l'amour est capable, d'être distrait en l'apercevant, et de ne devoir sa rencontre qu'au hasard. Il ne pourra plus prendre l'excuse d'un livre, d'un pinceau ou d'un poème qu'il désirerait lui donner. Tantôt c'était une antique ballade qu'il venait lui apprendre, tantôt c'était un conte moderne. Pendant ces entrevues dont les momens, hélas! s'envolent si vite, Wilfrid gravait dans sa mémoire tous les mots qui échappaient à Matilde, son sourire affable, ou ses regards indifférens, pour en nourrir son âme dans la solitude. La guerre a interrompu pour lui cette occupation si chère... mais Wilfrid s'échappe encore pour aller épier de loin dans les bosquets la promenade accoutumée de Matilde, et son cœur palpite chaque fois que l'écho répète le bruit de ses pas. Vient-elle... il ne la voit que passer, mais cette vue suffira pour charmer les heures de la nuit... Elle ne vient pas... alors il attendra le moment où sa lampe brillera dans la tour. C'est encore quelque chose pour lui si son ombre s'arrête un instant sur le balcon. — Que sont ma vie et mon espérance? disait-il. Hélas! une ombre passagère.

xxx.

Ainsi s'épuisait sa vie, quoique la raison osât, mais en vain, combattre parfois l'amour dans son cœur, en lui faisant entrevoir un avenir plus cruel encore que ses chagrins présens; mais il refusait bientôt d'écouter la voix sévère de la vérité. Calme et indifférent d'ailleurs, Wilfrid voyait sans émotion tous les changemens de la fortune; mais il était l'enfant docile, imprudent et malheureux, de l'imagination. Tantôt la capricieuse déesse le plaçait dans son char brillant avec la belle de ses pensées; tantôt c'était dans un asile solitaire qu'elle répandait ses charmes autour de lui : là, elle versait sur son front languissant une douce rosée, le couvrait de son voile magique, lui faisait savourer ces breuvages enivrans dont le goût n'est jamais oublié; et, le plaçant dans son cercle enchanté, l'isolait de toutes les réalités sévères, jusqu'à ce que le jeune enthousiaste ne vît plus ses rians mensonges que comme des vérités, et prit la vérité pour un rêve.

XXXI.

Malheur au jeune homme égaré qui refuse la main protectrice de la raison pour se laisser guider par l'imagination capricieuse! Malheur à lui! Il est digne d'une tendre pitié, car son cœur est bon et généreux. Malheur à ceux qui le conduisent et oublient de faire parler la voix de la vérité pour fortifier son âme quand il en est temps encore! O vous qui êtes ses vrais amis! apprenez-lui à juger du présent par le passé, rappelez-lui chacun de ses désirs, combien le trésor qu'il se promettait lui semblait riche et brillant, et combien la possession détrompa ses espérances. Dites-lui que l'imagination ne court qu'après des fantômes. Montrez-lui ce qui l'attend au but qu'il veut atteindre, le désappointement et le regret : l'un désenchante les yeux du jeune imprudent et dépouille le prix de ses travaux de tout ce qui l'avait séduit; l'autre, au contraire, en rehausse l'éclat pour augmenter sa peine, s'il n'a pu obtenir ce qu'il poursuivait. Le vainqueur voit sa couronne d'or transformée en vil métal pendant que le vaincu déplore sa perte et regarde encore ce faux or comme une brillante récompense.

XXXII.

Hélas! voyez la tour où gémit Wilfrid; voyez la couche qui l'invite vainement au repos depuis le déclin du jour; cette lampe dont la pâle et vacillante clarté se mêle avec la froide lumière de la lune, et surtout ce corps épuisé!... La rougeur de la fièvre se répand inégalement sur ses joues; sa tête est tristement penchée, ses cheveux sont en désordre, ses membres refusent de le soutenir; la douleur est peinte dans tous ses traits. Mais il lève les yeux... un sourire mélancolique ranime un moment son pâle visage; c'est l'imagination qui réveille en lui quelque vaine espérance, pour orner la ruine qui fut son ouvrage, semblable à l'oiseau nocturne des buissons de l'Inde [1], qui caresse de ses ailes la blessure qu'il a faite, et, charmant ainsi la douleur du malheureux, épuise tout son sang goutte à goutte. Wilfrid tourne les yeux vers la terrasse ; vain espoir ! le soleil ne se lève point encore ! la lune est toujours couronnée de sombres nuages ; et par intervalles l'ouragan siffle et menace. Il faut encore une heure avant que l'aurore se montre à l'orient. Pour se distraire pendant cette heure pénible, Wilfrid a recours à l'art magique du ménestrel.

XXXIII.
A LA LUNE.

Salut aux doux rayons de ta tremblante image,
Chaste divinité de la voûte des cieux !
    Mais déjà ton front radieux
    S'est voilé d'un sombre nuage.
Un soir, il m'en souvient, j'accusais ces vapeurs
De cacher à mes yeux la beauté que j'adore :
    Mais bientôt de son luth sonore
    Sa main tira des accords enchanteurs ;
    Dans la romance d'un trouvère
J'osai lui révéler à demi mon ardeur !
    Et je bénis ta discrète lumière
Qui ne vint pas trahir ma craintive rougeur.
    Hélas ! les crimes de la terre
    Du ciel ont causé le courroux !
Chaste reine des airs, ton flambeau tutélaire,
D'un perfide ennemi sert à guider les coups...
Ah ! s'il est deux amans qui, tendres et fidèles,
Vont au fond du vallon parler de leurs amours,
En prenant à témoin tes clartés immortelles,
Daigne par tes reflets leur indiquer le cours
    Du ruisseau dont l'onde limpide
Les conduira sous le berceau de fleurs,
    Où la bergère moins timide
Crut devoir oublier ses premières rigueurs.

XXXIV.

Wilfrid entend du bruit, et tressaille. Quelle est cette

---

(1) Espèce de chauve-souris.

voix qui l'appelle? Qui vient à lui dans cette heure solitaire? C'est son père, les yeux hagards, et frissonnant encore de l'entrevue qu'il vient d'avoir avec Bertram.

— Wilfrid! dit-il, quoi donc, tu ne dors pas! tu n'as point de soucis, cependant, qui bannissent le sommeil de tes yeux. Mortham a perdu la vie à Marston-Moor, et Bertram vient avec la mission de s'assurer de ses trésors, pour les besoins de l'État et le bien public. Les serviteurs de Mortham t'obéiront. Il faut que Bertram remplisse ses ordres ponctuellement... Prends ton épée, ajoute tout bas le châtelain, prends ton épée; Bertram est... ce que je ne puis dire. Le voici; adieu.

CHANT SECOND.

I.

La bise s'est tue en soupirant: la lune a dissipé les nuages qui l'entouraient; mais son disque pâlit, et va bientôt disparaître. Des vapeurs couronnent encore les collines de Brusleton, et la riche vallée de l'orient attend les premiers rayons du jour pour montrer sa plaine cultivée et ses rians bocages, ses tours gothiques et la flèche de ses clochers. Sur la rive occidentale de la Tees, les sinuosités inégales du Stanmore, les vallons agrestes de Lunedale, Kelton-fell et Gilmanscar avec sa ceinture de rochers, sont encore couverts du manteau des ombres, tandis que, couronné des premiers feux de l'aurore, le château de Barnard s'élève fièrement, comme le monarque de la vallée.

II.

Quel tableau se développe peu à peu aux yeux charmés de la sentinelle qui veille sur les remparts! Elle voit la Tees poursuivre sa course rapide à travers les bois qui l'ombragent; une vapeur légère trahit les détours de l'onde fugitive. Avant une heure ce nuage argenté s'évanouira en laissant sur le feuillage une rosée étincelante. Alors apparaîtront le lit que la Tees s'est creusé dans le rocher, et les arbres antiques inclinés sur ses flots. Ce n'est plus une faible digue qui s'oppose à leur cours : naguère ils s'écoulaient sur un lit de sable et de cailloux dorés; maintenant ils sont condamnés à s'ouvrir un passage dans le sein d'un dur granit.

III.

Mais ce n'est pas la Tees seule que va nous découvrir le retour de la lumière; maint ruisseau tributaire s'échappera du vallon où commence sa source. Le Staindrop, fuyant les agrestes ombrages, ira saluer les créneaux de l'orgueilleuse tour de Raby. Plus loin on reconnaîtra l'onde champêtre d'Eglistone; le Balder, qui porte le nom du fils d'Odin; la Greta, qui verra bientôt sur ses rives les amans que célèbre ma Muse; la Lune [1] dont l'onde argentée arrose le sauvage Stanmore, la source de Thorsgill, séjour enchanteur; et enfin, le dernier et le moindre de tous, mais plus gracieux que les autres, le ruisseau de la vallée de Deepdale. Celui qui a erré sous les ombrages de Deepdale peut-il regretter la clairière magique de Roslin? Peut-il même lui préférer cette vallée bizarre où les rochers de Cartland, taillés d'une manière fantastique, s'élancent, comme des clochers, du milieu des verts taillis. Cependant, terre d'Albyn [2]! à toi reste l'avantage d'avoir associé tes sites à ton histoire! Tu invites le mortel qui s'égare dans la clairière de Roslin, à écouter le récit des temps passés; tu lui montres, au milieu des rochers de Cartland, la grotte qui servit de refuge à ton vaillant champion [3]. Tes rochers et tes vallons sont consacrés par les traditions des âges et les chants de tes

---

(1) La Lune se jette dans la Tees, sous Lougton, à six milles de Barnard-Castle. — Éd.

(2) L'Écosse. — Éd.

(3) Wallace. — Éd.

ménestrels. Puissent long-temps encore tes annales offrir à ma Muse ce charme inspirateur qui rayonne pour le génie dans les yeux de la beauté?

IV.

Bertram se souciait fort peu d'attendre le brillant spectacle dont on jouit au lever du soleil, du haut des créneaux de Barnard; il partit avec Wilfrid avant le jour, lorsque le crépuscule et les pâles rayons de la lune étaient encore confondus dans la vallée silencieuse. Ils passèrent sur le pont de pierre de Barnard, et gagnèrent la rive opposée de la Tees. Se dirigeant vers l'orient, ils laissèrent bientôt les ruines d'Eglistone. Chacun d'eux, absorbé dans ses rêveries, marchait dans un morne silence. On pense bien que l'aspect de Bertram parut farouche et repoussant à Wilfrid. De son côté, le terrible Risingham ne pouvait que voir dans son compagnon un jeune homme timide et digne de sa pitié. Quel entretien auraient eu entre eux deux hommes si différens?

V.

Bertram voulut éviter le chemin le plus court qui conduit à travers le parc et la forêt de Rokeby. Suivant les détours des collines, Wilfrid et lui traversèrent le pont antique de la Greta, au lieu où ses eaux, libres un moment, s'échappent des sombres bois de Brignal, et cherchent la vallée profonde de Mortham.

C'est là que, considérant le tertre élevé par cette légion encore illustre, dont l'autel votif éternise le titre de PIEUSE, VICTORIEUSE ET FIDÈLE, Wilfrid dit en soupirant : — O vous, enfans terribles de Mars, venez voir ce trophée de l'orgueil des Romains ! Que reste-t-il des travaux de ces fiers dominateurs ?... Un fossé à demi comblé, et les débris d'une pierre... — Wilfrid prononça ces mots pour lui-même, pensant bien que toute réflexion morale serait perdue pour Bertram.

VI.

Un autre sentiment émut bientôt le cœur de Wilfrid

et il fit entendre un soupir à demi étouffé lorsqu'il vit vers le nord les tours superbes de Rokeby sortir du milieu des arbres. Si Spencer eût erré avec lui dans ce séjour enchanteur, il l'aurait peut-être embelli des riches couleurs de son imagination ; il eût peint à Wilfrid la rivière qui, telle qu'un captif fuyant sa prison, couronne ses vagues d'une brillante écume, et exprime son allégresse par un murmure mélodieux ; il eût célébré ces arbres qui semblent reculer sur les coteaux, où, çà et là, le chêne, géant des forêts, s'arrête solitaire, et étend ses rameaux noueux, comme on voit un chef vaillant, lorsque sa troupe est mise en fuite, opposer un front intrépide à l'ennemi pour protéger la retraite des siens. Mais vainement Spencer eût prodigué sur ces lieux les charmes de ses vers ; Wilfrid n'aurait vu que la tour lointaine et la terrasse où Matilde respirait la fraîcheur du soir.

VII.

Cette vallée ouverte de toutes parts est déjà derrière eux, et Rokeby, quoique peu éloigné, cesse d'être aperçu. Ils descendent dans les bois qu'arrose la Greta, et suivent une route sauvage et solitaire, mais remplie de charmes pour les ménestrels. Des ombres épaisses s'étendent au-devant d'eux ; le vallon offre une enceinte de plus en plus rétrécie. A voir les saillies des rochers suspendus sur le torrent, on dirait qu'une montagne s'est partagée soudain pour ouvrir un passage à l'onde mugissante. A peine si leur base escarpée laisse un étroit sentier aux pas des voyageurs. Placés entre les rocs et les vagues, ils entendent gronder le torrent rapide qui se précipite tel qu'un coursier saisi d'épouvante. L'onde irritée se brise sur chaque rocher qu'elle rencontre, et poursuit sa route, couverte d'une écume semblable aux vains projets de l'orgueil, que l'homme confie au fleuve rapide de la vie.

VIII.

Parmi ces rochers qui penchent leurs crêtes superbes

sur le sombre lit de la Greta, les uns sont nus et arides, et les autres couverts d'une verdure ondoyante. Ici des arbres sortent de chaque fente, et balancent leurs feuillages touffus; là les rocs anguleux s'élancent jusqu'aux nuages : souvent aussi le lierre les entoure comme d'une cotte-de-mailles, et couronne leurs âpres sommets de sa verte guirlande. Çà et là les rameaux flexibles flottent au milieu des airs, semblables à ces étendards arborés jadis sur les créneaux des tours féodales, pendant que les barons faisaient retentir les voûtes de leurs châteaux des acclamations de la joie. Telle est, plus bruyante encore, la voix mugissante de la Greta; tels sont les échos de son rivage et les bannières verdoyantes qui flottent sur le cours de ses ondes.

IX.

Enfin, plus loin, les rochers s'écartent tout-à-coup de la rivière; mais ils ne sont pas remplacés par une pelouse de gazon, ou par une de ces riantes plages qu'on trouve souvent après de semblables montagnes : asile solitaire, mais enchanteur, où l'imagination aime à se figurer qu'un pieux ermite, abandonnant sa cellule, vient réciter son rosaire. Mais ici on rencontre un bois de sombres ifs qui entrelacent leurs rameaux lugubres avec ceux du noir sapin, arbre des tombeaux. Il semble que cet ombrage est fatal à la terre qui le nourrit. Jamais ces lieux n'offrirent la douce verdure qu'aiment les fées bienveillantes; aucun gazon, aucune fleur champêtre, n'y consolent les regards attristés. Le seul tapis qui couvre le sol est formé par les feuilles dont l'ouragan dépouille les branches flétries. Vainement le soleil dorait déjà les collines : le crépuscule régnait encore dans ce séjour sinistre, excepté sur l'extrême rive de la Greta, où quelques rayons s'égaraient à travers le feuillage. C'était un contraste bizarre que de voir l'ombre lugubre de ce ravin, et les brillantes nuances de l'aurore qui coloraient les festons du lierre sur le sommet de la montagne.

CHANT SECOND.

X.

Ce vallon était évité, pendant les ténèbres, par le serf crédule. La superstition racontait mainte histoire effrayante, et prétendait que des voix sinistres se faisaient entendre chaque nuit dans les sentiers. Lorsque les soliveaux de Noël pétillent dans le foyer champêtre, ces récits prolongent la soirée; la curiosité et la crainte écoutent avec un plaisir mêlé de tristesse, jusqu'à ce que la pâleur se répande sur les traits de l'enfance, et que la jolie villageoise perde aussi les roses de son teint. L'intérêt redouble, le cercle se rapproche peu à peu, et chacun jette derrière soi un regard tremblant lorsque le vent d'hiver gémit ou menace. Le vallon de Mortham est un lieu digne d'inspirer de tels récits : un mortel superstitieux qui, à une heure semblable, y aurait observé les pas précipités de Bertram, aurait pu croire que l'enfer avait laissé échapper l'ombre sanglante d'un meurtrier, et Wilfrid eût semblé une pâle victime destinée à lui servir de cortège.

XI.

Ce n'est pas seulement parmi les crédules habitans des hameaux que ces terreurs imaginaires se répandent; il n'est point de rang qui soit exempt de cette maladie de l'esprit : des cœurs aussi fermes que le bronze, aussi endurcis que le marbre, inaccessibles à la fois à l'amour et à la pitié, ont frémi comme le tremble flexible, sous son inévitable influence.

Bertram avait entendu raconter mainte histoire merveilleuse dans le lieu de sa naissance, et son âme ne pouvait secrètement se défendre de la crédulité de ses premières années. Sa jeunesse aventureuse n'avait pas moins ajouté foi à toutes les traditions qu'il avait apprises lorsque le vent des tropiques arrondissait la voile docile de son vaisseau, et que la lune des climats indiens prêtait la lumière argentée de son disque aux sentinelles de la nuit. C'est alors que les matelots aiment à s'entretenir des présages et des miracles de la magie. L'un parle de ces vents qu'on achète sur le rivage des Lapons, et du sifflet tout-puissant qui évoque les tempêtes ; l'autre décrit une magicienne, une sirène, un esprit, le manteau d'Éric et le feu Saint-Elme ; un troisième cite le fantôme de ce vaisseau qui apparaît soudain, comme un météore pendant l'orage : la pluie tombe par torrens ; on abaisse les mâts ; aucune voile, tissue par une main mortelle, n'oserait braver le courroux des élémens ; seul, au milieu de la lutte des vents et des flots, le navire infernal s'avance appareillé, et défie le naufrage, pendant que les matelots gémissent de ce funeste avant-coureur de la mort qui les attend sous l'abîme.

XII.

C'est encore à cette heure que les pirates racontent à voix basse les merveilles dont ils ont eux-mêmes été souvent les témoins en abordant sur une côte déserte, dans laquelle les Espagnols ont exercé leurs cruautés, ou furent eux-mêmes victimes de terribles représailles. Le flibustier prétend avoir entendu, pendant la nuit, des voix lamentables qui venaient l'effrayer dans sa chaloupe légère, placée en embuscade, non loin de la baie silencieuse. Des cris de douleur sortaient des roseaux, éclairés par la lune. L'aventurier, frissonnant malgré lui, a cherché en vain une prière dans sa mémoire ; il maudit cette baie de sinistre présage, et profite de la brise du matin pour aller, dans sa soif du pillage et du sang, rendre une autre rade le théâtre d'une semblable tradition.

XIII.

C'est ainsi que, dans les trois âges de sa vie, Bertram, ayant été nourri de récits mystérieux, était livré parfois à de vagues souvenirs qui se mêlaient à la conscience de ses crimes. Ce sentiment venait troubler son âme comme le funeste vaisseau de la mort, pendant les orages, et il s'élevait en lui une voix non moins terrible que les gémissemens d'une victime à l'aspect du poignard. Cette voix peut-être retentissait dans son cœur lorsqu'il adressa ces mots au fils d'Oswald :

— Wilfrid, ce ravin n'est jamais fréquenté jusqu'à l'heure où le soleil s'arrête au milieu de l'horizon, et pourtant j'ai déjà vu deux fois quelqu'un qui semblait vouloir observer nos pas. Deux fois il s'est dérobé à mes yeux, derrière un rocher ou le tronc d'un arbre. N'as-tu rien remarqué ? Serions-nous épiés, ou ton père aurait-il trahi ma confiance ?... Si cela était...

— Avant que Wilfrid fût sorti entièrement d'une rêverie excitée par des pensées plus gracieuses, avant qu'il eût pu se préparer à répondre, Bertram s'est écrié : — Qui que tu sois, arrête ; — et il se précipite le fer à la main.

XIV.

Aussi prompt que la foudre qui éclate, il s'élance dans le sentier retentissant. Les échos des rochers et du bois se renvoient le bruit de ses pas et son terrible défi. Il lui semble que celui qu'il poursuit a gravi la montagne ; il en fait le tour, et bientôt il mesure des yeux sa cime escarpée. Ses pieds, ses mains et tous ses membres réunissent leurs efforts pour l'escalader. Wilfrid, troublé par la surprise, voit quel péril le menace. Tantôt Bertram s'attache aux racines noueuses du chêne ; tantôt il ose se suspendre aux festons du lierre. Tel que le chevreuil bondissant, il est forcé de s'élancer dans les airs sans avoir un point d'appui. Enfin il demeure comme enseveli dans les sillons couverts de broussailles, que l'eau de la pluie a tracés. On n'entend plus que la branche qui crie et se casse, le bruit sourd de son corselet, les éclats de roche qui roulent dans le torrent, le signal d'effroi du faucon chassé de son nid, et les croassemens des corbeaux, qui espèrent que son cadavre deviendra leur proie pour prix de sa témérité.

XV.

Soudain il reparaît ! mais comment portera-t-il plus

haut ses pas? Quel mortel serait assez hardi pour essayer de franchir cet aride rocher qui lève jusqu'aux nues sa crête irrégulière? Ici le lierre n'offre plus à Bertram ses rameaux flexibles; aucune saillie propice ne peut être saisie par ses mains; le seul appui où repose son pied, c'est une pierre ébranlée qui tient à peine au sol. Chancelant sur un soutien si dangereux, il étend la main pour atteindre le faîte de la roche. A peine a-t-il risqué cet effort, que la pierre infidèle se détache, glisse sous le poids de son corps vacillant, et roule avec fracas sur les sentiers et les broussailles. L'écho du ravin porte au loin le bruit de sa chute, semblable aux roulemens de la foudre. Mais Bertram n'est-il pas entraîné? Non. Sur le point de perdre la vie, ses bras nerveux n'ont pas trahi son attente; il est resté immobile sur le sommet du rocher.

XVI.

Wilfrid a suivi des sentiers plus sûrs; il rencontre, par intervalles, l'impression non effacée des pas des chasseurs, qui lui facilitent l'accès de la montagne. Il arrive ainsi, par de longs détours, au lieu où Risingham était parvenu avec tant de risques; déjà l'intrépide soldat n'y était plus. Wilfrid continue sa route; et, au sortir du bois, il se trouve devant le château de Mortham. Un paysage ravissant charme sa vue. Le soleil dorait de ses rayons les créneaux des tours et la pierre usée du portail. Le fils d'Oswald admire, du haut de la colline, la Greta, qui, fuyant les sombres lieux qu'elle vient de parcourir, va se réunir à la Tees. La pente douce qui conduit au vallon favorise le cours de ses ondes, que l'aube matinale colore d'une teinte de pourpre. Elle semble rougir comme une jeune fille qui, élevée dans la retraite d'un cloître, se rend au lit nuptial. Les chants joyeux de la linotte, du merle et de l'alouette, célèbrent l'union des deux rivières.

XVII.

Mais vainement les chantres aériens répétaient leurs plus doux concerts; vainement une belle aurore promettait un jour pur et serein : ni le soleil levant, ni le chant des oiseaux ne peuvent égayer le château silencieux de Mortham. Le portier ne vient plus se placer, comme autrefois, sous la voûte du porche, aucun serf ne se rend à la glèbe ; on n'entend plus la chanson joyeuse de la jeune fille, fidèle à sa tâche matinale ; le chien vigilant n'aboie plus dans la cour déserte ; l'impatient coursier n'accuse plus, par ses hennissemens, la paresse de l'écuyer ; l'allée ombragée, l'arbre utile du jardin, sont négligés également ; tout atteste l'absence du châtelain, tout présente l'aspect du désordre et de l'abandon. A la portée d'un trait, deux ormeaux touffus entrelacent leurs rameaux, comme pour former un dais de verdure sur l'asile solitaire des morts. Leur feuillage se courbe en arceaux sur un monument orné de maint écusson et de mainte devise gravée en caractères gothiques. C'est là que Wilfrid trouve son compagnon, harassé de fatigue et rêvant d'un air farouche sur le tombeau.

XVIII.

— Il a disparu, lui dit Bertram, il a disparu comme un fantôme, derrière ce monument. C'est ici même où j'avais souvent pensé qu'étaient ensevelis les trésors amassés par Mortham dans les parages des Indes. Il est vrai que ses vieux serviteurs disaient que dans ce lieu était déposée l'épouse long-temps pleurée du châtelain ; mais il est plus probable qu'il avait d'autres raisons pour défendre, aussi sévèrement qu'il le faisait, qu'on suivît ses pas lorsqu'il descendait dans ce sombre souterrain.

— J'ai connu un ancien pilote, du temps que je faisais partie de l'équipage de Morgan. Il nous parlait souvent, lorsque nous étions à table, de Raleigh, de Forbisher et de Drake ; marins fameux et intrépides qui savaient bien, à la pointe de leur épée, dépouiller le fier Castillan de son or. — « Camarades, nous répétait ce vieillard expérimenté, ne confiez jamais à votre capitaine, ou à un ami, votre part du butin ; mais cherchez quelque lieu désert où le flambeau de la lune éclaire des ossemens abandonnés. Là, creusez une tombe, déposez-y vos richesses, et laissez-en la garde aux ombres des morts. Dépositaires fidèles, ils les défendront à jamais, pourvu qu'un charme les y force. Si vous ne trouvez point un lieu semblable, égorgez un esclave ou un prisonnier sur la terre qui cache vos trésors, et ordonnez à son fantôme sanglant de faire sentinelle pendant la nuit à son poste solitaire... » Ainsi parlait ce sage marin... La vision que j'ai eue ce matin me prouve la vérité de ces paroles.

XIX.

Wilfrid, qui eût à peine écouté ailleurs un conte si étrange, sourit de pitié; surpris cependant qu'un soldat si farouche pût donner quelque crédit à de tels récits, il pria Bertram de lui apprendre de quelle forme était le fantôme qu'il avait poursuivi. Ce pouvoir secret, qui, souvent vaincu, mais jamais complètement étouffé, se cache dans le cœur du coupable, toujours prêt à le surprendre et à le forcer, par un charme magique, à dévoiler, malgré lui, son forfait, ce pouvoir se réveilla tout-à-coup dans l'âme de Bertram, qui répondit à Wilfrid, oubliant presque qu'il parlait devant un témoin.

— Le fantôme avait la forme de Mortham. J'ai reconnu son casque et son panache rouge, sa taille et les traits de son visage... C'était Mortham tel qu'il était lorsque je le tuai dans le combat... C'est donc toi qui l'as tué? interrompit Wilfrid; toi! — Bertram s'aperçoit de l'aveu qu'il vient de faire; il relève fièrement la tête, et retrouve toute son audace. — Moi-même, ajoute-t-il, oui, c'est moi... J'oubliais, jeune homme, que tu ignorais le complot. Mais puisque je l'ai dit, je ne désavouerai ni mon action, ni mes paroles. Je l'ai tué, pour prix de son ingratitude. Oui, voilà la main par laquelle Mortham a péri.

XX.

Wilfrid, dont le cœur tendre et timide n'était point

formé par les hasards, Wilfrid n'aimait point les exploits guerriers, et fuyait les travaux et les périls; mais l'enfant des Muses nourrissait la flamme secrète d'une généreuse ardeur. L'injustice, la fraude et le crime révoltaient son âme. La nature ne lui avait point donné les forces nécessaires pour soutenir, sans émotion, les fatigues, la douleur et les dangers; mais, quand une sainte cause l'enflammait, il se montrait au-dessus de lui-même. Dans un transport héroïque, il porte sur Bertram une main désespérée, se fixe à la terre, et tire son glaive du fourreau. — Misérable, s'écrie-t-il, quand tous les démons auxquels tu as vendu ton âme viendraient à ton secours, je ne lâcherai point prise... Accourez à moi, vassaux de Mortham, venez saisir le meurtrier de votre maître.

XXI.

Bertram, étonné un moment, reste immobile, comme si une force inconnue avait dompté son audace. Il lui semble étrange qu'un jeune homme, si faible et si timide, ose porter la main sur le terrible Risingham. Mais, lorsqu'il se sentit frappé par cette main téméraire, le brigand revint à lui-même : arracher l'épée de Wilfrid, et le précipiter sur le sable, ce fut pour lui l'affaire d'un moment... Un moment encore, et cette épée tournée contre le fils d'Oswald allait lui donner la mort; mais lorsque Bertram était sur le point de l'enfoncer dans le sein de sa victime, et de mettre un terme à sa vie et à ses malheureuses amours, un guerrier se montre tout-à-coup; il interpose son épée nue, pare le coup fatal, et s'avance entre Wilfrid et son féroce ennemi. Son épée est remise dans le fourreau; mais le geste sévère de sa main, et sa voix imposante, interrompent ce combat inégal; et ordonnent à Bertram de s'éloigner. — Va, et pense à te repentir, dit-il, pendant qu'il en est temps encore... N'ajoute pas un crime de plus à tous tes forfaits.

XXII.

Muet dans son doute et sa surprise, Bertram croit voir

une apparition. C'est la voix de Mortham; c'est sa haute stature, son regard d'aigle, son geste martial, son accent d'autorité, son bras nerveux, ses cheveux branchis dans les combats; c'est Mortham lui-même. L'esprit de Bertram est en proie à mille idées vagues qui le glacent de terreur. Malgré sa crédulité, il éprouve quelque peine à se persuader que ce soit le fantôme de Mortham qu'il a devant les yeux; mais si c'est son chef lui-même, revenu à la vie, quel spectre échappé de la tombe est aussi terrible qu'un ami outragé? Ce ton de supériorité, sous lequel Risingham avait fléchi pendant tant d'années, lorsque Mortham guidait sa troupe au combat, ce ton seul suffit pour le rendre docile; il détourne les yeux, et s'éloigne d'un pas tardif, s'arrêtant souvent pour regarder encore, tel que le dogue que gronde un maître irrité; mais soudain les pas lointains d'un escadron se font entendre, et Bertram disparaît dans les ombrages du vallon. Le guerrier protecteur a disparu lui-même, en se dirigeant dans la forêt du sud; mais d'abord il a laissé ses ordres à Wilfrid : — Ne dis à personne, lui a-t-il recommandé, ne dis à personne que Mortham n'est pas mort.

XXIII.

Ces mots retentissaient encore aux oreilles de Wilfrid, et lui inspiraient une espèce de terreur, lorsque les coursiers, annoncés un instant auparavant par l'écho, s'approchèrent, et le jeune homme reconnut une troupe de cavaliers qui, ayant son père à leur tête, arrivèrent devant le château.

— D'où vient ta pâleur, mon fils? dit Oswald; où est Bertram? Pourquoi cette épée nue? Wilfrid se croyait engagé par l'honneur à garder le secret de Mortham, il répondit d'une manière ambiguë : — Bertram a fui; ce scélérat s'est avoué lui-même l'assassin de son seigneur. Indigné, je l'ai défié, et notre combat durait encore, lorsque le bruit de votre approche a fait fuir le traître.

On eût pu démêler dans les regards de Wycliffe une

espérance et une crainte coupables. Une froide pâleur couvrit son front, et ses lèvres tremblantes prononcèrent ces paroles :

XXIV.

— Bertram assassin!... Philippe de Mortham a succombé pendant le feu de l'action... Ou Bertram, ou toi, vous rêvez, mon fils! Mais eût-il dit vrai, il serait inutile de le poursuivre... Qu'il fuie... La justice dort pendant les guerres civiles.

Un jeune guerrier était à côté de Wycliffe ; c'était le page du vaillant Rokeby, éprouvé déjà dans plus d'un combat. Venu ce matin même au fort de Barnard pour porter un message important, il accompagnait Wycliffe afin d'obtenir de lui ce que désirait son seigneur. Son noir coursier dont la crinière flottante est couverte de taches d'une blanche écume, ne se révolte pas avec plus de fierté contre le frein qui l'outrage, que le jeune Redmond contre la froide réponse d'Oswald : il se mord les lèvres, invoque le saint qui le protège (car il était de l'antique religion romaine), et, ne pouvant plus étouffer son indignation, il s'écrie :

XXV.

— Oui, j'ai vu tomber ce chef valeureux; c'est la balle de ce traître qui l'a privé de la vie au moment même où j'allais, en jeune présomptueux, mesurer mon épée avec celle de Mortham. Laisserons-nous échapper l'assassin d'un capitaine aussi brave que généreux? Non, non!... je le jure! avant que le soleil ait séché la rosée du gazon, sur laquelle est empreinte la trace de ses pas, le perfide Risingham sera notre prisonnier ou tombera sous nos coups... Sonnez la cloche du beffroi, que ce son rassemble les vassaux; pour vous, mes amis, pressez vos coursiers, dispersez-vous, et entourez le bois de toutes parts ; mais, s'il en est un parmi vous qui honore la mémoire de Mortham, qu'il mette pied à terre et me suive ! Si vous êtes sourds à mon appel, que la terreur et la honte déshonorent vos cimiers, et que le soupçon flétrisse votre gloire.

XXVI.

Il dit, et descend de son coursier. Vingt cavaliers qui avaient accompagné Wycliffe se préparent à le suivre sans attendre les ordres de leur chef. Redmond détache ses éperons de ses brodequins, il se dépouille de son manteau, suspend ses pistolets à sa ceinture, s'engage dans le bois, en suivant la trace de Bertram, et appelle à lui les autres guerriers, comme un chasseur qui commande sa meute. A peine si Oswald put faire entendre ces mots par lesquels il exprimait sa lâche inquiétude : — Je soupçonne, comme vous... oui, poursuivez le meurtrier... Volez, mais n'allez pas vous exposer dans un inutile combat avec un assassin désespéré qui vendrait chèrement sa vie! Aussitôt que vous l'apercevrez, faites feu sur Bertram. Je promets cinq cents nobles d'or à qui m'apportera sa tête.

XXVII.

Les cavaliers courent à la hâte s'emparer de toutes les issues de la forêt. L'écho répète au loin les clameurs bruyantes de Redmond; avec lui marche Wilfrid, frémissant de colère, enviant son ardeur martiale, et noblement jaloux de sa gloire. — Mais Oswald, l'héritier de Mortham, où est-il, lui que l'honneur, les lois et les liens du sang désignaient comme le premier vengeur de la mort de son cousin? Appuyé contre le tronc d'un ormeau, le front penché et les mains croisées étroitement, il frémit et reste en proie aux plus cruelles transes. Ses yeux sont attachés à la terre; il prête une oreille attentive à chaque son qui fend les airs, car il se voit menacé d'entendre à chaque instant une funeste accusation.

XXVIII.

Que lui font les rayons brillans du jour qui nuancent les teintes variées du feuillage de la vallée! Tout ce qui l'environne lui semble tourner dans un mouvement continuel : comme dans une mer orageuse qu'éclaire faiblement la lune, tous les objets lointains paraissent entraînés par un noir tourbillon. Que lui importe la possession de ces beaux domaines, de ce château couronné de créneaux, de ces collines, de cette riche plaine qu'embellit et dore le soleil, et de tout ce qui a été si long-temps l'objet de sa cupidité! Un noir donjon de la tour de Blackenbury lui eût paru préférable dans ce moment, s'il avait espéré ouvrir à ce prix la tombe sanglante de Mortham et le rappeler à la vie. Forcé aussi de répondre aux questions souvent répétées des vassaux qui sont accourus au son du tocsin, il n'ose pas détourner la tête, même pour adresser au ciel un regard suppliant, ou, dans l'excès de son désespoir, pour implorer de la pitié de l'enfer un trait mortel qui vienne terminer sa vie et ses remords.

XXIX.

Enfin ces momens d'une cruelle incertitude s'écoulent. Tous ceux qui se sont mis à la poursuite de Bertram reviennent épuisés de fatigue les uns après les autres. Wilfrid arrive le dernier, et déclare que toute trace de Bertram est perdue, quoique Redmond parcoure encore sans espoir le bois de Brignal.

O quelle fatale malédiction pèse sur la race humaine! Comme la tyrannie d'une passion succède bientôt à une autre! Le remords a fui du cœur d'Oswald, l'avarice et l'orgueil y reprennent leur empire, et, dissipant la terreur qui l'accablait, dictent au châtelain la réponse qu'il fait à son fils.

XXX.

— Va, laisse-le battre les bois comme un limier dressé à la chasse, et, s'il trouve le loup dans son repaire, je me soucie fort peu de l'issue du combat qui s'engagera entre Redmond et Risingham... Écoute-moi avant de répondre, jeune homme trop confiant! ta belle Matilde, si réservée avec toi, fait un autre accueil à cet amant téméraire venu de l'île d'Érin [1]. Elle loue volontiers tes do-

---

(1) L'Irlande.

lentes ballades et te récompense avec de douces paroles; lorsqu'un sentier pénible s'offre à vous, elle demande ou accepte du moins le secours de ta main; mais elle évite celle de Redmond, et ne la prend qu'avec répugnance quand ses prières pressantes l'y forcent, tandis que sa secrète inclination se laisse deviner dans ses regards baissés et la rougeur de son front. L'entend-elle chanter, elle se glisse auprès de lui; ses yeux expriment le ravissement de son âme, mais elle hésite encore à lui accorder la louange la plus simple. Voilà, crois-moi, Wilfrid, des preuves certaines... Mais cesse de soupirer comme une femme, et d'essuyer tes yeux baignés de larmes! Matilde peut encore être à toi, si tu veux suivre les conseils que te donnera l'amitié d'un père.

XXXI.

— A peine étais-tu parti, qu'avec le retour de l'aurore sont arrivées les véritables nouvelles de la bataille de Marston. Le vaillant Cromwell a fait changer la fortune, et, grâces à lui, la victoire s'est déclarée pour la bonne cause. Dix mille cavaliers ennemis sont restés étendus sans vie. Le prince Rupert et l'orgueilleux marquis de Newcastle ont pris la fuite. Ces barons et ces gentilshommes, naguère si arrogans, sont réduits à racheter par une rançon leur liberté et leurs domaines. Parmi les prisonniers qu'on a confiés à ma garde est Rokeby. Redmond, son page, est venu me prévenir qu'il doit arriver aujourd'hui à la forteresse de Barnard. Sa délivrance lui coûtera cher, à moins que Matilde ne soit docile à tes vœux. Va donc la trouver, aie bon courage; profite du moment où son âme flottera entre la crainte et l'espérance, c'est dans cette incertitude que le cœur d'une femme est surtout facile à séduire... L'orgueil, les préventions et la pudeur ne sont plus que des mots pour l'amant adroit qui sait profiter du moment favorable.

CHANT TROISIÈME.

I.

Les tribus errantes de la terre et des airs respectent dans leur voracité les animaux de leur race. La nature, qui consacre les liens des familles, leur a assigné une proie étrangère. Le faucon rapide plane pour épier le canard sauvage sur les bords du lac ; le chien couchant attend le renard à l'issue de son terrier ; l'agile lévrier poursuit le lièvre timide ; l'aigle ravit le jeune agneau dans ses serres, et le loup dévore la brebis : le tigre cruel lui-même et l'ours farouche épargnent leurs frères du désert et des forêts.

L'homme seul viole les lois bienveillantes de la nature et se déclare l'ennemi de l'homme : il a inventé les ruses fatales de la guerre, les attaques imprévues, la fuite simulée et les embuscades perfides. Maudit soit Nembrod, fils terrible de Cush, qui le premier exerça l'art des combats !

II.

Lorsque l'Indien entend le bruit de ceux qui ont découvert ses traces et se voit loin encore de la forêt où campe sa nation, il essaie toutes les ruses pour échapper au danger qui le menace ; tantôt il cache sa tête parmi les roseaux d'un marécage, tantôt il couvre de feuilles flétries les vestiges de ses pas sur le gazon humide de rosée. Risingham mit plus d'adresse encore à éviter la rencontre de Redmond, dont la voix menaçante vint bientôt frapper son oreille. Ayant passé sa jeunesse à Redesdale, il avait appris toutes les ruses des habitans de cette vallée, que la soif du pillage rend les plus astucieux des hommes. Aussitôt que le son du cor et les aboiemens des limiers qui retentissent sur les collines de Rooken-Edge et de Redswair annoncent aux maraudeurs que les cavaliers de Lidsdale viennent punir leurs brigandages, ils savent regagner en sûreté leur asile. Bertram avait depuis, dans sa vie féconde en aventures, fait plusieurs fois l'essai des leçons reçues dans son enfance.

III.

Il avait souvent recueilli dans les climats lointains les fruits de sa jeunesse vagabonde ; la finesse de son ouïe, la vivacité de son regard, l'habitude d'une prompte décision au moment du danger, la rapidité de sa course, qui laissait bien loin derrière lui l'agile caraïbe ; sa force pour franchir les précipices, gravir les rochers et traverser les fleuves à la nage ; son tempérament de fer, capable de supporter toutes les intempéries des saisons, les fatigues les plus longues et les besoins cruels de la faim ; tout en un mot le rendait propre aux hasards que couraient les flibustiers, et il sut maintes fois échapper à un trépas inévitable sur la terre comme sur les flots, dans les arides déserts de l'Arawaque et dans les parages orageux de la Plata, où les Castillans l'avaient vu plus d'une fois braver leur vengeance ; tout ce qui l'a si bien servi dans les guerres de l'Inde sauve encore ses jours sur les rives de la Greta.

IV.

Ce fut à l'heure de ce pressant danger qu'il prouva son courage et son astuce : tantôt il se traîne d'un pas furtif, et tout-à-coup il franchit rapidement un long espace ; tantôt il décrit dans sa fuite les détours d'un labyrinthe, et revient sur ses pas pour rendre inutiles les traces qu'il a imprimées sur le gazon. Après avoir gravi les angles saillans d'un rocher pour tromper l'œil de celui qui le poursuit, il va suivre le cours de la rivière dont la voix mugissante couvre l'écho de ses pas ; mais s'il s'approche de l'extrémité de la forêt, il entend hennir les chevaux et voit luire le fer des lances ; s'il s'enfonce dans le taillis, il risque de rencontrer Redmond et ceux qui le suivent en battant tous les buissons, comme s'ils voulaient faire partir une bête fauve ; il ressemble alors à un tigre qui, environné des pièges du chasseur et ne pouvant tourner ses yeux luisans d'aucun côté sans apercevoir des armes étincelantes et des torches allumées, se prépare à fondre dans une impétueuse fureur sur l'homme, les coursiers et la meute. Tel Bertram est sur le point de se précipiter sur ses ennemis ; mais plus souvent le tigre, intimidé par les armes et les clameurs, bat en retraite, et se tapit dans un taillis plus épais ; de même Bertram suspend son projet désespéré et reste immobile dans la bruyère, en cachant son visage, de peur que l'étincelle de ses yeux ne le fasse découvrir.

v.

Bertram put alors reconnaître quel était l'audacieux jeune homme qui guidait ses ennemis, prêtait à tous les bruits une oreille attentive, escaladait toutes les hauteurs pour porter ses regards au loin, et enfonçait son glaive nu dans toutes les cavités buissonneuses de la vallée. Il reconnut Redmond à son œil bleu de ciel, et aux boucles nombreuses de sa chevelure flottante : le son de sa voix, son visage, sa taille, lui disent que c'est Redmond qui est si acharné à sa poursuite ; jamais page plus actif et doué d'un extérieur plus martial ne marcha sous les étendards de la guerre. Cependant son air modeste autant que mâle était digne de faire l'ornement de la cour d'une reine ; on eût pu trouver des traits plus beaux que les siens ; car Redmond bravait le soleil et l'orage qui avaient basané son teint ; mais ses traits, sans être réguliers, exprimaient avec bonheur tous les sentimens, soit qu'il se livrât à la gaieté, soit que son front rembruni, le feu de ses yeux et les couleurs animées de ses joues, annonçassent la colère de ce fils d'Erin. Prompt à s'attrister avec la douleur et l'infortune, il s'abandonnait souvent à ce vague de l'âme qui flotte incertaine entre la joie et le chagrin, n'ose se fier à l'espérance, et passe rapidement d'un sentiment à un autre ; état bizarre, qui plaît à la jeune fille alors même qu'elle craint de l'appeler du nom d'amour; quelle que fût enfin la pensée qui agitât Redmond, les traits mobiles de sa physionomie l'exprimaient avec un charme toujours nouveau.

VI.

Redmond était bien connu de Risingham; celui-ci s'étonna de voir que la troupe qui menaçait de venger la mort de Mortham fût conduite par un ennemi de Mortham lui-même; car jamais son âme n'avait éprouvé cette noble douleur qui fait verser des larmes sur la destinée d'un rival généreux; il connaissait encore moins ce sentiment de justice qui nous arme en faveur d'un ennemi indignement outragé. Mais ce n'était guère le moment pour lui de se livrer à toutes ces réflexions; quelle que soit la cause qui a fait de Redmond le vengeur de Mortham, deux fois Redmond s'approche tellement de Bertram, que celui-ci, blotti dans le feuillage comme une bête fauve qui fuit le chasseur, se prépare deux fois à fondre sur lui et à lui enfoncer son épée dans le cœur. Les branches que font mouvoir ses pas glissent avec un sourd frémissement sur le front du brigand; mais Redmond se jetant tout-à-coup dans un autre sentier, les branches fléchies se redressèrent d'elles-mêmes, et Bertram jugea prudent de s'enfoncer plus avant encore dans l'épaisseur du taillis : tel, lorsque les chasseurs battent les broussailles, un serpent roulé sur lui-même les épie d'un œil étincelant, préparé, si un pied imprudent le touche, à lancer son triple dard et à faire une blessure envenimée; mais si les chasseurs se détournent, le reptile déroule ses longs anneaux, et, rampant dans les sables de la savane, va se réfugier dans un asile plus éloigné.

VII.

Mais, en entendant derrière lui les bruyantes clameurs de ceux qui le cherchaient, et les menaces de Redmond, que le vent emportait dans les airs, le farouche Bertram disait en lui-même : Redmond O'Neale! si nous pouvions tenter seuls ici l'évènement d'un combat sans autres témoins que la roche immobile et ce chêne robuste.... ta voix qui prononce cet audacieux défi, en ferait retentir les échos pour la dernière fois ! elle n'irait plus séduire, par de douces promesses, la jeune fille qui trouve tant de charmes à l'écouter !

Enfin ces cris hostiles, devenus de plus en plus faibles, se perdent derrière lui. Il se relève et demeure seul dans le bois de Scargill ; son oreille ne distingue plus que la plainte mélancolique du ramier ou le murmure monotone des flots de la Greta. Le soleil dore de ses rayons la vallée solitaire.

VIII.

Il écoute long-temps avec anxiété, dans l'attitude silencieuse de l'attention, et le pied levé pour partir, n'osant pas s'exposer, malgré sa lassitude, à goûter un moment de repos... Partout règne un profond silence... Bertram s'étend enfin sur un tertre couvert d'une bruyère épaisse et rougeâtre, où croissaient çà et là la gantelée avec ses campanules d'azur, la mousse et le thym odoriférant. Accablé de fatigue, il suit d'un œil distrait le cours de la Greta, qui tantôt disparaît sous les arbres qui ombragent ses rives, et tantôt brille aux rayons du soleil ; ses flots dorés semblent bondir de rocher en rocher, et le disputer en riches nuances à cette pierre précieuse de la montagne qui est appelée le Diadème d'Albion. Mais bientôt, lassé d'observer les détours de l'onde, il lève les yeux et les arrête sur la rive opposée, où d'énormes rochers s'élèvent comme des tours quadrangulaires au milieu des arbustes et des buissons. Il en est un qui domine les autres, et porte jusqu'au soleil son sommet hérissé d'aspérités ; le noisetier, l'if lugubre, et mille lichens de diverses couleurs, varient les teintes de son granit battu par la tempête ; autour de sa base escarpée, des fragmens détachés de sa ceinture par le temps ou la foudre sont revêtus d'un manteau de vertes broussailles : tel était le tableau dont l'austère majesté arrêta quelque temps l'œil surpris du sombre Bertram.

IX.

Il restait plongé dans ses réflexions farouches, repassant dans son âme son étrange vision, sa trahison inutile, et le lâche assassinat de son seigneur : crime si terrible et si atroce, pense-t-il, qu'il interrompt le repos de la tombe. Il rêvait aussi à Redmond; à ce Redmond si acharné à sa poursuite, qu'il s'imaginait que le perfide Oswald avait lui-même mis sa tête à prix, pour s'emparer des trésors de Mortham. Il jurait de tirer une triple et prompte vengeance de ce page si téméraire et si vain, de Wilfrid, et surtout de son père.

Si dans cette disposition de l'esprit (comme disent des légendes qu'on révérait encore dans ces temps de simplicité) l'ennemi de l'homme peut profiter de l'invocation qu'on lui adresse, il y avait sur les bords de la Greta un misérable prêt à vendre son âme pour une vengeance assurée. Mais vainement le féroce Bertram exprimait dans sa rage les menaces les plus terribles qui eussent jamais retenti jusqu'au fond des abîmes de l'enfer, aucun nuage sinistre ne vint voiler de son ombre les arbres de la forêt, aucun tonnerre souterrain n'ébranla la terre; le démon connaissait déjà le cœur du meurtrier, et dédaigna de le tenter par une ruse inutile.

X.

Au milieu des pensées de vengeance qui bouleversent l'âme de Bertram, le souvenir du fantôme du châtelain venait troubler son esprit... Était-ce un rêve? ou avait-il vu réellement ce même Mortham qu'il avait tué: le seul homme qui pût le faire trembler sur la terre?...

Pendant que, les yeux constamment fixés sur les rochers, il cherchait à deviner ce qu'il pouvait y avoir de mystérieux dans cette apparition, un éclair soudain vint se refléter sur l'onde, comme la clarté qui jaillit de la lame d'un glaive ou du fer d'une lance. Risingham se relève en sursaut comme pour combattre; mais il n'aperçoit aucun ennemi; il n'entend, comme tout à l'heure, que les gémissemens du ramier et le murmure des flots rapides de la Greta; il ne voit que les taillis solitaires sur lesquels reposent les rayons du soleil. Après avoir, comme le lion, promené ses regards autour de lui, il s'étend de nouveau sur la bruyère. C'est sans doute, pensa-t-il, un rayon du soleil qui s'est brisé sur les ondes fugitives. Il allait se replonger dans ses vagues rêveries, lorsqu'une voix l'appelle, à quelque distance, et lui dit: — Bertram! sois le bienvenu sur les rives de la Greta! —

XI.

Bertram mit au même instant l'épée à la main; mais il la laissa retomber dans le fourreau, en reconnaissant celui qui l'appelait. Cependant, toujours soupçonneux, il se tint à distance en lui répondant : — Est-ce toi, Guy Denzil! est-ce toi que je rencontre dans le bois de Scargill? Mais arrête un moment, et dis-moi d'abord si tu viens comme ami ou comme ennemi! Le bruit a couru que Denzil avait été honteusement congédié de la troupe de Rokeby. — Oui, reprit Denzil; c'est un affront que je dois à Redmond O'Neale, qui me dénonça à son seigneur, pour avoir pillé les serfs de Caverlay et de Bradfort. Maudit soit ce jeune présomptueux! Mais peu m'importe l'affront que j'ai reçu. Il ne me convient pas de courir les hasards d'une guerre dans laquelle les chefs seuls peuvent s'enrichir. Un avenir préférable nous attend tous les deux, si tu es toujours ce hardi Risingham qui ne se fit pas un scrupule de m'aider, pendant la nuit, à dérober un chevreuil dans le parc de Rokeby. Quelle est ta réponse? — Explique-moi tes projets, dit Bertram; je n'aime ni le mystère ni les incertitudes.

XII.

— Écoute-moi donc, ajouta Denzil. Non loin d'ici est la troupe de mes compagnons braves et dévoués. Je les ai recrutés dans les deux partis; les uns sont de ces républicains qui rient des prédicateurs et de la Bible ; les autres, de ces Cavaliers à qui les rigueurs de la discipline étaient insupportables comme à moi. Nous avons cru plus sage de faire la guerre à notre manière que d'aller rendre le dernier soupir sur le champ de bataille pour les prêtres ou les rois. Tous nos plans sont arrêtés ; nous n'avons plus besoin que d'un chef pour nous conduire. Te voilà condamné à une vie errante ; tu es poursuivi comme le meurtrier de Mortham, et ta tête est mise à prix. Ainsi du moins nous l'ont rapporté tout à l'heure nos espions, qui parcouraient la vallée sous un déguisement. Viens te joindre à nous. La discorde menace de déchirer notre état naissant : chacun de nous refuse d'obéir à son égal ; mais qui refuserait de suivre les ordres d'un capitaine tel que toi ?

XIII.

— Il n'y a qu'un instant, se dit Bertram à lui-même, il n'y a qu'un instant que, dans ma soif de vengeance, j'appelais l'enfer à mon secours ; l'enfer m'a entendu. Commander à des soldats aussi déterminés, n'est-ce pas être sûr d'assouvir mes ressentimens ? Ce Denzil, initié dans tous les crimes, pourrait en apprendre à Lucifer. Eh bien, soit ! que ces bandits soient les instrumens de ma vengeance. — Oui, j'accepte tes offres, ajouta-t-il tout haut. Dis-moi seulement où sont tes camarades.

— Non loin d'ici, lui répond Guy Denzil ; descendons la rivière, que nous traverserons là-bas, où tu vois la crête aride de ce rocher.

— Marche devant, reprit Bertram... Prenons toujours nos précautions, pensait-il ; Guy Denzil se connaît en trahisons.

Ils suivirent la pente de la Greta, traversèrent la rivière, et trouvèrent sur la rive opposée le lieu indiqué par Denzil.

XIV.

Bertram entendit un bruit sourd qui partait des en-

trailles du rocher; mais lorsque Guy Denzil eut écarté
les arbustes touffus et les ronces qui en entouraient la
base, il découvrit l'entrée étroite d'une caverne prati-
quée dans l'épaisseur de la pierre, et semblable à l'ouverture d'une cellule d'ermite. Denzil y entra le premier,
Bertram le suivit, et de proche en proche retentirent à
son oreille les clameurs toujours plus distinctes d'une
bruyante gaieté. Ce sombre souterrain avait jadis été
creusé par les villageois. Les bois de Brignal et de Scargill
cachent encore aujourd'hui mainte caverne semblable, où
le mineur porte le coin et le levier; mais la guerre ayant
interrompu les travaux des champs, cette carrière abandonnée était devenue le rendez-vous et la forteresse de
Denzil et de sa bande de pillards. Là, le crime allait s'é-
tourdir dans les excès d'un banquet bachique, et la débauche, fille du crime, étendue sur sa misérable couche,
s'endormait en tenant encore sa coupe vide à la main; là,
était le remords, qui tourne, mais trop tard, ses yeux
repentans vers le passé. On eût trouvé encore, au milieu
de cette orgie, la douleur, la crainte et le blasphème qui,
dans sa frénésie, accuse le ciel de ses propres forfaits.
Bertram, en paraissant dans ce repaire de bandits, semblait le roi des ténèbres, tel que l'a peint le poète des
malheurs d'Adam.

XV.

Mais tout-à-coup les clameurs recommencent pour saluer le chef de la troupe. Considérez ces brigands à la faveur de la lueur incertaine d'une lampe qui semble lutter
contre les noires vapeurs de ce séjour souterrain! Comme
le vice a gravé sur tous ces fronts livides le sceau de la
réprobation! Sur quelques-uns cependant il n'a pas laissé
des traces aussi profondes. Voyez ce jeune homme pâle,
qui fut dans son enfance l'orgueil d'une mère et l'espérance d'un père trop indulgent... Voyez-le appuyé contre
la voûte humide; l'image de ses jeunes années s'est offerte
à son esprit; il croit contempler le chaumière paternelle,

située sur les rives ombragées de la Tees; il se croit au milieu des sites ravissans de la vallée de Winston; et au moment où il va prendre part aux danses joyeuses du hameau, une larme mouille sa paupière... Mais un conte plaisant ou une grossière raillerie viennent d'exciter le rire bruyant de ses compagnons; ils l'appellent, comme étant le plus habile de la bande, pour entonner un chant jovial et entretenir la gaieté. Sa rêverie interrompue est déjà oubliée. Avec cet air de bravade qu'affecte celui qui triomphe du désespoir, il ordonne que la coupe fasse le tour des convives, jusqu'à ce qu'il ait complètement noyé dans le vin le sentiment passager de ses regrets; et bientôt, redevenu l'âme de la fête, il va commencer sa chanson.

La muse trouve des fleurs dans les terrains les plus arides. Ces fleurs, hélas! éparses au milieu des ronces nuisibles, y deviennent elles-mêmes sauvages et inutiles!

Il chante... Les échos de la caverne répètent le refrain de ses vers; mais il y a encore dans l'accent de sa voix l'expression amère du remords qui le poursuit.

XVI.

BALLADE D'EDMOND.

Qui n'aimerait ce riant paysage?
Quelle fraîcheur à l'ombre du bocage!
Jeunes amans, vous pouvez y cueillir
Bouquets de fleurs, pour orner le corsage
De la beauté dont un tendre désir
A votre approche anime le visage!

Près du château je passais un matin,
Quand j'entendis du haut d'une tourelle
Les doux accens de la jeune Isabelle,
Qui répétait seule ce doux refrain:

LE CHŒUR.

Qui n'aimerait ce riant paysage?
Quelle fraîcheur sous l'ombre du bocage!
Avec Edmond je voudrais y cueillir
La fleur des champs qui va s'épanouir.

— Apprends d'abord, apprends à me connaître,
Jeune beauté; tu ne sais pas, peut-être,
Comment on vit à l'ombre des forêts!
Je ne dois plus à celle que j'adore,
De mes destins déguiser les secrets.
A ce discours elle répond encore:

LE CHOEUR.

Avec Edmond que je voudrais cueillir
La fleur des champs qui va s'épanouir!
Qui n'aimerait avec lui cet ombrage!
Quelle fraîcheur sur ce charmant rivage!

XVII.

A votre cor, à votre beau coursier,
Je reconnais un garde forestier.
— Quand le soleil ramène la lumière,
Le forestier fait retentir son cor,
Moi... quand la nuit enveloppe la terre!
A ce discours elle répond encore:

LE CHOEUR.

Qui n'aimerait ce riant paysage?
Quelle fraîcheur à l'ombre du bocage!
Avec Edmond je voudrais y cueillir
La jeune fleur qui va s'épanouir.

Au mousqueton qui pend à votre armure,
Au noble acier qui vous sert de parure,
Je reconnais un soldat plein d'honneur...
— Ce ne sont plus les accens de la gloire,
Mais le beffroi qui guide ma valeur;
C'est le tocsin qui sonne ma victoire!

LE CHOEUR.

Hélas! malgré le charme de ces lieux,
Bois de Brignal, malgré ton doux ombrage,
La jeune fille a besoin de courage
Pour partager et ma vie et mes feux.

Je cache, hélas! mes jours dans les ténèbres,
Et je n'attends qu'une honteuse mort:
Autant vaudrait des fantômes funèbres
Chercher l'hymen, que s'unir à mon sort.
D'un fol amour perds toute souvenance,
Je n'étais pas digne de ta constance,

LE CHŒUR.

Mais souviens-toi de ces lieux enchanteurs,
Viens y goûter la fraîcheur du rivage :
Viens quelquefois, à l'ombre du bocage,
Du mois de mai cueillir les jeunes fleurs.

XVIII.

Lorsque Edmond eut terminé sa simple ballade, il régna un moment de silence parmi ses farouches compagnons, jusqu'à ce qu'un ménestrel plus grossier réveillât leurs joyeux transports par une chanson moins gracieuse.

Cependant Bertram et Denzil, se retirant à l'écart, concertent entre eux des projets importans et hardis. L'avidité de Bertram convoitait toujours les trésors de Mortham, quoiqu'il hésitât d'en parler, comme s'il eût craint que ses paroles, en exprimant ses désirs, n'évoquassent encore un fantôme du fond des entrailles de la terre.

XIX.

Enfin il se décide à faire son merveilleux récit. Denzil sourit avec dédain : élevé dans la licence d'une cour, Denzil riait de la religion elle-même ; comment n'eût-il pas ri de ces visions fantastiques ? Le respect que lui inspire Bertram retient à peine le ton railleur de l'incrédule bandit. — Il serait difficile, lui dit-il, même pour un saint ou un magicien, de faire cesser le sujet de vos craintes, et pour moi je n'entends rien à l'art fameux d'expliquer les songes et les présages. Mais si vous voulez me forcer à croire qu'un spectre s'amuse à faire sentinelle auprès d'un trésor, comme un dogue vigilant qui garde le toit de son maître et effraie les pillards, il me restera un doute : il me semble que votre fantôme a mal choisi le lieu de ses apparitions : qu'a-t-il à faire dans les domaines de Mortham, lorsque c'est le château de Rokeby qui renferme l'or que votre seigneur a conquis dans les parages de l'Inde, par ses rapines, ses pirateries et ses brigandages ?

XX.

Il s'arrête à ces mots... La honte et la colère rembrunissent le front de Risingham, qui rougit de penser qu'on ose le prendre pour le crédule défenseur d'un rêve ridicule ; mais il cherche un autre prétexte à son ressentiment.

— Denzil, quoique Mortham ne soit plus, lui dit-il, garde-toi d'outrager la mémoire de ce chef dont le seul regard te faisait trembler pendant sa vie ! Lorsqu'il te condamna pour avoir violé ta promesse à la belle Rose d'Allenford, ne te vis-je pas ramper à ses pieds comme un limier châtié par le fouet du chasseur ? Quant aux richesses qu'il acquit dans des contrées lointaines, cesse de les appeler le fruit de la piraterie et de la rapine : il les conquit bravement à la pointe de son épée, lorsque l'Espagne osa déclarer la guerre à notre pavillon ; retiens bien aussi ce qu'il me reste à te dire. Je n'aime pas de vaines railleries : garde-toi d'allier le nom de Bertram avec celui d'une terreur qui lui est inconnue. Je ne partage qu'à demi la destinée de Satan... Je crois, mais je ne sais pas trembler... J'en ai assez dit à ce sujet... Dis-moi maintenant, quelles preuves as-tu que le trésor de Mortham soit dans le château de Rokeby ? Comment se peut-il que Mortham ait confié ce qu'il avait de plus précieux à l'ennemi de son parti ?

XXI.

Les railleries imprudentes de Denzil furent bientôt étouffées ; il eût mieux aimé voir la terre s'entr'ouvrir et donner naissance à mille fantômes, que d'allumer la terrible colère de Risingham : il répondit d'un ton soumis.

— Tu sais que le caractère de Mortham était peu porté à la gaieté ; moins sévère dans sa jeunesse, il avait, dit-on, jadis aimé les plaisirs ; mais depuis son retour d'outremer, de sombres caprices ne cessaient de le troubler. Voilà sans doute pourquoi il refusait de venir chercher l'hospitalité dans le château de son parent ; aussi notre seigneur, qui aimait à entendre chaque matin le son joyeux du cor, et qui, lorsque la nuit couvrait les forêts de son noir manteau, rassemblait volontiers des convives pour vider les coupes ; notre seigneur, dis-je, prit ombrage d'un voisin qui dédaignait de figurer dans ses banquets, et de chasser comme lui le daim des bois. C'est ainsi que déjà ces deux barons étaient peu unis, lorsque la guerre les divisa tout-à-fait ; mais, crois-moi, cependant, ami, Mortham a désigné la belle Matilde comme son héritière.

XXII.

— Matilde son héritière ! interrompit Bertram ; quoi, cette beauté dédaigneuse posséderait tous ces trésors que j'ai bien mérités au prix de ma vie, lorsque je fis des prodiges de valeur pour sauver des mains de Laroche les richesses de mon chef !... Denzil ! il y a long-temps que je connais Mortham ; mais je ne le connaissais pas encore lorsque, joyeux chevalier, il était surnommé par ses jeunes amis l'âme de toutes leurs fêtes, et la fleur de la galanterie. Il vint se joindre à notre troupe comme un homme agité par de sombres pensées ; sauvage, bizarre et inconnu à tous, s'il s'éleva aux premiers rangs parmi nous, ce fut par les preuves de courage qu'on exigeait de quiconque prétendait à l'honneur de nous commander ; ce fut en méprisant la vie et tout ce qui peut y attacher. Intrépide et prêt à courir toutes les aventures, il semblait chercher le péril pour l'amour du péril lui-même ; ni la gaieté, ni la liqueur chère aux marins ne pouvaient dérider son front soucieux. C'était un cruel présage que de le voir sourire ; il annonçait par là quelque pressant danger ; et s'il témoignait sa joie, ses malheureux soldats commençaient à désespérer de la fortune. Frappant toujours les premiers coups, il ne regardait jamais les dépouilles de l'ennemi que d'un œil dédaigneux. Souvent il se rendait contre ses compagnons le défenseur des vaincus ; osant prêcher à des hommes tels que nous l'humanité et la pitié, alors que nous étions irrités par une victoire sanglante.

XXIII.

— Je l'aimais... Son intrépidité et sa noble conduite comme notre chef avaient charmé mon cœur. Après chaque action, c'était moi qui plaidais ses droits et qui faisais restituer à mes avides compagnons sa part du butin, dont ils s'étaient déjà emparés... Trois fois je sauvai ses jours dans les combats et le naufrage, et une fois encore dans une sédition. Oui, je l'aimais : les fatigues que j'essuyai pour lui, les dangers que j'ai courus en ont été la preuve irrécusable. Mais je cesse de déplorer ta fatale destinée, ô toi qui fus ingrat dans ta vie et qui l'es encore après le trépas! Apparais si tu peux, ô Mortham! ajouta-t-il en frappant la terre d'un pied menaçant, et il promena ses regards autour de lui... Apparais de nouveau avec cet aspect fier que tu avais ce matin; viens, si tu l'oses, donner un démenti à Bertram!

Il s'arrête... et bientôt plus calme, il dit à Denzil de poursuivre.

XXIV.

— Bertram, il n'est point nécessaire de t'apprendre comment la superstition enchaîna par ses scrupules l'âme du seigneur Mortham; mais quelque temps après t'avoir défendu l'accès de son château, il rencontra dans les bosquets qui ornent les bords de la Greta, cette jeune Matilde dont la voix, comme la harpe de David, eut la vertu de charmer le sombre génie qui le tourmentait. J'ignore s'il crut trouver dans ses traits quelque souvenir de l'épouse qu'il avait aimée; mais il passait des heures à contempler ses charmes, jusqu'à ce que son humeur farouche s'adoucît par un soupir. Celui que jusque-là aucun mortel n'avait osé aborder pour lui demander ses pensées secrètes, était le premier à épancher dans le cœur de sa nièce chérie ses soucis et ses regrets. Tout ce que la terre, l'Océan et les airs ont de plus riche et de plus rare, était recherché par Mortham pour orner les cheveux de Matilde. Sa tendresse fut le nouveau lien qui l'attachait à la vie; mais soudain les discordes civiles se réveillèrent, et ses vassaux portèrent par ses ordres, pendant la nuit, trois coffres de fer dans la tour solitaire qu'habite Matilde, au château de son père : ces coffres contenaient de l'or et des pierreries, et c'est un trésor que Mortham destinait à sa fille adoptive, s'il venait à succomber dans les combats.

XXV.

— Je te devine, dit Bertram : je vois bien que le projet de Denzil est de s'emparer de ces coffres précieux; car pourquoi errerait-il dans ces lieux où tant de périls l'environnent; dans ces lieux où l'on n'a pas oublié ses prouesses pendant la guerre et pendant la paix; le pillage de tant de chaumières, et le vol de tant de gibier? Dans quel hameau du voisinage y a-t-il un foyer champêtre qu'il ait épargné? Quel est le bois qui n'a pas entendu pendant la nuit siffler la flèche rapide de Denzil?

— Je n'ai pas oublié mon métier, répond Denzil;... et dans ce moment mes piqueurs suivent les traces d'une jeune biche, blanche comme le lait; elle a établi son asile près du château de Rokeby; elle croit errer en sûreté sous l'abri des bocages du Thorsgill. Lorsque mes chasseurs auront remarqué tous ses pas, que penses-tu, Bertram, d'une proie semblable? Si la fille de Rokeby tombe en notre pouvoir, sa rançon lui coûtera la dot que lui a laissée le seigneur de Mortham.—

XXVI.

— Heureuse idée! s'écria Bertram; elle sourit à ma vengeance! Matilde est recherchée par Wilfrid; et l'audacieux Redmond, dit-on aussi, lui adresse, comme Wilfrid, les hommages d'un amant. Bertram a été l'objet de ses méprisans refus... Si le hasard me conduisait sur ses pas, elle détournait son regard avec terreur comme une jeune fille dont la fierté ne peut souffrir la vue de celui qu'elle hait, et qui dédaigne de laisser tomber un coup d'œil sur lui. Elle disait à Mortham qu'elle ne pouvait me voir sans une secrète horreur et un sinistre pressentiment... Qu'elle se reproche d'avoir fait une prophétie véritable ! La guerre a diminué le nombre des serviteurs de Rokeby ; il en est peu qui soient restés dans son château. Si ta ruse échoue, nous ne perdrons pas de temps. Nous sommes assez forts pour prendre les tours d'assaut et enlever les trésors et l'héritière après avoir laissé le château en proie aux flammes !

XXVII.

— Bertram est toujours le fils de la valeur et l'ami des exploits aventureux ; mais réfléchis d'abord, dit Denzil, aux périls d'une telle entreprise. Les gardes du château sont en petit nombre ; mais ils sont fidèles et dévoués. Il y a un rempart à escalader... un fossé à franchir... des portes à briser... — Ami, interrompt Bertram, si de tels obstacles nous arrêtent, à quel butin pouvons-nous prétendre ? Notre plus brillant exploit sera de pénétrer dans la chaumière sans défense d'un serf malheureux, et nos plus riches dépouilles le vil salaire de ses sueurs.—Laisse un moment ta bouillante valeur, reprit Denzil ; lorsqu'une route belle et sûre s'offre à nous, pourquoi choisirais-tu dans une aveugle témérité un sentier périlleux ? Écoute-moi donc, et tu applaudiras à mes ruses. Je connais toutes les issues du château de Rokeby, depuis le faîte des toits jusqu'aux caveaux souterrains. Il est une poterne basse et obscure dans laquelle s'ouvre une porte dérobée presque toujours négligée ou même oubliée. Si donc un de nos espions pouvait sous un déguisement s'introduire dans le château, il nous livrerait cette secrète issue en enlevant les verrous, et nous braverions l'obstacle des remparts et de la sentinelle.

XXVIII.

—Voilà, dit Bertram, qui me satisfait... Peu m'importe d'ailleurs que la force ou la ruse me mène à mes fins. Il m'est indifférent de surprendre ma proie comme le renard ou de m'élancer sur elle comme le tigre... Mais écoutons, nos joyeux camarades chantent une autre ballade. —

ROMANCE D'EDMOND.

De nos vallons la fille solitaire
  Pleure l'amant qui la charmait;
Rêve d'amour, hélas! ne dure guère,
  Il n'est plus, celui qu'elle aimait!
— Loin de tes yeux je vais perdre la vie;
  La gloire parle, il faut partir!
De nos adieux garde un doux souvenir.
  Adieu, dit-il, ma tendre amie!
    Ma tendre amie,
    Un souvenir!

— Du mois de mai j'entends les doux concerts,
  Bouton de rose est près d'éclore;
La rose, hélas! ornera les hivers
  Avant que je te voie encore. —
Il tourne bride, il part et suit le cours
  De la rivière fugitive.
L'écho plaintif répète sur la rive:
  J'ai donc dit adieu pour toujours
    A mes amours!
    Oui, pour toujours!

XXIX.

— Quel est ce jeune homme qui semble le ménestrel le plus habile de la troupe? demanda Bertram; il y a dans ses chansons le bizarre mélange des regrets et de la gaieté. —

— C'est Edmond de Winston, répondit Denzil. Le hameau s'entretint long-temps des belles espérances que donnait sa jeunesse... Ces espérances sont venues porter leurs fruits dans la caverne de Brignal!... J'observe moi-même tous ses pas... Il y a dans sa manière d'agir des preuves de remords. Les traits de l'amour blessèrent de bonne heure ce cœur trop aimant, dont souvent les blessures s'ouvrent et saignent encore... Cependant il nous est utile; raillé tour à tour et vanté par ses compagnons, les airs de sa harpe, ses romances et ses joyeux récits font oublier la fuite des heures ; tu le sais, quand rien ne les occupe, ces hommes turbulens sont prêts à se mutiner. Mais il vient d'accorder son instrument harmonieux... Voici un autre chant qui appelle notre attention.

XXX.

ALLEN-A-DALE.

Quels lieux, Allen-a-Dale, ombragent tes forêts?
Allen-a-Dale, où sont tes troupeaux, tes guérets?
« Je n'ai, répondait-il, ni troupeaux ni domaines,
» Mais de l'or pour gagner le cœur des châtelaines. »
Venez donc deviner mon sort mystérieux ;
Devinez qui je suis, vous êtes curieux !

Voyez le beau coursier du baron d'Arkindale,
Écoutez-le vanter ses fertiles sillons,
Son lac et son château, ses bois et ses vallons.
Mais dites-moi, qu'est-il auprès d'Allen-a-Dale?
Plus que le fier baron je suis maître en ces lieux ;
Devinez mon secret, vous êtes curieux!

Jamais Allen-a-Dale à la chevalerie
Ne daigna réclamer ses éperons dorés;
Il ne saurait avoir ni rang ni baronnie,
Cependant à sa voix vingt glaives sont tirés.
Maint guerrier le voyant passer sur le Stanmore,
De loin le reconnaît, de son salut s'honore.

Allen-a-Dale aimait une belle aux yeux bleus,
La mère veut savoir son rang et sa famille.
Voyez, lui répond-il, cette voûte qui brille
Pendant l'obscure nuit d'astres si radieux :
Eh bien, c'est mon palais, éclairé pour ma fête;
En est-il de plus beau pour abriter ma tête?

Le père le refuse, et la mère en courroux
Lui défend de revoir sa maîtresse chérie!
Mais quel fut leur chagrin! leur fille au rendez-vous
Va rejoindre l'amant qui l'avait attendrie.
Cet amant quel est-il? — Vous êtes curieux !
C'était Allen-a-Dale au nom mystérieux.

XXXI.

— Tu vois, dit Denzil à Bertram, que, mélancoliques ou gaies, ses ballades parlent toujours un peu d'amour.

Mais, quand les souvenirs de sa jeunesse cessent de s'offrir à lui, il surpasse tous ses compagnons en adresse comme en esprit. Cette tête ardente sait aussi dissimuler. Edmond n'a point de pareil pour imiter tous les dialectes et revêtir toutes les formes.

— Parlons de ton projet, interrompit Risingham... Mais, silence ! Qui vient à nous ?

— C'est mon espion fidèle, répondit Guy Denzil. Parle, Hamlin ! As-tu découvert le gîte de notre jolie biche ?

— Oui, dit Hamlin ; mais deux cerfs sont auprès d'elle. J'ai observé Matilde dans sa promenade solitaire depuis Eglistone jusqu'au bosquet de Thorsgill ; Wilfrid Wycliffe est survenu à son côté, et bientôt le fier Redmond s'est empressé de les venir joindre. Il m'a semblé qu'ils allaient avoir un long entretien. Nous aurons le temps de préparer nos filets et nos pièges avant qu'ils reprennent le chemin du château.

Bertram, à ces mots, se hâte de communiquer tout bas ses idées à Denzil. Celui-ci se tourne vers les bandits et ordonne à quatre des plus déterminés de la troupe de s'armer et de le suivre.

CHANT QUATRIÈME.

I.

Jadis le corbeau triomphant du Danemarck prit l'essor vers le comté de Northumberland : son chant fatal menaça du joug les Bretons de Reged, et l'ombre de ses vastes ailes s'étendit sur les cascades que forme la Tees, lorsque, non loin encore de sa source, elle roule ses ondes bruyantes parmi les rochers de Caldron et d'High-Force. Les guerriers du Nord, qui marchaient sous cet étendard, donnèrent à chaque vallée un nom danois ; ils élevèrent leurs autels en pierres inégales, et consacrèrent à leurs dieux les provinces conquises. Ce fut alors, ô Balder, que tu donnas ton nom à une lande sauvage et au ruisseau argenté qui l'arrose. Woodencroft nous rappelle la sombre déité des morts. Tu ne fus pas oublié, roi fameux par ta massue, fils d'Odin, époux de Sifia, toi dont les exploits sont immortels. Ce fut sur la colline de Startforth que les Danois te rendirent hommage ; et, en mémoire des trophées illustres de Thor, la vallée reçut le nom de Thorsgill.

II.

Mais Scald et Kemper auraient dû consacrer une autre contrée au dieu terrible du sang et des combats, plutôt que cette vallée douce et si paisible avec ses accidens de lumière, ses bosquets délicieux, et ce ruisseau printanier qui serpente avec un joyeux murmure sur un lit de cailloux. Ses rives semblaient destinées à des génies plus aimables. Dans ce lieu où les groupes des arbres deviennent plus rares, et où la primevère précoce émaille la prairie, il est un tapis de gazon qui semble inviter les pas légers des fées bienveillantes. Ce monticule vert, parsemé de paquerettes, serait un trône digne d'Oberon. Caché dans le bocage voisin, le malicieux Puck méditerait ses tours plaisans; le chèvre-feuille, qui jette çà et là ses guirlandes de verdure autour du frêne et de l'ormeau, offrirait à Titania un charmant berceau, couronné de ses fleurs d'argent et d'azur.

III.

Aucun rocher ne borne la vallée ; mais des arbres protègent ses sites champêtres par le rideau de leur feuillage. Ici le chêne superbe étend ses rameaux dont quelques-uns se sont brisés sous le poids des années. Là le pin, cicatrisé par la foudre, s'élève comme une antique pyramide. Le frêne incliné et le bouleau flexible balancent sur le gazon leurs tresses flottantes. Mille arbrisseaux divers semblent chercher l'ombre protectrice de ces géans des forêts, s'entrelacent autour de leurs troncs, et confient aux zéphyrs leurs émanations suaves. Tels sont les groupes variés que le pinceau magique du peintre d'Urbin[1] a rassemblés autour du prophète de Tarse, lorsqu'il révèle sur la colline de Mars le dieu inconnu aux fiers citoyens d'Athènes. Ici des philosophes en cheveux blancs, et courbés par la vieillesse, semblent conserver encore leur orgueil ; là on remarque le vieux guerrier qui porte les honorables cicatrices de ses blessures : à son côté, la beauté grecque s'incline pour mieux écouter ; le jeune enfant folâtre aux pieds de sa mère, ou se suspend avec amour à sa ceinture.

IV.

— Reposons-nous ici, dit Matilde en s'arrêtant sous un berceau de feuillage. Rassemblés par le hasard, nous pourrons, grâce à l'amitié, dérober une heure de bonheur à la fortune jalouse. Vous, Wilfrid, dont j'ai éprouvé la générosité, vous m'accorderez vos conseils comme à une sœur chérie. Demeurez aussi, Redmond ; cessez, à ma prière, une poursuite inutile. Un dépôt est confié à mes soins ; je ne puis que me défier de mon zèle en me voyant presque orpheline et solitaire. Mon père est captif ; quelle défense me reste-t-il ?

Ce fut avec sa grâce accoutumée qu'elle fit mettre Wilfrid auprès d'elle, sur le gazon ; puis elle s'arrêta, baissant les yeux, et ne dit pas au jeune Redmond de s'asseoir à son côté. Redmond s'aperçut de cette tendre défiance ; il se retira modestement, et se plaça à quelques pas plus loin, pour pouvoir contempler, sans être vu, celle qu'il aimait.

V.

Les beaux cheveux de Matilde, divisés en tresses d'ébène, voilaient presque toute la blancheur de son front, et ne révélaient qu'à demi ses noires prunelles. Les joues de la jeune châtelaine étaient colorées d'une si faible teinte de rose, qu'au premier coup d'œil on était surpris

---

(1) Raphaël d'Urbin. — Éd.

de leur pâleur. Mais si un léger zéphyr soulevait une de ses boucles ; si elle prononçait une parole, ou précipitait sa marche ; si elle s'entendait louer par ceux qu'elle aimait ; si elle écoutait un récit intéressant qui réveillait un des sentimens secrets de son cœur, le vermillon qui embellissait soudain ses traits avait plus de charmes que la rougeur pudique de l'Aurore.

On admirait dans son visage une grâce pensive, une mélancolie rêveuse en harmonie avec son front, ses longues paupières et son regard baissé. Cette expression douce annonçait une âme courageuse, calme et résignée. Tels sont les traits que l'Apelle chrétien a donnés à la Vierge, reine des cieux. Cependant la physionomie de Matilde exprimait avec la même grâce le sourire et la gaieté folâtre. Lorsque la danse, un conte joyeux ou une ballade amusaient les habitans du château, son père ravi s'était écrié souvent que sa chère Matilde était la plus heureuse de la fête. Mais les malheurs de la guerre et les discordes civiles avaient interrompu tous ces aimables passe-temps, et l'air pensif de Matilde ressemblait aujourd'hui à la tristesse. Son père a été fait prisonnier dans les champs de Marston ; ses amis sont dispersés ; le vaillant Mortham n'est plus ; son âme se livre aux craintes que lui inspirent l'ambition et l'avarice d'Oswald ; de de noirs pressentimens la menacent de faire évanouir à jamais le rêve flatteur qui la charmait... Tout semble se réunir pour augmenter la sombre inquiétude de l'amie de Wilfrid et de Redmond.

VI.

Qui n'a pas entendu parler, alors qu'Erin défendait ses droits contre les Saxons, qui n'a pas entendu parler de ce brave O'Neale dont le glaive se baigna tant de fois dans le sang anglais, et qui, opposant ses bannières à la croix de Saint-Georges, régna souverain dans la contrée d'Ulster, après avoir mis en déroute le farouche Essex ? Mais son plus beau triomphe fut le jour de ce combat dans lequel périt le vaillant maréchal sir Henry, alors que l'Avon porta à l'Océan ses ondes teintes du sang des Saxons. Ce fut dans cette journée fatale que Mortham et Rokeby prouvèrent pour la première fois leur intrépidité. Ils étaient sur le point de recevoir aussi le coup de la mort; mais la pitié toucha le cœur d'un capitaine irlandais, Taniste[1] du grand O'Neale, qui arrêta la fureur de ses soldats ; et, faisant prisonniers les deux cousins, les conduisit dans son château au milieu des montagnes. Là il leur fit connaître tous les plaisirs des champs, et parcourut avec eux les rochers et les forêts de Slieve-Donard. Ils furent admis, grâce à lui, au banquet des joyeux enfans d'Erin, et chassèrent, avec leurs hôtes, le loup et le chevreuil. Enfin, lorsque le temps favorable fut arrivé, le Taniste les renvoya sans rançon et comblés de présens, pour leur prouver le respect et l'amitié d'un guerrier généreux.

VII.

Les années s'écoulent rapidement. Déjà quelques cheveux blancs annonçaient à Rokeby l'hiver de sa vie. Heureux sur les rives de la Greta, il jouissait du repos que Jacques-le-Paisible accordait à ses sujets, tandis que Mortham faisait la guerre au-delà des mers dans l'Amérique espagnole.

La neige blanchissait les sommets du Stanmore, montagne chère aux orages; la chasse était terminée, le cerf vaincu; les coupes se vidaient dans le château hospitalier de Rokeby, et le chevalier était assis près de son vaste foyer; le ciel était nébuleux, et la nuit obscure, lorsqu'un bruit soudain vint ébranler la porte ; une voix, dont l'accent était étranger, implorait en même temps des secours et un asile. La porte s'ouvre, et aussitôt se précipite dans la salle du foyer un homme dont l'aspect et le costume effraient d'abord le cercle réuni autour du feu.

(1) Le Taniste était le successeur immédiat d'un seigneur suzerain d'Irlande. — ÉD.

VIII.

Les tresses mêlées de ses cheveux tombaient sur son front dans un désordre fantastique, son vêtement large et court laissait à découvert ses jambes nerveuses; une espèce de tunique couleur de safran entourait son sein de replis nombreux; sur ses épaules flottait aussi un vaste manteau hérissé de frimas et souillé de sang; il portait un fardeau enveloppé et pressé sur son cœur : il s'arrêta un moment appuyé sur un bâton noueux, secoua la neige qui surchargeait sa barbe et ses cheveux, et promenant autour de lui ses yeux égarés, il s'avança d'un pas chancelant vers le foyer, et y déposa un enfant d'une beauté rare et à demi mort de froid. L'étranger fit à Rokeby un salut respectueux, et se releva aussitôt pour expliquer son message avec la rudesse et la majesté de l'envoyé d'un prince barbare.

— Sir Richard, seigneur de Rokeby, dit-il, écoute-moi. Turlough O'Neale te salue avec amitié, et confie à tes soins le jeune Redmond son petit-fils; il te prie de l'élever comme si tu étais son père, car les jours heureux de Turlough se sont évanouis; d'autres Chefs lui ont ravi ses domaines, ses mains restent faibles et désarmées, toute la gloire de Tyrone s'est dissipée comme la vapeur brillante d'un matin. Pour te rappeler les droits de son amitié, il te prie de penser aux banquets de l'hospitalité; si l'oppression menace jamais le jeune O'Neale, pense à l'épée d'Erin. Ce dépôt était d'abord destiné à Mortham; mais en son absence c'est toi que regarde l'honneur de le recevoir... J'ai rempli le message de mon seigneur... Ferraught mourra content...—

IX.

Ses yeux deviennent immobiles et glacés, la pâleur couvre son front; il tombe après avoir dit ces dernières paroles. Les vastes replis de son manteau cachaient une blessure mortelle. Tous les secours qu'on lui prodigue sont inutiles; le jeune orphelin pousse des cris de douleur et d'effroi. Ferraught tourne vers lui des regards attendris, et s'efforce avec douceur de calmer les sanglots de l'enfant. Oubliant son agonie et sa mort prochaine, il le bénit et le bénit encore. Il approche de ses lèvres ses petites mains tremblantes, l'embrasse, et prie, dans la langue de sa terre natale, tous les saints du ciel de veiller sur ses jours. Rassemblant toutes ses forces, il voudrait répéter son message à Rokeby, mais à peine a-t-il balbutié quelques mots et exprimé le reste par ses gestes mourans, qu'il pousse un long soupir : — Que le ciel bénisse les O'Neale, dit ce serviteur fidèle ; et il expira.

X.

On fut long-temps à adoucir la douleur du jeune exilé d'Erin, et à lui faire achever le récit de son conducteur. Il raconta enfin comment son aïeul avait été forcé de fuir son toit envahi et d'errer sans asile. Il n'en eût point été ainsi, ajouta-t-il fièrement, si lui, Redmond, avait eu la force de tirer du fourreau la redoutable épée de Lenaugh-More [1] le Roux. On comprit dans ses phrases souvent interrompues que son guide était son père nourricier, qui portait avec lui des lettres et des dons précieux, lorsque des bandits le rencontrèrent dans la forêt. Ferraught combattit vaillamment jusqu'à ce que, épuisé par les blessures et la fatigue, il fut dépouillé de tout, et n'eut plus que la force de se traîner jusqu'au château de Rokeby.

L'enfant, en parlant de Ferraught, se livrait de nouveau à ses regrets et à ses gémissemens.

XI.

La larme qui tombe sur la joue de l'enfance est comme la goutte de rosée qui humecte une fleur : la brise du printemps soupire, et agite le buisson : — la rosée a déjà disparu. Gagné par les tendres soins de Rokeby, le malheureux orphelin sourit bientôt à ses nouveaux protecteurs ; rien n'était doux comme son regard ; rien n'était

---

[1] Lenaugh-le-Grand. — Éd.

beau comme son front, dont les boucles d'une chevelure d'or voilaient à demi la candeur. Mais jamais son sourire n'était plus aimable que lorsque la jeune fille de Rokeby était auprès de lui. Il était fier de guider les pas chancelans de Matilde, qu'il appelait du doux nom de sœur. Il aimait à la bercer en chantant les ballades de sa terre natale. Il allait cueillir la primevère et la jolie paquerette, et en tressait une guirlande pour elle. Ces deux enfans jouaient ensemble dans la prairie, sous l'ombrage, sur la rive du ruisseau, et Rokeby voyait en souriant cette tendre amitié fraternelle.

XII.

Mais les mois du printemps changent les jeunes boutons en fleurs, et les fleurs en fruits : les années de la vie conduisent l'homme de l'enfance à la jeunesse, et de la jeunesse à l'âge mûr. On vit bientôt dans les forêts de Rokeby un nouveau chasseur poursuivre la bête fauve. Redmond aime à harceler le farouche sanglier sur les rives de la Greta; il aime à percer de ses flèches ou du plomb meurtrier le chevreuil moins rusé : mais plus volontiers encore, aux beaux jours d'automne, il aime à gravir le tronc touffu de noisetier, et à verser ses fruits en grappes dans un voile préparé par Matilde. Matilde aussi a perdu le goût de ses premiers jeux, et connaît tout ce que peut son regard; elle prend le ton sévère d'un Mentor pour reprocher à Redmond ses dangereux plaisirs; elle se plaît cependant à l'entendre raconter la résistance du sanglier, et le signal de sa défaite, donné par les cors, qui font retentir les rochers et les bois de leurs fanfares joyeuses; mais elle trouve bien surprenant que ces divertissemens sauvages puissent être recherchés des mortels!

XIII.

Redmond savait si bien embellir ses récits des descriptions des forêts et des vallons; il savait si bien raconter tout ce qui rend la chasse intéressante, et revêtir tout ce qu'il peignait des vives couleurs de son imagination, que, tout en blâmant la témérité du chasseur, Matilde aimait l'histoire de tous ces hasards qui faisaient palpiter son cœur d'une crainte toujours nouvelle.

Souvent aussi, lorsque la neige ou la pluie les tenaient prisonniers dans le château, ils parcouraient ensemble les pages inspirées des bardes et des sages aimés du ciel; ou, assis près du foyer, ils chantaient, en alternant, les romances des ménestrels, et s'accompagnaient de la harpe, pour abréger les longues soirées d'hiver. Unis ainsi, depuis leur berceau, dans leurs jeux comme dans leurs études, ils sentaient une douce sympathie rapprocher leurs âmes; mais il leur était défendu de l'appeler amour.

Cependant d'indiscrets témoins, jaloux de leur bonheur, osèrent bientôt donner ce nom à leur tendre amitié: en voyant ce jeune couple ne jamais se quitter, on blâma bientôt le vieux chevalier et son imprévoyance; parfois aussi on murmurait tout bas que Redmond O'Neale était destiné par Rokeby à devenir l'époux de sa fille.

XIV.

Les hommages et les prétentions de Wilfrid firent tomber le bandeau des yeux de ces deux amans; ils s'aperçurent bientôt qu'Oswald était bien près d'obtenir l'agrément de Rokeby. Ils commencèrent alors à se regarder sans sourire; leurs yeux n'exprimaient plus que la honte et leurs craintes mutuelles. Matilde chercha les lieux écartés, pour préparer son cœur aux leçons sévères du devoir. Redmond s'égara aussi dans les bosquets solitaires, pour maudire un amour qu'il ne pourrait jamais éteindre dans son âme.

Mais les factions vinrent exercer leurs fureurs, et Rokeby jura que jamais le fils d'un rebelle ne serait l'époux de Matilde. Redmond, dont l'enfance avait été nourrie des romanesques traditions des bardes, ne cessa d'aller rêver sur le bord des ruisseaux ou sous l'ombrage silencieux ; mais ce fut pour y charmer les heures par une pensée plus consolante : il ne songeait plus qu'à ces princesses des temps de la chevalerie, qu'un preux obtenait à la pointe de son épée ; il comptait aussi les héros de sa race : le grand Nial des neuf otages, l'intrépide Shane-Dymas, Geraldine, et ce Connan-More, qui consacra sa postérité aux dieux de la guerre et de la chasse, maudissant tous ceux de ses descendans qui mettraient l'épée dans le fourreau pour s'armer de la faucille, ou qui abandonneraient les montagnes et les forêts pour s'ensevelir dans un château. De tels exemples enflammaient le jeune Redmond, lui donnaient des espérances, et son cœur bondit de joie au son guerrier de la trompette.

XV.

Si les dames étaient le prix de la valeur et d'une épée glorieuse, Redmond avait, à ces deux titres, des droits sur Matilde ; mais, de plus, il brillait par ces hautes qualités qui conviennent à l'héritier d'un noble baron.

Turlough O'Neale avait sauvé la vie du seigneur de Rokeby dans les guerres d'Erin. Les soins du généreux chevalier avaient acquitté avec Redmond la dette de la reconnaissance ; ses bienfaits ne produisirent que d'heureux fruits dans son jeune élève : aucun chevalier du nord ne dirigeait un coursier avec plus d'adresse ; depuis Tynemouth jusqu'au Cumberland, aucun ne maniait aussi bien que Redmond l'épée des chevaliers. Franc et joyeux dans son humeur, toujours courtois, généreux et brave, Redmond O'Neale eût séduit tous les cœurs.

XVI.

Sir Richard l'aimait comme son fils. Lorsque l'heure des combats fut arrivée, et qu'il déploya dans les airs la bannière de ses ancêtres, ce fut Redmond, objet de tous ses soins, qu'il choisit pour porter cet étendard illustre, après l'avoir nommé son page, premier grade qui, dans ces temps reculés, conduisait au beau titre de chevalier. Redmond prouva dans cinq batailles qu'il était digne de l'honneur qu'il avait obtenu, et déjà son nom fut distingué par la gloire. Si la fortune avait souri au parti royal dans les plaines de Marston, O'Neale aurait reçu ce même jour les éperons et l'accolade : deux fois il avait, dans la mêlée, sauvé la vie de Rokeby ; et, lorsqu'il le vit prisonnier, il baissa son épée, et, la livrant à un chef ennemi, il suivit ceux qui emmenaient son seigneur, résolu de prouver sa reconnaissance au père de Matilde, dans la captivité comme dans les combats.

XVII.

Lorsque les amans se revoient dans des jours de disgrâce, c'est pour eux comme un sourire du soleil au milieu d'une pluie, un rayon humide qui se montre un moment, et disparaît parmi les sombres nuages de l'horizon. Redmond, assis sur la pelouse, se rappelle en même temps le présent et le passé. — Ce n'était point ainsi, pensait-il tristement, ce n'était point ainsi que je m'étais figuré mon retour auprès de celle que j'aime, alors que, recevant l'épée et la bannière de ses tremblantes mains, j'entendis autour de moi retentir les fanfares de nos clairons. Trois cents guerriers tirèrent leurs glaives ; et, lorsque je déroulai l'étendard glorieux, leurs clameurs et le choc de leurs armes réjouirent mon cœur. Où est-il aujourd'hui cet étendard confié à ma garde? Il est souillé et déshonoré dans les ondes de l'Ouse. Où sont-ils ces guerriers si fiers, si audacieux? Ils nagent dans leur sang, au milieu des plaines de Marston-Moor. Et moi, que ferai-je aujourd'hui d'une inutile épée qui n'est plus qu'un fardeau dans une main déjà chargée de chaînes? Captif!... je renoncerais à la vie, si je ne la conservais pour adoucir la prison du père de Matilde.

Ainsi se plaignait Redmond dans le secret de son cœur ; son rival n'était pas moins désolé. Wilfrid était trop généreux pour chercher à profiter d'un avantage qu'il ne devait qu'à la nécessité ; et cependant il ne voyait que trop que, sans cette ressource, toutes ses espérances étaient vaines. Mais enfin la voix de Matilde interrompit la rêverie des deux rivaux, et dissipa leurs tristes pensées comme un souffle de la brise fait évanouir une vapeur légère.

XVIII.

— Je n'ai pas besoin, dit-elle, de rappeler aux amis de Matilde que le seigneur de Mortham évitait le château de mon père : toujours silencieux et triste, il daignait cependant me témoigner toute la confiance et l'amitié d'un parent bon et sensible. Je parvenais parfois à dissiper les nuages de son chagrin pour quelques instans ; mais bientôt il ne dépendait plus de moi de calmer son désespoir, devenu plus profond. Une cause fatale, inconnue à tous, lui arrachait, comme malgré lui, son secret ; et deux fois je le vis en proie à ces transes cruelles qui peuvent pour un temps égarer nos idées. Il avait la consolation terrible de sentir approcher l'heure de son délire ; et, tant que son âme avait le courage de lutter contre le mauvais génie qui venait s'emparer de lui, il cherchait à repousser ses atteintes comme une victime qui résiste en vain au poignard d'un meurtrier. Je devinais bien que cette funeste maladie prenait sa source dans un crime fatal ; mais Mortham ne me déclara toute la vérité que lorsqu'il fut à la veille de partir pour la guerre civile. Ce fut alors qu'il me confia le dépôt d'un riche trésor et ce papier qui contient son secret dans des termes bizarres qui trahissent souvent une âme que la violence de sa douleur force à cet aveu.

XIX.

HISTOIRE DE MORTHAM.

— Matilde ! tu m'as souvent vu tressaillir et trembler comme si un fer mortel me perçait le cœur, lorsqu'une parole prononcée sans intention réveillait en moi le souvenir de ma jeunesse. Crois-moi, il est peu d'hommes qui puissent reporter avec plaisir leurs regards sur le passé... Mais moi... mon début dans la vie ne fut qu'orgueil et vanité ; le crime et le sang ont souillé mon âge mûr... Enfin, vieillard en cheveux blancs, je vais descendre dans la tombe sans avoir un ami pour me fermer les yeux ! Toi-même, Matilde, tu désavoueras un indigne parent quand son forfait te sera connu.

— Faut-il donc que je soulève le voile sanglant qui cache ma sombre et fatale histoire? Il le faut... j'obéirai!... Cesse de m'apparaître, pâle fantôme !... accorde-moi une heure de repos! Quand je vois ton geste menaçant, penses-tu que je puisse avoir la force d'exécuter tes ordres? Ah! quand tu me montres du doigt ton visage flétri et ton char funèbre, comment puis-je te peindre telle que tu étais, ô toi qui fus si belle et si aimante?

XX.

— Oui! elle était belle! Une tendre mélancolie, ô Matilde, est empreinte sur tes traits ; mais les siens avaient cet éclat d'un beau jour qui sourit à toute la nature. Un hymen secret nous unit... Nous y fûmes forcés par la différence de nos religions et l'inimitié qui divisait nos deux pays. Arrivés au château de Mortham, nous fîmes un mystère du nom et de la famille d'Edith, en attendant que le chevalier de Rokeby fût de retour des contrées lointaines où il était allé faire la guerre. Nous comptions sur son influence auprès d'un père pour adoucir sa fierté offensée. Nous vécûmes quelques mois inconnus à tous, excepté à un seul ami, à un ami trop cher... Je veux lui épargner encore la honte de faire connaître son nom... Je ne dois pas oublier mes erreurs pour chercher à me venger de la trahison d'un ami... Je ne dois pas me montrer ingrat envers ce Dieu dont la clémence a daigné m'accorder des années de repentir quand il pouvait terminer ma misérable vie le jour de mon crime.

XXI.

— Mon Edith charmait par son bienveillant sourire tous

ceux qui l'approchaient; mais ce sourire parut si tendre à l'ami de son époux, que le perfide cessa de le croire innocent, et l'interpréta comme un désir coupable. Repoussé dans ses audacieuses sollicitations, ce misérable jura de se venger, et imagina une ruse infernale.

— Nous étions seuls, lui et moi... Nous sortions d'un banquet où nous avions plusieurs fois vidé les coupes, mon sang circulait avec un feu inaccoutumé, lorsque nous aperçûmes Edith qui se glissait d'un pas furtif le long d'une charmille; elle semblait se cacher timidement derrière le rideau du feuillage, comme quelqu'un qui craint d'être vu. Il n'est point de mots pour exprimer le sourire sinistre que je lus en cet instant dans les traits de l'artisan de tous mes malheurs! Je le questionnai avec colère. Il garda d'abord un silence artificieux, et me pria ensuite froidement de ne point m'irriter de ce qu'il allait me répondre : — Un amant l'attend dans le bois, me dit-il. Nous avions ce jour-là chassé le chevreuil, et, par un accident fatal, mon arc était près de moi. Je m'emparai de cette arme, dans ma fureur, et, d'un pas précipité, je suivis Edith, et je trouvai un étranger qui la pressait sur son sein. Je tends mon arc, le trait vole, et va frapper le but que je vise. Edith mourante tombe et expire dans les bras de son frère, dont ma flèche avait aussi percé le cœur... C'était son frère qui était venu secrètement la voir et essayer de la réconcilier avec son père.

XXII.

— Tous mes serviteurs se dérobèrent à ma rage; je ne voyais plus que des ennemis autour de moi. Mais le traître qui avait éveillé ma jalousie avec tant d'art fut le premier à fuir, et alla chercher dans des climats lointains un asile contre ma vengeance. La vérité sur le meurtre que j'avais commis fut connue de peu de personnes; on ignora surtout que j'étais le coupable. Mon fidèle intendant inventa je ne sais quelle fable pour faire croire qu'une flèche mal dirigée avait frappé les deux victimes, et même ceux qui ouïrent parler de leur mort ignorèrent quelle était la main qu'on pouvait accuser. Les lois humaines ne m'atteignirent pas : mais Dieu entendit le cri du sang, et d'épaisses ténèbres environnèrent mon cœur ; je ne puis définir quelles sombres apparitions épouvantaient mon sommeil : je ne rêvais que cachots, chaînes et verrous...

— Lorsqu'un chagrin plus calme eut succédé à mes premières douleurs, je demandai mon enfant au berceau... mais je n'ai pas encore dit qu'Edith m'avait donné un fils beau comme une matinée de printemps... Hélas oui ! j'étais père ! Confus et tremblans, mes vassaux me répondirent que des hommes armés étaient survenus dans la vallée de Mortham, avaient attaqué la nourrice pendant la nuit, et l'avaient emmenée avec le nourrisson qui lui était confié. Mon perfide ami pouvait seul profiter de ce larcin qui acheva de me désespérer... Je suivis donc ses traces, brûlant de faire peser sur sa tête ma triple vengeance... il a toujours su m'échapper... Mais les blessures de mon cœur éprouvèrent quelque soulagement dans mes courses vagabondes, et je portais avec moins d'effort le poids de ma misère sur les terres et les mers étrangères.

XXIII.

— Le hasard guida mes pas au milieu d'une bande dont l'audace répandait au loin la terreur ; je risquai si souvent une odieuse vie à la tête de ces corsaires, je les étonnai par des exploits si inouïs, que mes compagnons eux-mêmes avaient peine à les croire possibles, et me portaient un respect sans bornes. Je fus alors le témoin de bien des crimes et de bien des malheurs ; mais je n'ai jamais connu dans tous mes voyages un mortel qui fût aussi infortuné que moi !

— Un soir, après une bataille terrible, nous nous étions arrêtés sur la plage ensanglantée ; la lune éclairait de son pâle flambeau les blessés et les morts ; fatigués par un banquet copieux et par les travaux du jour, mes compagnons dormaient autour de moi ; une voix se fait soudain entendre à mon oreille, son accent était doux comme le tien, ô Matilde! — Malheureux! me dit-elle, que fais-tu dans ces lieux pendant que mon cercueil sanglant reste sans vengeance, et que mon fils vit abandonné sans connaître le nom de son père, et privé de ses tendres soins!

XXIV.

— Je ne fus pas sourd à cette voix... J'obéis et revins dans ma patrie : j'emmenai avec moi les plus braves de notre troupe, dont je prétendais me servir pour satisfaire au besoin ma vengeance trop long-temps différée. Mais que le ciel accepte mes humbles actions de grâce pour m'avoir inspiré des pensées et des espérances plus douces! béni soit celui qui nous apprit par une prière divine que le pardon est le prix du pardon!... Je me réjouis, dans ma misère, d'avoir écouté les conseils d'une foi consolatrice!... J'ai revu les traits du perfide!... j'ai entendu sa voix!... je lui ai redemandé mon fils! Il a désavoué son larcin avec un sourire, avec ce sourire infernal et cette froide assurance qui jadis égara ma raison lorsqu'il me dit : — Un amant l'attend dans le bois!... — Je retins mon bras prêt à le frapper... Que le Créateur du monde en soit loué! la souffrance est un sentier qui mène au ciel.

XXV.

Matilde en était là de l'histoire du malheureux Mortham, lorsqu'un léger bruit se fit entendre dans le feuillage. Redmond se relève et regarde; le lâche Guy Denzil se retire (car c'était lui qui était caché à quelques pas de distance); il n'oserait pas croiser le fer avec le brave O'Neale pour tous les trésors renfermés dans les coffres de fer de Mortham. Redmond reprend sa place : — C'est quelque chevreuil, dit-il, qui aura traversé le taillis. — Bertram sourit avec un air féroce en voyant reculer son timide compagnon : — Tu as vraiment un courage à l'épreuve! lui dit-il; c'est un seul ennemi qui te fait peur..., et je suis là!... Je connais ton adresse pour atteindre un chevreuil, donne-moi ta carabine, je veux t'apprendre un art dont tu me remercieras avec joie, l'art de tuer un ennemi sans rien risquer soi-même.

XXVI.

Le farouche Bertram se traîne sur ses genoux et sur ses mains entre les bouleaux et les noisetiers jusqu'à ce qu'il se trouve vis-à-vis de Redmond; il relève la carabine... Bertram n'avait jamais manqué de frapper juste quand son but était le cœur d'un ennemi... Ce jour eût vu périr le jeune Redmond, si Matilde ne s'était placée deux fois entre le sein de la victime et l'instrument de mort avant que le doigt de Bertram en eût pressé la détente. Le meurtrier murmura tout bas un terrible blasphème; mais il ne put exécuter le nouveau crime qu'il méditait!... — Il ne sera pas dit, reprit-il tout bas, il ne sera pas dit que je t'ai donné ainsi la mort, beauté dédaigneuse! — Et il se traînait un peu plus loin pour chercher un lieu plus propice, lorsque Guy Denzil s'approcha de lui : — Arrête! Bertram, dit-il, ou nous sommes perdus... Arrête, au nom de l'enfer... Une troupe nombreuse de cavaliers et de fantassins descend dans le vallon :... c'en est fait de nous s'ils entendent le coup de la carabine... Arrête, insensé; n'avons-nous pas un projet plus sûr?... Viens, ami, viens avec nous. Regarde dans ce sentier le capitaine de ces soldats qui a déjà mis le sabre à la main.

Bertram regarde, et reconnaît que la peur inspire à Denzil un conseil salutaire. Il maudit sa mauvaise étoile, s'éloigne en suivant les détours inconnus du bois, et arrive dans la caverne sur les bords de la Greta.

XXVII.

Ceux que Bertram, dans sa soif du sang, avait condamnés à la captivité ou à la mort, n'eurent aucun soupçon des embûches qui leur étaient dressées. Ils n'étaient occupés que de la lecture qu'ils écoutaient. Chacun d'eux resta assis sans défiance, pendant que le ciel retenait le bras du meurtrier. Tels des navires qui se laissent aller au courant pendant les ténèbres, ne voient pas les écueils sur lesquels ils glissent. Matilde continua donc, sans s'interrompre, la fin de l'histoire de Mortham. Il parlait de ses richesses comme d'un fardeau dont la fortune avait voulu l'accabler dans une amère dérision, et pour aggraver ses éternelles douleurs; mais cependant il suppliait Matilde de conserver ses trésors pour les rendre un jour à son fils, au fils d'Edith... car il ne pouvait cesser de croire qu'il vivait encore. Il attestait que, dans de fréquentes visions, il avait vu ses traits et entendu sa voix : et, ajoutant à ces preuves vagues des raisons plus positives, il disait que, si son fils avait péri, on eût reconnu les traces de son sang et son cadavre sans vie. Il avait aussi entendu dire que, dans le temps, on avait vu dans la baie de Windermere, un navire étranger, dont l'équipage gardait avec précaution, mais avec des égards, une femme et un jeune enfant. En réunissant tous ces indices, il sentait l'espérance réveillée dans son cœur. Quelque vague qu'elle fût, cette espérance subjuguait sa raison.

XXVIII.

Son histoire était terminée par ces paroles solennelles : — J'appelle le ciel à témoin que si j'ai pris parti dans cette funeste guerre civile, je n'ai consulté que les droits de l'Angleterre. Les justes plaintes de mon pays m'ont mis les armes à la main pour défendre l'Évangile et les lois. Aussitôt que la bonne cause aura triomphé, mon glaive rentrera dans le fourreau, et j'irai chercher mon fils dans toute l'Europe. Mes trésors, sur lesquels déjà un proche parent jette des regards avides, seront en sûreté entre les mains de Matilde. Lorsqu'elle apprendra la nouvelle de ma mort, qu'elle garde son dépôt pendant trois années. Si, au bout de ce temps, personne ne le réclame de ma part, le nom de Mortham est éteint et sa famille avec lui. Que la main généreuse de Matilde répande ses bienfaits dans notre patrie malheureuse; qu'elle adoucisse le sort du prisonnier blessé ; qu'elle fasse rebâtir la cabane démolie. C'est ainsi que les dépouilles des terres étrangères serviront à réparer les malheurs d'une guerre intestine.

XXIX.

Le sensible Redmond, à qui toute la magnanimité de Mortham était connue, donna des larmes aux malheurs qui avaient accablé ce seigneur valeureux. Mais le fils de Wycliffe en fut plus touché encore, lui qui apprenait enfin pourquoi Mortham ne voulait pas que l'on sût qu'il avait conservé la vie... Il crut du moins deviner que son projet était d'obéir, sans être connu, aux inspirations de ces sentimens secrets qui lui disaient que son fils n'était pas perdu pour lui. Il demeura pensif et rêveur, en entendant Matilde dire qu'elle désirait partager la captivité de son père, en quelque lieu que fût sa prison. Mais ce fut avec douleur qu'elle ajouta qu'il lui était pénible de voir que le château de Rokeby démantelé, privé de ses défenseurs, et ouvert de toutes parts aux bandits, n'offrait plus de sûreté pour le trésor que lui avait confié l'amitié d'un parent, et destiné par lui à un si noble usage. — La forteresse de Barnard serait donc le lieu de votre choix, demanda Wilfrid d'une voix tremblante, puisque les lois du parti vainqueur condamnent votre père à y rester quelque temps en otage. — En prononçant ces mots, son accent trahit l'espérance qui le flattait, et il y avait aussi dans son regard une joie incertaine.

Matilde se hâta de répondre, car elle s'aperçut que les yeux de Redmond étincelaient de colère. — Le devoir, dit-elle avec une grâce ravissante, le devoir, généreux Wilfrid, n'a point de choix à faire. Si j'étais libre de choisir, je préférerais accompagner mon père dans une prison moins cruelle pour lui que ce sombre fort, d'où pouvant voir les arbres de ses forêts et entendre le murmure de la Tees, il trouvera à chaque pas tout ce qui redouble les regrets d'un captif. Mais plus la captivité sera pénible pour son âme, plus Rokeby aura besoin de la tendresse de sa fille.

XXX.

Wilfrid sentit le doux reproche de Matilde, et resta un moment abattu... Il répondit enfin tristement : — Noble Matilde, si je vous questionnais sur vos projets, ce n'était que pour éclaircir vos doutes, et vous offrir les secours de l'amitié. J'ai sous mes ordres, ainsi l'a voulu mon père, une troupe de braves soldats, et je pourrais vous envoyer quelques cavaliers pour transporter les trésors de Mortham, à la faveur de la nuit. Cette escorte me semble nécessaire dans ces temps de trouble et de désordre. — Je vous remercie avec reconnaissance, généreux Wilfrid, répondit-elle; je ne veux pas retarder un jour de plus d'accepter vos offres. Si vous daignez garder vous-même le dépôt qui me fut confié, il ne peut qu'être à l'abri de toute atteinte.

Elle finissait à peine ces mots, qu'il survint une troupe de guerriers, les mêmes dont l'approche avait fait fuir les bandits de leur embuscade. Le capitaine salua Wilfrid avec respect, et tourna ses regards de tous côtés, comme pour chercher un ennemi. — Albert, dit le fils d'Oswald, que veut dire ce que je vois? Pourquoi descendre ainsi en armes dans le vallon? — J'allais moi-même vous demander ce dont il s'agissait, répondit l'officier; je conduisais mon escadron pour l'exercer aux manœuvres militaires dans la plaine de Barningham, lorsqu'un étranger est venu nous dire que vous étiez égaré, cerné, et près de périr. Il parlait avec le ton du commandement; il avait un regard d'aigle et l'aspect d'un guerrier. Il m'a ordonné d'accourir à votre secours; je n'ai pas hésité d'obéir.

XXXI.

Wilfrid changea de couleur, et se détourna pour dissimuler sa surprise, après avoir fixé un moment l'officier qui lui adressait la parole. Redmond cependant se mit à parcourir tous les taillis voisins, comme un limier ardent à la chasse, et il trouva la carabine de Denzil, indice certain que la vérité avait dicté l'avis auquel Matilde, Wilfrid et lui devaient leur salut. Il leur parut prudent de quitter le vallon. Il fut convenu que Matilde rentrerait au château, accompagnée de Redmond et d'une escorte. Wilfrid s'éloigna, promettant de revenir, à l'entrée de la nuit, avec une troupe fidèle, pour la conduire aux tours superbes du château de Barnard, et y transporter sans danger les trésors de Mortham. Après avoir arrêté ce projet, Wilfrid se retira, l'âme remplie de tristesse et d'inquiétude.

CHANT CINQUIÈME.

I.

Les ombres étendent sur la terre le voile de la nuit; le soleil se cache derrière les collines de l'occident; mais la cime bleuâtre des monts et la flèche du clocher rustique réfléchissent encore sa lumière; les créneaux du fort de Barnard paraissent couronnés de pourpre du côté de Toller-Hill; la tour élevée de Bowes brille dans le lointain comme le fer rougi par le feu, et les coteaux sinueux de Stanmore sont dorés par les derniers rayons du jour : ils nuancent encore pendant quelques momens le feuillage des bois, et s'éteignent peu à peu dans l'horizon obscurci. C'est ainsi que les vieillards renoncent à regret aux vanités de la jeunesse, et charment le soir de la vie par le souvenir de leurs premières erreurs, jusqu'à ce que la mémoire se refuse à leur retracer ce rêve du passé.

II.

Le jour, qui semble abandonner à regret les hauteurs, a déjà quitté la vallée ombragée de Rokeby, où les deux rivières qui la protègent réunissent leurs ondes dans un lit plus profond. Les chênes majestueux dont les sombres rameaux convertissent la clarté du soleil en crépuscule, inaccessibles à une plus faible lumière, font du crépuscule une nuit précoce. Déjà les corbeaux attristent les airs de leurs chants nocturnes, et semblent appeler les génies des ondes : en harmonie avec leur voix lugubre, la Greta frappe l'écho de son murmure monotone auquel répond le murmure de la Tees, tandis que la brise de la nuit expire dans la fente des rochers avec un triste gémissement.

Wilfrid, dont le cœur se nourrissait des prestiges de l'imagination, éprouva pour ce lieu un attrait irrésistible. Il s'avançait d'un pas ralenti, et s'arrêtait souvent pour promener ses regards çà et là. Il venait chercher celle qu'il aimait, et cependant il ne se pressait pas de sortir du bocage, ravi de se livrer au frémissement bizarre et solennel que produit le mélange mystérieux du plaisir et de la crainte. Tel est le vague où nous aimons à nous égarer quand les passions subjuguent nos cœurs.

III.

Il franchit enfin le bois et ses obscurs détours, et, arrivé à l'entrée du vallon, il contemple l'antique château de Rokeby, argenté par les lueurs de la lune. Ce château était dépouillé depuis long-temps des ornemens guerriers qui jadis en défendaient l'approche. Les fortifications et les tourelles semblaient près de tomber en ruines. Plus destructeur que l'ennemi, le temps avait gravé l'empreinte de son passage sur le donjon et la grande tour : sur ces remparts, où jadis de glorieuses bannières semblaient braver les assiégeans, flottaient les guirlandes du lierre et de la giroflée jaune. Dans le corps-de-garde, où les sentinelles attendaient avec impatience le retour de l'aurore, l'araignée parcourt les murailles à la lueur des flammes du foyer ; les canons sont démontés ; le fossé est comblé et sans eau : les mâchecoulis ont disparu, et toute la forteresse n'est plus qu'un château paisible.

IV.

Cependant des précautions récemment prises annoncent que les jours d'alarmes sont revenus. La muraille de la cour est en partie réparée, assez du moins pour résister aux attaques des bandits et des maraudeurs ; des poutres ont été mises en état de soutenir le pont-levis tremblant. Ce ne fut qu'après avoir répondu à maintes questions répétées que Wilfrid parvint à se faire ouvrir la porte ; et à peine fut-il admis, que les verrous et les barreaux de fer reprirent leur place avec un bruit sinistre. Lorsqu'il traversa la voûte du porche, le vieux concierge éleva son flambeau, et l'examina depuis les pieds jusqu'à la tête, avant de le précéder dans les appartemens. Ces vastes salles, construites par d'antiques chevaliers, semblent une suite de caveaux funèbres ; la lumière mélancolique de la lune y pénètre à travers de sombres vitraux. On n'y voit plus des écharpes ni des bannières flotter sur les bois du cerf et sur les défenses du sanglier : trophées de la chasse, entremêlés de trophées plus glorieux. Ces armes, ces enseignes ont suivi Rokeby aux combats... pour être perdues à jamais dans la plaine de Marston. Cependant les rayons de la lune tombent encore sur quelques piliers auxquels sont suspendues de gothiques armures, que leur masse et leur forme rendent inutiles dans les guerres modernes. Tels on voit de vieux soldats qui ne sont reconnus qu'à leurs cicatrices négligées.

V.

Matilde vint bientôt à la rencontre de Wilfrid, et, ordonnant à ses gens d'allumer du feu au foyer, elle dit qu'elle était prête à partir, et n'attendait plus que l'escorte de Wilfrid qui devait protéger son voyage ; mais le fils d'Oswald, ne voulant point révéler ses soupçons sur l'avidité de son père, se contenta de répondre que, de peur qu'un regard jaloux ne reconnût le précieux trésor qu'ils devaient transporter, il avait jugé plus prudent de n'entrer dans le fort de Barnard que lorsque la nuit serait plus avancée. Il avait donc commandé à ses soldats fidèles de se rendre au château de Matilde aussitôt que la sentinelle de minuit serait relevée.

Dans ce moment, Redmond vint les rejoindre; il s'était occupé avec zèle de tous les préparatifs du départ. Charmé de la généreuse courtoisie de Wilfrid, il lui prit la main et la pressa dans la sienne, jusqu'à ce que son rival attendri lui rendît son étreinte amicale. Il semblait que tous deux s'étaient dit : — Oublions pendant quelque temps notre jalousie, et ne rivalisons que de zèle pour secourir la belle Matilde.

VI.

Aucune parole n'exprima cet engagement mutuel; ce fut un traité tacite du cœur, une pensée généreuse qui inspira en même temps les deux rivaux. Matilde les devina, et s'aperçut du changement de leurs regards; elle avait craint de voir éclater les dangereuses querelles d'une jalousie irritée; cet accord secret lui causa, au milieu de ses disgrâces, une joie au-delà des atteintes du sort! Tous trois s'assirent autour du foyer hospitalier, et s'entretinrent des espérances d'un avenir plus heureux. Ils s'excitèrent à une aimable gaieté, qui prévint le pressentiment sinistre des malheurs nouveaux dont ils étaient menacés. Doux privilége de nos jeunes ans, qui vaut tous les plaisirs de l'été de la vie! La flamme brillante du foyer semblait prêter une clarté magique à ce tableau de l'amour. Jamais les traits de Wilfrid n'avaient paru plus animés; la noire chevelure de Matilde relevait la blancheur de son front et celle de son sein tendrement ému; le sourire brillait dans les yeux bleus de Redmond. Deux amans demeuraient ensemble auprès de l'objet de leurs vœux, sans s'adresser un regard de courroux. Que cette franchise et cet accord sont rares, grâce aux passions jalouses de l'homme, et à la vanité des fières beautés!

VII.

Pendant leur paisible entretien, un bruit inattendu vint ébranler la première porte du château, et avant que le concierge, dont la vieillesse ralentissait les pas, eût fait les questions d'usage, on entendit les préludes d'une harpe; bientôt une voix mâle, mais douce, se maria au son de l'instrument harmonieux :

> La lune règne à l'horizon,
> Mais de vapeurs elle est voilée ;
> Il est nuit, et dans le vallon
> Il tombe une froide rosée :
> Daignez donner dans ce séjour
> Un humble asile au troubadour.

Mais le portier sévère répondit : — Éloigne-toi, chanteur vagabond ; le roi a besoin de soldats ; il vaudrait mieux pour toi aller le servir à la guerre, que de faire le lâche métier que tu exerces.

A ce reproche peu encourageant, le ménestrel répondit, comme s'il s'y était attendu :

> Ne dites pas qu'au champ d'honneur
> Je devrais m'armer de la lance,
> Je ne sais que toucher le cœur
> En chantant plaintive romance :
> Hymne de gloire ou chant d'amour,
> Voilà tout l'art du troubadour.

Le vieillard, toujours inflexible, l'interrompit encore : — Eloigne-toi, lui dit-il ; va-t'en à la garde du ciel : et, si tu demeures plus long-temps à la porte de ce château, crois-moi, je pourrai t'en faire repentir.

VIII.

Wilfrid prit le parti du pauvre ménestrel, et se déclara son protecteur. — Ces vers, dit-il à Matilde, ne sont pas sans quelque charme, et semblent prouver que ce n'est point un chanteur vulgaire qui demande l'hospitalité. La nuit est sombre ; ce malheureux aurait de la peine à chercher un autre asile. J'ose m'offrir pour être son garant. Votre Harpool est un peu endurci par l'âge : jadis ce vieux serviteur ouvrait plus promptement sa porte pour recevoir vos amis et secourir l'indigent ; mais aujourd'hui n'a-t-il pas fait des difficultés pour m'ouvrir à moi-même, qu'il connaît depuis long-temps ?

— Hélas ! reprit Matilde, n'accusez pas ce pauvre Harpool de ce qui est la faute de ces temps d'orage. Il croit que de ses soins scrupuleux dépend la sécurité de la fille de son maître. Il ne pense pas qu'il soit prudent d'admettre des inconnus dans le château dès que l'heure de la nuit est venue : par un excès de précaution, son zèle ressemble à la rudesse. Je désire de tout mon cœur qu'il soit moins rigoureux envers ce pauvre ménestrel... Écoutons ; il continue sa ballade.

IX.

Pour prix de l'hospitalité
Je parle guerre à la vaillance,
Je parle amour à la beauté,
Et j'ai des contes pour l'enfance.
La nuit est sombre : jusqu'au jour
Accueillez donc le troubadour.

Toujours chers au dieu de la gloire,
De Rokeby les fiers barons
Vivront à jamais dans l'histoire,
Je puis vous dire tous leurs noms :
Si leur mémoire vous est chère,
Accueillez un pauvre trouvère.

Le ménestrel reçut toujours
Des Rokeby noble assistance.
Malheur au fils de la vaillance
S'il est maudit des troubadours.
Ah ! si la gloire vous est chère,
Accueillez un pauvre trouvère.

— Écoutons, s'écria Redmond ; voilà Harpool qui entre en pourparler. Il faut espérer que la porte va s'ouvrir. — Malgré toute la science dont tu te vantes, disait Harpool, je parie que tu ne sais point l'histoire *de la laie félone*, ni comment elle épouvantait de ses cris sauvages les échos de la Greta et la forêt de Rokeby. Saurais-tu nous raconter pourquoi le chevalier Ralph fit don de cette laie terrible aux moines de l'abbaye de Richemont, pour qu'ils en fissent un grand festin ? Nous dirais-tu l'aventure de Gilbert Griffinson, et celle de Peterdale, habile à manier l'épée? Le récit des exploits du moine Midleton et du brave sir Ralph excita toujours la plus franche gaieté. Allons, si tu peux nous chanter cette fameuse ballade, tu trouveras dans ce château un gîte et un souper.

X.

Matilde sourit: — J'espérais peu, dit-elle, du goût d'Harpool pour les chants des ménestrels; mais oserons-nous lui dire, ô Redmond, de bien accueillir celui-ci!

— Ah! sans doute, répondit Redmond. Dès mon enfance, le son de la harpe a fait tressaillir mon cœur! et je ne puis entendre ses plus simples accords sans qu'ils me rappellent le songe de mes premiers plaisirs dans la terre d'Erin, alors qu'Owen Lysagh était le *Filea* [1] d'O'Neale, vieillard aveugle, dont les blancs cheveux étaient respectés comme ceux d'un prophète. Assis à ses pieds, j'ai vu souvent un cercle de guerriers farouches, ravis par ses chants mélodieux et l'écoutant jusqu'au soir, éprouver tour à tour la fureur, la joie, la tendresse, la douleur, l'extase et toutes les passions, par la magie toute-puissante du barde inspiré.

— O Clandeboy! le chêne de la forêt de Slieve-Donard ne me prêtera plus l'ombrage de ses antiques rameaux; je n'entendrai plus la harpe d'Owen célébrer les amours de nos bergères et la gloire de nos héros. Les ronces sauvages ont fait disparaître ce foyer, asile cher à l'hospitalité. A peine si quelques ruines éparses dans la clairière désignent le lieu où s'élevait le château de mes aïeux. Leurs vassaux errent sur des bords lointains, et combattent sous les bannières de l'étranger... Les fils de nos persécuteurs ont hérité des bois ravissans de Clandeboy!

Il dit, et détourne la tête pour cacher, dans sa fierté, une larme qui est venue mouiller sa paupière.

XI.

Matilde, attendrie, pleure en écoutant la noble expression de ses regrets; elle place sa main sur le bras

---

[1] *Filea*, nom donné aux troubadours en titre d'Irlande. — Éd.

d'O'Neale, et lui dit : — C'est la volonté du ciel !... Crois-tu, Redmond, que je puisse m'éloigner sans douleur du château de mes ancêtres, et abandonner au dieu des ruines tout ce qui a fait le charme de mes jeunes années ? C'est ici que Matilde a trouvé tous ses plaisirs dans la douce paix du bonheur domestique. Ce foyer où mon père s'est assis tant de fois sera bientôt occupé par un étranger ; tous les appartemens, témoins des jeux de mon enfance, auront peut-être bientôt disparu ; la ronce et les broussailles en effaceront jusqu'aux traces, ou du moins ils auront cessé d'être la demeure de la postérité des Rokeby !... Ce qui doit nous consoler, ô Redmond !... c'est de penser que telle est la volonté du ciel.

Ses paroles, l'accent de sa voix et son regard exprimaient la tendre amitié des premiers âges du monde ; la froide réserve avait perdu tout son pouvoir sur Matilde, qui s'abandonnait à la sympathie du malheur. Redmond n'osa pas hasarder une réponse ; mais, s'il avait eu à choisir entre cette heure de mélancolie et les honneurs dont jadis jouissaient ses ancêtres, Redmond eût renoncé à jamais aux riches domaines de Slieve-Donard et de Clandeboy.

XII.

La pâleur couvre les traits de Wilfrid ; Matilde s'en aperçoit, et se hâte d'ajouter : — Heureuse du moins par l'amitié, je dois m'abstenir de tout murmure !... La fille de Rokeby trouve une douce distraction à ses regrets en quittant le château de ses pères ! Cette nuit encore, avant que je m'éloigne, ce foyer hospitalier recevra, comme jadis, le malheureux sans asile, et ce pauvre ménestrel nous charmera par d'antiques ballades. Qu'Harpool se hâte d'ouvrir la porte ; qu'il accueille bien cet étranger, et restaure ses forces par un bon repas... Cependant le généreux Wilfrid va prendre sa harpe et nous ravir par une de ses romances !... Je l'exige de vous, Wilfrid... Cessez d'avoir cet air de tristesse !... Je devine votre pensée...; Il faudrait des lauriers pour récompenser vos vers; et la pauvre Matilde, privée de son héritage, n'a pas une guirlande à poser sur votre front. Il est vrai que je vais m'éloigner des rians vallons de Rokeby, et que je ne pourrai plus errer sur les rives de la Greta; mais sans doute que Wilfrid, en chevalier courtois, daignera permettre à sa prisonnière d'aller errer sous ces ombrages que l'été embellit de ses fleurs. Je pourrai cueillir le lis et la rose dans le bois de Marwood et sur le coteau de Toller-Hill, et j'y tresserai une guirlande pour un barde habile dans l'art des muses.

Le fils d'Oswald se tint un moment à l'écart pour accorder la harpe de Matilde, et préluda ensuite par un air mélancolique, comme pour préparer à sa plaintive romance.

XIII.

LA GUIRLANDE DE CYPRÈS.

Fleurs du printemps, recevez mes adieux!
Du cyprès seul j'aime encor la verdure:
Vous dont l'aspect embellit la nature,
Fleurs du printemps, je vous laisse aux heureux!
Roses et lis qu'on cueille aux jours de fête,
Ornez un front où brille la gaîté;
Depuis long-temps que l'espoir m'a quitté,
Le noir cyprès doit seul parer ma tête.

Couronne-toi du pampre des coteaux,
Barde qu'égare une aimable folie!
Au citoyen sauveur de sa patrie
Le chêne altier offre ses verts rameaux.
Au tendre amant c'est le myrte qu'on donne.
Hélas! Matilde a dédaigné mes vœux,
Le myrte n'est que pour l'amant heureux;
Le cyprès doit seul former ma couronne.

Du lierre, Albyn [1], décore tes cheveux;
Préfère, Érin [2], le trèfle des prairies;

(1) Albyn, l'Écosse.
(2) L'Irlande.

Garde, Albion, tes roses réunies [1],
Teintes encor du sang de tant de preux!
Aux fronts heureux Wilfrid vous abandonne,
Fleurs du printemps! vous affligez son cœur :
Il a cessé de rêver le bonheur,
Le noir cyprès forme seul sa couronne.

Saisis ton luth, troubadour chevalier,
De tes exploits le noble prix s'apprête!
C'est la beauté qui pose sur ta tête,
En souriant, le lierre et le laurier !
Que le clairon célèbre les batailles!...
Lorsque l'airain, par ses accens de deuil,
Annoncera mes tristes funérailles,
Du noir cyprès couronnez mon cercueil.

Oui, préparez le cyprès funéraire
En souvenir, hélas! de mes amours!
Mais que le ciel, propice à ma prière,
Me daigne encore accorder quelques jours!
Sur mon tombeau l'habitant du village
Viendra semer les fleurs du romarin,
Matilde aussi daignera de sa main
Du noir cyprès y mêler le feuillage.

XIV.

O'Neale remarqua une larme près de tomber des yeux de Wilfrid, et lui dit, avec une franche amitié : — Non, non, noble fils d'Oswald, avant que nos contrées aient à déplorer le silence d'un si généreux troubadour, tu recevras encore plus d'une couronne des mains de l'amour et de celles de l'amitié. Je suis loin de désirer qu'un destin rigoureux te condamne comme moi à perdre la liberté ; je plains trop le captif dont les lois de l'honneur enchaînent les mains, et qui porte un glaive oisif dans le fourreau : mais si jamais tel était ton malheur, je voudrais, fier du sourire de ta muse, parcourir avec toi l'Angleterre sur un noble coursier, comme les troubadours d'autrefois, qui allaient demander l'hospitalité aux châteaux des barons. Nous irions saluer tous les amans de la lyre, depuis le mont

---

(1) Allusion aux factions de la rose rouge et de la rose blanche, qui ont tant coûté de sang à la Grande-Bretagne. — ÉD.

de Michel jusqu'aux cimes escarpées du Skiddaw; nous visiterions les montagnes sauvages d'Albyn et les vertes prairies de ma terre natale : toi tu charmerais les cœurs des belles par des chants de paix et d'amour ; et moi, ménestrel moins tendre, je célébrerais les combats et les exploits des guerriers. Les bardes de la vieille Angleterre et le fameux Drummond d'Hawthornden s'avoueraient vaincus par nous; la harpe de M'Curtin cesserait d'enchanter le rivage d'Iernie pour écouter les accords de la nôtre.

Ainsi parlait Redmond, pour essayer de ramener le sourire sur le front abattu de Wilfrid.

XV.

—Mais, dit Matilde, avant que votre nom soit illustré par vos chants de gloire, daignerez-vous, cher Redmond, aller chercher ce ménestrel nouveau et l'introduire ici? Que tous nos serviteurs s'empressent de le fêter, chacun suivant son rang. Je sais combien le cœur de ces fidèles vassaux s'affligera quand ils se sépareront de leur maîtresse chérie : je veux donc qu'un banquet joyeux adoucisse le moment pénible de mon départ.

Le ménestrel fut introduit. Il était encore dans la force de l'âge; son vêtement se rapprochait beaucoup de l'antique costume par lequel se distinguaient les troubadours de la vieille Angleterre. Il avait une espèce de tunique de drap vert de Kindall, et un collier fermé par une agrafe d'argent. Sa harpe était attachée à une écharpe de soie; une épée pendait à son côté.

XVI.

Il fit, en entrant, un salut avec une courtoisie étudiée. Pour mieux séduire, son air et son accent semblaient affecter une aimable franchise ; ses traits avaient ce caractère de physionomie qui charme les yeux plutôt que le cœur. Mais on aurait eu de la peine à concevoir de la méfiance sur un ménestrel qui paraissait si jeune et si modeste. Ses yeux rapides et subtils observaient tout sans se faire remarquer ; ils firent le tour de la salle avec une feinte timidité; mais ils se baissèrent devant ceux de Matilde, et n'osèrent fixer Redmond. Des hôtes soupçonneux ou instruits à l'école de l'expérience auraient pu concevoir des craintes sur un inconnu qui s'était invité lui-même dans le château... Mais nos amans étaient jeunes, et les serviteurs de Rokeby ne songeaient qu'à la douleur qu'allait leur faire éprouver le départ d'une châtelaine bien-aimée. Ils accoururent les yeux troublés par les larmes, comme s'ils allaient porter le drap funéraire de leur jeune maîtresse.

XVII.

Tout ce qu'il y avait de repoussant dans la physionomie du ménestrel s'évanouissait dès qu'il parcourait de la main les cordes de sa harpe, comme jadis le mauvais génie de Saül était chassé par les concerts du fils de Jessé. Dans ses regards brillait alors un plus noble feu; un accent plus naturel donnait un nouveau charme à sa voix. Son cœur battait de l'enthousiasme des bardes... Mais, hélas! bientôt cet orgueil généreux se perdait avec le chant qui l'avait fait naître. Son âme retombait, par la force de l'habitude, dans ses vices et sa lâcheté... Le talent dont l'avait doué la nature n'était plus qu'un don fatal. Tel était le ménestrel que la jeune châtelaine de Rokeby daigna prier avec douceur et affabilité de répéter un de ces chants qui avaient déjà su la charmer de loin.

XVIII.

LA HARPE.

De l'enfance fuyant les jeux,
Aux plaisirs naïfs du village
Je préférai, dès mon jeune âge,
L'ombre du bois silencieux.
Le seul ami du rêveur solitaire,
C'était la harpe du trouvère.

Sur les bords fleuris du ruisseau
Était ma chaumière modeste;

Séduit par un orgueil funeste,
Je voulus quitter le hameau.
Ah! qui me fit dédaigner ma chaumière?
Ce fut la harpe du trouvère.

L'amour vint égarer mon cœur :
J'osai tenter, dans mon délire,
D'attendrir au son de ma lyre
La fille d'un noble seigneur.
Qui m'inspira cet espoir téméraire?
La harpe du pauvre trouvère.

Mon hommage fut méprisé ;
Et, reconnaissant ma folie,
J'en accusai ma rêverie,
L'Amour, et mon cœur abusé...
Mais j'épargnai, dans ma douleur amère,
La harpe du pauvre trouvère.

La guerre avec tous ses fléaux,
Ainsi qu'un torrent des montagnes,
Fondit soudain dans nos campagnes
Et vint dévaster nos hameaux...
Qui me rendra ma paisible chaumière?
La harpe du pauvre trouvère.

L'ambition trompa mon cœur;
L'amour flétrit ce cœur fidèle ;
Sur moi je sens la main cruelle
De l'indigence et du malheur...
Mais j'ai du moins, pour charmer ma misère,
La harpe du pauvre trouvère.

Dans le vallon, sur le coteau,
Tu me suivras, harpe chérie ;
Seule tu consoleras ma vie,
Tu viendras orner mon tombeau.
Là, répondant au vent de la bruyère,
Tu plaindras le pauvre trouvère.

XIX.

Matilde témoigna par un sourire le plaisir que lui avait causé la romance du trouvère ; mais le vieux Harpool, toujours prévenu, fit un geste de mécontentement, et prit son flambeau pour retourner à son poste. Edmond l'observa,... et, changeant soudain de mesure, sa main erra sur les cordes de sa harpe jusqu'à ce qu'elle eût trouvé un air guerrier... Puis, s'interrompant avec une crainte simulée, il porta autour de lui ses timides regards : Sans doute, dit-il, il n'est personne dans ce château qui puisse reprocher à un ménestrel d'avoir conservé dans la bonne comme dans la mauvaise fortune une inaltérable fidélité au roi son seigneur ! J'oserai donc demander votre agrément pour vous répéter un chant consacré à la noble cause des Stuarts.

Ayant prononcé ces paroles, il feignit d'être rassuré par les gestes et les regards de ceux qui l'entouraient, et reprit sa mélodie guerrière. Harpool demeura pour écouter *la ballade du chevalier*.

XX.

LA BALLADE DU CHEVALIER.

Le point du jour dissipait les vapeurs;
Mon bien-aimé, chevalier intrépide,
De ses aïeux arborant les couleurs,
S'est élancé sur son coursier rapide.
Fidèle au prince auquel il doit sa foi...
Honneur, amour, seront sa récompense.
Le Dieu du ciel protège la vaillance
Du chevalier qui combat pour son roi !

Qu'il était beau sous sa cotte-de-mailles !
Un blanc panache ornait son noble front;
Les ennemis long-temps se souviendront
Des coups portés par lui dans les batailles.
Toujours fidèle à ta belle, à ton roi,
L'amour, l'honneur, soutiendront ta vaillance.
Beau chevalier, conserve l'espérance,
J'adresse au ciel ma prière pour toi.

C'est pour les droits de la vieille Angleterre
Que le fer brille en sa terrible main...
Et notre roi va reconnaître enfin
Que ses barons sont les fils de la guerre.
Conserve au prince et ton glaive et ta foi,
Beau chevalier, combats avec vaillance.
Le ciel sourit à ta noble espérance,
Et ton amie implore Dieu pour toi.

Oseraient-ils, tous ces obscurs rebelles,
Nous opposer leur Fairfax, leur Waller?
Ces vils soldats que vante Westminster,
Soutiendront-ils le choc des preux fidèles?
Beau chevalier, le ciel combat pour toi,
L'honneur te parle et double ta vaillance;
C'est la beauté qui croit à ta constance:
Sois digne d'elle en défendant le roi.

Montrose a su rappeler la victoire,
Quand elle avait déserté nos drapeaux;
Ormond, Derby, par des exploits nouveaux,
De leurs beaux noms vont accroître la gloire.
Enfant des preux, mérite que le roi
Couronne aussi ton heureuse vaillance:
Reviens vainqueur: ah! j'en ai l'espérance;
Le dieu du ciel va combattre avec toi.

Honneur, honneur à ta blanche bannière,
Beau chevalier; les faveurs de l'amour
Seront le prix d'un glorieux retour:
De tes lauriers ta dame sera fière.
Toujours fidèle à ta dame, à ton roi,
Amour, honneur, seront ta récompense;
Le Dieu du ciel protège la vaillance
Du chevalier qui combat pour son roi.

XXI.

— Hélas! bon ménestrel, dit Matilde, c'est trop tard faire entendre ce chant guerrier! Il fut un temps où cette voix de la gloire eût fait palpiter tous les cœurs dans les domaines de Rokeby! mais aujourd'hui nous écoutons ces nobles accens comme les sons du clairon qui vont frapper l'oreille du soldat expirant; ta ballade nous attriste dans l'impuissance où nous sommes de répondre à l'appel de la fidélité. Mais qu'il reçoive les applaudissemens qu'il mérite, celui qui célèbre la bonne cause alors même qu'elle semble perdue à jamais! Reçois cette faible récompense de l'héritière de Rokeby... Prête-moi ta harpe: moi aussi, avant de quitter le château de mes ancêtres, je veux essayer de déplorer les infortunes de cette noble race, pour laquelle mon père a combattu.

XXII.

Le ménestrel baissa humblement les yeux, et tendit une main tremblante pour recevoir le don de Matilde. Jusque-là une espèce de point d'honneur l'avait fait persister dans son lâche stratagème, sentiment irrésistible et d'une force inconnue qui étouffe les remords et règne en vainqueur dans l'âme de tous les mortels, depuis le général qui trace le plan d'une campagne, jusqu'à celui qui fait la guerre aux hôtes des bois. Le chasseur voit sans s'émouvoir les plumes éparses de sa victime et ses ailes ensanglantées; le plaisir dont l'enivre son adresse lui fait oublier tout ce que souffre l'oiseau malheureux qu'il prive de la vie. Le guerrier que l'âge éloigne du théâtre des combats aime encore les succès de son art fatal, et trace sur la carte la route qu'un farouche conquérant parcourra au milieu du sang et des ruines. Pour illustrer le nom d'un autre, il condamne les citoyens paisibles à la mort, et les cités aux flammes; complice des crimes du vainqueur sans partager sa gloire, quel est donc le prix qui lui fait ainsi passer sa vie à méditer des cruautés? qui donc arme son cœur contre la douce pitié?... c'est l'orgueil de son art.

XXIII.

Mais Edmond n'avait que des principes vagues et incertains : son âme, ainsi qu'un navire privé de son gouvernail, était le jouet des flots changeans des passions; ni le vice ni la vertu ne laissaient en lui une impression durable. Hélas! qu'il est rare qu'un cœur égaré écoute la voix de la vertu! Dans cet instant toutefois elle fit parler le remords dans le cœur d'Edmond; il lui fallut tout l'orgueil qui suppléait en lui à l'habitude du crime, pour résister au sentiment de ses regrets, lorsqu'il entendit Matilde déplorer sa triste destinée.

LES ADIEUX.

De la Greta j'abandonne les rives
Et ses bosquets silencieux ;

Hélas! la voix de ses ondes plaintives
S'unit au chant de mes adieux!
Je vais quitter le château de mon père;
Adieu donc, aimable séjour:
Comme un esprit que fait fuir la lumière,
Je dois partir avant le jour.

On brisera dans mon château gothique
Les écussons de mes aïeux;
Tu vas ramper, lierre mélancolique,
Sur ces décombres glorieux.
Écho, réponds aux accords de ma lyre:
Hélas! pour la dernière fois,
Avec Matilde ose encore redire
Les noms illustres de nos rois.

XXIV.

La jeune châtelaine s'arrêta un moment, et continua sa romance sur un ton plus élevé.

Mais terminons une plainte importune!...
Que ces remparts soient démolis!
Avec orgueil partageons l'infortune
De nos rois par le sort trahis!
S'ils sont venus les jours de nos disgrâces,
Conservons notre loyauté.
De nos aïeux suivons les nobles traces;
Mourons pour la fidélité.

De ces héros la fidèle vaillance
Fut jadis l'appui de nos rois;
Ils ont reçu de la reconnaissance
Ce château, ces tours et ces bois.
Châteaux, forêts, dons d'une main mortelle,
Qu'êtes-vous pour les fils des preux?
Bravoure, honneur et constance éternelle,
Voilà les trésors dignes d'eux.

XXV.

Tandis que Matilde chantait sa romance mélancolique, mille pensées opposées se combattaient dans l'âme d'Edmond: il avait peut-être rencontré parmi les naïves bergères de son village des traits aussi beaux et un accent de voix aussi doux, mais jamais les chants villageois ne peuvent se comparer à la mélodie riche et variée que font entendre les filles des grands ; jamais la vierge du hameau n'eut cette aisance et cette dignité qui inspirent à la fois le respect et la sympathie, et donnent tant de charme à la jeune châtelaine.

Peut-être les attraits de Matilde n'auraient pas suffi pour arrêter Edmond dans ses projets criminels ; mais lorsque la noble fille de Rokeby, se montrant supérieure à tous ses malheurs, emprunta de l'énergie de son âme un nouvel éclat et une nouvelle majesté, Edmond crut voir cet objet qui lui avait souvent apparu dans ses rêveries solitaires, lorsque ignorant encore le crime, il allait s'égarer dans les bois de Winston et sur les rives de la Tees: là son imagination s'était souvent plu à lui offrir les traits ravissans et la voix céleste d'une jeune princesse qui, dépouillée par le sort de ses honneurs et de ses états, attendait qu'un héros consacrât son épée victorieuse à la rétablir sur le trône de ses ancêtres.

XXVI.

— Telle était celle qui charmait mes songes, se dit-il à lui-même, et c'est moi qui viens ici préparer la cruelle destinée d'une châtelaine si belle, que mon imagination n'a jamais rien produit qui pût la surpasser? Est-ce bien ma main qui a ouvert l'entrée de ce château à ses barbares ennemis..., à ces brigands qui ont brisé tous les liens de l'honneur et des lois, et dont le bienfait le plus doux est une mort soudaine? Est-ce bien moi qui ai juré mille fois que si la terre possédait une beauté aussi céleste, j'irais jusqu'à ses dernières limites pour baiser avec amour les traces de ses pas? Et aujourd'hui... Ah! que la terre ne s'entr'ouvre-t-elle pas pour m'engloutir tout vivant!... N'y a-t-il plus d'espoir? Tout est-il perdu?... Hélas! déjà Bertram est à son poste! Je viens de voir son ombre glisser sous les voûtes du porche! Il devait attendre mon signal... Il est possible de gagner du temps : j'ai entendu dire aux serviteurs de Matilde, que les soldats de Wicliffe doivent se rendre ici... Un cri d'alarme pourrait hâter l'heure du crime. Je vais encore retenir ici ceux qui m'écoutent, en continuant de chanter sur ma harpe.

Il choisit une complainte mélancolique, et son accent annonça le trouble de son âme.

XXVII.

BALLADE.

— Où me conduisez-vous ? dit le moine tremblant.
Un des brigands répond : — A son heure dernière,
Cette femme avec toi veut dire une prière :
Qu'on se dépêche ; allons, vous n'avez qu'un moment.

— J'aperçois, dit le moine, une dame éplorée ;
Mais je ne saurais croire à sa prochaine mort :
Elle a l'éclat du lis que baigne la rosée,
Et serre sur son cœur un jeune enfant qui dort.

— Moine de Saint-Benoît, remplis ton ministère,
Absous tous les péchés qu'elle confessera ;
Ou, quand le fils de Dieu viendra juger la terre,
De ses fautes sur toi le fardeau pèsera.

De retour au couvent, tu diras une messe
Pour l'âme qui prendra cette nuit son essor ;
Et que la cloche, au loin, par des sons de tristesse,
Invite les chrétiens à prier pour un mort.

Le bon moine obéit. — Un brigand le ramène !
Mais d'abord sur ses yeux on remit le bandeau.
Le lendemain le deuil régna dans le château,
Tous les vassaux pleuraient la jeune châtelaine.

Dans le petit village on répète souvent
Que Darrel est bizarre et d'une humeur austère ;
S'il entend retentir la cloche du couvent,
Pâle comme un linceul, il dit une prière.

Que si Darrel rencontre un baron orgueilleux,
Son mépris menaçant se peint sur son visage ;
Mais un moine vient-il s'offrir à son passage,
Darrel baisse la tête ou détourne les yeux.

XXVIII.

— Ménestrel, dit Matilde, tes ballades magiques auraient-elles le pouvoir d'évoquer les esprits ? C'est sans doute une erreur de mon imagination : mais tout à l'heure

j'ai cru distinguer près du porche un visage farouche...;
en ce moment je le vois encore dans cet angle obscur de
la porte... Redmond, Wilfrid, regardez!... Grand Dieu!
prends pitié de nous... C'est un inconnu qui s'avance!

— Il n'était que trop vrai... Bertram accourait d'un pas
gigantesque; arrivé au milieu de la salle, il s'arrête, et,
élevant sa main menaçante, il s'écrie d'une voix terrible :

— Qu'on ne fasse pas un pas, qu'on ne dise pas une parole : il y va de la vie! Les bandits suivent leur chef, et
viennent en silence se placer derrière lui : l'écho répète
le son effrayant de leurs pas mesurés. La lueur incertaine
de la lampe éclaire leurs armes et leurs panaches flottans. Ils défilent en ordre, comme ces spectres qui apparaissent dans le cristal magique de Banquo [1] : puis s'arrêtant à un signal donné, ils forment leurs rangs en
demi-cercle pour entourer leurs victimes comme un troupeau de daims. A un second signal, tous les mousquets
sont levés à la fois, et n'attendent qu'un mot de Bertram
pour faire entendre leur explosion fatale.

XXIX.

Les vassaux effrayés se jettent en désordre au-devant
de leur maîtresse, et fidèles encore dans leur terreur,
ils lui forment un rempart de leurs corps et la dérobent
à la vue des bandits.

— Hâte-toi, Wilfrid, dit Redmond; ouvre cette porte
dérobée, enlève Matilde, et porte-la dans le bois... : nous
pouvons nous défendre quelque temps encore, et donner
le temps à la troupe d'arriver... Point de réponse!...
n'hésite pas;... fuis!

Pendant que les vassaux, serrés les uns contre les autres, favorisent leur évasion, Wilfrid et Matilde se glissent dans la secrète issue; ils suivent un corridor gothique, et parviennent par un détour jusqu'à la cour du
château. Le fils d'Oswald entraîne la jeune châtelaine dans
le bois, et s'arrête avec elle sous un chêne. Les rayons

---

[1] Macbeth. — Éd.

de la lune, la douce impression de la brise, rappellent les sens troublés de Matilde : — Où est Redmond? demanda-t-elle vivement... Tu ne me réponds point... : il meurt! il meurt!... et tu as pu le laisser privé de tout secours! tu as pu le laisser au milieu des meurtriers! Ah! je le connais!... il ne rendra jamais son épée à un lâche bandit...; son arrêt est prononcé!... N'attends pas que je te remercie d'une vie dont je fais peu de cas, d'une vie que tu m'as sauvée au prix de la sienne.

XXX.

Le cœur de Wilfrid ne peut supporter cet injuste reproche et le regard irrité de celle qu'il aime : — Matilde, lui dit-il, mes soldats doivent être si près d'ici, que vous pourrez demeurer en sûreté sous cet arbre... Quant à Redmond, vous n'aurez point à pleurer sa mort, si la mienne peut le sauver.

Il s'éloigne à ces mots : son cœur battait avec violence, une larme brillait dans ses yeux... Le sentiment de son injustice accabla le cœur désolé de Matilde. — Demeure, Wilfrid! s'écria-t-elle; tout secours est inutile!

Wilfrid l'entend; mais il ne détourne pas la tête. Il parvient au porche du château; il entre, et disparaît aux yeux de Matilde.

XXXI.

Agitée par toutes les transes qui naissent d'une crainte mêlée d'espoir, elle ne peut détourner les yeux des vitraux gothiques qui servent à donner un passage aux rayons du jour, et qui, à cette heure funeste, brillent de la lueur azurée des lampes, tandis que tout le reste du château offre la trace argentée de la pâle lumière de la lune. Rien encore n'annonce le combat; le silence n'est interrompu par aucun son d'alarme : on aurait pu croire que le sommeil régnait dans la demeure antique des Rokeby, lorsque soudain Matilde voit luire un éclair rapide, et entend presque en même temps l'explosion d'une arme à feu; un second éclair éclate, et précède une décharge complète de mousqueterie ! Les menaces et les cris de douleur se mêlent avec un bruit effrayant...: c'est la voix de ceux qui donnent la mort, et les derniers accens de ceux qui expirent. La fumée du salpêtre forme un épais nuage qu'éclaire par intervalles une flamme plus rougeâtre et plus épaisse ; on distingue à travers les vitraux comme des ombres qui frappent ou qui luttent entre elles.

XXXII.

Mais quel nouveau son est apporté à Matilde par le vent de la nuit? Elle tourne la tête : c'est la marche pressée d'un escadron. Elle vole au-devant du commandant, saisit les rênes de son coursier, et lui crie : — Hâtez-vous, je vous en conjure, ou vous arrivez trop tard ! courez au château..., et pénétrez-y sans plus attendre.

Tous les cavaliers mettent à l'instant pied à terre, et laissent errer leurs chevaux en liberté dans le vallon; mais, avant qu'ils fussent arrivés sur la scène du combat, il y avait déjà bien du sang répandu. A peine Bertram s'était aperçu que Matilde avait pris la fuite, qu'il avait donné le signal de l'action. Les vieux soldats de Rokeby, encore tout couverts des cicatrices des guerres de l'Écosse et de l'Irlande, étaient revenus de leur première terreur, causée par la surprise, et avaient fait un noble usage des armes dont ils s'étaient pourvus pour accompagner leur maîtresse jusqu'à la forteresse de Barnard. O'Neale à leur tête les encourageait par son intrépidité. Une noire fumée les couvrit d'un nuage sulfureux; ils fondirent avec désespoir sur les bandits, qui, deux fois repoussés, revinrent deux fois à la charge avec un cri de fureur.

XXXIII.

Wilfrid tombe... Mais Redmond combat à son côté; Redmond, souillé de sang et de fumée, ne cesse de ranimer la valeur de ses compagnons, en les exhortant à une généreuse résistance. — Courage ! mes amis, leur criet-il ; qu'il ne soit jamais dit que les murs de Rokeby vous ont vus indignes de vous-mêmes ! Seraient-ce les clameurs féroces de ces brigands qui vous feraient trembler? seriez-vous intimidés par ce nuage de fumée? Ces voûtes ont répété de plus bruyantes exclamations aux jours de vos banquets ; ce foyer a répandu une fumée aussi épaisse, la veille de nos fêtes. Gardez-vous de lâcher pied. Vous défendez la cause de Rokeby et de Matilde. Ces perfides assassins n'oseraient jamais se mesurer corps à corps avec un de nous.

Le jeune guerrier lui-même, impétueux et n'écoutant que sa bravoure, s'élance sur les soldats de Risingham. Malheur à celui sur qui tombe le tranchant de son glaive redouté! Ils reculent tous devant lui comme des loups que poursuit la foudre lorsqu'un éclair, précurseur du feu du ciel, vient épouvanter ces hôtes sauvages des forêts. Bertram veut s'opposer à Redmond... Mais Harpool, qui voit le péril du page de son maître, s'attache aux genoux du brigand, et l'arrête dans sa marche, quoiqu'il sache bien qu'il va lui en coûter la vie. Ce fut dans ce moment que les soldats de Wilfrid entrèrent dans le château. Les brigands, chargés avec un cri de victoire, sont saisis d'une terreur panique... Ils se débandent, meurent ou prennent la fuite. La voix de Bertram n'est plus écoutée : c'est en vain que cette voix formidable retentit au milieu du fracas de l'action ; c'est en vain qu'il menace et blasphème, en se débattant entre les bras du vieillard expirant; il ne peut rallier ses compagnons et les faire revenir à la charge.

XXXIV.

Le château est bientôt enveloppé de ténèbres épaisses ; mais ce ne sont plus seulement les vapeurs moins obscures que répandent les bronzes de la guerre. Les combattans peuvent à peine se reconnaître ; ils dirigent leurs coups au hasard dans cette sombre nuit... que va dissiper une fatale lumière. Au milieu des cris et du fracas des armes, le bruit sourd qui précède un incendie vient augmenter les horreurs de la mêlée... Le château est la proie des flammes. On ignore si ce fut la main désespérée de Bertram qui se signala par ce dernier acte de sa rage. Matilde vit soudain des nuages de fumée s'échapper de toutes les issues. Cette tour, dont naguère l'architecture gothique se dessinait dans l'azur des cieux, s'élève maintenant enveloppée de noires vapeurs, semblable à ces spectres gigantesques voilés d'un crêpe funèbre. La flamme jaillit enfin en gerbes rougeâtres de chaque ouverture, et, répandant au loin des torrens de lumière, monte dans les airs comme un phare lugubre qui réveille les paisibles génies de la Greta. L'incendie parcourt les longs corridors et les voûtes du château, s'emparant de tout ce qui peut alimenter ses fureurs. Cette nouvelle alarme vient épouvanter les femmes de Matilde dans l'asile où elles s'étaient réfugiées pendant le combat; elles courent çà et là dans la plaine, et remplissent l'air de leurs vaines clameurs.

XXXV.

Mais le carnage ne cessa dans le château que lorsque les soldats de Wilfrid reconnurent que les soliveaux du toit allaient être consumés... Attendent-ils donc que les décombres calcinés écrasent dans leur chute les vainqueurs et les morts? Enfin le danger, plus imminent, les fait battre en retraite... Le pont-levis est abaissé, les guerriers s'échappent du château; mais, à la lueur des flammes, le combat recommence sur la prairie. A mesure qu'un bandit arrive, il est égorgé; aucun d'eux ne peut gagner le bois, où il aurait trouvé un asile: mais le ménestrel épouvanté, apercevant Matilde, s'élance vers elle, s'attache à sa robe, et doit la vie à ses cris et à sa prière généreuse, qui arrêta le bras déjà levé pour l'immoler. Denzil et lui furent gardés comme prisonniers: tous les autres périrent,... excepté Bertram.

XXXVI.

Où est-il donc ce farouche Bertram? la flamme dévorante attire les yeux de tous les soldats, lorsque, tel qu'un habitant de l'enfer qui s'échappe de l'élément destiné à son supplice pour souiller et empoisonner l'air pur des cieux, le corps gigantesque de Bertram apparaît au milieu de l'incendie. Il brandit fièrement son glaive, et se précipite contre les lances qu'on lui oppose pour l'arrêter. Son manteau, roulé sur son bras gauche, lui sert de bouclier, et amortit les coups qu'on lui porte. Il brise comme des roseaux trois lances dirigées contre lui. En vain cherche-t-on à l'entourer : il rejette loin de lui, d'un bras robuste, les plus hardis de ceux qui le harcèlent, comme on voit un taureau furieux faire voler avec ses cornes les dogues acharnés contre lui. Bertram échappe aux vainqueurs, et se fraie malgré eux une route dans la forêt.

XXXVII.

Le tumulte était apaisé lorsque Redmond transporta Wilfrid, qui, passant pour mort, avait été abandonné dans le fatal château par ses soldats : mais Redmond, s'apercevant qu'il n'était plus à ses côtés, retourna sur ses pas pour le chercher. Il fut déposé sous un chêne.

On ouvrit l'agrafe de son manteau ; et Matilde plaça sa tête sur ses genoux jusqu'à ce qu'il revint à la vie, grâce aux soins de l'amitié. Il regarda la fille de Rokeby en poussant un pénible soupir. — J'aurais voulu, dit-il, mourir ainsi ! — Il n'ajouta rien de plus ; car déjà tous les cavaliers avaient rejoint leurs chevaux : ceux de Redmond et de Matilde leur furent amenés. Wilfrid, placé sur le sien qu'un de ses gens conduisait par la bride, fut soutenu par deux soldats... On s'éloigna de la vallée de Rokeby, en suivant les rives de la Tees ; mais souvent Matilde tourna les yeux derrière elle pour voir encore de loin la maison de ses pères, qui n'était plus qu'un monceau de ruines fumantes.

Sous la voûte des cieux erraient des nuages comme

teints de sang, et les ondes de la Greta semblaient emprunter la même couleur aux lugubres clartés de l'incendie. Bientôt la tour, le donjon et le château lui-même s'écroulèrent successivement avec le fracas du tonnerre. Le feu resta étouffé un moment, puis, éclatant avec une force nouvelle au moment de s'éteindre, inonda tous les lieux d'alentour de ses dernières clartés, et s'affaissa pour jamais!

CHANT SIXIÈME.

I.

Le soleil matinal aimait à dorer de ses premiers rayons le pavillon où reposait Matilde, et à réveiller la jeune châtelaine, qui abandonnait aussitôt sa couche pour adresser au ciel l'hommage pieux de ses prières. Déjà l'aurore a vu trois fois les fleurs s'épanouir sur les gazons de Rokeby; mais elle n'y voit plus Matilde ouvrir les yeux à la clarté du jour. Trois fois l'aurore a lui sur les ormeaux et les chênes de la vallée; mais elle cherche en vain les vieilles tourelles sur lesquelles sa lumière allait d'abord se réfléchir. Le donjon et le château ne sont plus qu'une masse informe, qui, humide de la rosée de la nuit, ne répond au sourire du matin que par les sombres vapeurs qu'exhalent les ruines. Le serf, en se rendant à son travail journalier, s'arrête pour contempler cet amas de décombres noircis, et cherche à reconnaître les traces de ces appartemens qui n'existent plus. Ce pan de muraille calciné faisait naguère partie du foyer hospitalier; sous les restes de cette arcade, alors entière, l'indigent recevait chaque semaine un généreux secours; et plus loin, là où ces colonnes chancelantes vont bientôt s'écrouler, était la gothique chapelle qui retentissait de l'hymne religieux.

Telle est la fragilité des choses de ce monde ; ni les

monumens qu'élève la piété, ni ceux que l'homme consacre à la bienfaisance, ne sont à l'abri des ravages du temps; ils partagent le sort de celui qui les construit. La destruction s'en empare, et la tombe réclame les mortels. Mais le ciel bienveillant a réservé un avenir plus certain à la foi et à la charité : l'espérance chrétienne prend un essor sublime; elle plane sur les ravages du temps et sur les ruines.

II.

Une troisième nuit va succéder à celle qui fut témoin de l'incendie du château. Le hibou commence ses concerts lugubres sur les rochers de Brignal; et sous l'ombrage touffu des pins de Scargil, le butor gémit au milieu des joncs et du glaïeul. Pendant que le corbeau dort sur le sommet d'une roche aride, la loutre quitte son asile, et vient, à la faveur des rayons de la lune, épier le poisson du ruisseau, ou traverser l'étang; la truite rusée reconnaît le tyran vorace à son museau arrondi et à ses oreilles dressées.

Perché sur son aire, le vautour ferme enfin ses yeux, fatigués d'avoir suivi tout le jour le vol rapide du ramier.

Le granit de la montagne, dans les flancs de laquelle les bandits avaient trouvé un refuge, projetait sur la surface de la Greta une ombre douteuse et changeante, comme on voit l'espérance et la crainte se succéder tour à tour sur le fleuve incertain de la vie.

III.

Un homme seul se glisse dans le taillis et le long des roches; il s'avance d'un pas furtif, semblable au renard qui, s'approchant pendant la nuit d'une métairie solitaire, s'arrête souvent, et tremble chaque fois que la brise agite le feuillage.

Cet homme passe contre le rocher revêtu de lierre; le hibou l'aperçoit et se tait. Le voilà sous les rameaux antiques du chêne; le corbeau se réveille en sursaut, et fuit en croassant. Il suit la pente de la rivière, et sa main écarte les broussailles avec précaution; mais la loutre entend le bruit de ses pas, plonge sous l'onde et disparaît. Il s'arrête enfin près du rocher des voleurs. Je crois le reconnaître à la clarté de la lune; je lis sur ce front si pâle le ravage des passions, les traces du crime, et l'expression de la douleur et du remords : c'est Edmond qui promène autour de lui son timide regard; c'est Edmond dont la main tremblante écarte les buissons qui cachent l'entrée de la caverne; c'est Edmond qui descend dans cet antre obscur.

IV.

Il frappe contre un caillou avec l'acier d'une épée; l'étincelle jaillit, et bientôt la lueur d'une lampe éclaire le souterrain. Il en parcourt tous les détours avec inquiétude. Il lui semble que, depuis qu'il a quitté cette sombre retraite, aucun mortel n'y a pénétré. Le butin de ses compagnons est encore à la même place. Il remarque contre les voûtes humides, ou dans les recoins de la caverne, les masques et les déguisemens, les armes brisées ou teintes de sang, et tous les objets qui servent aux brigands nocturnes pour exercer leur coupable métier. Les restes de la dernière orgie souillent encore la table; ici est un flacon vide, là un siège renversé. Tout est encore comme au moment du départ, lorsque par de nombreuses libations Guy Denzil encouragea ses compagnons à le suivre : — Allons aux coffres-forts de Rokeby, s'écrièrent-ils avec un rire féroce; et ils sortirent de leur noir repaire... pour n'y plus retourner. Tous ont trouvé la mort sous les voûtes du château; une mort sanglante et une tombe de feu.

V.

Edmond revoit son propre costume qu'il a quitté pour un perfide déguisement; il frissonne en se rappelant les accords de sa harpe et son rôle de ménestrel.

— Maudit soit cet art fatal, dit-il, qui m'inspira mes premières erreurs, et m'attira plus tard le lâche suffrage d'une troupe de bandits avec lesquels j'outrageai les lois de la nature et de la Divinité! Voilà trois jours écoulés depuis que j'ai vu pour la dernière fois cette odieuse caverne... Docile aux conseils du mal, et cependant plus imprudent que criminel, je n'ai pas du moins trempé mes mains dans le sang... Malheureux! j'entends encore retentir à mon oreille la gaieté bruyante de mes compagnons, et ces louanges qui me gonflaient d'une lâche vanité et m'endurcissaient le cœur, pendant que je m'exerçais devant eux dans mon rôle de traître... Pourquoi tout ce que je crois entendre encore n'est-il pas la chimérique vision du sommeil ou le délire de la fièvre? Mais ma mémoire ne me retrace que trop fidèlement les horreurs du carnage et les cris de terreur de mes complices. D'un côté, les flammes sont leur seul asile; et de l'autre, les guerriers vengeurs nous menacent de leurs glaives sanglans... Non, je ne puis oublier ma fuite désespérée,... le fer levé sur moi,... et la main protectrice de cet ange qui daigna me sauver la vie... Ah! si du moins ma reconnaissance pouvait acquitter la dette de ce bienfait... Peut-être ce que je viens chercher ici serait-il de quelque secours à... Il s'interrompt à ces mots, et s'avance d'un autre côté.

VI.

Il part du foyer de la caverne, et fait cinq pas du côté du nord comme pour mesurer le terrain; saisissant ensuite une bêche, il se met à creuser jusqu'à ce qu'il trouve une petite cassette en fer, objet de ses recherches. Mais, au même instant qu'il allait en ouvrir le ressort, il sent sur son épaule l'empreinte d'une large main; il tressaille, regarde avec effroi, et pousse un cri en reconnaissant Bertram. — Ne crains rien, lui dit celui-ci. — Mais qui aurait pu entendre cette terrible voix et cesser de frémir? — Ne crains rien, répète Bertram!... Tu trembles comme la timide perdrix qui se voit sous la serre du vautour! — Bertram prend la cassette des mains d'Edmond, l'ouvre, et en retire une chaîne et un reliquaire d'or. Il regarde ce bijou avec surprise ; la forme en est bizarre, et il ne peut deviner le sens d'une devise gravée en caractères étrangers. Bertram cherche à rassurer Edmond, et essaie même d'adoucir l'expression farouche de ses traits ; car le jeune voleur, toujours frissonnant, regarde de côté et d'autre, comme pour se préparer à fuir.

— Assieds-toi, lui dit Bertram ;... tu es en sûreté ; mais tu voudrais vainement t'échapper. C'est le hasard qui m'a conduit ici. J'ai parcouru les plaines et les collines sans trouver un asile... Mais toi, astucieux Edmond, que viens-tu donc faire ? Que signifie ce bijou ? Avant de quitter Rokeby en cendres, j'ai vu que Denzil et toi vous restiez prisonniers. Quelle heureuse fortune a donc brisé vos chaînes ? Je croyais que depuis long-temps le soleil et la pluie du ciel avaient passé sur vos têtes exposées sur les créneaux de la tour de Baliol. Allons, ne me cache rien... et remarque bien ceci... rien ne m'irrite comme la fausseté ou la peur.

VII.

— Denzil et moi, dit Edmond, nous avons passé deux nuits dans les fers, étendus sur l'humide paille d'un cachot. Le troisième jour nous vîmes entrer le sombre Oswald Wycliffe, qui fixa long-temps sur mon compagnon un regard pénétrant, et lui dit : — Ne t'appelles-tu pas Guy Denzil ? — C'est moi-même, seigneur. — C'est toi qui servais à la cour le chevalier de Buckingham. Chassé par lui, tu occupas le poste de garde forestier dans les bois de Marwood, qui appartiennent au sire de Villiers... Je n'ai pas besoin de t'apprendre pourquoi tu perdis encore cette place... Tu vécus ensuite d'industrie, et enfin tu suivis Rokeby à la guerre. N'ai-je pas dit la vérité ? — Guy Denzil répondit affirmativement. Le châtelain s'arrêta un moment, et puis continua d'un ton radouci et confidentiel... Peut-être ne me voyait-il pas dans le coin du donjon où j'étais couché sur mon lit de paille. — Écoute-moi, Guy, ajouta-t-il; tu sais que les grands ont souvent besoin de ceux qu'ils haïssent. Voilà pourquoi nous les voyons sans scrupule admettre dans leurs bonnes grâces les gens utiles comme toi. Si je promettais de te conserver la vie, quel gage me laisserais-tu de ta bonne foi?

VIII.

— Le démon de la ruse qui n'a jamais abandonné Denzil lui inspira aussitôt ce mensonge, qu'il répondit sans hésiter : — Mon fils que voilà restera en otage ! Le baron sourit, et se tourna de mon côté. — Tu es donc son fils? me demanda-t-il. — Je baissai la tête pour affirmer que Denzil avait dit vrai... Nous fûmes débarrassés de nos fers et amenés dans un appartement secret, pour recevoir la confidence d'Oswald, et apprendre ce qu'il exigeait de nous. Il nous dit que Wilfrid, son fils et son héritier, avait touché le cœur de la belle Matilde, et que leur hymen serait célébré depuis long-temps, sans le fanatisme de Rokeby, qui, aveuglé par l'esprit de parti, voulait forcer sa fille à donner sa main à un malheureux orphelin irlandais, dont la famille et la naissance étaient inconnues, et qu'un bandit avait déposé jadis à la porte de son château. — Une douce violence, ajouta-t-il, amènerait Rokeby à des sentimens plus raisonnables. Mais j'aurais besoin qu'un prétexte me permît d'employer cette violence, dont je ne voudrais user que dans une intention louable; car les chefs parlementaires m'ont recommandé d'avoir tous les égards pour mon prisonnier.

IX.

— Oswald nous dicta ensuite une fable que nous devions attester pour accuser Rokeby d'avoir manqué à sa parole, et de s'être ligué avec les habitans des rives de la Tyne et du Wear, avec le projet de surprendre la forteresse de Baliol. Nous devions même nous avouer ses complices. Telle était notre accusation. Charmé de se venger de Rokeby et de O'Neale, Guy Denzil déclara qu'ils étaient coupables, aux risques d'être la cause de leur supplice.

Pour moi, je n'étouffai mes scrupules qu'après que Wycliffe eut juré plusieurs fois qu'il épargnerait la vie de ses prisonniers... Alors... Hélas! que vous dirai-je? Je savais que la mort serait le prix de mon refus. Honteux de vivre et ayant peur de mourir, je me souillai par une lâche calomnie. — Pauvre Edmond! dit Bertram, tu hésites sans cesse, et tu es aussi incapable du bien que du mal. Mais qu'est-il arrivé encore? — Aussitôt que notre fatale dénonciation fut écrite et signée, Oswald feignit si bien la colère, que jamais acteur tragique ne pourra l'égaler. Il fit battre le tambour et mettre la garnison sous les armes; il courut de poste en poste et de la tour au donjon, comme si tout était perdu. Le vieillard et toute sa suite furent chargés de chaînes et renfermés dans le cachot. Chaque cavalier suspect est sommé de comparaître demain à midi dans l'église d'Eglistone...

x.

— D'Eglistone? dit Bertram. Je viens de passer près de ce lieu, à la nuit tombante. J'ai remarqué des torches et des fanaux allumés tout autour, j'ai entendu la scie et le marteau : il m'a semblé qu'on élevait un échafaud tendu de drap noir, et qu'on préparait le billot, la hache et tout l'appareil du dernier supplice. Je devine qu'Oswald a dessein de tirer une fatale vengeance de Rokeby, si Matilde refuse son fils... Il vous a trompés, ce n'est pas Wilfrid qu'elle aime; il sait bien, le traître, qu'elle lui préfère Redmond... Je pénètre la ruse infernale d'Oswald, mais je puis encore me montrer à lui, et déjouer son lâche complot... Hâte-toi de me dire comment tu as recouvré ta liberté. — Voici un nouveau mystère, plus impénétrable, reprit Edmond... Pendant que Wycliffe feignait cette grande fureur, un page lui remet une lettre, en lui disant qu'un cavalier enveloppé dans son manteau venait de la déposer à la porte de la forteresse. Nous le vîmes briser le cachet... Il lit... son visage change soudain de couleur, et exprime un sentiment étrange. Il oublie la prétendue colère qui l'agitait tout à l'heure, et, dans sa terreur et sa confusion, sa main tremble comme la branche mobile du saule. Denzil lui semble un conseiller utile dans l'embarras où il se trouve, et il affecte de sourire en lui faisant part de ce qui cause sa peine.

XI.

— Nous sommes dans un siècle de prodiges, dit-il, et les morts ressuscitent pour nous étonner ! Mortham... que tout le monde croyait avoir été victime de ses propres trahisons; Mortham tué par un bandit qu'il avait amené des climats lointains, exprès pour m'assassiner, Mortham est encore envie. Son lâche meurtrier n'a atteint que son cheval, sans blesser le cavalier...

Bertram tressaille, et marche à grands pas dans la caverne, en proférant une horrible malédiction. — Perfide, dit-il, ta tête ou ton cœur seront un but plus facile à atteindre.

Il se rassied à ces mots, et fait signe au pâle Edmond de poursuivre son récit.

— Denzil, ajouta Wycliffe, remarque avec quelles expressions de délire Mortham m'écrit :

« Toi qui tiens dans tes mains la destinée de Mortham,
» apprends que ta victime vit encore pour toi ! Hélas !
» Mortham eut jadis tout ce qui attache à la vie, un fils
» chéri, une épouse plus chère encore... La fortune, la
» gloire et l'amitié le rendaient le plus heureux des hom-
» mes. Tu ne dis qu'une parole, et tout fut perdu pour
» lui !... Eh bien, voici comment il reconnaît ta cruauté...
» Il te cède ses titres et ses biens, à une seule condition...
» rends-lui son fils... S'exilant de sa terre natale, Mortham
» jure de ne plus y reparaître pour réclamer ses biens,
» ses titres et son nom. Refuse de le satisfaire, et tu verras
» Mortham sortir soudain du tombeau... »

XII.

— En lisant cette lettre, le châtelain laissait percer sa crainte dans l'accent de sa voix. Il passa sa main sur son front, et prit un ton calme et dédaigneux. — Qu'ai-je de commun, dit-il, avec son épouse et son fils? Il amena jadis dans son château une femme dont la famille et le nom étaient un mystère. Cette femme fut tuée par Mortham lui-même, dans un accès de jalousie; la nourrice et l'enfant s'enfuirent effrayés! Le ciel m'est témoin que si je savais où trouver ce fils, héritier de mon parent, je m'empresserais de l'envoyer dans les bras de son père, et je céderais volontiers le château et les domaines de Mortham à son héritier légitime. — Vous savez que la crainte ne peut tout-à-fait réprimer le ton railleur qui est si naturel à Denzil. — S'il en est ainsi, dit-il à Wycliffe, votre vassal s'estime heureux de vous donner cette satisfaction. Vos cachots sont en ce moment la demeure du juste et légitime héritier de votre cousin. Votre générosité n'a plus rien à désirer. Redmond O'Neale est le fils de Mortham.

XIII.

— Le farouche baron jette à Denzil un regard terrible, et fait un geste de fureur. — L'enfer est-il déchaîné contre moi? s'écrie-t-il. Délires-tu, misérable, ou oses-tu m'en imposer? Tu ignores peut-être que tu trouveras dans le château de Barnard des tortures capables d'effrayer les plus hardis?

Denzil, qui espérait que son secret pourrait au contraire lui sauver la vie, reprit avec fermeté: — Je ne dis que ce qui est vrai; vos tortures ne feraient que m'arracher les preuves que j'offre de donner volontairement... Une nuit que l'hiver avait couvert le vallon de Stanmore d'un voile de neige, cette même nuit que Redmond O'Neale vit le château de Rokeby pour la première fois, le hasard fit tomber entre mes mains une chaîne et un reliquaire d'or massif... Ne cherchez point à savoir comment je m'emparai de ces objets; ils ne me furent ni prêtés, ni donnés, ni vendus. Des tablettes d'or étaient suspendues à la chaîne, avec des caractères irlandais. Je cachai ce butin, car je fus forcé de quitter le pays en toute hâte, et je ne crus pas qu'il fût prudent de porter sur moi des bijoux de ce prix. Je fis peu d'attention aux tablettes : depuis, je les ai revues et expliquées, lorsque quelques années de séjour dans l'île d'Erin m'ont mis à même de comprendre la langue barbare des Irlandais. Mais le sens de ce qu'elles contenaient était obscur; on avait à dessein employé des phrases ambiguës, comme pour tromper la curiosité des indiscrets entre les mains de qui elles pourraient tomber. Je ne connaissais donc que les mots, et non le sens de ce que j'en avais lu, lorsque le hasard m'a fait deviner cette espèce d'énigme.

XIV.

— Il y a quelques jours que, caché dans le bois de Thorsgill, j'entendis la fille de Rokeby raconter l'histoire de son oncle; et, grâces à elle, je puis interpréter enfin ce qui m'avait d'abord paru un impénétrable mystère. J'ai découvert que la belle Édith était la fille chérie du vieux O'Neale de Clandeboy. Elle avait fui son père et sa patrie pour épouser secrètement le seigneur de Mortham. Quand sa première colère fut passée, O'Neale envoya son fils sur les rives de la Greta, lui recommandant de ne se faire voir qu'à Édith, jusqu'à ce qu'il eût reçu de nouveaux ordres. Le fatal évènement qui termina leur rendez-vous est connu de lord Wycliffe, et personne ne le connaît mieux que lui.

XV.

— Ce fut O'Neale qui, dans son désespoir, fit enlever l'héritier de Mortham. Il l'élevait selon les mœurs sauvages d'Erin, et le faisait passer pour le fils de Connal, qu'un meurtrier avait tué.

— La nourrice mourut bientôt. Le clan crut la fable inventée par son Chef. Le plan de celui-ci était de ne jamais souffrir que son petit-fils traversât la mer d'Erin; il voulait que Redmond vécût comme ses ancêtres, dans les forêts et les landes arides de Clandeboy. Mais bientôt la discorde vint troubler l'Irlande; des chefs plus puissans firent valoir d'anciennes prétentions, et dépouillèrent le vieillard du château de ses pères et de tous ses domaines. Incapable, au milieu de ces désordres, de défendre la vie et les droits du jeune Redmond, il se décida, quoique à regret, à renvoyer l'enfant de sa fille dans le lieu de sa naissance. Il chargea son guide de porter de riches présens à Rokeby et à Mortham, ainsi que des lettres pour recommander le malheureux orphelin à leur bienveillante amitié. Mais ce guide fidèle ignorait la naissance de Redmond, et croyait que le dépôt qu'il allait remettre aux anciens hôtes de son maître leur était confié à l'un comme à l'autre... Je me dispenserai de dire comment il fut attaqué et blessé dans le bois de Thorsgill.

XVI.

— Ce récit me semble merveilleux, dit Wycliffe; mais serait-il exact... que dois-je faire? Dieu sait qu'il m'en coûterait peu de restituer à Mortham et à son héritier les domaines de mon parent; mais Mortham est atteint de folie... O'Neale, ennemi de la bonne cause, a tiré l'épée pour les tyrans, et suit la religion fanatique de Rome. Ecoute-moi donc. — Ils parlèrent long-temps tout bas, jusqu'à ce que Denzil, élevant la voix, dit à Wycliffe : — Non, non, jamais je ne découvrirai à qui que ce soit les preuves de ce que j'avance, et n'espérez pas les détruire en me faisant servir de pâture aux oiseaux de proie; car j'ai des compagnons qui savent où j'ai coutume de déposer les bijoux comme ceux que vous voulez qu'on vous remette. Rendez-moi la liberté, et donnez-moi un garant pour ma vie; les tablettes de O'Neale vous seront fidèlement apportées... Quant à Mortham, il ne nous sera pas difficile de composer quelque histoire pour lui faire traverser les mers. Alors vous jouirez en sûreté de son héritage, sans que ce vieillard en délire ou son fils vendu à Rome puissent le réclamer.

— J'applaudis à ta ruse, dit Wycliffe, et je consens à

tout; mais tu resteras toi-même en otage pendant que ton fils sera mon messager. Il portera une lettre à Mortham, et ira nous chercher ces tablettes que je veux posséder. Une fois cette commission fidèlement remplie, je te rends la liberté, et je ne plaindrai pas une riche récompense. Mais, si je suis trahi, tu ne sortiras de la prison que pour marcher à la potence.

XVII.

— Quel subterfuge restait-il à Guy Denzil, retenu lui-même dans le filet qu'il avait tissu? Il laissa échapper un soupir à demi étouffé, me prit à part, et me révéla que c'était ici que je trouverais ce qui doit être le prix de notre délivrance. Au nom de toutes les lois les plus saintes, qu'il avait si souvent violées avec un dédain moqueur, il me conjura de hâter mon retour et de tenir ma promesse. Je partis; il me dit adieu avec autant de tristesse que si déjà le fatal cordon allait terminer ses jours, et comme si j'eusse été le ministre consolateur qui l'avait assisté au dernier moment. Voilà cette lettre que Wycliffe m'a remise. Je dois chercher Mortham sur les rives de la Greta; la cabane de son garde forestier, près de la vallée de Thorsgill, lui a servi d'asile jusqu'à ce moment. C'est de là sans doute qu'en errant sur le coteau, il découvrit l'embûche tendue par nous à la belle Matilde. Wycliffe m'a fait partir à la nuit tombante, et j'arrive seulement dans la caverne. — Donne-moi la lettre d'Oswald, — dit Bertram; et, après l'avoir lue, il la déchira en mille pièces. — Ce papier, s'écria-t-il, ne contient que de lâches impostures pour tromper le cœur généreux de son noble cousin et l'amuser par des délais, jusqu'à ce qu'il ait pu lui faire perdre la vie.... Maintenant, jeune Edmond, déclare-moi la vérité tout entière... Si je remarque en toi l'astuce de Denzil, je t'arracherai le cœur avec ton secret.

XVIII.

— Vos menaces sont inutiles, dit Edmond; je renonce à Denzil et à ses fatales leçons. Avant de vous voir, j'avais déjà résolu de déclarer à Mortham que le jeune O'Neale était son fils; je voulais l'avertir du danger qu'il court, et lui remettre ces bijoux. Oui, j'ai juré de réparer autant que possible tout le mal dont je me suis rendu coupable, et je tiendrai mon serment si je sors vivant de cette caverne. — Et Denzil? — Que les tortures déchirent ses membres en lambeaux! Quelle compassion peut exiger Denzil de celui dont il a égaré la jeunesse imprudente, et qu'il entraîna dans les sentiers du crime? Ce fut lui qui m'apprit que la fidélité et les sermens n'étaient que de vains mots. Que mon maître recueille aujourd'hui le fruit de ses leçons!

— Je l'avoue, dit Bertram, Denzil n'aura que ce qu'il mérite, et je ne puis blâmer tes justes ressentimens. Crois-moi, Edmond, tu n'es point fait pour la vie que tu mènes; tu ne peux te débarrasser de la pitié, de la crainte et du remords. Celui qui veut braver la tempête avec nous doit jeter en mer de pareils sentimens, ou rester en arrière avec les navires trop chargés, pendant que nos barques légères atteignent rapidement le rivage.

XIX.

Bertram cessa de parler, et, s'étendant sur la pierre, il sembla chercher un moment de repos. Agité par ses secrètes pensées, il appuya son front sur une de ses larges mains, et pressa l'autre sur son cœur. Il fronça son épais sourcil; ses yeux semblèrent perdre leur feu, et ses lèvres dédaigneuses cessèrent de se contracter avec orgueil; un nuage de tristesse se répandit sur le calme farouche de ses traits. Un sombre pressentiment vint peser sur cette âme altière; et, quand il reprit la parole, il n'avait plus son langage si fier, si brusque et si laconique. Sa voix était lente et mesurée comme le murmure lointain des vagues pendant que les vents sommeillent. Un sentiment de douleur se mêla aux craintes d'Edmond, lorsqu'il remarqua ce changement dans le vieux soldat.

XX.

— Edmond, dit-il, je devine enfin, dans ton triste récit, quel était le malheur qui affligeait le cœur de mon ancien chef. D'autres, en t'écoutant, auraient versé des larmes ; mais moi... mes yeux n'en ont jamais su répandre. Mortham ne verra plus l'ami perfide qui s'est vendu à la lâcheté de Wycliffe. Ah ! si je l'ai trahi, ce fut moins par la soif de l'or que pour venger un dédain supposé. Tu lui diras que Bertram maudit son erreur,... paroles que Bertram prononce aujourd'hui pour la première fois. Dis-lui aussi qu'il conjure le seigneur de Mortham de ne penser qu'aux jours de sa fidélité ; rappelle-lui les rochers déserts de Quariana, les sables arides et la rosée empoisonnée de Darien, et ce trait lancé par l'arc de Tlatzeca... Peut-être Mortham pourra encore honorer de quelques regrets le cercueil de son vieux compagnon. Mon âme vient d'être accablée d'un poids secret ; c'est un présage de ma mort prochaine... Un prêtre m'eût dit, Reviens à la vertu, et repens-toi, que je serais resté sourd comme ce dur rocher, insensible comme cette pierre immobile. J'envisage ma fin sans trembler : mon cœur peut se briser, mais plier... jamais.

XXI.

— Les habitans de nos vallées virent avec une prophétique terreur l'aurore de ma vie ; elle brilla dans le lieu qui me vit naître comme l'éclat du feu qui avertit les maraudeurs du danger qui les menace. Edmond, je comptais à peine ton âge, que je défiai tous les clans de la Tyne d'oser croiser le fer avec moi, et mon gant resta déposé sur l'autel de Hexham ; mais la vallée de Tynedale ne put trouver un champion assez hardi pour le relever.

Que l'Inde dise encore les exploits de mon âge mûr. J'embrasai les airs comme le soleil brûlant de ces contrées ; comme lui, je fis fuir dans les cavernes et les forêts, devant mon regard, ses habitans effrayés. Les vierges de Panama pâliront encore quand elles entendront parler de

Risingham, et les femmes basanées du Chili feront long-temps peur à leurs enfans de ce nom redouté. Mais enfin je touche au terme de ma carrière. Je veux finir comme le soleil des tropiques : ses rayons ne s'éteignent jamais par de pâles gradations ; la rosée du crépuscule n'adoucit point ses derniers feux : mais, semblable au bouclier sanglant du guerrier, son disque se plonge dans sa couche brûlante, colore les vagues d'une lumière de pourpre, et disparaît tout-à-coup... Déjà la nuit règne dans l'horizon.

XXII.

— Mais toi, Edmond, pense à ton message. Pars, va chercher Mortham ; dis-lui de courir à Richemont, où sa troupe est cantonnée ; qu'il la conduise au secours de Redmond ; qu'il sache que, jusqu'à ce qu'il soit arrivé à Églistone, un ami veillera sur son fils. Adieu donc. La nuit s'écoule, et je veux me reposer ici seul.

Malgré sa crainte mal dissimulée, une larme vint mouiller la paupière d'Edmond, tribut d'admiration que lui arrachait un courage qui ne cédait point dans l'extrême danger, mais qui, sublime même dans une âme coupable, luttait encore contre l'inévitable destinée. Bertram remarqua cette larme qui attendrit presque son cœur de fer. — Je ne croyais pas, dit-il, qu'il fût un seul homme qui daignât pleurer sur Bertram. — Il détacha l'agrafe d'or de son baudrier : — Voilà, continua-t-il, tout ce qui me reste des dépouilles qui furent jadis le prix de mes travaux. Reçois ce faible gage d'amitié, cher Edmond ; conserve-le en souvenir de Bertram. Mais, je te le répète, va trouver Mortham sans plus tarder... Adieu, pour la dernière fois.

XXIII.

Déjà l'aurore a dissipé les ombres de la nuit, et le soleil s'approche du milieu de sa course. Oswald, qui, dès la pointe du jour, a maudit la lenteur de son messager, questionne enfin, dans son impatience, les soldats du château, et leur demande si le fils de Denzil n'est pas de retour. Le hasard fit qu'un de ses vassaux, qui connaissait Edmond, répondit à Wycliffe : — Ce n'est point le fils de Denzil, mais un berger du hameau de Winston, renommé dans tout le pays par ses ballades et ses escroqueries.—Quoi ! ce n'est pas le fils de Denzil ! ce n'est qu'un berger de Winston ! s'écria le châtelain. Et puis il ajouta tout bas : — Le conte de Denzil n'est sans doute qu'une imposture ; ou peut-être même aura-t-il envoyé cet Edmond à Mortham, pour lui tout révéler... Insensé que je suis !... Mais il est trop tard... mon étoile m'abandonne. Ah ! du moins, vrais ou faux, les aveux de Denzil ne se fondent que sur son témoignage... Qu'il meure... ! Il appelle le grand prevôt : — Que Denzil soit mis à la potence à l'heure même ; qu'il ne lui soit pas permis de prononcer un seul mot... Qu'on se hâte, que la corde soit sûre, et que sa tête sanglante, placée sur les créneaux, serve d'exemple aux maraudeurs. Que ma garde sorte de la forteresse, et marche à Eglistone. Et vous, Basil, dites à Wilfrid d'aller m'attendre sur le pont-levis.

XXIV.

— Hélas ! répondit le vieux serviteur en balançant sa tête blanchie ; hélas ! milord, mon jeune maître aura de la peine à vous suivre aujourd'hui. En vain lui prodigue-t-on tous les secours : un mal inconnu, une invisible douleur rendent inutiles tous les soins de l'art et du zèle.

— Je ne cède point à ces faibles raisons, reprit Wycliffe ; ces cœurs romanesques se désolent pour des infortunes imaginaires. J'aurai bientôt trouvé le remède de Wilfrid ; qu'il se prépare à me suivre à Eglistone... Je crois déjà entendre le tambour qui m'annonce que l'heure de Denzil est arrivée.

Il se tut avec un sourire amer, et reprit en lui-même la suite de ses funestes pensées :

—Voici le jour critique qui doit décider de ma fortune ! Les prières ne peuvent rien sur Matilde ; la crainte seule peut dompter son orgueil, et la faire consentir à devenir l'épouse de Wilfrid. Lorsqu'elle verra l'échafaud et le sombre appareil qui l'accompagne, le billot fatal, la hache et le bourreau ; lorsqu'elle saura que son refus donne la mort à Redmond et à son père... alors sans doute Matilde cédera... La famille de Rokeby, étroitement unie à la mienne, me met au-dessus des coups du sort. Si Mortham se présente, il se présentera trop tard ; fort de mon alliance nouvelle, je puis le braver ouvertement... Mais si Matilde s'obstine dans ses refus... laisserai-je tomber la hache homicide ?... Hélas ! Mortham vit encore... Cet Edmond peut lui révéler le secret dont il est maître... Et Mortham est aimé de Fairfax... Ah ! si je pouvais faire disparaître à jamais ce révélateur importun. Mais espérons encore que la pitié pour son père fera consentir Matilde... Allons en toute hâte à Eglistone ; qu'on sonne le boute-selle.

XXV.

Les cavaliers se réunissent en escadrons... Le voilà en marche... Les coursiers hennissent et font retentir le sol sous leurs pas. Les armures d'acier résonnent, le fer des lances brille, et les trompettes font entendre leurs chants guerriers.

Dans ce même moment, le signal de la mort frappe les oreilles de Denzil ; ne pouvant deviner ce qu'il voit, il tourne en vain de toutes parts ses yeux troublés. Les cavaliers descendent sur les rives de la Tees ; ils traversent le pont. Un rideau de feuillage cache l'avant-garde ; mais, avant que le dernier rang eût défilé, Guy Denzil cesse pour jamais de voir et d'entendre... La cloche du beffroi annonce à Oswald son dernier soupir.

XXVI.

O que n'ai-je ce pinceau qui animait par de si riches couleurs les tableaux de la chevalerie, ce pinceau magique qui retraça jadis la fête du feuillage et des roses dans les bosquets de Woodstock, et ce tournoi brillant où Émilie fut proclamée la plus belle ! Je peindrais la foule tumultueuse qui accourut à l'abbaye d'Eglistone, et qui remplissait la vaste enceinte de l'église, avec un murmure confus tel que la voix de l'Océan. Je décrirais les différens visages des spectateurs, les uns triomphans, les autres abattus ; ici l'indifférence avec ses regards sans expression ; là l'inquiétude et le tendre intérêt de l'amitié. Je ferais voir ces chevaliers vaincus et désarmés, qui osent à peine se livrer à leur tristesse ; leurs ennemis orgueilleux, dont l'arrogance et le méprisant sourire insultent au malheur ; et le peuple jaloux, qui applaudit à chaque changement de fortune et considère avec joie l'humiliation du mérite et des rangs élevés.

Mais c'est former trop tard un semblable désir. Il ne reste plus qu'à terminer un récit qui touche à sa fin, entraînant avec moi le lecteur et ma muse lassée. Je ressemble au voyageur qui, approchant de sa demeure, voit les ombres du soir descendre dans la plaine, et n'ose plus retarder ses pas ni choisir le sentier le plus agréable parce qu'il est aussi le plus long : il ne peut même plus suspendre sa marche aux lieux où un ombrage champêtre l'invite à respirer le zéphyr qui rafraîchit son front, et à cueillir une fleur sur sa tige.

XXVII.

L'antique abbaye d'Eglistone était dépouillée, profanée et abandonnée aux ruines : le soleil ne venait plus à travers les vitraux peints de toutes couleurs verser la douce lumière de ses rayons sur les riches ornemens de la sculpture gothique, ni dorer l'autel, le pilier et la niche du saint martyr.

La guerre civile s'était fait un jeu du sacrilège dans ces temps d'anarchie. De sombres fanatiques avaient détruit tous les ornemens du culte romain, et les vassaux, ennemis de leurs seigneurs, avaient démoli les tombeaux des Bowes, des Rokeby et des Fitz-Hugues. Aujourd'hui tous les yeux surpris contemplent, dans cette enceinte sacrée, un échafaud tendu de noir. Au même lieu où naguère le ministre du ciel distribuait à son troupeau le signe mystique de la grâce divine, s'élève aujourd'hui l'appareil du supplice, et le bourreau est armé de sa hache étincelante. Là où l'on avait entendu répéter les mots de foi et d'espérance, une sentence de mort va être prononcée. Trois fois le clairon résonne, trois fois l'écho de la nef redit l'arrêt que lit le héraut d'armes :

« Le chevalier de Rokeby et Redmond O'Neale ont violé
» les lois de la guerre ; ils sont condamnés à perdre la tête
» pour avoir trahi la cause des communes. »

Les trompettes résonnent de nouveau, et bientôt règne un morne silence ; la prière silencieuse s'élève au trône de l'Éternel, lorsque enfin des sanglots à demi étouffés expriment la douleur de la foule ; il s'y mêle des murmures de surprise et de regret ; on entend même quelques menaces contre le barbare Wycliffe.

XXVIII.

Mais Oswald, entouré de sa garde, et puissant dans le crime, fait un geste d'autorité, et ordonne aux séditieux de se taire, sous peine de perdre la tête. Son regard cherche ensuite le chevalier de Rokeby, qui contemplait ce spectacle effrayant avec le calme et l'assurance d'un hôte qui vient s'asseoir à la table d'un baron de ses parens. On eût cru, en le voyant si paisible, que ces clairons qui donnaient le signal de son trépas l'invitaient à entrer dans un château hospitalier. Inébranlable dans sa fidélité, il était prêt à la sceller de son sang. Oswald, les yeux baissés et n'osant rencontrer ceux de Rokeby, s'approcha du vieillard en hésitant, et lui dit d'une voix tremblante :

— Tu sais à quoi tient ta vie ou ta mort.

Le chevalier sourit avec fierté.

— Je n'ai, répondit-il, d'autre fille que Matilde ; mais elle sera privée de la bénédiction de son père, si elle consent à devenir l'épouse du fils d'un traître.

Redmond prit alors la parole : — Si la vie d'un seul

ennemi peut assouvir ta fureur, fais tomber toute ta fureur sur ma tête! Épargne le sang de Rokeby; que le mien seul soit répandu. —

Wycliffe eût bien voulu satisfaire ce généreux désir; mais sa crainte prévalut, et il ne répondit rien.

XXIX.

Il espère que Matilde sera plus facile à émouvoir, et il cherche à l'effrayer à son tour.

— Une alliance entre vous et mon fils, lui dit-il tout bas, change le sort de Rokeby, et le réconcilie avec le parti vainqueur. Consentez à nommer Wilfrid votre époux, et tout cet appareil de terreur disparaîtra comme le rêve d'un matin. Persistez dans votre refus, je n'écoute plus que mon devoir, je dis une seule parole..., et vous savez le reste.

Matilde, immobile d'effroi en entendant cette cruelle sentence, est aussi pâle que la jeune fille qui, venant de succomber victime d'un amour sans espoir, est enveloppée dans son suaire. Elle joint ses mains avec une expression de douleur, et jette autour d'elle des regards égarés, qui tantôt s'arrêtent sur l'échafaud, et tantôt sur le front inflexible de Wycliffe. Elle se voile enfin le visage, et dit d'une voix éteinte:

— Mon choix est fait; qu'on épargne mon père et Redmond!... Que Wilfrid décide lui-même de mon sort... Il fut naguère généreux.

A ces mots le sombre Wycliffe laisse éclater sa joie, et appelle Wilfrid d'une voix triomphante: — Wilfrid, qui a donc pu te retenir si long-temps? Pourquoi t'appuyer ainsi sur le bras de Basil? Tu restes immobile, comme si un magicien t'avait touché de sa baguette!... Fléchis donc le genou, et prends cette main qui consent à s'unir à la tienne... Remercie Matilde avec transport... Amant timide! est-ce par des larmes et cet air mourant que tu devrais exprimer ta joie!

— Arrêtez, ô mon père, répond Wilfrid; écoutez votre

fils. Vous avez refusé de prêter l'oreille à mes prières...
Aujourd'hui l'heure terrible a sonné où la vérité doit se
faire entendre hautement.

XXX.

Il prit la main de Matilde. — Amie trop chère, dit-il,
avez-vous bien pu m'accuser ainsi? Avez-vous pu estimer
assez peu le malheureux Wilfrid, pour le croire complice
de cette noire trame? Hélas! j'aurais voulu, mais en vain,
vous épargner ce surcroît de douleur; mais je prends ici
Dieu et les hommes à témoin que jamais espérance ne
fut aussi étroitement liée à la vie d'un mortel que celle
dont je m'étais nourri, que l'espérance d'appeler un jour
Matilde du nom d'épouse... J'y renonce enfin pour jamais..., et ce pénible effort me brise le cœur.

Wilfrid était si épuisé par ses blessures, ses veilles et
ses chagrins, que la nature ne put résister à cette dernière
douleur. Il tomba à genoux;... ses lèvres pressèrent la
main de Matilde;... et il sentit en ce moment la cruelle
atteinte de la mort... Sa tête s'affaisse de plus en plus...
On le relève... Il avait cessé de vivre! Concevant trop
tard une alarme réelle, son père et ses soldats lui prodiguent tous les secours... Tous les secours furent vains. Son
âme, trop faible pour supporter ses infortunes, avait fui
de ce monde, asile des soucis, pour chercher dans un
monde meilleur la couronne réservée par le ciel à celui
qui a conservé ici-bas sa vertu.

XXXI.

Son malheureux père vit tous ses projets perdus avec
Wilfrid. Son fils était le seul objet pour qui son ambition
dévorait l'avenir... Et Wilfrid n'était plus! — Je n'ai
donc plus de fils, dit-il, grâce à cette femme cruelle!...
Tout se tourne en même temps contre moi! Voilà Wilfrid
étendu sans vie à mes pieds... Et c'est l'odieux Mortham
qui sera l'héritier de mon fils! Mortham va venir former
les nœuds d'un hymen fortuné entre Redmond et la fille
de Rokeby! Triompheront-ils de tout ce que ma ven-

geance avait préparé pour les perdre? Non!... Ce que la prudence me défendait d'oser ne peut arrêter la rage et le désespoir... Matilde feint de pleurer sur celui qu'elle a immolé; je veux lui faire verser des larmes véritables. Je ne serai pas le seul à gémir des coups du sort... Qu'on fasse monter les traîtres sur l'échafaud! s'écrie-t-il avec fureur. Mais le prevôt d'armes doute encore s'il a bien compris l'intention d'Oswald, et il hésite à obéir. — Malheureux! lui crie le châtelain, qu'ils reçoivent la mort; eux ou moi nous paraîtrons aujourd'hui devant le tribunal de Dieu.

XXXII.

Mais un bruit soudain annonce le galop précipité d'un coursier. On distingue bientôt qu'il n'est pas loin. Les satellites de Wycliffe s'arrêtent pour l'écouter. Le voilà dans la cour de l'église gothique. Le sol récemment soulevé et les pierres sépulcrales retentissent diversement du bruit de ses pas, qui troublent le silence des tombeaux.

Tous les yeux sont tournés vers le portique du temple. Un cavalier armé s'avance en toute hâte dans cette enceinte religieuse. Il est couvert d'un manteau noir; son panache et son coursier sont de la même couleur; les échos des voûtes se renvoient des sons inaccoutumés. Le cavalier ne jette qu'un regard autour de lui, et tire son pistolet de l'arçon de la selle. On lisait sur son visage une sombre assurance. Il presse de l'éperon les flancs de son cheval, et la foule s'écarte et recule, car chacun reconnaît Bertram de Risingham! Le cheval bondit, et s'élance; l'étincelle jaillit sous ses pas: il est au milieu de la nef..., dans le chœur..., et presque au même instant à côté de Wycliffe. Bertram lève son pistolet, et en lâche la détente... La flamme brille; le plomb siffle, et traverse la tête du baron, qui expire sans pousser un soupir, et va rendre compte de ses crimes. Cette mort fut si prompte, qu'elle sembla l'effet d'un éclair ou d'un songe.

XXXIII.

Pendant qu'un nuage de fumée l'entoure, Bertram tourne bride ; mais le coursier glisse, tombe, et entraîne son cavalier dans sa chute. La sangle de la selle se rompt, et trahit le farouche flibustier, qui essaie vainement de relever son coursier abattu. Cependant, revenus de la surprise qui les avait d'abord comme enchaînés, les soldats de Wycliffe fondent sur Bertram. Vingt fers de lances traversent son corps, et le fixent à la terre. Il ne cesse de lutter contre tant d'ennemis. Deux fois il se retrouve sur ses genoux ; mais, malgré sa vigueur et ses efforts presque surnaturels, il succombe enfin frappé de cent blessures mortelles, sans se plaindre, tel qu'un renard qu'une meute déchire. Son dernier soupir ressemble plutôt à un rire farouche qu'à un gémissement. On l'entoure encore comme un lion abattu que les chasseurs percent une seconde fois de leurs armes, comme si ce roi des forêts allait encore les attaquer. Quelques uns voulurent aussi l'accabler d'outrages et séparer sa tête de son corps ; mais Basil s'opposa à cette dernière vengeance, et couvrit le cadavre d'un manteau. — Quelque odieux qu'ait été Bertram pendant sa vie, dit-il, jamais mortel ne fut plus brave. Qu'un manteau de soldat lui serve de suaire.

XXXIV.

On ne voit plus le spectacle de la mort ; on n'entend plus sonner les clairons ; et cependant de nouvelles bannières sont aperçues dans le bois. Un nombreux escadron de cavalerie s'avance, précédé de trompettes et de tambours. Ces guerriers que soutiennent une troupe de fantassins, auraient suffi pour délivrer le jeune Redmond. Heureux d'avoir enfin dans ses mains les preuves que O'Neale est son fils, Mortham accourt pour presser dans ses bras paternels celui qui est pour lui la vivante image de son Edith. Mortham arrive, et apprend la surprenante histoire de ce jour de bonheur et de deuil. Ses yeux ne voient point le pavé du temple, sur lequel sont étendus trois cadavres sanglans ; il n'entend pas les acclamations bruyantes de la foule, qui applaudit à son retour. Mortham ne voit et n'entend que Redmond ; il le presse sur son cœur en soupirant, et s'écrie : — Mon fils ! mon fils !

XXXV.

Ce fut un jour de l'été que ce fils chéri fut rendu à son père. Déjà le soleil avait mûri l'épi doré qui se penchait sur sa tige; mais, quand le mois d'août rassembla les laborieux moissonneurs, un pompeux cortège se pressa dans le sentier qui conduit d'Eglistone à Mortham. Le villageois oublie un moment de lier et d'amonceler les gerbes, et les jeunes filles quittent leurs faucilles pour voir passer un époux et sa fiancée. Des groupes d'enfans les suivent, l'épi tombe des mains de la glaneuse pendant qu'elle prie le ciel de bénir ce couple d'amans. C'était l'héritière de Rokeby qui venait de donner sa foi au brave Redmond. La vallée de la Tees se souvient encore comment la fortune s'acquitta envers la vertu, et accorda aux deux époux une longue vie de repos et d'amour, pour les consoler de leurs premiers chagrins.

La vie fut ainsi pour eux comme un jour de printemps. Après une matinée orageuse, le soleil sourit à la terre; après quelques années de soucis, Redmond et Matilde obtinrent des années de bonheur.

NOTES.

CHANT PREMIER.

Note 1. — Paragraphe 1.

La forteresse de Barnard, dit Helan, domine avec orgueil les ondes de la Tees. Ce château, jadis si magnifique, porte le nom de son fondateur, Barnard Baliol, chef de la malheureuse dynastie qui régna en Écosse sous la protection d'Édouard Ier et d'Édouard III.

Note 2. — Paragraphe v.

J'ai eu plusieurs fois l'occasion de remarquer dans ma vie que l'effet d'une vive inquiétude est de donner plus de finesse aux organes des sens.

Note 4. — Paragraphe vi.

L'usage de porter une armure complète était négligé pendant la guerre civile, excepté par les principaux chefs des armées.

Note 6. — Paragraphe viii.

J'ai essayé de peindre dans Bertram un de ces aventuriers des Indes Orientales, qui, pendant le cours du dix-septième siècle, furent connus sous le nom de boucaniers.

Note 6. — Paragraphe xii.

La bataille décisive de Long-Marston-Moor, qui fut si fatale à la cause de Charles Ier, commença pour lui sous des auspices plus heureux. Le prince Rupert s'était mis en marche avec une armée de dix mille hommes pour faire lever le siège d'York, que pressaient sir Thomas Fairfax à la tête des troupes parlementaires, et le comte de Leven qui commandait les auxiliaires d'Écosse. Le prince réussit à délivrer la ville et repoussa les assiégeans dans la vaste plaine de Marston-Moor, située à huit milles d'York.

Note 7. — Paragraphe xix.

Cromwell, à la tête de ses cuirassiers, contribua en grande partie à la victoire de Marston-Moor, qui fut un sujet de triomphe pour les Indépendans, et un crève-cœur pour les Presbytériens et les Écossais.

Note 8. — Paragraphe xx.

Cette histoire est citée dans un poème intitulé le *Chant du Ménestrel*, de Reed-water, où l'on trouve aussi plusieurs autres particularités sur la vallée de la Reed.

Note 9. — Paragraphe xx.

Risingham, sur la Reed, et près du joli hameau de Woodburn, est une ancienne station romaine, appelée jadis *habitaneum*. Camden dit que, de son temps, le bruit populaire en faisait la demeure d'un géant nommé Magon. Risingham signifie en langue teutonique l'habitation des géans, et l'on a trouvé dans la rivière deux autels romains avec cette inscription: *Deo Magonti cadenarum.*

Note 10. — Paragraphe xx.

Les *statuts des boucaniers* étaient plus équitables qu'on n'aurait pu l'attendre d'une société aussi sauvage. Ils avaient surtout pour objet, comme on pense bien, la distribution du butin.

CHANT II.

Note 1. — Paragraphe 1.

Du haut des remparts de Baliol, la vue s'étend sur la riche et magnifique vallée de la Tees. Les bords de la rivière sont d'abord garnis d'arbres touffus ; bientôt, plus découverts et cultivés, ils offrent encore tout le charme de l'ombrage, à cause des vertes charmilles et des grands arbres isolés qui étendent çà et là leurs rameaux ; la rivière coule sur un lit de roc solide. Le lieu le plus favorable à celui qui veut suivre les détours de cette onde romantique, c'est un joli pont moderne construit sur la Tees par le père de M. Morrit.

On trouve auprès d'Eglistone des carrières d'un beau marbre. (*Itinéraire*, 1768.)

Note 2. — Paragraphe v.

On trouve en effet à Greta-Bridge un camp romain encore bien conservé, entouré d'un triple fossé, entre la Greta et le ruisseau qu'on appelle le Tutta.

Note 3. — Paragraphe vii.

J'ai essayé de décrire le vallon ou plutôt le romantique ravin de Mortham, que le mélange de rochers et d'arbres rende un lieu si pittoresque. La Greta y mérite bien son nom, dont l'étymologie est le verbe *gridan*, crier. Tout ce passage est tellement adapté aux idées superstitieuses, qu'on l'avait appelé le Blochula, comme le lieu où les sorcières suédoises tiennent, dit-on, leur sabbat.

Note 4. — Paragraphe xi.

(Voyez *Olaus Magnus, Histoire des Goths, des Suédois et des Vandales* ; Londres, 1658, p. 47.)

Note 5. — Paragraphe xi.

Tous ceux qui ont voyagé sur mer, ou qui ont vécu avec des marins, connaissent cette superstition universellement répandue.

Note 6. — Paragraphe xi.

Erick, roi de Suède, n'avait point d'égal de son temps dans la magie. Il était si familier avec les mauvais esprits, honorés d'un culte particulier par Sa Majesté, que de quelque côté qu'il tournât son bonnet, le vent prenait de suite cette direction. Voilà pourquoi on l'appelait le roi des vents. On croit que c'est grâce à lui que Regnerus, roi de Danemarck, son oncle, fut si heureux dans ses pirateries et ses conquêtes. (Voyez *Olaus Magnus, ut suprà*, page 45.)

Note 7. — Paragraphe xi. — *Le vaisseau enchanté*.

Il s'agit ici d'une autre superstition nautique bien connue, au sujet d'un vaisseau fantastique, appelée par les marins le *hollandais errant*, et qui apparaît, dit-on, dans les parages du cap de Bonne-Espérance. Ce vaisseau déploie toutes ses voiles alors qu'aucun vaisseau n'oserait en risquer une seule.

Note 8. — Paragraphe XII.

Ce qui contribuait surtout à la sécurité des boucaniers, c'était le grand nombre de ces petites îles appelées Keys, dans les parages des Indes.

Note 9. — Paragraphe XVI.

La situation charmante du château de Mortham, et le vallon dans lequel on le trouve, sont ici décrits avec exactitude. Le château est entouré aujourd'hui de bâtimens d'ancienne et de moderne date, qui sont convertis en fermes.

Note 10. — Paragraphe XVIII.

Si les boucaniers n'avaient pas le temps de dissiper leurs richesses dans la débauche, ils étaient dans l'habitude de les cacher, après plusieurs cérémonies superstitieuses, dans les îles désertes qu'ils fréquentaient, et où l'on croit que plus d'un trésor pourrait se trouver encore, car la mort devait souvent empêcher le boucanier de venir le chercher.

Note 11. — Paragraphe XIX.

Tous ceux qui ont quelque habitude de la procédure criminelle doivent se rappeler plusieurs circonstances dans lesquelles les coupables semblent se conduire avec une espèce d'aveuglement involontaire. Les uns font une confidence qui les trahit sans qu'ils s'en doutent; il échappe aux autres des allusions inattendues qui mettent sur la voie du crime.

Note 12. — Paragraphe XXVIII. — *La tour de Brackenbury.*

Cette tour, qui fait partie de la forteresse de Barnard, servait de prison. Par une singulière coïncidence de noms, un lieutenant de la Tour de Londres, sous Édouard IV et Richard III, s'appelait sir Robert Brackenbury.

Note 13. — Paragraphe XXXI. — *Ces gentilshommes jadis si arrogans, etc., etc.*

Après la bataille de Marston-Moor, le comte de Newcastle s'exila lui-même, et la plupart de ses partisans firent leur paix avec le parlement, dans les meilleurs termes possibles. Des amendes furent imposées en proportion de la richesse et de la culpabilité des délinquans.

CHANT III.

Note 1. — Paragraphe II.

Les traits les plus caractéristiques des sauvages de l'Amérique du nord, sont leur patience et leur astuce lorsqu'ils vont venger une injure ou ravir un butin. Leur activité et leur adresse, quand ils sont obligés de fuir, ne sont pas moins surprenantes.

Note 2. — Paragraphe II.

Il n'y a jamais eu de plus grands pillards que les habitans des frontières d'Écosse. — Ils partent pendant la nuit, dit Camden, et suivent les chemins les plus détournés. Pendant le jour ils se rafraîchissent, ainsi que leurs chevaux, dans des retraites connues d'eux seuls, et fondent enfin à l'improviste sur le château qu'ils ont comploté de ravager. Quand ils se sont emparés de leur butin, ils retournent par les mêmes routes, et à la faveur des ténèbres de la nuit.

Note 3. — Paragraphe iv.

Dans les dernières guerres d'Irlande, après une bataille où les rebelles avaient été défaits, on trouva dans une mare un de leurs plus intrépides capitaines, qui s'était enfoncé dans la bourbe jusqu'aux épaules, et avait caché sa tête sous une motte de gazon. Il fut curieux de savoir comment on avait pu le découvrir : — J'ai vu briller l'étincelle de tes yeux, lui répondit le soldat qui l'avait fait prisonnier. Ceux qui ont l'habitude de surprendre les lièvres au gîte les découvrent par le même moyen.

Note 4. — Paragraphe viii.

La gantelée (appelée aussi la cloche de Cantorbery) croît en abondance sur les rives de la Greta.

Note 5. — Paragraphe ix.

Tous ceux qui ont traité des sorciers et de la magie s'accordent à regarder la vengeance comme le motif le plus fréquent des pactes avec Satan. L'ingénu Réginald Scott a parfaitement expliqué comment cette opinion s'accréditait, non seulement chez le vulgaire et parmi les juges d'autrefois, mais encore dans l'esprit de ceux qui, accusés de sorcellerie, se figuraient être en effet coupables.

Note 6. — Paragraphe xi.

Lorsque les troupes royales entrèrent en campagne, elles étaient aussi bien disciplinées que les circonstances pouvaient le permettre; mais quand la fortune abandonna Charles, ses fonds s'épuisèrent, et l'habitude du pillage s'introduisit parmi ses soldats, privés de leur solde.

Note 7. — Paragraphe xiv.

Les rives de la Greta abondent en carrières d'ardoises, qui forment des cavernes artificielles bientôt cachées par des taillis, et où, pendant les troubles, une troupe de voleurs peut trouver un asile tout préparé.

Note 8. — Paragraphe xx.

Il y eut une guerre de peu de durée, en 1625, entre l'Espagne et l'Angleterre; mais Bertram devait d'ailleurs partager l'opinion des héros maritimes de ce temps-là, qui se croyaient la guerre permise au-delà de la ligne. Les *guarda-costas* espagnols ne cessaient d'inquiéter les colonies françaises et anglaises; et leurs propres exactions firent naître la *flibusterie*, qui ne fut d'abord qu'un système de représailles, mais qui se perpétua par l'habitude et le goût du pillage.

Note 9. — Paragraphe xxiii. — *Une sédition*, etc., etc.

La *constitution* des boucaniers, quelque libérale qu'elle fût, était souvent mise de côté par le parti le plus fort. Les querelles de ces pirates pour le partage du butin jouent un grand rôle dans leur histoire, et ces querelles venaient souvent aussi du caprice et de la tyrannie des chefs.

NOTE 10. — Paragraphe XXVIII.

Le dernier vers de ce couplet est emprunté, dit Walter Scott, à une vieille ballade écossaise.

NOTE 11. — Paragraphe XXX.

On trouve dans le comté d'York les ruines du château de Rarenworth; le château appartenait d'abord à la famille de Fitz-Hugues, et par suite à celle des lords Dacre.

CHANT IV.

NOTE 1. — Paragraphe I. — *Jadis le corbeau triomphant du Danemarck, etc., etc.*

L'an du Seigneur 866, les Danois envahirent le Northumberland sous la conduite de leurs fameux capitaines Inguard (ou Agnard) et Hubba, fils de Reynard Lodbrog. Ils portaient cet étendard magique si souvent cité dans la poésie, et appelé *Reafen* ou *Raunfen*, à cause de la figure d'un corbeau qu'il représentait. (*Gesta et vestigia Danorum extra Daniam*, vol. II, p. 401.)

NOTE 2. — Paragraphe I.

Les Danois idolâtres ont laissé plusieurs traces de leur religion dans la contrée de Teesdale. Balderd-Garth, qui doit son nom au malheureux fils d'Odin, est une lande sauvage; un ruisseau porte encore ce nom. Le champ de Woodencroft, sur les rives de la Tees, rappelle la divinité suprême de l'Edda. Thorsgill est un joli vallon, et l'onde qui l'arrose coule derrière les ruines de l'abbaye d'Églistone.

Thor était l'Hercule de la mythologie scandinave, grand pourfendeur de géans, et, à ce titre, le bouclier des dieux et le défenseur d'*Argard*, l'Olympe du nord, contre les attaques réitérées des habitans de Jottunheim. Un ancien poème, appelé le chant de Thrym, célèbre la *Massue de Thor perdue et retrouvée;* la massue était l'arme principale de ce dieu de la force, et avait toutes les vertus d'un talisman.

NOTE 3. — Paragraphe VI.

Les O'Neale sont une des familles d'Irlande les plus fécondes en héros. Celui dont il est ici question vainquit le comte d'Essex par les armes et par la ruse; après plusieurs révoltes, on exigea de lui qu'il changeât son nom en celui de comte de Tyrone; mais toutes les fois qu'il lui plaisait de reprendre les armes, il reprenait aussi ce nom de O'Neale, avec lequel la victoire était pour ainsi dire plus familière.

NOTE 4. — Paragraphe VI.

Dans toutes les provinces de l'Irlande, c'est l'usage qu'après la mort d'un Chef ou d'un seigneur on s'assemble dans une place consacrée à cette cérémonie, pour lui choisir un successeur. Ce n'est pas en général le fils aîné du défunt ou un de ses enfans qui est élu; mais son plus proche parent dans la ligne ascendante, comme son frère aîné ou son cousin : on désigne en même temps un successeur à celui-ci parmi les membres de la famille, et c'est ce dernier qu'on appelle *le taniste*.

Le taniste était donc l'héritier électif de la charge de O'Neale. Cette espèce de succession a été aussi autrefois la règle de la légitimité écossaise. Il eût été bien imprudent, sinon impossible, d'assurer les droits d'un mineur dans ces temps de désordre, où toute la politique se réduisait à ces quatre vers de mon ami Wordsworth :

> La vieille loi de la nature
> Doit régler nos droits à tous deux :
> Je prends ton bien si je le peux,
> Et tu dois céder sans murmure.

Note 5. — Paragraphe VIII.

L'ancien costume irlandais avait quelque chose de bizarre, et ressemblait beaucoup à celui des Écossais, excepté pour la coiffure. Les Irlandais allaient nu-tête et avaient une mode de tresser et d'arranger leurs cheveux toute particulière, et qu'ils appelaient la *glibbe*. Cette *glibbe* était, selon Spencer, un véritable masque pour un voleur, puisqu'il pouvait se déguiser en se rasant la tête, ou en laissant retomber ses tresses sur ses yeux, de manière à ne plus être reconnaissable. Mais Spencer en veut encore plus au manteau, qui était le vêtement favori des Irlandais. — C'est, dit-il, une maison pour le bandit, un lit pour le rebelle, et un travestissement pour le voleur.

Note 6. — Paragraphe VIII. — *L'envoyé d'un prince barbare*, etc.

Dans leurs communications avec les Anglais et entre eux, les Chefs écossais avaient l'habitude de prendre le ton et le style des souverains indépendans.

Note 7. — Paragraphe X.

Il n'était point de lien plus fort parmi les Irlandais que celui qui unissait le père nourricier et la nourrice avec l'enfant qu'ils avaient élevé. On a vu des fils prendre contre leur père le parti de ceux qui avaient donné les premiers soins à leur enfance : tant la nature est sévère contre ceux qui croient pouvoir violer impunément les lois qu'elle impose.

Note 8. — Paragraphe XIV.

Niel-Naighvallach, ou des Neuf Otages, fut, dit-on, roi de toute l'Irlande dans le quatrième siècle. Il faisait des incursions continuelles sur les terres de l'Angleterre et de la Brétagne, alors l'Armorique; et ce fut de cette dernière contrée qu'il emmena captif dans ses états le fameux Saint-Patrick, âgé de seize ans. Niel reçut son surnom de neuf otages qu'il avait exigés de neuf tribus vaincues par ses armes.

Note 9. — Paragraphe XIV.

Ce Shane Dymas, ou Jean-le-Fou, eut le titre et le pouvoir de O'Neale sous le règne d'Élisabeth, contre laquelle il se révolta plusieurs fois.

Ce Chef est connu de la postérité comme l'homme le plus fier et le plus libertin qui ait jamais existé. Ses deux grandes passions étaient le vin et les femmes. Sa cave était toujours riche en vins précieux, et le beau sexe recevait ses hommages, quelle que fût la condition de celle qui lui plaisait.

Note 10. — Paragraphe XIV.

Les O'Neale étaient alliés avec cette famille belliqueuse. Ce fut un nommé Con-More qui maudit tous ceux de ses descendans qui apprendraient l'anglais, sèmeraient du blé ou bâtiraient des maisons, de peur d'attirer par là les Anglais en Irlande. Flearflatha O'Gnive, barde de la famille de O'Neale, se plaint dans le même sens que les châteaux et les remparts avaient *défiguré* les champs sauvages d'Érin. (*Les Bardes écossais*, par Walter.)

Note 11. — Paragraphe XVI.

Lacy nous apprend, dans l'ancienne comédie déjà citée, quels officiers commandaient la cavalerie levée pour le service du roi Charles. — Vous, monsieur le Cornette, vous pouvez prêter votre nom à tous les cornettes de l'armée; car ils sont tous comme vous sans barbe au menton.

Note 12. — Paragraphe XVI.

Il y avait trois degrés dans l'ancienne chevalerie. On était d'abord *page*, ensuite *écuyer*, et enfin *chevalier*. Ces trois grades ont été imités dans l'initiation mystérieuse de la franc-maçonnerie.

CHANT V.

Note 1. — Paragraphe IX. — *La laie félone.*

Les anciens ménestrels ne chantaient pas toujours de plaintives romances: il nous reste encore quelques unes de leurs ballades comiques, qui sont de véritables parodies, où ils décrivent des évènemens communs avec toute la pompe des vers. Une des meilleures est intitulée: *La Truie félone* de Rokeby, et *les Moines de Richemont*. Cette truie était, à ce qu'il paraît, l'effroi du voisinage; et le seigneur de Rokeby en fit cadeau aux moines, qui, avant de s'en emparer, furent plusieurs fois vaincus par elle. Ces guerriers en froc conclurent enfin que leur ennemie avait le diable au corps.

Note 2. — Paragraphe X.

Le filea, ou l'Ollam-Re-Dan, était le poète d'une famille. Chaque chef de distinction en avait un à ses gages.

Note 3. — Paragraphe XIV. — *Drummond.*

Ce poète était à l'apogée de sa réputation pendant les guerres civiles. Il mourut en 1649.

NOTE IV. — Paragraphe XIV. — *Mac-Curtin.*

C'était le nom de filea de Donough, comte de Thomond et président de Munster.

NOTE 5. — Paragraphe XXVII. — *Little-cot-hall.*

Cette ballade est fondée sur une tradition.

CHANT VI.

NOTE 1. — Paragraphe XXVII.

L'usage de ces défis et des duels a long-temps régné parmi les habitans des frontières. C'était un reste de la barbarie des Saxons.

LES FIANÇAILLES
DE TRIERMAIN,
ou
LA VALLÉE DE SAINT-JEAN.
CONTE D'UN AMANT.

> « Je ne veux aimer qu'une fée; car aucune
> » femme mortelle n'est digne de recevoir le
> » titre de mon épouse : je dis adieu à toutes
> » les femmes; je m'en tiens à une fée; j'irai
> » en chercher une par tout le monde. »
> *Ancienne ballade de sir* Thomas.

INTRODUCTION.

I.

Viens, Lucy, profitons de la fraîcheur du matin pour traverser le ruisseau du bocage : avant que le soleil ait réuni tous ses feux, nous serons à l'abri sous notre berceau de peupliers, où la rosée humecte encore la fleur, quoiqu'elle ait déjà abandonné le velours du gazon. Ces pierres, qui ralentissent le cours de l'onde, seront pour nous un pont champêtre; forcés de se diviser ici, les flots limpides glissent autour de petites îles; trompés dans leurs efforts contre l'obstacle qui leur résiste, ils murmurent dans leur faible courroux, et nous cèdent un libre passage d'un bord à l'autre.

II.

Mais pourquoi t'arrêter en hésitant? Pourquoi tes pas reculent-ils pendant que tes regards fixent les rives du ruisseau? Ton pied timide, mais léger comme celui de Titania, pourrait facilement sauter, sans glisser, d'une pierre à l'autre; et ne risquerait même pas de mouiller l'agrafe brillante qui réunit les bords de soie de sa chaussure. Confie-toi à la force de ton amant: ne crains pas que le bras robuste qui a pu relever le tronc incliné de ce chêne, tremble sous le doux fardeau d'une beauté si délicate. — Oui, c'est ainsi... Maintenant que le danger est bravé, tourne la tête, et pense en souriant aux périls passés.

III.

Nous voici tout à l'heure dans cet asile chéri que protègent les rochers et le feuillage, et où aucun bruit n'interrompt les aveux timides de l'amour, si ce n'est la brise qui balance les arbres, et le faible murmure du petit ruisseau. Viens, repose-toi sur ton siège accoutumé; la mousse tapisse toujours la pierre, le gazon est toujours vert: est-il un lieu plus propice pour deux amans qui craignent d'être vus? Ces rameaux qui nous voilent le ciel nous dérobent aux témoins indiscrets qui iraient répéter malicieusement que la fière Lucy, distinguée par sa naissance et son rang; Lucy, pour qui soupirent les lords et les barons, va secrètement trouver son pauvre Arthur dans le bocage.

IV.

Tu rougis! tu soupires avec douleur! Pourquoi Lucy évite-t-elle mes yeux? Cette rougeur tire-t-elle sa source d'une cause secrète, d'un sentiment du cœur qu'elle ne voudrait pas laisser deviner à son Arthur? Oh! les yeux des amans sont plus perçans que ceux des autres mortels, et, par une étrange sympathie, ils peuvent deviner les pensées que la beauté qu'ils aiment leur dissimule. J'ai lu dans la rougeur de Lucy un mélange de plaisir et de regret. L'orgueil a fait entendre son accent dans son soupir, et il a eu autant de part que l'amour au vermillon qui a coloré tes joues. Charmée d'être choisie par le cœur d'Arthur, tu as honte de voir que le tien n'ait pas fait un plus noble choix ; tu détournes ton visage, qui te trahit à demi, comme pour recevoir la douce haleine de la brise ; allons, Lucy, écoute ton maître, car l'amour aussi a ses heures de sermons.

v.

Trop souvent mon œil inquiet a découvert ce chagrin secret que tu voudrais cacher ; tourment passager de l'orgueil qui craint l'humiliation. Dans ce salon splendide où ma belle, astre de tous les cœurs, ouvre le bal, trop souvent son regard furtif est tombé sur Arthur avec un semblable soupir et une semblable rougeur ! Tu ne voudrais pas céder pour tous les trésors et tous les honneurs l'amant que ta beauté a séduit ; tu ne voudrais pas m'abandonner sur ce banc de mousse, pour aller trouver un rival sur le trône : pourquoi donc regretter vainement que le destin ait refusé à ton ami un nom plus illustre, de vastes domaines, la naissance d'un baron et une nombreuse suite, quand le ciel lui accorda en partage une épée, un cœur et une lyre !

VI.

Mon épée... son maître doit garder le silence ; mais quand un guerrier prononcera mon nom,... approche, ma Lucy, approche sans crainte,... tu n'entendras rien qui fasse honte à ton Arthur.

Mon cœur... au milieu de ces courtisans fiers de leur rang et de leurs ancêtres, en est-il un qui palpite comme lui pour l'honneur et l'amour ? J'entendais louer l'éclat de tes diamans... qu'ils me paraissent pâles à côté de tes yeux ! on vantait les nœuds de perles qui enchaînaient tes cheveux, je ne voyais que tes tresses gracieuses ; on parlait de ta riche dot, de tes nombreuses terres, de tes titres et de ta race antique : je pensais à la main et au cœur de Lucy, et j'ignorais le sens de tous ces discours : cependant, si j'étais inscrit parmi les favoris de la fortune, j'aurais encore trouvé bien insensé le choix de ceux qui estiment la dot de Lucy plus que son cœur, et ses diamans plus que ses yeux.

VII.

Ma lyre... elle n'est qu'un futile instrument dont tous les accens sont empruntés, comme ceux de cet oiseau des climats de Columbia qui ne chante que par imitation[1]; elle ne résonne jamais sur une source consacrée, et n'est pas douée du charme des harpes des frontières; ses cordes ne font pas entendre le slogan féodal; ses héros ne tirent pas la large claymore; les acclamations de nos clans ne la remercient pas d'avoir célébré leurs ancêtres; la renommée ne la vanta jamais sur les arides montagnes de la Calédonie ou sur les prairies de l'Angleterre. Elle n'a jamais, récompense la plus douce pour un vrai ménestrel, elle n'a jamais obtenu un sourire gracieux de la belle Buccleuch; elle ne redit ses accords que sur les rives d'un ruisseau; elle n'est écoutée que par une beauté solitaire.

VIII.

Mais, si tu l'ordonnes, cette lyre timide chantera les chevaliers errans et les belles; elle dira le nœud terrible que forma un magicien, pour punir l'orgueil d'une jeune fille : ces récits merveilleux te charmeront; car Lucy aime... comme Collins, nom de triste présage pour moi: — Collins, poète harmonieux dont la récompense tardive fut le laurier qui décora sa tombe, et qui eût dû ceindre son front! comme Collins, Lucy aime à s'égarer sur les rivages enchantés; elle aime, comme lui, à se perdre dans les dédales de la féerie; elle aime à voir briller des palais dorés et à rêver auprès d'un ruisseau élyséen; tels sont les chants qu'aime Lucy : son goût ne doit-il pas décider de celui du poète?

(1) L'oiseau moqueur. — Éd.

CHANT PREMIER.

I.

Où est la vierge mortelle digne d'être unie au baron de Triermain? Elle doit être aimable, constante et tendre, pure, modeste, gaie, douce, affable, généreuse et d'un sang noble :... aimable comme le premier rayon du soleil qui perce les nuages d'une matinée d'avril ; constante comme la colombe privée de sa compagne ; tendre comme le ménestrel qui chante l'amour ; pure comme la source d'une grotte dont jamais le soleil n'a caressé l'onde argentée ; modeste comme la jeune fille qui aime sans espoir de retour et comme la prière du soir d'un ermite ; douce comme la brise qui soupire et meurt, et cependant gaie comme la feuille légère que son souffle balance ; affable comme un prince le premier jour de son règne ; généreuse comme la rosée du printemps qui féconde la terre ; son sang enfin doit être noble comme celui qui coulait dans les veines des Plantagenets... Telle doit être la vierge mortelle qui s'unira à sir Roland de Triermain.

II.

Sir Roland De Vaux goûte quelques heures de sommeil. — Son sang était agité, sa respiration difficile ; il venait de combattre les Écossais : l'excursion avait duré longtemps ; son heaume et son bouclier froissés portaient les marques d'un combat opiniâtre. Chacun, dans son château, doit observer le silence, les ménestrels le charment par les sons les plus doux de leurs harpes, jusqu'à ce que le sommeil descende sur son sein comme la rosée sur une colline.

III.

C'était le matin d'un jour d'automne ; le soleil luttait contre les vapeurs d'un brouillard qui, tel qu'un crêpe d'argent, enveloppait la cime lointaine du Skiddaw. Tous les vitraux peints du château de Triermain brillaient d'une lumière pâle, quand le valeureux baron se réveilla en sursaut, et, appelant à haute voix tous ses serviteurs, s'empressa de leur dire :

IV.

— Écoutez-moi, mes ménestrels; qui de vous vient de tirer de sa harpe ce son mourant, si doux et si tendre qu'il m'a semblé la voix d'un ange qui appelle un saint près de rendre le dernier soupir? Dites-moi, mes braves vassaux, où a-t-elle passé cette vierge céleste dont le regard était si pur, et la démarche si gracieuse ? une plume d'aigle ornait ses noirs cheveux; elle vient de traverser mon appartement tout à l'heure.

V.

Richard de Brettville répondit (Richard était le chef des bardes du baron) :

— Noble Chef, nous avons observé le plus profond silence depuis l'heure de minuit, où les accords de nos harpes, semblables au murmure du ruisseau, vous ont procuré le sommeil.

Si le son d'une harpe s'était fait entendre, il n'aurait pas échappé à mon oreille attentive, quand il eût été aussi faible que le soupir à demi étouffé d'une vierge qui croit son amant auprès d'elle.

Philippe de Fasthwaite, chargé de la garde de la cour, répondit :

— Depuis que nos sentinelles ont été placées hier soir à leur poste, personne n'a posé le pied sur le seuil de la porte, ou j'aurais entendu le bruit de ses pas, eussent-ils tombé sur la terre aussi légèrement que les feuilles flétries quand le froid dépouille les arbres et qu'aucun vent ne souffle.

VI.

Le baron s'adresse à son page :

— Viens ici, Henry, lui dit-il, toi que j'ai sauvé du sac de l'Ermitage, dans ce jour où le sombre château, les tourelles et le clocher se changèrent en colonnes de feu, et couvrirent la montagne de Nine-Stane d'une rouge clarté, pendant que les cris de mort qui s'échappaient du milieu des flammes dévorantes et des tourbillons de fumée glaçaient le cœur des guerriers.

O toi, le plus fidèle de mes serviteurs ! va seller le plus rapide de mes coursiers et cours à la tour de Lyulph, salue ce sage puissant de la part du baron de Triermain.

Il descend des anciens druides et de ces bardes bretons qui accordèrent leur lyre pour célébrer Arthur Pendragon et le héros qui repose à Dunmailraise.

Doué de la science prophétique de ses ancêtres, il peut interpréter comme eux les caractères gravés jadis sur les rochers d'Helvellyn. Il connaît tous les signes célestes et tous les présages ; par les songes mystérieux et le cours des étoiles, il prédit un avenir de malheur ou de félicité, la chute des royaumes et les succès de la guerre.

Lyulph nous dira si la terre a donné naissance à la vierge enchanteresse que j'ai aperçue, ou si ce n'est qu'une créature aérienne composée des couleurs variées de l'arc-en-ciel ou des dernières teintes de l'horizon occidental, telle que nous en offre un rêve fantastique : car je jure par la croix sainte, que si cette beauté respire l'air vital, jamais d'autre vierge qu'elle ne reposera près de moi avec le titre de femme du baron de Triermain.

VII.

Le page fidèle monte sur le coursier ; bientôt il traverse la verte prairie d'Irthing et la plaine de Kirkoswald. Eden n'oppose qu'un vain obstacle à sa course ; il dépasse la table ronde de Penrith, fameuse par les exploits de la chevalerie ; il laisse derrière lui les pierres de Mayburgh rassemblées par l'art magique des druides ; et il suit les détours d'Eamont jusqu'à ce qu'il trouve devant lui le lac d'Ulfo.

VIII.

Il guide son coursier dans le sentier qui serpente entre le lac et la colline. Il reconnaît enfin le sage en cheveux blancs, assis sur un fragment de rocher que la foudre avait séparé de la montagne. La mousse et des lichens formaient le coussin du vieillard, et le tremble flexible balançait sur sa tête le dais de son feuillage.

Henry mit pied à terre, aborda respectueusement le grave Lyulph, lui délivra le message de son maître et lui demanda ses conseils.

L'homme des siècles rêva long-temps pour rassembler dans sa mémoire les trésors des temps passés; puis, comme s'il fût sorti d'un profond sommeil, il prononça cette réponse solennelle :

IX.

— Cette vierge est une beauté de la terre, et un mortel peut l'obtenir quoique cinq cents ans et plus se soient écoulés depuis sa naissance.

— Mais où est le chevalier du nord qui osera tenter une aventure aussi périlleuse que celle de la vallée de Saint-Jean? Écoute, jeune page, ce que je vais te raconter; grave-le dans ta mémoire, et ne t'étonne pas si mon récit te transporte au milieu des ruines d'un temps déjà bien loin de nous. Cette histoire merveilleuse a été transmise aux sages et aux bardes depuis le siècle de Merlin.

X.

LE RÉCIT DE LYULPH.

— Le roi Arthur quitta les remparts de Carlisle après les fêtes de la Pentecôte : il voyageait en chevalier errant, et le soleil d'été embellissait de ses doux rayons les montagnes, la mousse des rochers et les vastes plaines. Au-dessus du sentier solitaire qu'il suivit, s'élevait le sommet escarpé de Glaramasa. Le soleil laissait tomber sa lumière au milieu des ombres des antres obscurs, quoique jamais aucun de ses rayons n'ait pu atteindre la surface de ce lac dont le sombre miroir reproduit encore l'image des étoiles quand la lumière du midi éclaire l'horizon. Le monarque valeureux fait le tour de cette fameuse montagne ; là, des rochers s'élèvent sur des rochers ; des torrens qui s'échappent de leurs crevasses vont joindre la rivière mugissante, tantôt luttant contre des obstacles, tantôt se plongeant loin de tous les yeux dans les profondeurs de cette obscure vallée.

Arthur pensa bien que ce désert sauvage et ces ruines romantiques étaient un théâtre destiné par la nature elle-même à quelque grand exploit.

XI.

Ce prince plein d'audace aimait mieux courir les aventures dans les bois et les montagnes, revêtu de sa cotte de mailles, que de rester oisif sous le dais de son trône, avec un vêtement somptueux d'hermine et de drap d'or.

Le bruit de la lance d'un ennemi brisée sur sa cuirasse flattait plus agréablement son oreille que la douce flatterie d'un courtisan. Il préférait les coups retentissans de Caliburn contre le casque d'un guerrier, à tous les chants par lesquels les ménestrels de Reged célébraient la gloire de leur souverain. Il aimait mieux se reposer sous l'ombrage des bois ou sur les rives d'un fleuve que dans l'appartement de sa royale épouse, la reine Genièvre ; il laissait cette princesse si aimable, pour chercher les combats et les périls, s'inquiétant peu qu'en son absence elle accordât son sourire au brave Lancelot.

XII.

Bientôt les ombres plus épaisses s'étendirent sur la terre. Quoique la cime de la montagne fût encore inondée de flots de pourpre et d'or, sa base, abandonnée par la lumière du jour, n'offrait que de noirs rochers et les vagues mugissantes du torrent. Arthur poursuivit péniblement sa route par le bois désert de Threlkeld, jusqu'à ce qu'il aperçut dans une direction oblique l'étroite vallée de Saint-Jean, d'où le soleil couchant semblait ne s'éloigner qu'à regret. Ravi de sentir de nouveau la douce influence de ses rayons, le roi arrêta son coursier ; ébloui par cette lumière soudaine, il protégea sa vue en élevant son gantelet à son front, et contempla à loisir l'aimable vallon, pendant que son armure étincelait comme la flamme d'un signal.

XIII.

Défendue par un rempart de montagnes, la vallée offrait une enceinte paisible ; la verdure en était arrosée par un ruisseau limpide ; au milieu s'élevait un fort couronné de tourelles aériennes, et entouré d'arcs-boutans et de bastions : sa tour et son vaste donjon se distinguaient de loin : on eût dit qu'un antique géant avait jadis construit les murailles massives de ce château pour y braver l'ambitieux Nembrod.

Au-dessus du fossé était suspendu un énorme pont-levis, comme si un ennemi inspirait des craintes ; un guichet de bois de chêne dur comme l'airain, des barreaux de fer et des herses fourchues présentaient aux assaillans une barrière insurmontable ; mais aucune bannière ne flottait sur les créneaux ; aucune sentinelle ne se tenait sur le haut de la tour pour sonner du cor ; on ne voyait point de gardes au-delà du pont, et il n'y avait ni haches d'armes ni carquois sous l'arceau du portail gothique.

XIV.

Arthur fit trois fois le tour des sombres remparts du château sans apercevoir une seule créature vivante, sans entendre d'autre son que la voix du hibou mêlant ses lugubres concerts aux mugissemens des flots qui baignaient les fossés de cette forteresse.

Il descendit de son coursier, qu'il laissa brouter librement le gazon de la prairie, et se mit à gravir lentement l'étroit sentier qui conduisait au portail. Quand il fut parvenu sous l'arceau extérieur, il se prépara à sonner hardiment du cor, espérant interrompre le long sommeil du gardien de ce noir donjon, qu'il pensait devoir être la demeure d'un farouche magicien, d'un lutin hideux, ou peut-être de quelque géant païen, tyran de la vallée.

XV.

Deux fois les lèvres du monarque effleurèrent l'ivoire de son cor, et deux fois sa main le retira. N'allez pas vous imaginer qu'Arthur manquât de courage. Son bouclier portait le symbole de la sainte croix; si une armée de païens s'était opposée à lui, il l'eût chargée avec audace; cependant le silence de ce lieu antique pesa sur son cœur, et il s'arrêta un moment avant. Mais à peine le cor sonore avait retenti, que la porte s'ouvrit; la herse se leva avec fracas jusqu'à la rainure de pierre, les poutres du pont-levis tremblant s'abaissèrent; rien ne s'opposa plus à la marche du roi chevalier, qui s'avança sous les voûtes obscures, armé de l'invincible Caliburn.

XVI.

L'éclat soudain de cent torches brillantes dissipa les sombres ténèbres qui obscurcissaient les murailles, et découvrit aux yeux étonnés du roi les habitans de ce château. Ce n'était ni un magicien farouche, ni un lutin hideux, ni un géant informe, ni un chevalier païen. Mais les lampes, qui exhalaient une vapeur odorante, éclairaient de leur douce lumière une troupe de jeunes beautés. Elles accoururent comme les vagues légères qui bondissent sur le rivage; cent voix répétèrent un tendre salut, cent jolies mains assaillirent la cotte de mailles du roi, et en délièrent à l'envi les boucles et les agrafes d'acier. Une de ces demoiselles le revêtit d'un magnifique manteau, une autre versa des parfums sur sa chevelure, une troisième le couronna d'une guirlande de myrte. Jamais une fiancée, au jour de ses noces, ne fut parée avec tant de soin et de gaieté.

XVII.

Toutes ces jeunes filles riaient. En vain le roi multipliait ses questions, elles le laissaient prier et supplier; leur réponse était un nouvel éclat de rire. Elles feignaient ensuite de le charger de chaînes, mais c'étaient des guirlandes composées des plus belles fleurs du printemps. Pendant que les unes réunissent les efforts de leurs bras délicats pour entraîner le chevalier de plus en plus surpris, d'autres, plus hardies, le pressent d'avancer en le frappant avec des touffes de lis et de roses.

Quatre jeunes filles portaient la lance de Tintadgel, et deux d'entre elles semblaient pouvoir à peine soulever la longue lame de Caliburn. Une autre, affectant une démarche martiale, voulut placer sur son front le casque du héros, et poussa un cri de plaisir et de surprise en le sentant descendre sur ses yeux. Cet essaim folâtre s'avançait ainsi gaiement, avec des acclamations et des chants de triomphe.

XVIII.

Le roi captif fut conduit à travers mainte galerie et maint appartement. Enfin le cortège s'arrêta sous un beau portique. La plus âgée de la troupe (elle n'avait que dix-huit printemps) leva la main d'un air solennel, et commanda un silence respectueux pour recevoir la reine. Toutes ses compagnes se turent. Mais en jetant un regard furtif sur Arthur, leur rire étouffé se trahit dans les fossettes de leurs joues et dans leurs yeux animés par la gaieté.

XIX.

Les attributs de ces temps héroïques ne vivent plus que dans les chants du ménestrel. La nature épuisée aujourd'hui était alors prodigue du bien et du mal. La force était gigantesque, la valeur enfantait des prodiges, la science pénétrait au-delà des cieux, et la beauté avait des charmes si incomparables, qu'elle n'est même plus égalée par les rêves des amans. Mais même dans ces siècles romantiques, jamais les mortels n'avaient vu des attraits aussi séduisans que ceux qui frappèrent les yeux éblouis d'Arthur, quand parut dans ce séjour enchanté la reine du château, au milieu du cortège de ses suivantes et de ses pages. En traversant à pas lents le portique, elle laissa tomber sur le monarque un regard expressif de ses noires prunelles; ses joues se colorèrent d'un vif incarnat; à peine si Arthur, épris et confus, put soutenir ce regard languissant. Un sage qui se fût trouvé à son côté pendant que son orgueil luttait encore contre l'amour, lui eût dit à l'oreille : — Prince, sois sur tes gardes; arrache la proie du tigre furieux, attaque le lion aux abois, oppose-toi au passage d'un cruel dragon, mais évite le piège séducteur de la beauté.

XX.

Ce combat fut bientôt terminé, lorsque la dame s'approcha de son hôte avec cet air gracieux dans lequel les femmes mêlent la courtoisie et la fierté avec tant d'adresse, qu'elles subjuguent et charment le cœur en même temps.

Elle fit d'abord un compliment poli à Arthur, puis elle le pria d'excuser la plaisanterie de ses suivantes frivoles; qui, nées dans des grottes solitaires, ne savaient pas rendre au noble étranger les honneurs qui lui étaient dus; elle lui demanda aussi de lui accorder la grâce d'accepter pour cette nuit l'hospitalité dans son château.

Le monarque accepta avec une modeste reconnaissance. Un banquet fut servi à un signe de la dame: des chants, des contes, d'aimables plaisanteries firent couler rapidement cette soirée.

XXI.

La dame était assise auprès du prince; à son tour elle devint timide et confuse, et semblait écouter avec indifférence les propos légers qu'il lui répétait tout bas. Son air était modeste et ingénu, mais on y distinguait une ombre de contrainte, comme si elle était occupée du souci de cacher quelque pensée secrète; elle s'arrêtait souvent au milieu d'une réponse, baissait ses yeux noirs, et étouffait le soupir langoureux qui soulevait les globes de son sein.

Ce ne sont là que des symptômes; mais comme le berger devine que le soleil embrasera le ciel par les vapeurs qui voilent l'horizon du matin, de même le monarque comprit par cette réserve affectée que le cœur de la dame nourrissait des passions plus ardentes que celles que laissaient deviner ses yeux.

Il devint plus pressant à mesure que le choc des verres excitait de plus en plus la gaieté des suivantes et le chant des ménestrels.

Mais pourquoi en dire davantage? A quoi bon apprendre comment les chevaliers triomphent quand la beauté les écoute? A quoi bon dire comment une passion tyrannique tire sa source d'une cause légère, et nous subjugue entièrement? Quel mortel n'a pas éprouvé qu'un badinage nous conduit à la folie, et la folie au péché?

CHANT SECOND.

CONTINUATION DU RÉCIT DE LYULPH.

I.

Un autre jour se passe, puis un autre et un autre encore.

Le farouche Saxon, le Danois idolâtre ravagent de nouveau les côtes de la Bretagne. Arthur, la fleur de la chrétienté, traîne une vie indolente dans le château d'une belle; son cor redouté des ennemis ne fait plus trembler que les cerfs de la Cumbrie; Caliburn, l'orgueil de la chevalerie anglaise, n'est plus que l'inutile ornement d'un guerrier enchaîné par l'amour.

II.

Un autre jour se passe, puis un autre et un autre encore.

Oubliant ses projets héroïques dans les plaisirs, Arthur ne songe plus à la table ronde; il consume sa vie dans un amour illégitime, et perd le souvenir de sa belle épouse; il aime mieux, en se jouant, ravir une fleur sur le sein de sa maîtresse, que d'enlever à un chevalier saxon les honneurs de son cimier; il aime mieux décorer une noire chevelure des plumes du héron que son gerfaut a immolé, que de faire flotter sur l'autel du Christ les bannières conquises sur les infidèles.

C'est ainsi que de jour en jour sa vie s'écoule sans gloire; mais celle qui entretient son rêve flatteur voit approcher avec crainte l'heure de son réveil.

III.

Les charmes terrestres des mortelles sont assez puissans pour détourner nos pas des sentiers pénibles de la vertu; mais les charmes de Guendolen éclipsaient tous ceux des simples mortelles. Sa mère avait su plaire à un génie de la terre qui présidait jadis aux ruses des amans et aux triomphes des belles; long-temps il avait reçu le culte idolâtre de la jeunesse bretonne, qui l'honorait par des danses et des hymnes sacrés, jusqu'à ce que la croix parût sur le sol d'Albion, et que le feu s'éteignît sur les autels païens.

Ce fut alors que le père de Guendolen maudit la perte de ses droits dans la solitude de Wastdale; et, léguant à sa fille l'héritage de sa haine, l'instruisit dans l'art de tromper les mortels pour plonger dans la honte et les voluptés les glorieux défenseurs du nom chrétien.

Habile à entretenir de vaines pensées, promettant à tous pour ne rien accorder à aucun, Guendolen berçait d'espérances le jeune homme timide, et traitait avec la même cruauté celui qui était plus hardi et plus pressant. Comme on voit des enfans s'égarer loin de la maison paternelle, pour courir après l'arc-en-ciel, ses amans renonçaient à l'estime, à la loyauté, à la gloire, pour l'illusion d'un songe.

IV.

Guendolen mit ainsi en usage tous ses artifices pour

captiver les cœurs jusqu'à l'arrivée d'Arthur. Alors la fragile humanité eut part à ses émotions : fille d'une mortelle, elle oublia toutes les leçons de son père ; et, de princesse, devenue esclave soumise, elle s'aperçut trop tard, avec regret, que celui qui a tout n'a plus rien à espérer.

Guendolen voit la main de son amant presser souvent sa faible chaîne ; il lui faut resserrer chaque anneau qui s'efface peu à peu. Elle invoque l'art au secours de la nature, pour entourer sa robe d'une ceinture et pour boucler ses cheveux : tous les plaisirs obéissent à sa voix : les festins, les tournois et la danse. Elle se sert aussi de sa mémoire pour distraire Arthur par d'agréables récits : tour à tour plus sage qu'une mortelle, et faible comme son sexe ; tantôt accordant tout avec transport, et tantôt refusant avec une bouderie simulée, elle emploie tous les charmes pour retenir un cœur inconstant ; elle les emploie tous en vain.

v.

C'est ainsi que dans l'enceinte étroite d'un jardin borné par les remparts d'un château gothique, un artiste habile essaie de cacher les limites de sa propriété : il dispose ses allées en labyrinthe ; combine avec art les touffes d'arbres, et orne le terrain de bandes de fleurs, de taillis et de berceaux de verdure, pour séduire l'étranger et le forcer de s'arrêter avec plaisir dans d'agréables sentiers : vains artifices, vaines espérances ; tout est inutile : nous parvenons enfin à la triste muraille, et, dégoûtés de fleurs et d'arbres façonnés par la main de l'homme, nous soupirons pour l'ombrage plus vaste des forêts.

vi.

Trois mois étaient passés lorsque Arthur, d'un ton d'embarras, parla de ses vassaux et de son trône, disant que son séjour avait été trop prolongé, et que les devoirs, qui sont la loi des monarques, devoirs inconnus aux autres hommes, le forçaient de s'arracher des bras de Guendolen.

Elle l'écouta en silence; un amer sourire témoigna seul son dépit: son coup d'œil fit trembler Arthur, qui recommença plusieurs fois son discours interrompu, avouant par son air humilié qu'il était coupable du tort dont il cherchait à se justifier.

Il se tut : Guendolen le considéra un instant sans lui répondre; puis elle leva les yeux au ciel, une de ses mains voila son front pour cacher une larme qui échappait à son orgueil, tandis que l'autre touchait les plis de sa robe.

VII.

Son regard et son attitude exprimaient le reproche : la conscience du monarque comprit son idée; il se hâta de s'écrier :

— Non, madame, non! ne pensez pas si défavorablement du prince Arthur; ne croyez pas qu'il puisse abandonner le gage d'un amour mutuel : je jure par mon sceptre et mon épée, comme roi de la Bretagne et comme chevalier; je jure que si vous me rendez père d'un fils, ce fils sera l'héritier d'un royaume; mais si c'est une fille que m'accorde le destin, je veux, pour lui choisir un époux digne d'elle, que tous mes chevaliers combattent un jour entier en champ clos: mes chevaliers, les plus braves de la terre; et ce sera celui qui par sa valeur, sera proclamé le premier de tous, qui aura seul des droits à obtenir la main de notre fille.

Ainsi parla Arthur d'une voix assurée et fière. Guendolen ne daigna pas lui répondre.

VIII.

Au point du jour, avant qu'aucun chantre des bocages fît entendre son concert matinal ou agitât son aile pour secouer une seule goutte de la rosée du buisson; avant que le premier rayon du soleil eût percé de sa douce lumière la vapeur qui couvrait les créneaux, les portes roulent sur leurs gonds, le pont-levis s'abaisse, et Arthur franchit l'enceinte des remparts : il est revêtu de son manteau, dont le précieux tissu vient de la Perse; il est armé de pied en cap: son coursier de Libye bondit avec fierté sous son glorieux fardeau, et fait entendre un joyeux hennissement.

Le monarque soupire, partagé entre le remords et le regret de ses plaisirs, lorsque soudain à sa vue étonnée se montre la reine Guendolen.

IX.

Elle l'attendait au-delà du dernier rempart; elle était vêtue comme une chasseresse des bois; des sandales protégeaient la plante de ses pieds; ses jambes étaient nues, et une plume d'aigle décorait ses cheveux; son regard était ferme, sa démarche pleine de hardiesse, et sa main tenait une coupe d'or.

— Tu me quittes, dit-elle, et nous ne devons plus nous revoir ni dans la joie ni dans la douleur!... Je voudrais bien retarder cette heure fatale; mais toi, daigneras-tu m'écouter?... Non; tes regards m'annoncent ta résolution. Attends du moins; séparons-nous toujours amans et toujours amis.

Elle lui montre la coupe.

— Ce n'est point là, poursuit-elle, le suc grossier que produit la vigne de la terre; savourons ce breuvage des Génies en nous disant adieu.

Elle dit, et vide la coupe à demi. Les couleurs fuient de ses joues si vermeilles; ses yeux perdent leur vif éclat.

X.

Le monarque courtois se penche sur sa selle, prend la coupe et l'approche de ses lèvres; une goutte s'échappe de ses bords, et, brûlante comme le feu liquide de l'enfer, elle tombe sur le cou du cheval, qui, gémissant avec un accent de douleur et d'effroi, bondit à la hauteur de vingt pieds.

Le laboureur montre encore l'empreinte que laissa le fer du coursier en s'abattant sur la pierre.

La main d'Arthur abandonne la coupe, qui répandit

une liqueur dévorante : le coursier vole, plus rapide que le roseau lancé par la corde de l'arc; ni le mors, ni les rênes ne peuvent arrêter sa vitesse jusqu'à ce qu'il soit parvenu sur le sommet de la colline : là son souffle et ses forces lui manquent, et il tombe, épuisé par sa course impétueuse, sans mouvement et sans vie.

Le monarque, respirant à peine et confondu de surprise, tourne la tête et cherche des yeux le fatal château.

Il n'aperçoit ni donjon ni tours; mais là où leurs pierres noircies se dessinaient naguère sur l'azur du ciel, le fleuve solitaire roulait ses flots mugissans autour d'une éminence sur laquelle on distinguait des fragmens de rochers.

Rêvant à cette étrange aventure, le roi retourne à Carlisle, et cherche, par les soins de la puissance royale, à effacer la mémoire du passé.

XI.

Quinze années s'écoulèrent; chacune d'elles ceignit le front d'Arthur de nouvelles couronnes. Douze victoires sanglantes, obtenues avec honneur, soumirent les Saxons. La Bretagne fut délivrée de Rython, ce terrible géant, immolé par le glaive du monarque. Le Picte Gillamore et le Romain Lucius rendirent hommage à sa valeur. La gloire de sa table ronde fut célébrée dans tout l'univers : tout chevalier amoureux de la renommée et des aventures se rendait à la cour de Bretagne; ceux qui souffraient l'injuste violence d'un tyran farouche venaient chercher un refuge auprès du trône d'Arthur, et n'imploraient jamais en vain son assistance.

XII.

C'était à l'époque de la Pentecôte que le roi tenait cour plénière : de toute part étaient convoqués les princes et les pairs; tous ceux qui rendaient hommage pour leur terre; les braves qui demandaient à être armés chevaliers de la main d'Arthur, et les opprimés qui avaient besoin d'implorer ses secours.

On célébrait alors des jeux et des fêtes, mais surtout des

tournois guerriers ; plus d'un champion étranger venait rompre une lance dans ces lices. Aucun des chevaliers d'Arthur, excepté ceux qui erraient sur quelque terre lointaine, n'eût voulu se dispenser de paraître devant lui le jour de la Pentecôte.

Ménestrels, quand la table ronde se montrait avec tous ses guerriers, quel noble sujet pour vos chants de triomphe ! Cinq siècles ont passé depuis ; mais le monde n'existera plus avant que le trône d'Angleterre se voie entouré d'un semblable éclat.

XIII.

Les hérauts proclamaient le lieu désigné pour le rendez-vous ; c'était à Caerleon ou Camelot, souvent aussi à Carlisle ; cette fois-ci la fête devait se célébrer à Penrith, et la fleur de la chevalerie était assemblée dans le beau vallon d'Eamont.

On y admirait Galaad aux formes gracieuses et mâles, et dont les traits avaient la douceur de ceux d'une vierge ; Morolt à la massue de fer ; Tristan si malheureux en amour ; Dinadam au coup d'œil vif ; Lanval à la lance enchantée ; Mordred au regard louche ; Brunor enfin et Bévidère : faut-il nommer encore sir Cay, sir Banier, sir Bore, sir Carodac, l'aimable et tendre Gawain, Hector de Mares, Pellinore, et Lancelot, qui, toujours plus épris, regardait la reine à la dérobée.

XIV.

Au moment où le vin coulait à grands flots dans les coupes, et que les harpistes répétaient leurs airs les plus gais, l'aigre son d'une trompette ébranla soudain la terre, et les maréchaux du tournois firent faire place dans l'enceinte.

Une jeune fille, montée sur un palefroi blanc et conduisant une troupe de belles damoiselles, s'avança avec grâce, mit pied à terre, et fléchit le genou devant le roi.

Arthur ne put voir sans émotion sa fierté, tempérée par le respect, son costume de chasseresse, son arc et son baudrier brodé d'or, ses sandales, ses jambes nues, et la plume d'aigle qui ornait ses cheveux.

Elle rejeta en arrière les plis de son voile; et le roi, se levant de son siège, fut sur le point de s'écrier : — Guendolen! —Mais c'était un visage plus ingénu et moins régulier, qui tenait le milieu entre celui de la femme et celui de l'enfant, et dans lequel il y avait le sourire naïf d'une simple mortelle, plutôt que l'attrait séduisant d'une fée. Dans la noble fierté de son front, on reconnaissait les traits de la race royale de Pendragon.

XV.

Elle dit en hésitant :

— Grand prince ! vous voyez une orpheline venant, au nom d'une mère qui n'est plus, réclamer la protection que son père jura de lui accorder. Ce serment fut prononcé dans le vallon solitaire de Saint-Jean.

Aussitôt le roi releva la suppliante, déposa un baiser sur son front, loua sa beauté, et dit que son serment serait accompli avant que le soleil se fût éclipsé dans l'Océan; puis il regarda la reine avec un air qui exprimait l'aveu d'une ancienne faiblesse. Mais Genièvre, sans se troubler, lui répondit qu'elle était pleine d'indulgence pour la fragilité humaine; et elle se tourna vers Lancelot en souriant.

XVI.

— Debout! debout! vous tous braves chevaliers ! Prenez vos boucliers, vos glaives, vos lances; celui qui méritera le prix de la valeur recevra la main de ma Gyneth. La fille d'Arthur portera une riche dot à son époux : je lui donne Strath-Clyde et Reged, la ville et le château de Carlisle.

On entendit alors de toute part ces braves chevaliers crier à leurs écuyers et à leurs pages : — Apportez-moi mon armure ; amenez mon coursier; ce n'est pas tous les jours que le courage peut conquérir une fiancée royale.

Les manteaux et les toques de cérémonie sont jetés de

côté; les casques et les lances étincellent; les hauberts d'acier retentissent : les costumes de la paix sont dédaignés, les ramasse qui veut; des colliers de perle et des draps d'or brillent sur les ronces et sur les buissons.

XVII.

Le son de la trompette rassemble cinquante chevaliers de la table ronde : tous se présentent pour disputer le noble prix qui leur est offert; tous, excepté trois. Ni la foi d'un amour partagé, ni les sermens de l'hymen ne peuvent arrêter ces preux; l'hymen pardonne un vœu violé à celui qui fait pénitence ou qui achète l'indulgence avec l'or.

En vain les dames soupirent et regardent ces combattans pour leur rappeler leurs droits, les gages de l'amour et de la loyauté; les chevaliers sont si occupés de leurs baudriers et de leurs éperons, qu'ils n'entendent ni ne voient les soupirs et les coups d'œil de leurs dames; chacun d'eux détourne la tête et se dit à lui-même : — Si ma lance me seconde, une reine devient ma fiancée; elle m'apporte pour dot Strath-Clyde, Reged, la ville et le château de Carlisle, et de plus, jamais couronne ne ceignit le front d'une princesse aussi belle.

Ils se hâtent donc de se mettre en selle et de baisser leurs visières.

XVIII.

Tous les champions, armés de pied en cap, sont réunis dans l'arène; il n'est que trois chevaliers de la cour d'Arthur qui manquent au tournoi. La renommée proclame encore ces trois amans comme des modèles de constance : deux d'entre eux aimaient la femme de leur prochain, et un seul la sienne; le premier était Lancelot du Lac, le second Tristan, et le troisième ce valeureux Carodac qui gagna la coupe d'or quand il sortit triomphant de cette plaisante épreuve qui convainquit tous les courtisans d'Arthur que Carodac était le seul dont la femme fût fidèle.

Vainement l'envie disait tout bas que, s'il n'eût été retenu par la honte, sir Carodac eût sacrifié volontiers sa femme et la coupe pour entrer dans la lice; puisque seul, dans cette cour brillante, il se montra fidèle au culte sacré de l'hymen, médise de lui qui voudra, je me garderai bien d'en parler sans respect.

XIX.

Les coursiers bondissent; on voit flotter les panonceaux et les plumes ondoyantes; les chevaliers parcourent l'arène dans le brillant appareil des tournois.

Le roi Arthur contemple en eux avec regret la fleur de la chevalerie, le boulevard de la foi, le bouclier du royaume à l'heure du danger; trop tard il réfléchit aux malheurs qui pourraient résulter de leur combat à outrance; car il n'ignorait pas qu'ils ne consentiraient à se séparer qu'après que la mort aurait glacé plus d'un cœur bouillant de courage : il commença à maudire son vœu téméraire, prit Gyneth à part, lui remit son sceptre, mais lui donna ces avis sévères et prudens.

XX.

— Tu vois, ma fille, que, lié par ma promesse, je fais sonner les clairons pour annoncer le tournoi; reçois mon sceptre, comme reine et arbitre de ces joutes guerrières: mais écoute-moi bien. Si la beauté est l'astre vers lequel tout chevalier se tourne sans cesse; si au premier mot de sa bouche il tire l'épée, regardant ses louanges comme sa plus douce récompense, il faut que la douce beauté n'exige jamais de la chevalerie des travaux inutiles et dangereux. Ses yeux doivent toujours être comme ces astres gémeaux qui calment la mer agitée; et sa voix, par des paroles de paix, doit faire cesser l'orage des batailles. Je te parle ainsi, ma fille, de peur que ces chevaliers ne changent ce tournoi en véritable guerre. Laisse-les s'élancer des barrières au son des clairons, et se rendre coup pour coup; ce ne sont point de jeunes novices qui sont mis hors de combat pour un heaume brisé ou un cheval abattu : mais, Gyneth, quand la mêlée deviendra plus chaude, qu'ils se menaceront de la mort ou de blessures mortelles, ton père te supplie, ton roi te commande de baisser le sceptre que je remets en tes mains. Confie ta destinée à ton père ; ne doute pas qu'il ne te choisisse un époux digne de toi, et ne permets pas qu'on dise que l'orgueil de Gyneth a enlevé un fleuron de la couronne d'Arthur.

XXI.

La rougeur du dépit et de l'orgueil blessé colora le front de neige de Gyneth ; sa main abandonna le sceptre paternel.

— Réserve tes dons ainsi limités, ô mon roi ! pour une femme d'un rang moins élevé que le mien, dit-elle. Il n'est pas un baron saxon qui n'estime plus son héritière que le roi de la Bretagne n'estime Gyneth, quoique la fille du seigneur campagnard, basanée par le soleil, n'ait pour dot que le manoir de son père et un stérile rocher. Le roi Arthur a juré dans la vallée de Saint-Jean, par sa couronne et son épée, comme chevalier et comme maître de la Bretagne, que ses preux combattraient un jour entier : ses preux, les plus braves guerriers de l'univers !

Révoque ton serment, et la pauvre Gyneth retournera dans sa vallée natale. La tache qui souille ton épée et ta couronne ne restera pas imprimée sur ta fille ; ne pense pas qu'elle consente jamais à cesser d'être vierge, si elle ne peut donner sa main au plus brave des chevaliers ! La fille de Pendragon ne craindra ni le cliquetis des fers ni les éclats des lances ; elle ne reculera pas de terreur à la vue du sang. La triste Guendolen lui a trop bien fait connaître l'infidélité des hommes, pour que sa fille les plaigne quand ils reçoivent la récompense qu'ils méritent !

XXII.

Le vaillant monarque regarda sa fille avec un air de courroux, puis il soupira en disant :

— J'accorde... ce que je ne puis refuser ; car ni le danger, ni la crainte, ni la mort, ne pourront forcer Arthur à violer sa promesse. Je m'aperçois trop tard que ta mère t'a légué son cœur impitoyable... Je ne la blâme point; elle avait des torts à venger : mais mes fautes doivent-elles être expiées par ces braves? Fais donc de mon sceptre l'usage que tu voudras; je te jure que, si un seul de mes chevaliers perd la vie, Gyneth sera privée de la place qu'elle devrait occuper dans mon cœur, en *qualité de fille* d'Arthur.

Il dit, et détourne la tête, ne pouvant supporter l'orgueil avec lequel Gyneth tient le sceptre élevé dans sa main, comme l'arbitre de la vie et de la mort. Arthur n'osa pas regarder davantage ses braves chevaliers, qui s'avançaient en ordre dans la lice; car le son de la trompette affligea son oreille comme le glas de la cloche des funérailles. Ce fut la première fois que le héros breton détourna les yeux du spectacle des combats.

XXIII.

Mais Gyneth entendit ces bruyantes fanfares avec la joie du faucon qui reconnaît le cri de la perdrix. Oh! ne la blâmez pas; le sang qui coulait dans ses veines avait pris sa source dans un cœur que la musique guerrière faisait bondir avec transport... Et d'ailleurs l'œil de la femme la plus timide aurait pu contempler un moment, sans émotion, le choc de ces braves chevaliers, tant leur adresse était grande pour porter les coups et les parer. Leur combat fut un spectacle innocent tant que les cottes de mailles et l'acier résistèrent; l'arène était parsemée de plumes de toutes couleurs, que le vent faisait voler çà et là; mais les corselets et les casques n'étaient point encore souillés de sang, comme si les panaches seuls devaient souffrir de cette noble joute. A mesure que l'action devient plus vive, la voix sonore des clairons devient plus animée; comme le chant aigu de l'alouette qui se mêle au murmure des brises d'avril, sous l'ombre mobile du bocage,

XXIV.

Bientôt ce jeu se change en véritable combat, les lances font couler le sang, les épées font jaillir des flammes; cavaliers et coursiers roulent sur la poussière... pour ne plus se relever. L'appareil brillant du tournoi n'existe plus; les boucliers sont brisés, les heaumes bossués, les cottes de mailles déchirées, et les panonceaux teints de sang. Le désordre a détruit la symétrie qui flattait l'œil; la force et le désespoir s'ouvrent un passage par des blessures mortelles : on ne mesure plus ses coups, et les clairons font entendre des sons semblables aux cris lugubres de l'oiseau de mer qui chante au-dessus de l'abîme l'hymne de mort du naufragé.

XXV.

On eût dit, dans cette journée fatale, que le destin voulait anticiper sur la ruine de Camlan, et épargner un crime au sombre Mordred. Déjà vingt chevaliers de la table ronde, l'élite de la chevalerie, étaient gisans sur le sable.

Dans sa douleur, Arthur arrache sa barbe blanche et ses cheveux : l'orgueilleuse Gyneth elle-même éprouve une horreur involontaire et frémit de crainte et de pitié; mais il lui semblait que l'ombre de sa mère, planant sur le tumulte, lui défendait de faire cesser le carnage, et lui reprochait les larmes qu'elle se sentait près de verser.

Alors périrent Brunor, Taulas, Mador, Helias-le-Blanc, Lionel, et maint brave champion. Rochemont, Dinadam, Ferrand de la Forêt-Noire, sont étendus expirans dans la poussière; Vanoc, poursuivi jusqu'aux gradins de l'amphithéâtre par le terrible Morolt; le jeune Vanoc, dont un léger duvet protégeait à peine le menton; Vanoc, fils de Merlin, et cher à la gloire, va tomber presque aux pieds de Gyneth, dont les sandales furent rougies de son sang. Mais soudain le ciel se couvre, un vent d'orage mugit, la terre tremble et s'entr'ouvre, et de son sein on voit sortir le terrible magicien Merlin.

XXVI.

L'enchanteur jette un regard d'horreur sur la lice ensanglantée par le carnage, et, levant la main avec un air sévère, il s'écrie :

— Insensés! suspendez votre combat; et toi, beauté cause de tous ces malheurs, écoute l'arrêt du destin :

— Le sommeil fermera long-temps tes yeux, qui ont refusé leurs larmes à la pitié ; une léthargie profonde pèsera sur ton cœur, qui a dédaigné d'être ému : cependant, puisque les leçons de ta mère ont surpris ce cœur sans expérience, et en faveur de la race d'Arthur, la grâce sera mêlée au châtiment : tu subiras ton arrêt dans le vallon de Saint-Jean ; c'est là que tu dormiras jusqu'à ce que tu sois reveillée par un chevalier dont les exploits égalent ceux de la table ronde. La durée de ton sommeil apprendra à l'univers tous les maux que lui a causés l'orgueil de Gyneth, le jour dans lequel ont péri les compagnons d'Arthur.

XXVII.

Pendant que Merlin parle, le sommeil commence déjà à s'appesantir sur les yeux de Gyneth : la crainte et la colère cherchent en vain à y entretenir la clarté qui les anime; deux fois elle passe péniblement sa main sur son front, deux fois elle essaie de s'élancer du siège fatal où elle est assise. Merlin a prononcé la sentence magique : la mort de Vanoc doit être vengée ; le rideau des longues paupières de Gyneth s'abaisse lentement sur ses prunelles d'azur; comme on voit, un soir d'été, les violettes fermer leurs corolles odorantes. Le sceptre pesant fait fléchir sa main ; sa tête se penche sur ses épaules ; les réseaux de soie, d'or et de perles qui enchaînaient ses cheveux, en laissent échapper les boucles d'ébène sur ses bras et son sein de neige.

Immobile sur son siège d'ivoire, Gyneth était si belle que son père courroucé supplia le sévère Merlin d'adoucir son arrêt, et les chevaliers auraient volontiers pour elle renouvelé leur combat. Mais bientôt au milieu d'un nuage enchanté, Gyneth disparut à leurs yeux.

XXVIII.

Gyneth subit sa sentence dans la vallée de Saint-Jean, et parfois son image vient se mêler aux rêves d'un chevalier, afin de lui révéler son sort et implorer le secours de son bras pour briser sa chaîne. Dans les premières années qui suivirent cet évènement merveilleux, maint guerrier accourut pour la délivrer, du nord, de l'est, de l'ouest et du midi, du Liffey, de la Tamise et du Forth; plusieurs cherchèrent vainement dans le vallon sans apercevoir ni tour ni château. On ne peut en effet le découvrir dans tous les temps, et il faut jeûner et veiller plusieurs nuits pour voir ses remparts magiques. Du petit nombre de ceux qui persévérèrent dans leur entreprise, quelques uns se retirèrent après avoir lu l'inscription menaçante gravée sur la porte; et les autres qui osèrent la franchir, ne sont jamais revenus. Aujourd'hui, presque oubliée, Gyneth risque de dormir d'un sommeil aussi profond que celui de la tombe, jusqu'au jour où la trompette de l'archange nous réveillera.

FIN DU CONTE DE LYULPH.

I.

Arrêtons-nous ici, ô mes vers! car trop tôt, ma Lucy, arrive l'heure de midi. Déjà les hôtes de ton orgueilleux château commencent à errer çà et là pour abréger les heures de la journée par des promenades oisives; ce sont des gentilshommes et des beaux esprits incapables de faire rien, et embarrassés de n'avoir rien à faire. Cet asile n'est plus bon pour nous : en effet, Lucy, tu rougirais de nous voir surpris par quelque fantôme décharné, petit-maître avec des fuseaux pour jambes, au menton perdu dans sa cravate, à la bouche béante et au rire moqueur. Pour moi, pauvre roturier, comment supporterais-je le mépris du sceptre adonisé ? Ma foi ! il aurait beaucoup à craindre : un rameau de ce vieux chêne serait ma baguette magique.

II.

Ou, s'il est encore de trop bonne heure pour nos petits-maîtres aux larges pantalons, et si les désœuvrés s'éloignent rarement des allées sablées, grâce au ciel, la mode a créé des cœurs plus aventureux. La mode inspire des artistes qui dédaignent de suivre les règles de la vaste nature, et qui, dans leur art pédantesque, s'arrogeant le droit de la limiter, condamnent toute enceinte qui contient plus de trois pieds carrés. Ce bosquet pourrait bien leur paraître un heureux terrain pour y dessiner leurs perspectives étroites.

La mode encore a ses poètes, qui ont l'habitude de réciter leurs lais doucereux à la lueur de la bougie, et en s'accompagnant du bruit des soucoupes, pendant que la liqueur succède au café. Quelques uns de ces bardes pourraient bien venir s'égarer ici pour y méditer un impromptu.

Si un chasseur allait survenir à la suite de son épagneul et en s'annonçant par ses bruyantes clameurs ; ou si quelque Juliette, possédée de la manie des comédies bourgeoises, s'avisait de choisir cet ombrage pour y répéter son rôle... Nous devons éviter avec le même soin peintres, comédiennes, poètes et chasseurs ; tous ces insectes qui voltigent dans l'atmosphère de la mode, hannetons, guêpes ou papillons, sont à craindre pour nous, rien n'est dangereux comme leur bourdonnement ou leurs chuchotemens.

III.

Mais, ô ma Lucy, dis-moi, nous faudra-t-il long-temps craindre encore cet essaim frivole, et nous abaisser à dissimuler avec de lâches précautions les véritables sentimens de nos cœurs ? Tu n'as point de père ni de mère dont les justes désirs doivent disposer de la main obéissante de leur fille : tes tuteurs veulent chacun te faire adopter leur propre choix : quel est celui que Lucy préfère?... Serait-ce ce petit fat, officier de salon, qui aime à faire briller auprès des femmes ses armes inconnues à l'ennemi ; dont le sabre traîne par terre, et dont les jambes grêles nagent dans des bottes informes : oh! sans doute, c'est un nouvel Achille... L'acier a abandonné son sein pour aller protéger son talon... Au lieu de la grâce simple et martiale qui parait jadis nos guerriers, il étale les ornemens étrangers d'une chaîne et de ses éperons retentissans ; c'est une friperie ambulante de plumes, de galons et de fourrures.

IV.

Serait-ce ce jeune orateur instruit de si bonne heure dans la science de la politique, qui disserte sur l'honneur, la liberté, la bonne foi, comme s'il avait appris ces belles leçons par cœur ; Chesterfield a été son maître de morale ; il se vante d'être un logicien profond, et n'exprime l'idée la plus commune qu'avec le style des Chambres : même en racontant l'histoire du rat et de la souris, il rappellera à l'ordre, demandera la parole, vous nommera son honorable ami, proposera une motion, et s'opposera à la clôture.

V.

Quoi! ni l'un ni l'autre, Lucy? en est-il un troisième capable d'obtenir la préférence sur de tels rivaux?

O ma Lucy! pourquoi détournes-tu la tête avec cet air de fierté blessée? pardonne-moi, ma bien-aimée, je ne puis supporter ce regard de courroux! Si je possédais toutes les richesses de Russel, si mes écussons pouvaient rivaliser avec ceux des Howard, je donnerais tout pour qu'il me fût permis de sécher la larme tremblante qui humecte tes yeux. Ne pense pas que je craigne que ces fats puissent obtenir de Lucy autre chose qu'un sourire indifférent ; mais cependant, si la richesse et les titres changent en monnaie courante des jetons dorés, n'aurai-je rien à craindre quand le rang et la naissance graveront leur empreinte sur l'or pur du vrai mérite ? Il est des nobles dont le courage rivalise avec la gloire qui anoblit leurs ancêtres ; il est des citoyens, amis de leur pays, à qui l'expérience a appris à guider le vaisseau de l'état au milieu des orages ; il en est... Si de tels rivaux te disputaient à Arthur, ne devrait-il pas trembler et se taire, s'exiler sur un rivage lointain, et y consumer sa vie dans les regrets et les pleurs.

VI.

Qu'as-tu vu, qu'as-tu entendu qui t'alarme ? Pourquoi Lucy se penche-t-elle sur le bras d'Arthur ? Seraient-ce les inégalités du sentier pierreux qui te font chercher l'appui de ton amant ? Oh, non ! rien ne s'offre à ma vue, je n'entends aucun bruit qui puisse te menacer d'un danger, et la pelouse que nous foulons serait un tapis digne de la reine des fées. Cette légère étreinte n'était que pour avertir Arthur que Lucy l'aime et voudrait bannir de son cœur la méfiance et ses doutes peu généreux.

VII.

Mais veux-tu faire fuir ces fantômes qui me poursuivent, comme on voit le brouillard s'évanouir devant la clarté de l'aurore ? Il existe un charme invincible... faut-il te l'apprendre ou te le laisser deviner ?... C'est ici... allons, ne me retire pas ta main ; c'est ici, autour de ce doigt si délicatement arrondi, qu'il faut placer l'amulette d'or qui, bénie par de saintes prières, peut changer en transports l'inquiétude d'un amant ; bannir à jamais sa jalousie et ses doutes, et remplacer ses craintes par l'extase du bonheur.

VIII.

Allons, crois-moi, Lucy, le conte de ton amant a été trop long ; et toi, pourquoi rester muette, ma bien-aimée ? n'ai-je pas babillé tout le jour ? A son tour Lucy ne daignera-t-elle pas prononcer un mot pour me contenter? je ne demande qu'un mot, un seul... composé de trois simples lettres : — que ce mot soit, OUI.

INTRODUCTION
AU CHANT TROISIÈME.

I.

O toi, que j'aimai si long-temps, et qui n'as récompensé ma constance que depuis peu; doux espoir de ma vie, et aujourd'hui épouse d'Arthur! dis-moi, le vallon agreste d'Alpine ne te rappelle-t-il pas nos promenades favorites? Nous pouvons saisir ici une ressemblance bizarre, quoique moins douce et moins gracieuse, comme on reconnaît sur le visage farouche du guerrier les traits de sa sœur.

Notre hôte des montagnes nous avait bien avertis que nous traverserions à pied ce défilé sauvage, pendant que nos coursiers fatigués traînent lentement notre chaise autour de la base énorme Ben-Cruach.

Ce vieux montagnard rusé nous a vanté, avec un orgueil écossais, son vallon et ses arides montagnes; son œil semble fait pour admirer la nature, et pour admirer aussi, je crois, la grâce piquante de la beauté. Même dans sa classe on retrouve l'esprit observateur de l'Écossais subtil; ni la voiture ni notre suite n'ont pu exciter sur son visage l'expression vulgaire de la surprise; mais quand le vieil Allan s'est mis à nous expliquer le nom celtique de Beal-na-Paish [1], son salut respectueux adressé à ma fiancée disait assez que c'était pour elle qu'il récitait sa légende, pendant que ma Lucy rougissait de son regard courtois, réservé et malin.

II.

Mais c'est assez parler de lui maintenant : avant de nous

(1) Beal-na-Paish, vallée des Fiançailles.

plonger dans la vallée, et de perdre la perspective qui s'offre à nous, tourne-toi, mon amie; regarde encore une fois ce lac bleuâtre, dont le rivage semble nous fuir. Sur son cristal poli, les ombres ressemblent à ces objets aperçus dans un songe du matin, alors que nous sentons que nous sommes endormis, et que ce n'est qu'une vision qui nous abuse. Telles sont, sur le sein humide de ce lac, les images des montagnes boisées dont les roches se distinguent de l'azur des cieux : on y pourrait compter tous les nuages qui flottent dans les airs ; nous admirons ce tableau enchanté, et nous savons cependant qu'il n'est produit que par de vaines ombres. Tels étaient les rêves charmans d'Arthur quand il eut aperçu sa Lucy pour la première fois, et qu'il soupirait avec tristesse, désespérant de les voir jamais réalisés.

III.

Mais à présent, Lucy, contemple le joli vallon où nous dirigeons nos pas ; le sentier magique que nous suivons n'est distingué que par une nuance de verdure plus vive, et serpente autour de la fougère pourprée, au milieu des fleurs de mille couleurs qui la bordent. Remarque comme ces petits filets d'onde argentée descendent en bondissant pour aller unir leur voix au murmure plaintif du ruisseau. On croit entendre gémir la naïade solitaire des montagnes, couronnée de son diadème fantastique, formé des feuilles du bouleau, du genévrier et du sureau.

Ce n'est plus ici une illusion ; ces fleurs, ce ruisseau qui soupire, ces jolis berceaux nous appartiennent, ô ma Lucy ! Depuis que ton Arthur peut t'appeler du nom d'épouse, telle est pour nous la perspective de la vie : un délicieux sentier qui serpente au milieu des ruisseaux mélodieux et des collines à la douce pente. Il est vrai que les mortels ne peuvent dire ce qui les attend dans la vallée où se dirigent leurs pas incertains ; mais que ce soit bonheur ou malheur, ah ! du moins, nous parcourrons le sentier en entrelaçant nos bras.

IV.

Veux-tu enfin savoir, ma Lucy, pourquoi je t'ai refusé deux fois de continuer la légende du vaillant chevalier de Triermain. Un peu piquée, tu fis le serment de ne plus me la demander jusqu'à ce que l'accès poétique me reprît, et me rendît moi-même jaloux d'être écouté. Mais, mon aimable amie, la première fois que tu me prias de continuer ce récit romantique, n'était-ce pas ce jour fortuné qui fut témoin du don de ta main? Ébloui de mon bonheur, pouvais-je me rappeler, voir, entendre d'autre objet que ma Lucy, dans le passé, le présent ou l'avenir? mon ravissement avait opéré sur moi l'effet d'un philtre magique.

V.

Je te refusai une seconde fois dans la belle capitale de la Clyde : ma harpe, ou pour revenir à la vieille expression classique, car la harpe est un mot répété à satiété par nos bardes modernes; ma muse, dis-je, ne se réveille qu'auprès du lac silencieux, ou sous l'ombrage épais des forêts. C'est une nymphe sauvage et rustique dont le pied nu aime à fouler la pelouse fleurie, la mousse et le thym. De peur que la simple couronne de lis qui ceint son front ne se flétrisse, elle se tient sans cesse cachée dans les verts bocages pour y méditer ses vers.

VI.

La voici! la voix chérie du ruisseau solitaire a frappé son oreille; la clairière a séduit ses yeux; elle désire mêler ses chants au murmure du ruisseau qui jaillit de la montagne; elle va tenter de charmer le voyage de Lucy en disant aux échos de Ben-Cruah comment se termina le conte que ma bien-aimée prit jadis plaisir à écouter; elle est inspirée! Écoute comment Roland se rendit à la vallée de Saint-Jean.

CHANT TROISIÈME.

I.

Que Bewcastle garde son château; que les coursiers de Speir-Adam demeurent dans leur étable, et que les hardis archers de Hartley-Burn se contentent de lancer leurs traits du haut de leurs remparts. Les guerriers de Liddesdale peuvent armer leurs talons de l'éperon, ceux de Teviot ceindre le glaive, Tarras et Ewes faire leurs excursions nocturnes, et l'Eskdale ravager le Cumberland. Les habitans des frontières exposées au pillage n'ont plus de représailles à exercer, car il leur manque l'épée du brave De Vaux; ils ne reçoivent aucun secours de Triermain : ce seigneur, cherchant une périlleuse aventure, est parti seul, et nuit et jour il veille dans la vallée de Saint-Jean.

II.

Quand il commença la première veille, la lune avait déjà marqué douze nuits de l'été; elle brillait dans son plein; suspendue à la voûte azurée du ciel, elle laissait tomber ses molles clartés sur les ruisseaux, la montagne et le vallon. Étendu sur la bruyère qui revêt les flancs de la colline, sir Roland contemplait la vallée, mais surtout ce groupe de rochers sur le sommet desquels, selon le récit du vieux Lyulph, était la demeure de la beauté délaissée.

Les rayons de l'astre des nuits se brisaient contre son armure étincelante, et leurs tremblans reflets se jouaient sur l'acier arrondi de son bouclier, déposé à côté de lui, comme sur le cristal d'une onde paisible.

III.

Il continuait de veiller, et plusieurs fois, quand la lune éclairait l'éminence enchantée, il lui semblait la voir changer tout-à-coup d'aspect, comme si les rochers allaient se transformer en murailles surmontées de tourelles. Mais à peine son cœur palpitait-il d'espoir, que s'évanouissait l'illusion vaine qu'avait conçue son imagination inquiète, et impatiente d'être abusée. Tout ce qu'il croyait voir n'était qu'une création trompeuse, semblable à celles qui, dans un château solitaire, abusent les yeux, lorsque, contemplant d'un air rêveur les tisons à demi éteints du foyer, nous découvrons dans la flamme rougeâtre, des clochers, des tours et des créneaux.

A la lumière de la lune comme à celle du soleil, à la première lueur de l'aurore comme à celle de l'étoile du soir, dans toutes les saisons et à toutes les heures, par le brouillard, le soleil ou la pluie, les rochers restaient dans le même état.

IV.

Souvent De Vaux parcourt l'éminence enchantée, gravit son sommet ou en fait le tour: tout ce qu'il peut découvrir, c'est que le groupe informe de ces masses, aperçu de loin, ressemble à une forteresse.

Cependant le guerrier dort rarement; ne prend qu'un repas frugal et ne boit que l'eau de la source; il se promène tout le jour sur la colline, et quand la bise du soir refroidit l'air, il cherche un asile dans une grotte rocailleuse; tel qu'un pauvre ermite, il y répète son rosaire, son *ave*, son *credo*, et invoque tous les saints pour qu'ils daignent rompre le charme qui s'oppose à ses audacieux projets.

V.

Mais la lune a caché son disque réduit à un fil argenté qui flotte obscurément au milieu du ciel pendant que les nuages de la nuit, poursuivis par le vent des orages, passent avec rapidité sur son pâle croissant. Le ruisseau gronde et fuit impétueux, car la pluie a grossi les sources des montagnes qui vomissent des torrens: le tonnerre mugit dans le lointain, et souvent l'éclair traverse la vallée avec ses flammes bleuâtres. De Vaux s'était retiré dans la grotte (aucun mortel n'eût osé braver l'orage); il livrait son âme à de tristes méditations, jusqu'à ce que, assoupi par le murmure sourd du torrent et le sifflement mélancolique de la bise, il sentit succéder à sa rêverie un sommeil interrompu.

VI.

Ce fut alors qu'il entendit un son lugubre... Bruit étrange et effrayant au milieu d'un désert dont les seuls habitans étaient le daim et le coq de bruyère!

Roland se réveille et tressaille, il entend de nouveau ce bruit solennel et mesuré qui se répète onze fois, comme la voix d'airain d'une orgueilleuse cathédrale, ou le tocsin d'une cité.

Quelle fut la première impression que produisit ce bruit sur Roland, dans cette solitude? Je serais désolé de médire d'un guerrier, mais je dois être fidèle à ma franchise de ménestrel : sa première pensée fut une pensée de crainte.

VII.

Cependant un mélange d'émotions plus généreuses succéda bientôt à ce frémissement passager; Roland se sentit animé par le vif désir de l'amour, l'ardente espérance, la noble valeur, et ce fier enthousiasme de chevalerie qui brûle d'affronter le péril.

Le guerrier s'élança de la grotte long-temps avant qu'eût expiré la voix des échos qui répétèrent le son étrange qu'il venait d'entendre. Ce son s'était prolongé au loin, de précipice en précipice, depuis Glaramara et le pic de Grisdale, jusqu'aux hauteurs du Legbert et aux vallons de Derwent.

VIII.

Assourdi et frappé de surprise, le chevalier fixa ses regards sur l'impénétrable obscurité de la nuit, jusqu'à ce que le silence ne fût plus troublé que par le mugissement monotone du torrent et la voix de la brise.

Soudain du côté du nord une lumière brilla à l'horizon comme un trait de flamme, et un météore roula lentement son orbe de feu sur la cime du Legbert, comme s'il eût été dirigé par une impulsion magique. On aurait pu croire qu'un farouche démon s'avançait sur ce char enflammé pour accomplir un funeste message. Une funèbre clarté se répandit sur la vallée, les touffes des arbres, la montagne, le torrent, les fragmens suspendus du rocher et la bruyante cascade. La perspective du tableau était étendue, mais altérée; une teinte de sang paraissait nuancer le noir rocher, l'onde argentée du ruisseau, et même l'aimable verdure du bocage.

IX.

De Vaux avait vu les derniers rayons du soleil couchant se poser la veille sur le sommet de l'éminence enchantée. Il n'avait aperçu que des rochers épars dont les masses effroyables étaient suspendues sur les flots mugissans. Que voit-il à la lueur de ce météore?... Un château couronné de bannières, un donjon, une tour, des arcs-boutans, des murs crénelés jettent leurs ombres sur l'onde rapide. Ce n'est pas une illusion; De Vaux remarque les meurtrières et les parapets pendant que le météore s'arrête momentanément sur l'édifice; mais le météore continue sa marche solennelle, et à mesure qu'il s'éloigne, ces sombres remparts disparaissent peu à peu.

X.

Roland s'élance de la grotte à travers les rochers et le torrent, les ronces et les buissons; mais il était à peine à la moitié de sa course que cette lumière miraculeuse s'était éclipsée derrière les montagnes, et qu'une nuit profonde régnait sur le vallon.

Forcé de s'arrêter, il sonna du cor: des fanfares guerrières lui répondirent de la montagne, semblables à celles qui précèdent la ronde nocturne que font les gardes d'une citadelle. Le vaillant chevalier de Triermain répéta son défi; mais plus de réponse: égaré, poursuivi par le vent et la pluie, ce fut en vain qu'il chercha dans les ténèbres le sentier du vallon, jusqu'au retour de l'aurore. Alors ce château merveilleux qu'il avait vu distinctement à la clarté du météore avait disparu ; l'éminence enchantée n'offrait plus qu'un amas de rochers comme la veille.

XI.

Obstiné à terminer l'aventure, le cœur de Roland dédaigne d'y renoncer : mais il parcourt de nouveau le vallon ; il ne voit plus que les rochers, il n'entend plus que la voix du torrent. Enfin lorsque la lune, errant dans les sentiers azurés du ciel, eut renouvelé son croissant d'argent, et au moment où ses rayons pâlissaient devant l'aurore, un léger brouillard se forma tout-à-coup. Les vapeurs flottent dans le vallon, entourent la base de la montagne comme d'une onde aérienne, et, s'élevant peu à peu, en voilent entièrement la masse isolée. On eût cru voir un rideau de gaze tiré par le caprice d'une fée sur un édifice magique.

XII.

La brise glissa doucement sur le ruisseau, et son souffle, agitant ce voile de vapeurs argentées, offrit au chevalier le spectacle qui avait, une première fois, frappé ses yeux impatiens : quoique la brise fût bravée d'abord par la vapeur rebelle, cependant elle faisait onduler son humide manteau, dont les plis entr'ouverts laissaient apercevoir obscurément des tours, des bastions et des créneaux gothiques.

Hâte-toi, hâte-toi ! chevalier, avant que cette vision passagère ne s'évanouisse comme la première fois.

Roland a toute la vitesse du coursier qui entend résonner le cor et se voit précédé par la meute du chasseur.

Aussi rapide que le trait de l'archer, il se plonge dans le vallon ; mais avant d'avoir pu atteindre la montagne, les rochers ont repris leurs formes, et les esprits du lieu se moquent de ses vains travaux ; leur rire étrange lui est renvoyé par les échos voisins.

XIII.

Le guerrier devient furieux. — Suis-je joué par les ennemis de l'homme, comme un pauvre rustre qu'une fée s'amuse à égarer loin de sa chaumière? Triermain serait-il l'objet de vos mépris insultans? démons malicieux, je vous défie!

De Vaux portait une hache d'armes dont la lame quadrangulaire et le manche d'ébène avaient souvent été rougis du sang écossais. Il fait quelques pas en arrière, et lance sa hache contre la saillie proéminente d'un roc. Cédant à ce choc violent, qui peut-être aussi brisa quelque charme, un fragment s'en détache, et roule au milieu d'un nuage de poussière et d'un tourbillon de flammes. La bruyère est écrasée, la terre creusée par son passage, et les flots du torrent impétueux, arrêtés par sa masse énorme, sont forcés de se détourner de leur cours.

XIV.

Quand le fracas eut cessé, Triermain regarda de nouveau sur l'éminence, et aperçut que le fragment du rocher avait découvert un escalier tournant, creusé dans le granit; dont les marches tapissées de mousse lui offrirent un sentier commode pour gravir la hauteur: il parvient jusqu'à une plate-forme où il voit enfin devant lui le château enchanté de Saint-Jean. Il n'y avait plus de vapeur fantastique ni de météore surnaturel: l'édifice était éclairé par les rayons du soleil levant.

L'arche sombre du portail était flanquée de tours crénelées; depuis plus de six cents ans ces remparts avaient supporté les attaques de la tempête, et cependant leurs écussons armoriés n'étaient nullement altérés; mais, du côté de l'orient, une tourelle s'était écroulée, et les débris récens étaient au milieu du torrent. Tout le reste de l'édifice avait bravé les siècles. Sur le fronton de la porte on lisait cette inscription en caractères gothiques:

XVI.

INSCRIPTION.

— La patience attend le jour marqué par le destin; la

CHANT TROISIÈME.

force peut écarter les obstacles. Guerrier, après avoir long-temps attendu, tu vois enfin, grâces à ta constance et à ta force, ce château des anciens jours. Ce ne fut point une main mortelle qui éleva ces murailles, *mais bien des paroles magiques et un charme tout-puissant.* Considère la façade, fais le tour de la forteresse; mais ne porte pas plus loin ton audace. Franchir le portail, ce serait tenter le destin; la force et le courage seraient en vain ligués! Regarde, et retourne sur tes pas.

XVII.

— C'est ce que je pourrais faire, s'écria le chevalier, si ce corps était cassé par la vieillesse, si mon sang appauvri coulait lentement dans mes veines comme les glaçons que le dégel détache du ruisseau; mais tant que je le sentirai bondir dans mon cœur comme le vin pétillant de France, tant que ce bras valeureux maniera la lance et l'épée, je rirai de cette inscription menaçante.

Il dit: le guichet cède à l'effort de sa main vigoureuse, et les verrous souillés par la rouille s'écartent avec un aigre cri. Mais à peine son pied avait-il quitté le seuil pour s'avancer sous la voûte, qu'un invisible bras referme les lourds battans de la porte, et les verrous et les barres de fer rentrent spontanément dans leurs rainures et leurs anneaux, avec un fracas sinistre que prolonge l'écho des voûtes.

— Maintenant la trappe est fermée et la proie est prise; mais, par la croix de Lanercost! celui qui voudrait porter en triomphe la peau du loup pourra bien se repentir de son audace.

Ainsi parla le chevalier en descendant un escalier qu'éclairait une lumière douteuse.

XVIII.

Une porte ouverte et sans gardes conduisait à la cour extérieure du château, au milieu de laquelle s'élevaient le donjon et des tours de toutes dimensions décorées de tous les ornemens gothiques inventés par l'imagination la plus bizarre. Mais entre le guerrier et la porte principale était creusé un fossé profond ; ni pont ni bateau n'offraient à Roland le moyen de le traverser : il se dépouille à la hâte de ses armes; on entend retentir sa cuirasse, son haubert, son casque, et son bouclier sur lequel sont les traces de maint combat. Aucune pièce de son armure ne cache les formes élégantes de ses membres, ses yeux noirs et vifs, et les boucles de sa chevelure. Il ne garde que son épée d'un métal éprouvé; le seul vêtement qui protège son cœur inaccessible à la crainte est un étroit pourpoint en peau de buffle, noirci par l'empreinte du baudrier et de la cotte de mailles. Roland De Vaux est sur le bord du fossé ; bientôt il ose le franchir à la nage.

XIX.

Il fend l'onde d'un bras robuste, atteint la rive opposée, pénètre dans le château, et s'avance dans une salle dont les vastes murailles sont ornées de tableaux représentant les prouesses d'anciens chevaliers; ici on les voyait en venir aux mains au son des trompettes; là, dans une caverne ou un désert, ils domptaient un géant, bravaient un griffon furieux ou l'haleine enflammée d'un dragon; eurs armes étaient d'une forme étrange; leurs visages ne l'étaient pas moins; ils semblaient des héros d'une race antique, dont les exploits, la naissance et le nom, oubliés depuis long-temps pour d'autres guerriers plus modernes, étaient consacrés dans ce lieu afin d'intimider les fils d'un siècle dégénéré, dont l'audace braverait le même sort. Pendant quelques momens le chevalier admira ces prodiges; mais bientôt il se dirigea vers l'autre extrémité de la salle, d'où trois larges marches conduisaient à un portail voûté. Sous le cintre de sa vaste arcade était un guichet avec une ouverture grillée. Avant de se hasarder plus loin, le brave Roland jeta un coup d'œil par cette ouverture.

XX.

Oh ! que n'a-t-il ses armes ! jamais chevalier en eut-il

un si grand besoin? Il voit une longue galerie de marbre blanc, où, par un bizarre contraste, de chaque côté de la muraille étaient quatre filles de l'Afrique qui conduisaient, chacune d'elles, un tigre de Libye par un fil aussi mince et aussi brillant qu'un cheveu d'or de ma Lucy. Le vêtement africain de ces noires vierges laissait à découvert leurs genoux, leur gorge et leurs bras arrondis. Un turban blanc leur ceignait le front; leurs bras et leurs jambes étaient ornés de bracelets d'or; un carquois pendait sur leurs épaules, et leur main était armée d'une zagaie.

Elles demeuraient immobiles, et observaient un si profond silence que Roland espéra d'abord que ses yeux n'apercevaient qu'un groupe de statues destinées à servir d'épouvantail; mais dès qu'il essaya d'ouvrir le guichet, les tigres commencèrent à rouler leurs yeux farouches, à étendre leurs pattes, à flairer l'air et à lécher leur gueule, tandis que les Africaines chantèrent en langage moresque cet avis menaçant:

XXI.

—Téméraire aventurier, retourne sur tes pas; redoute le charme de Dahomay, redoute la race de Sahara, les filles d'un climat brûlant.

—Quand le vent de l'orage tourbillonne, nous commençons nos danses; les sables de Zarah s'élèvent en colonnes mouvantes, et suivent la mesure de nos pas; à notre signal la lune a revêtu son manteau, les étoiles sont teintes de sang, et la voix du lugubre Siroc fait entendre la musique que nous préférons.

— Là où des colonnes éparses indiquent le lieu où fut Carthage, si le santon voyageur vient à être témoin de nos rites mystérieux, il répète la prière de la mort, prédit la ruine des nations, annonce qu'Azraël a tiré son glaive du fourreau, et s'écrie: Musulmans, pensez à la tombe.

— C'est à nous qu'appartiennent le scorpion, le serpent, l'hydre du marécage, le tigre du désert, et tous les fléaux qui affligent les fils des hommes; c'est nous qui dirigeons le souffle dévastateur de la tempête nocturne, et la peste qui exerce ses fureurs pendant le jour : redoute la race de Sahara, redoute le charme de Dahomay.

XXII.

Ces accords perçans résonnèrent d'une manière étrange sous les voûtes dont les échos les prolongèrent au loin. Le chevalier dit en lui-même :

— Quand j'entrepris cette aventure, je jurai sur la croix de ne pas m'arrêter, quel qu'en fût le succès. Je vois bien que je me trouve entre deux fatales extrémités ; quel espoir de lutter avec ma seule épée contre des tigres et des esprits? mais si je recule, je n'ai, de l'autre côté, que la famine et le cruel désespoir. Puisque partout la mort m'attend, je ne dois pas être indécis sur le choix que je puis faire. Devant moi sont l'honneur et la gloire ; derrière, le parjure et la honte : je serai fidèle à mon serment.

A ces mots il tire sa bonne épée, détache une bannière des parois de la voûte, et entre dans la redoutable galerie.

XXIII.

Les Africaines agitent leurs bras en poussant de sauvages clameurs ; deux tigres s'élancent. Roland jette à l'un sa bannière pour que l'animal consume les efforts de sa rage contre ses plis flottans, pendant que le chevalier frappe l'autre si heureusement, que la lame de son glaive lui traverse la gorge et les vertèbres du cou. Les autres tigres le menacent de leurs griffes en rugissant ; mais il suffit aux Africaines pour les retenir du léger fil qui leur sert de laisse. Roland poursuit sa route au milieu d'eux avec assurance, mais avec vitesse toutefois. Il arrive à l'extrémité de la galerie, franchit une seconde porte, et lorsqu'il en ferma les battans sur lui, je vous laisse à penser si les voûtes en retentirent. A ce bruit se mêlèrent les rugissemens des tigres, et les clameurs des Africaines qui firent entendre cette espèce de chant de triomphe et d'adieu.

XXIV.

— Hurra! hurra! notre veille est terminée; nous allons saluer de nouveau le soleil des tropiques; pâles rayons des jours du Nord, adieu, adieu; hurra! hurra!

— Pendant cinq siècles votre pâle soleil a fait le tour de l'horizon dans cette froide vallée; jamais le pied d'un mortel n'avait osé traverser la salle de la Peur.

— Guerrier, toi dont le cœur intrépide nous délivre de notre tâche, sois aussi heureux dans les autres épreuves, où un refus doit être ta résistance.

— Allons revoir le ciel brûlant de l'Afrique, le vaste Zwenga, le sublime Atlas, Sahara et Dahomay!... montons sur les vents... hurra! hurra!

XXV.

Ce chant magique se perdit dans l'éloignement, comme si les sons s'étaient égarés dans les airs; cependant le chevalier poursuivait hardiment sa route jusqu'à une salle splendide qui étincelait de lumière, comme si tous les trésors du monde y étaient confusément entassés; car l'or, qui sur notre globe reste incorporé avec le sable ou avec une argile grossière, était là en lingots ou revêtu d'une empreinte royale. D'un autre côté, d'énormes barres d'argent perdaient leur éclat auprès du diamant, comme la lune pâlit à l'approche de l'aurore. Au milieu de ces richesses Roland aperçut quatre jeunes filles venues d'un climat lointain; leur peau avait cette couleur cuivrée qui rougit quelquefois un ciel d'orage; leurs mains portaient des corbeilles de palmier, et un tissu de coton enchaînait leurs cheveux; leur taille était déliée, leur air timide, leurs yeux modestement baissés, leurs bras croisés et leurs genoux fléchis; ce fut dans cette attitude qu'elles offrirent à Roland la possession de tout ce qui frappait ses regards.

XXVI.

CHOEUR.

— Vois les trésors entassés par Merlin, et dignes de servir de dot à la fille d'Arthur ; baigne-toi dans ces flots de richesses, qui ne pourraient être égalées par les rêves de l'avarice elle-même.

PREMIÈRE FILLE.

— Vois ces lingots d'or vierge, tirés du sein de la mine par un art mystérieux qui a su les arracher à la terre ; leur éclat suffirait pour faire prosterner des rois et tenter des saints au péché.

SECONDE FILLE.

— Vois ces perles qui ont long-temps reposé au fond des mers ; elles furent les larmes versées par les naïades sur la mort de Marinel ; des tritons les conservèrent précieusement dans des coquilles d'argent, jusqu'à ce qu'elles fussent durcies et blanches comme l'émail des dents d'Amphitrite.

TROISIÈME FILLE.

— Une couleur plus vive te semble-t-elle préférable ? voici la pourpre des rubis, le vert magique de l'émeraude et la brillante topaze : voici toutes ces couleurs réunies dans la chrysolite.

QUATRIÈME FILLE.

— Laisse ces pierres sans éclat, laisse-les ; regarde les miennes ! mais voile tes yeux avec ta main ; car le diamant, comme le soleil, prive de la vue le téméraire qui ose le contempler fixement.

CHOEUR.

— Guerrier, empare-toi de tous ces trésors ; plût aux dieux que nos montagnes n'en recélassent plus d'autres ! nous ne serions pas obligées un jour de gémir sur les malheurs du Pérou.

CHANT TROISIÈME.

XXVII.

Le chevalier, sans se laisser séduire, refusa du geste les trésors qu'on lui offrait, et il ajouta : — Levez-vous, je vous prie, aimables étrangères ; ne vous opposez point à mon passage. Que ces brillans bijoux ornent les cheveux des jeunes filles et des enfans ; que vos fleuves d'or aillent arroser la terre altérée de Londres : De Vaux n'a besoin de richesses que pour acheter un coursier ou des armes ; tout l'or qu'il daigne garder est sur son *casque et à la poignée de son épée.*

C'est ainsi que De Vaux sortit sans émotion de la salle de l'or.

XXVIII.

Le soleil était au milieu de sa course ; De Vaux était fatigué et altéré quand il entendit un agréable murmure qui l'avertit qu'il allait bientôt voir une fontaine : il entra en effet dans une cour carrée au milieu de laquelle une source limpide jaillissait en brillans jets d'eau. A droite et à gauche s'ouvraient des allées touffues qui se prolongeaient en longue perspective ; mais vis-à-vis, Roland remarqua une porte basse qui semblait conduire à l'obscure demeure des morts effacés du souvenir des hommes.

XXIX.

Le chevalier s'arrêta un moment pour rafraîchir ses lèvres et son visage, et contempla d'un œil charmé les reflets du soleil sur l'onde, qu'ils coloraient des teintes variées de l'arc-en-ciel : ses sens éprouvèrent une douce langueur, comme celle qui agit sur l'âme après de hautes contemplations, quand nous écoutons l'harmonie du feuillage qui répond aux soupirs de la brise.

XXX.

Souvent, dans cet état de rêverie, nos yeux à demi fermés peuvent se figurer ces apparitions merveilleuses, comme si les nymphes des bois et des ondes se réunissaient en groupe devant nous. Sont-elles des créations fantastiques, ces jeunes filles que Roland aperçoit de loin? Tout à l'heure hésitant et timides, elles ont entrelacé leurs bras comme des sœurs; elles s'approchent maintenant du chevalier pensif, et puis s'arrêtent encore avec une crainte et une indécision simulées; ah! que cette crainte et cette indécision sont séduisantes! elles semblent dire : — Notre désir est de vous plaire; daignez nous dire comment.

Leurs traits avaient ce teint que donne le soleil de Candahar : animés par une légère nuance de rose pâle, leurs membres agiles étaient d'une gracieuse symétrie, et des guirlandes de fleurs embaumaient leurs noirs cheveux, dont les boucles descendaient jusqu'à leur ceinture.

L'hennah avait doré leurs doigts arrondis, et le noir sumah prêtait à leurs yeux une couleur plus brillante et plus douce; un voile de gaze blanche couvrait avec une négligence étudiée les globes de leur sein. La modestie eût trouvé qu'il en laissait trop apercevoir pour séduire les regards et appeler le toucher, et cependant il promettait encore davantage.

XXXI.

— Aimable chevalier, arrête-toi un moment, dirent-elles; suspends ta route pénible tandis que nous rendrons à l'amour l'hommage qui lui est dû. L'amour t'a fait triompher de la peur et de l'avarice : écoute-nous, guerrier, car nous sommes les esclaves de l'amour et tes amies.

— Nous n'avons point de trésors pour t'offrir à genoux, nous n'avons ni le courage ni la force de manier la zagaie et le javelot; cependant les amans ont donné à la beauté des lèvres de rubis et des dents de perles; ou si le danger te tente davantage, les flatteurs le trouvent dans nos yeux. Arrête-toi donc, aimable guerrier, arrête-toi jusqu'à ce que le soir usurpe le sceptre du jour; oh! arrête, arrête; viens sous ces berceaux; nous couronnerons tes cheveux de fleurs; nous te servirons un banquet et des vins délicieux; nous te charmerons par des airs divins; tu seras témoin de nos danses jusqu'à ce que le plaisir cède à la langueur, et le jour à la nuit.

— Celle que tu aimeras le mieux te répétera l'air le plus doux, préparera ton lit de mousse, veillera à tes côtés, et soutiendra ta tête jusqu'à ce que la nuit ait fui devant le jour... Aimable guerrier, veux-tu *encore davantage*? elle sera l'esclave de l'amour et la tienne.

XXXII.

Oh! ne blâmez pas trop sévèrement le héros de mes vers! Il n'avait ni le temps ni le cœur de prendre un air stoïque ou de refuser franchement. Entouré de cette troupe de syrènes, il donne un baiser à celle qui lui sourit, serre la main d'une autre, leur parle à toutes avec douceur, mais s'échappe de leur cercle magique.

— Aimables beautés, dit-il, adieu, adieu; mon destin et ma fortune m'appellent.

Il dit, et disparaît à leurs yeux; mais en s'éloignant il entendit leurs dernières paroles:

— Fleur de courtoisie, adieu; va dans ce lieu où le cœur palpite d'une émotion pure, et où la vertu sanctifie l'amour.

XXXIII.

De Vaux s'est éloigné sous des voûtes ruinées, dans des sentiers obscurs et tortueux dont il ne voit point l'issue, et qui deviennent plus embarrassés à chaque pas qu'il fait. Au lieu des rayons joyeux du soleil et de l'air vital, s'élèvent de noires vapeurs qu'éclairent les sinistres lueurs d'une flamme souterraine, comme pour lui découvrir les fossés profonds et les lacs d'une onde bourbeuse qui l'environnent, mais sans lui indiquer le moyen d'éviter les dangers dont il est menacé. Ah! combien Roland eût préféré avoir à combattre les tigres, plutôt que de se trouver au milieu de ces scènes de désespoir et d'un nuage étouffant d'air empesté. On prétend même, et ce sont des bardes véridiques, on prétend que sa situation lui parut si périlleuse, qu'il regrettait de ne s'être point arrêté dans le bocage avec une des filles complaisantes de l'Asie, lorsqu'à quelque distance retentit une trompette sonore, dont les accens joyeux furent suivis de ces paroles qui semblaient l'encourager:

XXXIV.

— Fils de l'honneur, toi que l'histoire réclamera, songe à la récompense qui t'attend; méprise les ténèbres, la fatigue et le danger, c'est l'ambition qui te dit de monter.

— Celui qui veut gravir la montagne doit suivre un pénible sentier; il faut qu'il fasse tous ses efforts, c'est ainsi que les favoris de l'ambition parviennent.

— Ne reste point en arrière, quelque difficile que soit ta route; le caprice de la fortune ne souffre pas les délais; saisis le don qui t'est offert, le pouvoir d'un roi, la gloire d'un vainqueur.

Le héros s'avance, et trouve un escalier qui conduit dans une tour. A peine a-t-il gravi quelques marches, qu'il sent un air plus frais, et qu'il revoit la lumière des cieux; enfin il pénètre dans une superbe salle décorée de trophées, où quatre vierges, vêtues d'une tunique de pourpre avec une ceinture d'or, paraissaient attendre un hôte royal.

XXXV.

Ces quatre vierges semblaient appartenir à l'Europe; la première était une nymphe de la Gaule, dont la démarche aisée et le sourire démentaient son air emprunté de gravité. La seconde, jeune fille d'Espagne, aux yeux et à la chevelure d'ébène, avait un air plus calme, mais fier. Un teint d'albâtre et des tresses d'or disaient que sa compagne timide venait de la Germanie. Ces trois vierges portaient une robe royale, une couronne, un sceptre et un globe, emblèmes de la puissance. La quatrième était à quelques pas des autres, appuyée sur une harpe, dans l'attitude de l'inspiration poétique. C'était une fille de la vieille Angleterre, vêtue comme une ancienne druidesse un ruban d'azur réunissait les tresses de ses cheveux, sa robe gracieuse descendait jusqu'à terre, et sa main tenait une couronne de simple laurier.

XXXVI.

Les trois premières vierges fléchirent le genou devant De Vaux, lui offrant les emblèmes de la royauté et la puissance sur de vastes provinces, destinées, disaient-elles, à l'héritier d'Arthur; mais le chevalier refusa tous les hommages. — De Vaux, répondit-il, aimerait mieux faire une incursion sur les frontières, vêtu de sa cotte de mailles, que de porter le sceptre et le manteau royal. Il aimerait mieux rester libre chevalier d'Angleterre, que de s'asseoir sur le trône.

Il s'avançait à ces mots, lorsque la quatrième vierge, comme sortant d'une extase, pressa de ses doigts les cordes de la harpe, qui obéirent à cette impulsion magique, et firent entendre une céleste harmonie.

CHANT DE LA QUATRIÈME VIERGE.

— Tremblez jusque sous vos fondemens, tours superbes, donjon couronné de bannières; que l'écho de vos voûtes gémisse en répétant les pas du guerrier.

— Esprits soumis aux charmes de Merlin, écoutez ces pas redoutés, déployez vos noires ailes, partez, retournez à vos demeures.

— C'est lui, c'est le premier mortel qui ait osé pénétrer dans la salle de la Peur; il a bravé les piéges du plaisir, de la richesse et de l'orgueil.

— Tremblez jusque sous vos fondemens, énorme bastion, tour élevée! Antique donjon, voici l'heure du réveille de Gyneth.

XXXVII.

Pendant qu'elle chantait, le chevalier était parvenu dans un appartement où une plus molle lumière s'insinuait à travers des rideaux de poupre. Telle est l'ombre adoucie que reçoit la colline, quand les derniers rayons du jour dorent son éminence occidentale. Cet appartement séduisait les regards par les merveilles qui le décoraient; un art magique y avait retracé avec leurs couleurs naturelles toutes les créatures vivantes : — toutes semblaient dormir; le lièvre dans son gîte, le cerf sous la feuillée, l'aigle dans les airs entre la terre et le ciel. Mais quel tableau eût été capable de distraire les yeux de Roland quand il vit la fille d'Arthur sur son siège fatal?

Le doute, la colère et la terreur avaient abandonné son visage; elle avait oublié le jour du tournoi, car en dormant elle souriait. Il semblait que, se repentant de son arrêt, le magicien charmait son long sommeil par des songes agréables.

XXXVIII.

Cette beauté virginale dont l'âge tenait à la jeunesse et à l'enfance, ce siège d'ivoire, ce costume de chasseresse, ces bras et ces jambes nus attestent la vérité du récit de Lyulph. Le bord de ses vêtemens est encore teint du sang de Vanoc, et ses doigts pressent le sceptre d'Arthur. Les tresses noires de sa chevelure tombent sur son sein de neige; la belle endormie avait tant d'attraits, que De Vaux accusa son rêve mensonger de ne lui en avoir montré naguère que la moitié. Il demeura quelque temps immobile, croisa les bras, et puis les mains; tremblant dans les transports de sa joie, ne sachant comment détruire un charme qui durait depuis des siècles; et, lorsque les paupières de Gyneth s'entr'ouvrirent lentement, il pensa avec crainte à ce que ses yeux allaient lui exprimer : — Saint Georges! sainte Marie! pourra-t-elle me regarder avec douceur?

XXXIX.

Le chevalier s'agenouille; il saisit la jolie main de Gyneth, dont l'impression est si douce pour la sienne et pour ses lèvres...: Le sceptre tombe...; l'éclair brille; le tonnerre gronde; les tours et le donjon chancellent; le château s'écroule, tous ses appartemens enchantés s'évanouissent... Mais sous l'abri des rochers mystérieux la princesse se trouve en sûreté dans les bras de l'intrépide Roland. Elle est délivrée de toute influence magique, et rougit comme la rose qui s'ouvre au retour de l'aurore. Le front du chevalier est ceint de la couronne de laurier qu'il avait vue dans les mains de la druidesse. C'était tout ce qu'il restait des richesses de ce château merveilleux, la couronne et la jeune beauté. — Mais quel chevalier demanda jamais d'autre récompense de ses exploits que celle de l'amour et de la gloire?

CONCLUSION.

I.

Ma Lucy, quand la beauté devient le prix du courage, la tâche du ménestrel est finie, tu le sais; ce serait trop exiger d'un poète que de le forcer d'épuiser son sujet jusqu'à la lie. Ajoutons brièvement que nos amans furent unis comme dans tous les romans et toutes les comédies: qu'ils vécurent heureux, tendres et fidèles, et virent une nombreuse famille hériter de leurs honneurs. Apprends aussi que, quand un pèlerin passe près de la montagne solitaire, à l'heure du crépuscule ou dans une matinée de brouillard, le château fantastique abuse souvent ses regards sur les rochers de la vallée de Saint-Jean. Mais, depuis le brave De Vaux, jamais mortel ne pénétra sous ses portiques : ce n'est plus qu'une vaine apparition, qui s'évanouit avec le retour du soleil ou dès que la brise souffle.

II.

Regarde, ma bien-aimée, notre voiture qui roule lentement là-bas, et nos serviteurs qui s'étonnent de voir que nous suivons à pied ces sentiers pierreux, maintenant que les ombres du soir s'abaissent sur la montagne; telles sont les idées du vulgaire : il s'imagine que la mollesse et le luxe font seuls le bonheur ; et combien d'hommes dans un rang plus élevé, esclaves des plaisirs grossiers, sont insensibles aux nobles sentimens qu'inspirent les grands tableaux de la nature! Mais toi et moi, Lucy, nous ne cesserons pas d'aimer le diadème vaporeux de la montagne, le vert bocage et le vallon ; nous les aimerons encore davantage si leurs sentiers sinueux ont été le théâtre des aventures de quelque antique chevalier célébré par des bardes d'un autre âge, qui peut-être voulurent, comme moi, cacher une vérité morale sous le voile de la fiction : nous braverons le souffle plus froid de la brise qui commence à se faire sentir ; ma bien-aimée s'enveloppera de mon manteau : appuyée sur le bras d'Arthur, elle ne craindra pas de se hasarder dans ce chemin glissant au milieu des fougères.

NOTES.

INTRODUCTION.

Note 1. — Paragraphe VIII.

Selon Johnson, Collins aimait à se livrer aux rêveries d'une imagination fantastique, avec lesquelles la raison se réconcilie par égard pour les traditions populaires.

Collins aimait les fées, les génies, les géans, les enchantemens, etc., etc.

CHANT PREMIER.

Note 2. — Paragraphe I.

Triermain était un fief de la baronnie de Gislands, dans le Cumberland.

Note 3. — Paragraphe VI.

Dunmailraise tire son nom d'un tumulus érigé, dit-on, à la mémoire de Dunmail, dernier duc de Cumberland.

Note 4. — Paragraphe VII.

Un retranchement circulaire à un demi-mille de Penrith porte le nom de Table ronde de Penrith.

Note 4. — *Ibid.*

Près d'une colline appelée Mayburg, un énorme rocher, qu'on voit encore, est, dit-on, un monument druidique.

Note 5. — Paragraphe X.

Le petit lac de Scales-Tam est si profondément enfoncé entre les rochers de la haute montagne de Saddle-Back, connue aussi sous le nom plus poétique de Glaramara, que les rayons du soleil ne parviennent jamais jusqu'à ses ondes, et qu'elles réfléchissent les étoiles en plein midi.

Note 6. — Paragraphe XVII.

Ce fut dans le château de Tintadgel (comté de Cornouailles) que naquit Arthur.

Note 7. — Paragraphe XVII.

Caliburn, nom de l'épée d'Arthur, appelée aussi Escalibar.

CHANT II.

Note 8. — Paragraphe XVIII.

On sait que le roi Arthur était de la confrérie du roi Marc (et de maint autre roi d'Angleterre).

NOTE 9. — Paragraphe XVIII.

— Du temps de nos pères, dit Ascham, alors que le papisme inondait toute l'Angleterre, on ne lisait guère que des livres de chevalerie, dont la plupart étaient composés dans des monastères, par des moines oisifs ou des chanoines libertins. Je ne citerai que la *Morte d'Arthure* : tout le charme de ce livre vient de deux sources : une *boucherie d'hommes* et une *audacieuse impudicité*. Les plus nobles chevaliers sont ceux qui tuent le plus d'adversaires sans sujet, et qui commettent le plus d'adultères; par exemple, sir Lancelot avec la femme d'Arthur, le roi son maître; sir Tristram avec la femme du roi Marc, son oncle; sir Lamrocke, avec la femme du roi Lot, qui était elle-même sa propre tante, etc., etc.

NOTE 10. — Paragraphe XVIII.

Voyez, dans la *Collection des anciennes poésies* de Percy, le conte plaisant de l'Enfant et du Manteau, auquel l'Arioste a, dit-on, pris l'idée de sa *Coupe enchantée*.

LE
LORD DES ILES.

POÈME EN SIX CHANTS.

La scène de ce poème est d'abord au château d'Artornish, sur les côtes du comté d'Argyle; ensuite dans les îles de Skie et d'Arran, sur la côte du comté d'Air, et enfin, près de Stirling.

L'action commence au printemps de l'année 1307, époque où Bruce, qui avait été chassé de l'Écosse par les Anglais, revient de l'île de Rachrin, sur la côte d'Irlande, pour réclamer ses droits. La plupart des personnages et des incidens sont historiques; les autorités du poète sont surtout lord Hailes, qu'on pourrait appeler le restaurateur de l'histoire écossaise, comme Bruce le fut de la monarchie; et l'archidiacre Barbour, à qui l'on doit l'histoire en vers de Robert Bruce, dont une édition correcte paraîtra bientôt, par les soins de mon savant ami le révérend docteur Jamieson.

Abbotsford, 10 décembre 1814.

CHANT PREMIER.

L'automne fuit; mais son manteau de feuillage repose encore sur les bosquets du noble Somerville : un voile de pourpre parsemé d'or se déploie sur la Tweed et sur les ruisseaux tributaires de son onde. La voix de l'aquilon, celle du torrent retentissent au loin; cependant on saisit encore quelques sons mourans de l'harmonie des forêts,

C'est le ramier qui soupire, c'est l'aigre cri du rouge-gorge. Le soleil, en se couchant derrière les montagnes boisées de l'Ettrick, nous offre encore quelques teintes des riches couleurs de l'été.

L'automne a fui; les chants rustiques des plaines de Gala ne viennent plus réjouir nos rivages. Les chœurs joyeux ne se mêlent plus au murmure des ruisseaux et à la brise légère. Les dernières acclamations viennent de finir. Le chariot bruyant repose sous un toit de chaume. Tout est silencieux sur le coteau désert : on ne voit plus que quelques vieillards courbés sous le poids des années, qui, suivant de loin le cortège de l'automne, vont çà et là glanant les épis oubliés.

Vous à qui ces tableaux moins brillans offrent encore des charmes, aimez-vous à parcourir les domaines flétris de l'automne; aimez-vous à voir la bruyère desséchée sur la colline, à écouter l'harmonie expirante des bois? Aimez-vous à voir la feuille rougir et se faner sur sa tige, aimez-vous à admirer les derniers feux du soleil sur la cime des monts, à suivre des yeux le glaneur dans les champs déserts, et à moraliser sur les plaisirs et les peines de la vie? Ah! si vous aimez de pareilles scènes, ne dédaignez pas le chant du ménestrel.

Non, ne le dédaignez point. Je l'avoue, les roucoulemens du ramier sont préférables à ces accords sans art : les beautés de ses chants sont plus pâles que la teinte douteuse du soleil couchant sur un ciel nébuleux d'automne, et plus rares que ces feuilles desséchées qui frémissent au souffle des vents, lorsque novembre a fait résonner son cor; mais ne méprisez pas ses travaux : glaneur solitaire, il parcourt des champs où des bardes plus heureux ont cueilli jadis d'abondantes moissons.

Vous n'entendrez pas sans intérêt une simple histoire des jours de gloire d'Albyn. Dans ces contrées éloignées que méprise l'habitant du Sud, il reste encore quelques fragmens de l'ancien récit. Quand les derniers rayons du soleil pâlissent derrière les sommets de Coolin, ces antiques traditions servent au prophète de Skye à abréger les heures du soir. On les connaît aussi dans les déserts de Reay, à Harries et dans les temples d'Ionie, où reposent les nobles chefs des Iles.

1.

— Éveille-toi, fille de Lorn! chantaient les ménestrels; et ces accens retentissaient sous tes antiques salles, ô Artornish! La mer qui baigne tes murs ne poussait plus sur le rivage que des vagues paisibles, comme pour marier son harmonie à ces concerts; les vents se taisaient *sur les* sommets d'Inninmore et dans les bosquets du rivage de Loch-Alline, comme si les bois et les vagues eussent aimé à écouter les bardes. Jamais l'écho des montagnes ne répéta des accords aussi doux. L'Écosse, les îles de Ross, d'Arran, d'Ilay et d'Argyle avaient réuni leurs ménestrels pour célébrer ce jour de fête. Honte éternelle au barde qui ne répondit point à l'appel de ce jour, insensible à l'espérance de la gloire et du sourire des dames, le plus noble but de ses vers! Honte éternelle au barde qui resta muet dans le château d'Artornish!

II.

— Éveille-toi, fille de Lorn! répétaient les ménestrels : éveille-toi! c'est à nous qu'il appartient de bannir le sommeil de la couche de la beauté : tout reconnaît notre pouvoir; les airs, la terre, l'Océan. Dans Lettermore, le cerf timide s'arrête pour entendre le son de nos harpes; le veau marin de Heiskar suit la barque qui porte le ménestrel; on a vu l'aigle orgueilleux l'écouter du haut d'un nuage sur le Ben-Cailliach. Que la jeune fiancée daigne se montrer sensible à nos chants! Edith de Lorn, éveille-toi au son de nos harpes!

III.

— Éveille-toi ! la campagne est couverte des perles de l'aurore. La nature offre des charmes dignes de le disputer aux tiens. Elle excite la grive à faire entendre ses chants pour lutter contre la douceur de ta voix. L'éclat dont elle orna la violette rivalise avec l'azur de tes beaux yeux. O Edith ! éveille-toi, et nous verrons alors si tout ce qu'il y a de touchant et de beau dans la nature ne s'efface pas devant tes charmes.

— Elle ne paraît point, s'écrie le vieux Ferrand ; amis, essayons un mode plus tendre, une mélodie plus douce, qui se marie mieux aux songes de la beauté, et réveille dans son cœur l'espérance qu'elle cherche et qu'elle craint d'avouer. Il dit, et des sons plus doux et plus tendres s'échappent des cordes de la harpe. C'est un chant d'amour que Ferrand ordonna de commencer.

IV.

— Éveille-toi, fille de Lorn ! elles s'enfuient ces heures où l'on peut te donner encore le nom de vierge ; éveille-toi ! éveille-toi ! La voici cette heure où l'amour va recevoir tes sermens et ta foi. Par cette pudeur qui soulève ton sein, par l'espérance qui charmera bientôt tes craintes, brise les liens du sommeil, réveille-toi à l'appel de l'amour.

— Éveille-toi, Edith, éveille-toi. Je vois près du rivage des barques couvertes de pavillons, le joyeux pibroch se fait entendre ; des banderoles de soie se déroulent dans l'air : quel est celui dont le pibroch chante des louanges ? à quel preux appartient ce cimier tissu sur ces bannières ? le ménestrel n'ose le dire : c'est à l'amour de deviner cette devise.

V.

Retirée au milieu de ses suivantes, Édith avait entendu ces chants ; mais son indifférence eût humilié le ménestrel qui en aurait été le témoin ; ses joues ne brillèrent point de cette rougeur que la flatterie fait naître ; les plus tendres accords ne purent lui arracher un soupir. C'était vainement que les suivantes avaient disputé d'adresse pour parer cette jeune fiancée. Cathleen d'Ulne, c'est toi qui tressas ses longs cheveux noirs; la jeune Eva, en se baissant avec grâce, chaussait ses pieds légers de la mule de soie, pendant que la belle Bertha en entourait les contours gracieux d'un rang de perles du Lochryan qui leur cédaient en blancheur. Mais c'était Einion qui, plus âgée et plus habile, avait rempli la tâche de fixer avec art son manteau, afin qu'il dessinât les formes qu'il semblait cacher; les franges *d'or qui* bordaient ses larges plis de pourpre descendaient jusqu'à terre.

VI.

Existe-t-il une jeune fille qui, parée de tous les atours, dans tout l'éclat de ses charmes, à l'approche du triomphe de l'amour, à l'heure de l'hymen, soit assez indifférente pour voir la glace fidèle répéter son image sans trahir par la moindre altération de ses traits la secrète satisfaction de son cœur!... Tout ce que le ménestrel peut dire, c'est qu'il en fut une dans l'île de la Bretagne le jour où la belle Edith de Lorn ne daigna pas sourire à la pensée de son hymen.

VII.

Morag, à qui le baron de Lorn avait confié le soin de nourrir Edith, et qui voyait sa tendresse payée par le retour d'une tendresse filiale (car ce lien, le plus doux de tous, fut toujours sacré dans l'Écosse), Morag, déjà courbée par l'âge, se tenait à l'écart et cherchait à lire dans les traits d'Edith ce qui se passait dans son cœur. En vain les suivantes réclamèrent l'adresse et le zèle de la bonne nourrice; Morag s'aperçut bien que sa fille était indifférente à ces soins comme la belle statue d'une sainte que les vierges du cloître parent à l'envi; elle reconnut que le cœur d'Edith ne prenait aucun plaisir à toute cette pompe; elle l'observa encore quelque temps, puis la serrant sur son sein quand elle fut revêtue du manteau nuptial, elle la conduisit dans une tour solitaire dont le faîte crénelé s'élance dans la nue, et domine, ô sombre Mull! ce détroit profond où des courans contraires mêlent leurs voix mugissantes et séparent tes noires collines du rivage de Morven.

VIII.

— Ma fille, dit-elle, regarde cette mer qui baigne le rivage de deux cents îles depuis Hirt, situé plus au nord, jusqu'au rivage fertile de la verdoyante Ilay; tourne les yeux sur le continent où tant de tours féodales reconnaissent ton vaillant frère pour seigneur suzerain, depuis Mingarry, dont le château s'élève au-dessus des flots et des forêts, jusqu'à Dunstaffnage, qui entend le Connal furieux lutter contre des rochers. Dans toute l'étendue de ces domaines, ton front seul exprime la tristesse, le jour où la fille du noble baron de Lorn donne sa main à l'héritier du puissant Somerled, à ce généreux Ronald, issu d'une race de héros, le beau, le vaillant, le noble lord des Iles, dont mille bardes ont célébré le nom, qui est l'égal des rois, et qui traite de pair avec l'orgueilleux Anglais. Dans le château des grands, dans la chaumière des pauvres, chacun parle de cette heureuse alliance et s'en réjouit. La jeune fille se pare de ses habits de fête, le pâtre allume des feux de joie; c'est pour célébrer ce grand jour que le cor de chasse a retenti, que la cloche a tinté dès le matin. Le saint ministre des autels chante l'hymne de reconnaissance; il n'est de serf si obscur qui, dans son humble retraite, n'oublie ses chagrins, et, libre du travail journalier, ne veuille prendre part aux plaisirs de ce grand jour. Edith seule, la reine de cette fête, Edith est triste quand tous se livrent à la joie.

IX.

A ces paroles, le regard d'Edith s'anime, son dépit étouffe un soupir prêt à s'échapper, et sa main essuie avec précipitation la larme brûlante d'un orgueil offensé.

— Laisse-moi, Morag, va prodiguer les louanges à ces harpistes mercenaires; vante à ces jeunes filles la pompe et la grandeur. Qu'elles passent des heures à parler des bannières qui se déploient, du cor et de l'airain qui résonnent, des robes brillantes, des riches bijoux; mais toi, Morag, qui me connais, penses-tu que tous ces frivoles objets puissent toucher un cœur qui sait aimer et qui attend vainement un tendre retour? Non, jamais. Tu auras exprimé en peu de mots tout le malheur d'Edith en disant : — Elle n'est point aimée.

X.

— Ne me le conteste pas. Trop long-temps j'ai essayé d'appeler du nom d'amour ses égards et son respect étudié; séduite par l'alliance qui me permet de me croire l'épouse destinée à Ronald depuis sa plus tendre enfance; pendant que son bras combattait pour l'Écosse, mon cœur battait en entendant prononcer son nom, lorsqu'il se trouvait mêlé aux récits de sa gloire comme un doux parfum au vent d'été. Quel pèlerin entra jamais dans ce château sans raconter quelque haut fait du brave Ronald? quel ménestrel chanta les héros sur sa harpe, sans célébrer ses vertus? Et toi-même, Morag, tu ne racontais jamais rien de glorieux sans terminer ton récit par le nom de Ronald. Il vint... tout ce que j'avais ouï de ses hautes qualités me sembla bien au-dessous d'elles. La renommée avait été froide, timide, injuste pour Ronald et pour moi.

XI.

Depuis lors, quelle pensée Edith a-t-elle jamais conçue qui ne fût une pensée d'amour, et quelle a été ma récompense? De froids délais, des prétextes sans cesse renouvelés pour différer le jour de notre hymen! Il luit enfin ce jour, et Ronald n'est pas ici! Chasse-t-il le cerf agile de Bentalla, ou adresse-t-il dans quelque asile solitaire de tendres adieux à une beauté crédule, lui jurant que, s'il ne peut refuser la main de la sœur de Lorn, il viendra la revoir pour ne plus la quitter après la vaine cérémonie de l'hymen?

XII.

— Cesse de tels discours, ma fille : loin de toi ces soupçons injurieux, et pense plus noblement de l'amour de Ronald. Tourne les yeux vers cet antique château, et regarde la flotte qui sort de la baie d'Arros. Vois le mât de chaque galère fléchir sous sa voile qui se déploie, et nous dérobe le rivage bleuâtre comme les blanches nuées d'avril cachent l'azur de l'horizon.

Regarde la première de toutes, dont le mât plie sous le souffle de la brise ; elle semble incliner sa bannière pour saluer de loin la fiancée de son prince. Ton époux arrive, et tandis que sa galère, plus rapide que l'ardent coursier, vole sur les flots, il accuse encore la lenteur de sa marche. — La belle Edith rougit, soupira, et répondit avec un sourire mêlé de tristesse :

XIII.

— Pensée flatteuse, mais vaine!... Non, Morag, remarque un emblème plus vrai de son empressement, dans cette barque isolée qui, serrant sa voile et son gouvernail, lutte contre le vent. Dès la pointe du jour, nos yeux inquiets ont cherché à connaître la route qu'elle voudrait suivre. Les promesses de l'aurore l'ont trompée ; notre rade offre aux gens de l'équipage un asile contre les vents contraires ; cependant ils redoublent d'efforts pour ployer leur voile bruyante, et cherchent à gagner la haute mer comme s'ils craignaient Artornish plus que le vent et les écueils.

XIV.

La jeune fiancée avait dit vrai. Cette barque qu'elle voyait sur la mer luttait contre les flots, et, le flanc penché sur l'onde, errait de rivage en rivage. Un ménestrel aurait pu comparer l'étendue du chemin qu'elle avait parcouru à l'espace que sillonne en un jour le pauvre laboureur. Tels étaient les dangers qu'affrontait le pilote, qu'avant d'avoir viré de bord, le mât de beaupré touchait souvent les vagues soulevées que la mer poussait avec violence sur les grèves; mais l'équipage infatigable manœuvrait sans relâche pour suivre la route qu'il s'était tracée, au lieu de se diriger vers le château d'Artornish, ou de gagner la baie d'Arros.

XV.

Cependant la flotte de lord Ronald s'avançait, secondée par un vent favorable. Des banderoles de soie *tissues* d'or flottaient sur tous les mâts. Elle portait les plus nobles et les plus vaillans chevaliers des Iles. La mer gronde et bouillonne autour de leur galère, et s'indigne des coups répétés de la rame. Ainsi frémit l'orgueilleux coursier, lorsqu'au jour du combat il bondit sous un vaillant chevalier et mord le frein blanchi de son écume; mais, dompté dans son courroux, il obéit à la main qui le guide.

On voyait sur tous les tillacs étinceler l'acier des lances, les casques d'or, les cottes de mailles et les écharpes brodées. La flotte entra dans le port au milieu du frémissement des vents, et fit entendre une harmonie plus sauvage encore. Les chants de triomphe s'élevèrent au-dessus des épais brouillards qui couvrent les rivages de Saline et de Scallastle. L'écho de Morven s'émut à ces accens, et Duart entendit la vague lointaine gémir dans le sombre détroit de Mull.

XVI.

Ainsi s'avançaient les joyeux matelots. Si quelquefois leurs yeux tombaient sur la barque, jouet des courans, leurs regards exprimaient cette indifférence dédaigneuse dont le riche orgueilleux accable le serf obscur qu'il rencontre sur ses pas poursuivant le cours de ses rudes travaux. S'ils avaient su quel était celui que porte cette barque fragile, ces vaisseaux triomphans ne l'eussent pas laissée passer sans défi. On aurait plutôt vu le loup, que la faim attire dans la plaine, respecter la bergerie sans défense. Et toi, Ronald, qui t'éloignes au milieu des chants des ménestrels, si elle t'était connue celle qui passe auprès de toi, on verrait ton regard étinceler et ton front se couvrir d'une rougeur subite, au lieu de feindre avec tant d'efforts la tendre allégresse d'un époux qui s'approche de sa fiancée.

XVII.

Qu'ils poursuivent leur route... Je ne quitterai point le malheureux qui gémit, pour suivre ceux qui triomphent. Que la joie accompagne cette flotte brillante : que les bardes embellissent la fête par leurs romances, leurs hymnes et leurs glorieux récits ; que les transports bruyans de la gaieté étourdissent le cœur s'ils ne peuvent dissiper les soucis. Le ménestrel va suivre ce léger esquif menacé par les rochers et l'abîme, ses rameurs fatigués qui bravent les périls, et cette jeune fille qui répand des larmes.

XVIII.

L'équipage fit tout le jour des efforts inutiles. Sur le soir, la proximité du lac rendit les courans qu'il avait à remonter plus rapides ; entré dans le détroit, l'esquif fut exposé aux vagues qui se croisaient en mugissant. Elles s'élevaient dans les airs, semblables aux débris de lances qui volent en éclat dans un champ de bataille. Les derniers rayons du soir avaient disparu. Le vent du sud gémissait avec plus de force entre les rochers d'Inninmore. La voile était déchirée, le mât chancelant, l'onde entrait par de larges ouvertures. Le pilote tremblant tenait les yeux fixés sur le gouvernail, qu'il abandonnait aux flots.

XIX.

Ce fut alors qu'un guerrier dont la terreur ni la fatigue ne pouvaient abattre le regard calme et altier, s'adressant au pilote, lui dit : —Mon frère, espères-tu pouvoir résister jusqu'à la pointe du jour à la fureur des vagues, et éviter les rochers qui nous entourent? ne sens-tu pas notre barque trembler sous nos pieds? ses flancs ont gémi au dernier choc de la vague, et cependant quel autre parti prendre? Tu vois près de moi la malheureuse Isabelle à demi morte de frayeur et de besoin. La mer, les rochers, le ciel qui se couvre d'épais nuages, tout nous présente le désespoir et la mort. C'est Isabelle seule qui m'inquiète; car, pour moi, les dangers qui me poursuivent sur la terre et sur la mer ne peuvent m'émouvoir. Je te suivrai partout, soit qu'il faille braver la tempête, nous diriger vers cette tour ennemie, ou, en nous jetant au milieu de cette flotte, interrompre sa joie par des cris de guerre, et mourir les armes à la main.

XX.

Son frère lui répondit d'une voix ferme : — C'est souvent dans l'extrême danger que le ciel vient au secours de l'homme. Edward, charge-toi de plier la voile déchirée; moi, je prendrai le gouvernail, et nous pourrons continuer notre route sous le vent; nous éviterons ainsi la baie de l'ouest, la flotte ennemie et un combat trop inégal. Je dirigerai notre barque vers les murs du château ; car, s'il reste encore quelque espoir de salut, nous devons le trouver à titre de malheureux battus par la tempête, qui vont, hôtes inviolables, demander un asile. Et si l'hospitalité n'est point respectée,... il convient à notre rang, à notre honneur, à notre courage, de ne mourir que d'une noble main.

XXI.

Alors le gouvernail, dirigé par son robuste bras, fit prendre vent à la voile déployée, et, dans sa nouvelle direction, la galère fendit l'onde en bondissant comme le lévrier qui, libre du lien qui le retenait, s'élance sur sa proie. Les flots sillonnés par la proue rapide brillent des feux factices de l'Océan, éclairs de l'onde amère. Des étincelles jaillissent des vagues divisées, et les flancs du navire sont éclairés d'un reflet magique. Cette pâle lumière jette un éclat effrayant dans les ombres de la nuit. On eût dit que le vieil Océan secouait de son front ces feux bleuâtres, jaloux de ces météores qui traversent l'horizon de la nuit autour du mont Hécla.

XXII.

Des clartés plus sûres guidèrent l'esquif dans les ténèbres. Artornish, qui, du haut de son rocher sourcilleux, paraît suspendu entre les nuages et l'Océan, brillait de mille feux, dont la flamme se répandait au loin sur la terre et sur la mer. La barque se dirigea vers cette lumière propice, mêlée aux pâles rayons de la lune qui commençait à élever son disque au-dessus des monts de l'orient.

XXIII.

Ils furent bientôt en vue du rivage. Des cris de joie souvent répétés se confondaient avec le sombre murmure des vents, avec le bruit des vagues et le sifflement des oiseaux de nuit, qui semblaient le disputer aux concerts de la fête, comme ces chants funéraires qui interrompent soudain ceux de la débauche, ou comme les cris de la bataille entendus par le paysan du haut de ses montagnes, quand la victoire, le désespoir et la mort planent sur la campagne arrosée de sang.

En approchant du rivage ils aperçurent, à travers les brouillards et la tempête, la sombre tour s'élever devant eux, et son ombre se projeter au loin sur l'Océan qui vient battre son rocher. La lueur vacillante de mille torches qui se réfléchissaient dans la mer, semblait se jouer sur son sein; et ces éclairs rapides qui brillaient sur les vagues, rappelaient les vains plaisirs qui, dans cette vallée de larmes, éblouissent un moment et disparaissent aussitôt.

XXIV.

Ils vinrent mouiller sous les murs du château, dans une baie paisible. Un passage taillé dans le roc conduisait à la forteresse par un escalier si étroit et si élevé, qu'il aurait suffi d'un seul homme armé d'un simple rameau de chêne pour le défendre contre les lances et les glaives d'un millier de soldats, et pour les renverser dans l'abîme des flots.

Le pilote sonna de son cor : les échos de la tour, des rochers et de la mer lui répondirent. La poterne gémit et roula sur ses gonds, et bientôt le fanal du gouverneur brilla sur les marches glissantes de l'escalier.

— Soyez trois fois le bienvenu, saint père, s'écria-t-il, depuis long-temps la pompe nuptiale est prête. Votre retard nous inquiétait, nous craignions que la bise du soir n'eût égaré votre barque.

XXV.

— Gouverneur, répondit le jeune étranger, ton erreur pourrait égayer dans un jour de fête, mais par une nuit obscure comme celle-ci, quand le vent irrité soulève les mers, il sied mal de se permettre de telles plaisanteries ; ce sont des secours que nous demandons, et un lieu de repos pour cette jeune fille. Pour nous, les planches d'un tillac nous paraissent aussi douces que les lits de mousse que caressent les zéphyrs du mois de mai. Nous cherchons pour notre navire quelque abri contre les flots; et quand le premier rayon du jour éclairera l'orient, nous reprendrons notre route.

Le gouverneur répondit : — A quel titre demandez-vous l'hospitalité? D'où venez-vous? où vous dirigez-vous? Erin a-t-il vu sortir de ses ports vos voiles déployées? Sont-ce les vents de la Norwège qui vous amènent? cherchez-vous les plaines fertiles de l'Angleterre, ou les montagnes de l'Écosse?

XXVI.

— Nous sommes des guerriers; enchaînés par un vœu, tel est le seul titre que nous puissions prendre pendant quelque temps. La gloire nous a souri quelquefois dans les tempêtes et dans les combats. Ce peu de mots suffit à une âme généreuse pour nous mériter un asile et un accueil fraternels. Voilà sur quel titre notre demande se fonde. Accordez-nous ce léger bienfait, et notre reconnaissance proclamera votre courtoisie dans les royaumes étrangers. Si vous nous refusez, votre avare demeure sera pour toujours méprisée des âmes nobles et fières; le pèlerin l'évitera quand il visitera ces parages.

XXVII.

— Fier étranger, à ta prière, aucune porte ne peut rester fermée, quoique tu parles en roi plutôt qu'en suppliant; le château d'Artornish en ce jour de bonheur est ouvert à tous. Eussiez-vous tiré l'épée contre notre allié le puissant roi d'Angleterre, eussiez-vous revêtu la cotte de mailles dans un combat contre le seigneur de Lorn, ou, fugitifs, eussiez-vous erré au milieu des bois avec le féroce chevalier d'Ellerslie, et pris part au combat meurtrier qui vit Comyn tomber sous le poignard de l'homicide Bruce, cette nuit serait encore sacrée pour vous.

Holà! vassaux, que l'on accueille nos hôtes, qu'on leur ouvre la poterne du sombre escalier.

XXVIII.

Alors les deux frères sautèrent à terre. L'équipage fatigué resta dans le navire pour le garder. A la lueur des torches dont la lumière obscurcie de fumée se réfléchissait dans la mer, l'un des chevaliers porta sur le rivage la jeune fille qui était presque mourante. Sa tête se penchait sur les larges épaules du chevalier, et les tresses de ses cheveux étaient pendantes; semblables aux guirlandes de la vigne sauvage à laquelle le chêne de la montagne sert d'appui. L'autre chevalier, plus avancé en âge, suivait son frère. Sa main portait une épée dans le fourreau. Peu de bras auraient pu manier une telle arme : les casques les mieux trempés et les boucliers les plus solides ne résistaient point à ses coups.

XXIX.

Ils passent sous la herse relevée et par le guichet fermé avec des barres de fer; ils suivent une longue voûte flanquée de meurtrières où se placent les archers pour recevoir l'ennemi que la trahison ou la force aurait conduit dans les retranchemens. Mais aujourd'hui chaque poste est désert, les passages sont libres et sans défense. Les étrangers parviennent dans un vaste vestibule où les écuyers et les hommes d'armes, les pages et les valets, célébraient aussi la fête.

XXX.

— Arrêtez-vous ici, leur dit le gouverneur. Je cours instruire notre prince de votre arrivée; et vous, camarades, cessez d'examiner cette jeune fille et ces étrangers, comme si vous n'aviez jamais vu de femme fatiguée de la mer, une figure mâle et un maintien guerrier.

Malgré ce reproche d'Eachin, les pages et les vassaux ne s'éloignèrent pas. Ils se réunirent en cercle autour des voyageurs, comme des gens à qui la courtoisie n'est pas familière. Mais le bouillant Edward arracha rudement le plaid à carreaux de celui qui s'était le plus approché, et le jeta sur sa sœur pour la dérober aux regards de ces hommes grossiers. Le frère du chevalier, voyant l'Écossais froncer le sourcil en signe de mécontentement, lui adressa ces excuses courtes et sévères :

— Vassal, apprends que le manteau que porte ton seigneur dans ce jour de fête serait encore honoré de couvrir cette jeune fille.

XXXI.

Son langage était fier, mais calme. Son œil brillait de cette dignité imposante, son maintien avait cette noblesse et cette autorité qui commandent le respect aux âmes vulgaires. Les signes de tête, les regards, le rire moqueur, tout cessa. Les vassaux reculèrent confus les uns après les autres, comme un troupeau de daims timides. Le sénéchal parut alors. Il avait reçu l'ordre du baron de conduire les étrangers dans la salle du château où l'on allait célébrer le pompeux hymen du prince des Iles avec Edith, sa belle fiancée. A côté d'elle on voyait son vaillant frère et maints chevaliers, la fleur et l'orgueil des terres et des mers de l'ouest.

Lecteur, arrêtons-nous; si mon récit a su mériter votre

indulgence, ne me refusez pas un moment de patience. Le ménestrel reprendra bientôt ses chants.

CHANT SECOND.

I.

Emplissez les coupes, dressez les tables du festin, qu'on assemble tous ceux qui sont amis des plaisirs, les chevaliers, les dames; que les transports de la joie et les sons de l'harmonie célèbrent la fuite des soucis; mais ne me demandez pas si le bonheur préside à la fête, si le rire n'est pas un paisible déguisement de la douleur, si ces fronts sereins confirment les sentimens du cœur. Ne soulevez pas le voile enchanté... Il vous suffit de savoir que dans cette courte vie, il n'est aucun lieu qui préserve des peines, apanage des mortels.

II.

Le choc des verres, les romances des bardes, tous les plaisirs de ces vieux temps fêtaient l'hymen du Chef des Iles; mais son œil troublé jetait un feu sombre, et sur son front, que la pâleur et la rougeur couvraient tour à tour, on voyait des émotions étrangères au bonheur de la fête. Il s'arrêtait par momens; le chant des ménestrels, le récit comique du bouffon, se faisaient vainement entendre à ses côtés; s'ils frappaient son oreille, c'était comme ces sons confus que l'on entend dans les songes. Puis tout-à-coup il se levait, ranimait la gaieté par sa vivacité, portait de joyeux défis aux convives, excitait les chants des ménestrels; alors, comme il était le plus bruyant, il paraissait aussi le plus gai.

III.

Les convives ne voyaient rien d'extraordinaire dans ces alternatives d'une joie folle et d'une longue rêverie. Ils attribuaient son air distrait à la pensée des doux ravissemens qu'il devait goûter bientôt; et les vifs transports d'une gaieté subite leur semblaient l'expression du bonheur d'un nouvel époux. Ils ne furent pas les seuls à se tromper. L'orgueilleux Lorn lui-même, soupçonneux autant que fier et jaloux de sa noble race, et l'habile chevalier d'Argentine, que l'Angleterre avait député en Écosse pour resserrer les nœuds de la ligue des îles occidentales, crurent l'un et l'autre trouver dans l'humeur de Ronald le trouble et les transports d'un amant.

Mais il était un cœur accablé de tristesse, un œil rempli de larmes, qui pénétraient ce mystère, et qui épiaient avec une pénible inquiétude l'humeur inconstante et bizarre de ce nouvel époux.

IV.

Édith l'observait,... mais elle évitait ses regards. Ronald de son côté évitait ceux de sa fiancée. Enfin leurs yeux se rencontrèrent, et Ronald aurait moins souffert du coup d'une lance ennemie. Il frémit d'abord, puis il fit un effort sur son cœur pour reprendre le rôle pénible auquel il était obligé. Il se leva de table.

— Qu'on emplisse cette large coupe qui appartint jadis au royal Somerled. Que la liqueur pétille sur ses bords ciselés; que les perles dont elle est enrichie se réfléchissent dans des flots de pourpre; à vous brave chevalier, mon frère, c'est à vous que je porte cette santé : à l'union glorieuse de nos deux races par les nœuds de cet heureux hymen!

V.

— Faites passer la coupe à la ronde, répondit le seigneur de Lorn ; cette santé vient à propos. Le cor nous annonce l'abbé; ce moine est enfin arrivé, après s'être si long-temps fait attendre.

Lord Ronald entendit les sons du cor; et la coupe, qu'il n'avait pas encore approchée de ses lèvres, échappa de ses mains, et roula à ses pieds. Mais lorsque le gouverneur lui eut dit à l'oreille ce qu'avait annoncé le cor, sa gaieté reparut comme le soleil de mai quand il perce à travers un épais nuage. Le prince de deux cents îles bénit un moment de délai, comme un criminel qui attend l'heure de son supplice.

VI.

— Lorn, mon frère, s'écria-t-il à mots précipités, et vous, nobles seigneurs, réjouissez-vous. Pour augmenter le nombre de nos convives, le hasard nous envoie des chevaliers errans qui reviennent des pays lointains, et qui, disent-ils, ont fait preuve de courage sur terre et sur mer. Qu'on leur donne à notre table une place digne de leur rang ; dites-leur qu'ils sont les bienvenus.

Alors le sénéchal, portant sa baguette d'argent, se rendit d'un pas grave auprès des étrangers. Il devina facilement quelle place il convenait de leur donner. Bien que la riche fourrure de leur manteau fût déchirée, que leur habit fût usé, et l'or de leurs éperons terni, il y avait dans leur maintien et sur leur visage une grandeur qui commandait tellement le respect, qu'ils paraissaient dignes de la place d'un prince ou du trône d'un roi. Ce fut la place d'honneur que le sénéchal leur assigna.

VII.

Les chevaliers et les dames se parlèrent à l'oreille, et leurs regards jaloux exprimaient leur mécontentement, de voir des étrangers, dont le nom même était inconnu, occuper une place si voisine du trône du prince. Mais Owen Erraugt s'écria :

— Sénéchal depuis quarante ans, j'exerce l'honorable fonction de choisir la place des convives dans les salles et dans les palais ; le rang, la naissance de chacun d'eux, me sont révélés par son regard, ses manières et son maintien. Ce n'est ni la richesse des habits, ni la broderie des ceintures, qui décident de mon choix ; et je parierais ma baguette d'argent contre une branche de chêne, que ces inconnus ont souvent occupé des places plus honorables encore que celle qu'on leur a donnée.

VIII.

— Et moi aussi, reprit le vieux Ferrand, la science des ménestrels me permet de bien juger des places et des rangs. Remarquez, mes amis, le plus jeune de ces deux étrangers; voyez quelle vivacité dans son regard, que de grâce, que de fierté! Des éclairs ont jailli de ses yeux quand il s'est avancé au milieu de cette foule de chevaliers, comme pour chercher les plus nobles, étant accoutumé à ne s'arrêter qu'avec ses pairs. Et cependant je suis encore plus étonné en voyant avec quel front calme et majestueux l'autre a examiné les convives. Il ressemble à un être d'une nature supérieure, qui, dans son âme impartiale, voit du même œil la différence des rangs et l'éclat des grandeurs. Et cette jeune fille aussi, quoique étroitement enveloppée dans un manteau qui cache sa figure et ses yeux, elle ne peut nous dérober sa grâce et la belle proportion de ses formes.

IX.

Le front du baron de Lorn exprimait des soupçons et un orgueilleux mépris. Il regarda les étrangers d'un air sombre, et murmura quelques mots qu'Argentine seul entendit. Puis il leur demanda à haute voix, et en peu de mots, si, dans leurs voyages, ils n'avaient pas ouï parler de ces rebelles écossais réfugiés dans Rath-Erin avec le chef proscrit de Carrick; si ces rebelles habiteraient encore après l'hiver le rivage d'Ulster, ou si, remontés dans leurs galères, ils reviendraient ravager leur patrie.

X.

Le plus jeune des étrangers, fier et bouillant, jeta les yeux sur le baron de Lorn, et lui répondit avec le même dédain :

— Nous n'avons rien à dire des rebelles. Mais si tu veux parler du roi Bruce, je t'avertis qu'il a juré qu'avant neuf jours les vents de l'Écosse feront flotter sa bannière, en dépit de tous ses ennemis, quels qu'ils soient; malgré les Anglais armés de lances et d'arcs ; malgré Allaster de Lorn ! —

La colère du baron s'enflamma à ces mots. Ronald apaisa sa fureur naissante : — Mon frère, il vaut mieux passer la nuit à écouter les chansons de Ferrand, que de rallumer, au milieu d'un festin, les haines qu'engendra cette malheureuse guerre.

— Je suis satisfait, dit Lorn ; et il prit à part Ferrand, le chef des ménestrels. Puis il dit tout bas à Argentine :

— Si je ne me trompe, la ballade que j'ai demandée doit blesser le cœur altier de ces vaillans étrangers. Il se tut, et le silence régna jusqu'à ce que le ménestrel eût commencé en ces termes :

L'AGRAFE DE LORN.

XI.

— Quelle est cette agrafe d'or qui réunit les plis du manteau de Lorn ? elle est travaillée avec un goût exquis ; des perles d'un grand prix la décorent, et brillent sur ses tartans bariolés, comme on voit sous l'arc-en-ciel, à la fin du jour, l'étoile du nord jeter au loin des éclairs interrompus.

— Bijou précieux et inconnu sur les montagnes de l'Écosse, es-tu un don de la fée des fontaines ? est-ce la naïade des mers qui te polit dans sa grotte de corail, ou le nain d'Irlande qui travailla ton métal de ses propres mains ? ou bien, si tu fus l'œuvre des hommes, serais-tu le gage de l'amitié de l'Angleterre ou des craintes de la France ?

XII.

CONTINUATION DE LA BALLADE.

— Mais non, ta beauté n'atteste ni l'art des étrangers ni le pouvoir magique des fées : tu fus destinée à un monarque ; lorsque le présomptueux Bruce couvrit d'un manteau royal son sein nourri de haine et d'orgueil, tu lui fus arrachée par la main victorieuse de Lorn.

— Quand cette agrafe devint le prix de la valeur, les cris de guerre retentirent au loin ; la forêt de Bendourish gémit ; les rochers de Douchart répondirent à ce gémissement ; le daim s'enfuit du sauvage Teyndrum, et le meurtrier vaincu s'échappa, couvert de blessures, accablé de honte et de douleur, et laissant dans sa fuite ce gage glorieux de la victoire de Lorn.

XIII.

FIN DE LA BALLADE.

— Ainsi donc l'épée de Douglas, le bras de Campbell si vanté, le fer que le féroce Kirkpatrick employait au facile métier d'assassin, tout fut inutile. Barendown et le courageux Delahaie s'enfuirent au loin, quand cette *agrafe* rayonna sur le manteau de Lorn triomphant.

— Son ancien maître a abandonné ses soldats aux bûchers, aux bourreaux, au fer sanglant de nos montagnards, aux gibets, à la hache et aux supplices de l'Angleterre. Qu'il erre de rivage en rivage, poursuivi par l'ombre vengeresse de Comyn : ses dépouilles serviront long-temps de trophée au baron de Lorn. —

XIV.

Comme le tigre, dont les yeux étincellent, lorsque, environné d'arcs et de piques, il choisit celui des chasseurs dont il veut faire sa proie, tel Edward regardait tour à tour le barde et le baron. Il saisit son épée ; mais son frère lui dit d'un air sévère : — Arrête ; es-tu si peu maître de toi, après tant d'épreuves et tant de souffrances, que tu ne puisses supporter les chants d'un barde mercenaire ?... Vieillard, ta ballade loue dignement celui à qui tu vends tes services. Mais pourquoi ne rien dire de ces trois vassaux du baron de Lorn, si braves et si fidèles, qui arrachèrent des mains de Bruce leur seigneur terrassé, et qui périrent pour le sauver ? Je croyais que l'agrafe et le manteau étaient restés entre les mains mourantes de ces infortunés, lorsque, attaqué par cent ennemis de plus, qui se précipitèrent sur lui, Bruce fit sa retraite, longtemps après que Lorn eut abandonné le champ de bataille, heureux d'avoir la vie sauve... Mais en voilà assez... Ménestrel, prends cette chaîne d'or pour salaire : que désormais elle te serve au moins de prétexte pour parler plus noblement de Bruce.

XV.

— Par saint Columba! par tous les saints qui reposent dans son église! je jure que c'est Bruce lui-même, s'écria avec fureur le baron de Lorn. Qu'il meure pour expier la mort de mon parent.

— Non, s'écria Ronald : tant que ma main portera une épée, je ne souffrirai point qu'on immole à ma vue un guerrier sans défense. Le sang de l'étranger ne souillera point mon château ; cette antique demeure de mes pères sert d'asile à l'infortune ; c'est le refuge et le bouclier des faibles, ce n'est point ici qu'on égorge un malheureux battu par la tempête.—Que parlez-vous de combat inégal? reprit le baron. Comyn tomba sous le fer de trois scélérats qui lui percèrent le cœur. Ne m'opposez point les droits de l'hospitalité. Comyn périt dans le temple du Seigneur ; son sang ruissela sur l'autel. Son implacable assassin le foulait aux pieds, immobile... comme ce barbare, le bras armé et le mépris sur le front. A moi, mes amis! frappez, exterminez ces rebelles proscrits.

XVI.

Aussitôt plusieurs seigneurs des terres du continent se lèvent, dociles à la voix de leur chef. Le bras nerveux de Barcaldine s'agite, Kinloch-Alline a tiré son épée, la dague du noir Murthock est hors du fourreau, et la main formidable de Dermid est prête à frapper. Ils réclament une juste vengeance et répètent leurs cris de guerre. Ils s'avancent les armes hautes ; les femmes fuient épouvantées. O terre d'Écosse! c'en était fait de ton plus noble fils, il périssait à son aurore, si les braves chevaliers qui étaient venus des îles de l'Océan, réunis autour de Ronald, n'eussent arrêté la fureur de l'impitoyable Lorn.

XVII.

C'étaient le vaillant Torquil, descendu des hauteurs de Dunvegan, le seigneur des montagnes brumeuses de Skye; Mac-Niel, ancien Taniste de la sauvage Bara; Duart, chef du clan belliqueux de Gillian; Fergus, seigneur de la baie et du château de Canna; Mac Duffith, lord de Colonsay. Quand ils virent les épées briller, ils levèrent leurs armes, d'autant plus prompts que de vieilles haines, souvent assoupies, mais jamais éteintes, divisaient entre eux, depuis long-temps, les seigneurs d'Argyle et les chefs des Hébrides. Spectacle effrayant! de tout côté on voyait briller des armes; la chevelure de chacun des chefs flottait en désordre; ils se menaçaient des yeux; déjà leurs bras et leurs épées se croisaient; les torches réfléchissaient leur lumière sur l'acier meurtrier qui la renvoyait en éclairs bleuâtres; les flambeaux de l'hymen semblaient destinés à éclairer un spectacle de sang au lieu des plaisirs d'une fête nuptiale.

XVIII.

Le combat allait s'engager. Les chevaliers, agitant leurs épées nues, se préparaient à s'entr'égorger. — Mais tous ces ennemis hésitent encore, par un reste de respect pour les droits de l'hospitalité. La fureur se peignait dans tous les yeux; mais chacun craignait de porter les premiers coups; car les ménestrels maudissent celui qui trouble la joie des festins; d'ailleurs, un même nombre de chevaliers dans chaque parti, et des forces égales, rendaient incertaine l'issue du combat. Les menaces et les cris s'apaisèrent peu à peu: et bientôt cette troupe guerrière resta dans un silence aussi profond que le calme, image de la mort, qui précède l'orage. Anglais et Écossais, tous demeuraient immobiles comme les hommes de fer des anciens temps, auxquels on eût dit qu'il ne manquait que le souffle de la vie pour engager le combat.

XIX.

Edith profita de ce moment pour fléchir ces cœurs irrités. Avec elle, la jeune étrangère s'élança vers Argentine; et son voile, s'étant détaché, laissa voir le feu de ses regards et les boucles flottantes de ses cheveux.

— O toi! dit-elle, qui fus jadis la fleur des chevaliers et le protecteur du faible, toi qui vainquis dans Juda pour notre sainte loi, et qui, dans les lices, as souvent remporté des couronnes que cette faible main t'a décernées, pourras-tu rester insensible au cri de l'honneur qui s'indigne d'un combat aussi inégal, et dans lequel mes frères, autrefois tes amis, vont être immolés, au mépris des droits de l'hospitalité?

Ces paroles s'adressaient à Argentine; mais les yeux de la belle suppliante parlaient au chef des Iles.

Une couleur pâle, semblable à celle des derniers rayons du jour, couvrait le front de Ronald; il tressaillit à ces paroles, et une convulsion subite fit frémir tout son corps. Il jeta sur la belle suppliante un regard plein de trouble, et d'une voix timide: — Ne craignez rien, mon Isabelle... mais que dis-je! Ne crains rien, Edith; non, ne crains rien. Je saurai veiller à ton salut, mon aimable fiancée. Ma fiancée!... Ce dernier mot expira sur ses lèvres tremblantes.

XX.

Alors Argentine s'avança pour réclamer, comme vassaux du roi son maître, ces deux étrangers qui avaient porté les armes contre lui. Cette demande n'était sans doute qu'un prétexte pour les sauver, car jamais chevalier ne fut plus brave et plus loyal qu'Argentine. Ronald ayant deviné son intention ne s'y opposa point; mais le fougueux Torquil traversa ce dessein.

— Nous avons entendu parler du joug de l'Angleterre; s'écria-t-il, et la renommée aussi a murmuré dans nos îles qu'un droit légitime appelle Bruce au trône de l'Écosse, quoique dépossédé par une épée étrangère. Cette demande mérite d'être examinée; mais quelque juste que soit la mission du chevalier anglais, que la couronne d'Angleterre saisisse ses sujets rebelles partout où s'étend sa domination. Au mépris des lois de l'hospitalité, au milieu des seigneurs de l'Écosse, appelés à venir partager les réjouissances d'un festin, soyez sûrs que je ne consentirai jamais à voir Lorn ou d'Argentine charger de chaînes un malheureux et brave chevalier. —

XXI.

Ce discours ralluma la querelle: les menaces, les clameurs recommencèrent. Les vassaux et les domestiques, en se précipitant dans la salle, mêlaient leurs voix à ce tumulte, quand tout à coup on entendit le cor retentir au loin sur l'Océan.

— C'est l'abbé, s'écria-t-on de toute part: c'est cet homme de Dieu dont les yeux ont eu de saintes visions; qui a rencontré des anges sur son passage, auprès de la baie des Martyrs et de la pierre de Saint-Columba. Les moines de son couvent les ont entendus réciter leurs hymnes célestes sur les sommets de Dun-Y, pour charmer les heures de sa pénitence, pendant qu'il s'agenouillait et disait son rosaire au pied de chaque croix [1]. Il arrive pour apaiser nos querelles. C'est un saint qui vient d'une île sainte; nous invoquerons son ministère de paix: l'abbé terminera nos différends.

XXII.

Cet heureux accord était à peine conclu que la grande porte roula sur ses gonds, et l'on vit entrer le pieux cortège en étoles noires. C'étaient douze religieux chaussés de sandales et portant des reliques. Ils étaient précédés de flambeaux et suivis de la sainte croix. A cet aspect, les ennemis cessèrent de se menacer, les épées et les dagues rentrèrent dans les fourreaux, tout cet appareil de guerre disparut, comme ces feux rapides qui sillonnent le ciel et s'évanouissent aussitôt.

(1) Le nombre de ces croix s'élève à plus de trois cents.

XXIII.

L'abbé s'arrêta sur le seuil de la porte. Il tenait la croix entre ses mains. Son capuchon était renversé sur ses épaules. La flamme des torches éclairait d'une lueur rougeâtre ses joues flétries, son aumusse blanche, ses yeux bleus qui brillaient encore d'un feu à demi éteint, et les rares cheveux qui ombrageaient son front blanchi par l'âge.

—Nobles seigneurs, dit-il, que la protection de la Vierge et les secours du ciel soient avec vous. Mais d'où vient ce désordre? Rien ne m'annonce ici la paix. Pourquoi ces armes et ces épées nues? Pourquoi cet appareil de guerre dans une telle cérémonie? Convient-il que des armes menaçantes frappent les yeux d'un prêtre qu'on appelle pour unir les cœurs et les mains de deux jeunes époux?

XXIV.

Alors, déguisant sa fureur sous l'apparence d'un zèle fanatique, l'orgueilleux Lorn s'empressa de répondre.

—Saint père, vous étiez mandé pour unir de vrais enfans de l'Église, et certainement vous vous attendiez peu à rencontrer ici un misérable frappé de l'anathème du pontife de Rome, pour avoir souillé d'un meurtre la pierre des saints autels. Vous seriez sans doute bien plus surpris si, après avoir découvert parmi nous un tel ennemi, nous parlions de trêve, de paix ou d'alliance avec Bruce l'excommunié, au lieu de répandre son sang coupable.

XXV.

Ronald prit la défense de l'étranger, et fit valoir les sermens de la chevalerie et les lois de l'honneur. Isabelle, à genoux devant lui, accompagnait ces paroles de ses pleurs et de ses prières. La généreuse Edith se joignait à elle, et, en versant des larmes, elle sollicitait la pitié de son frère.

—Loin de moi, s'écria l'inflexible baron, sœur indigne;

n'est-ce pas assez de t'avoir amenée au château de Ronald comme une maîtresse ou comme une esclave qui vient à la porte de son maître pour attendre les caprices de son amour, ou s'exposer à sa froide indifférence; mais le seigneur de Cumberland, le généreux Clifford, recherche ta main, tu seras son épouse. Point de réponse; éloigne-toi de moi et ne reparais à ma vue qu'après avoir séché ces indignes larmes. —

Le respectable abbé entendait avec peine ce discours; mais rien n'altérait le calme sévère de son front.

XXVI.

Argentine exposa avec tant de fierté les prétentions de son maître le roi d'Angleterre, que ses paroles réveillèrent dans le cœur de Ronald un feu secret assoupi depuis long-temps. Soudain son courroux éclata comme l'étincelle qui jaillit du caillou.

— Assez long-temps, s'écria-t-il, le sang le plus illustre a coulé pour l'Anglais Edward. Que de meurtres depuis que le grand Wallace, par une infame dérision, fut ceint d'une couronne de feuillage et mis à mort, pour avoir bien défendu la terre de ses pères! Où sont aujourd'hui Nigel Bruce et Delahaie, et le vaillant Seton, et le loyal Somerville, et Fraser, la fleur des chevaliers; où sont-ils ces chefs généreux? Leur tête n'a-t-elle pas été attachée au gibet, et leurs membres épars ne sont-ils pas devenus la pâture des chiens dévorans et des oiseaux de proie? et nous délibérons froidement s'il convient d'augmenter le nombre des victimes. Le léopard anglais est-il insatiable du sang de l'Écosse? La vie d'Athole n'a-t-elle pu satisfaire ce sombre tyran aigri par la maladie, et qui, de son lit de mort, ne parle que de roues, de gibets et de meurtres? Tu fronces le sourcil, d'Argentine; tiens, voilà le gage de mon défi.

XXVII.

— Tu ne seras pas le seul à affronter les périls, s'écrie le vaillant chevalier de Dunvegan. Non, par tous les saints!

par le sauvage Woden! serment de mes aïeux : que Rome et l'Angleterre unissent leurs cruels desseins ; mais si Bruce, proscrit et excommunié, rassemblait jamais ses amis pour tenter de nouveau la fortune, si Douglas reprenait son épée, si Rodolphe tentait de nouveau les chances de la guerre, je le jure, le vieux Torquil irait grossir de deux mille hommes le camp de son roi. Et toi, respectable prieur, ne blâme point ce courage. Depuis longtemps tu connais l'humeur farouche de Torquil, et son inflexible volonté, digne encore de la sauvage Scandinavie : non, je ne déserterai la cause de la liberté ni pour l'or de l'Angleterre, ni pour les bénédictions de Rome.

XXVIII.

L'abbé écouta ce discours intrépide avec un air sévère ; puis il se tourna vers le roi Bruce, et deux fois la parole expira sur ses lèvres ; deux fois il baissa les yeux, et sa bouche ne balbutia que des mots confus. Mais après avoir surmonté ce sentiment de crainte, il l'apostropha ainsi :

— Dis-nous, malheureux, quelle est ta justification pour m'empêcher de lancer contre toi cette sentence fatale qui, selon les saints canons, voue l'âme aux enfers et lui donne la mort. Cet anathème redoutable éloigne de toi les saints anges et appelle tous les maux sur ta tête. L'Église refuse son secours à celui qui en est frappé ; le ciel reste sourd à ses plaintes, le bras des serviteurs se lève contre le maître, la malédiction est le partage des amis qui le suivent au combat, et de celui dont la main secourable soulage sa misère. Cette malédiction poursuit le coupable pendant toute la vie,... et même après la mort, elle plane encore sur ses cendres. Elle renverse les écussons qui décorent sa tombe, fait taire l'hymne sacré qui devait s'élever pour lui ; et, l'exilant de toute sainte sépulture, l'abandonne comme un vil cadavre à la voracité des chiens. Tel est le sort de celui que Rome a condamné. Voilà la juste récompense que mérite ton meurtre sacrilège.

XXIX.

— Homme de Dieu, répondit Bruce, il ne m'appartient point de contester ton pouvoir; mais il faut que tu saches que le meurtre de Comyn n'est pas l'effet d'une vengeance personnelle. Comyn est mort parce qu'il a trahi la patrie. Je ne blâme ni ceux dont l'imprudent courroux a commis ce meurtre suivi de si près par le repentir, ni ceux dont la bouche perfide a lancé le fatal anathème; je ne m'en prends qu'à moi-même, à mon indignation provoquée par les malheurs de l'Écosse; le ciel connaît les projets que j'ai formés pour expier, autant qu'il dépendra de moi, le mal que j'ai pu faire; et le juste ciel ne restera point sourd à la prière d'un suppliant qui appelle à sa clémence des condamnations d'un pontife et des fureurs d'un évêque. Dès que j'aurai rempli mon devoir le plus cher et le plus sacré, celui de délivrer l'Écosse de l'esclavage, il sera temps de demander à l'Église ses prières pour l'âme de Comyn; et moi, soldat de la croix, j'irai en Palestine expier, en combattant pour Dieu, ce meurtre non médité. Mais jusque-là, que l'Église se contente de l'aveu de ma faute et de la promesse de réparer mes torts.

— A présent, je rends à Argentine et à Lorn le nom de traître qu'ils m'ont donné. Je leur porte un défi et déclare qu'ils en ont menti par la gorge.

XXX.

Tel qu'un homme immobile d'admiration devant un spectacle miraculeux, l'abbé regardait fixement le roi Bruce. Bientôt la plus vive agitation se peignit sur ses traits, sa respiration devint plus difficile et plus pressée. Des regards sombres et égarés partirent de ses yeux; ses cheveux se hérissèrent; son visage s'enflamma; le sang circula dans ses veines avec une nouvelle rapidité; il murmura des mots inarticulés qui troublaient seuls le silence effrayant qui régnait autour de lui, enfin il parla de la sorte.

XXXI.

— Bruce, j'allais frapper ta tête de mes malédictions ; j'allais livrer ton sang à celui qui brûle de le répandre. Mais semblable au Madianite arrêté sur Zophim, je sens dans mon cœur glacé par l'âge une puissance invincible ; elle dicte mes arrêts, elle m'embrase, elle trouble mes sens.

— Bruce, ta main sacrilège a frappé ton ennemi sur l'autel du Seigneur !... Mais, forcé de céder à l'esprit qui m'inspire, je te bénis, et ma bénédiction sera partout avec toi.

Il dit, et un silence de respect et de crainte régna long-temps au milieu de la foule étonnée.

XXXII.

Le feu divin enflamma de nouveau le regard de l'abbé ; ses mouvemens reprirent une force surnaturelle ; ce n'était plus la voix cassée d'un vieillard, mais les accens mâles de l'âge viril.

— Toi qui trois fois fus vaincu en bataille rangée ; toi qui vis tes amis en fuite, égorgés ou captifs ; toi qui, loin de ta patrie, erras dans les déserts après avoir été poursuivi par des limiers altérés de ton sang ; exilé sur des bords étrangers, roi proscrit ; abandonné, réduit à la misère, je te bénis... Et ma bénédiction te suivra dans les palais et sur le champ de bataille ; sous la pourpre et sous le bouclier ; tu laveras les affronts de la patrie ; tu la vengeras de ses outrages ; Bruce, roi légitime de l'Écosse, désormais réconcilié avec la gloire et le ciel, quelle suite d'honneurs attendent ta mémoire ! Dans les siècles futurs, le père apprendra à son fils le nom du régénérateur de ses libertés. Les premières paroles de l'enfant célébreront tes louanges. Va maintenant, marche de conquête en conquête ; poursuis ta carrière : ton nom appartient à la postérité. La puissance du ciel te bénit avec moi ; elle répand sur toi ses grâces... Mais, c'en est fait ; je sens s'affaiblir cette force étrangère ; mes yeux se ferment à cette lumière de l'avenir... Le ciel a parlé; je ne recevrai point le serment nuptial des époux. Mes frères, notre tâche est remplie, notre présence est désormais inutile en ces lieux : remettons à la voile, —

Les moines reçoivent dans leurs bras le prêtre défaillant et respirant à peine. Pour obéir à ses ordres ils se hâtent de sortir du château, s'embarquent, et, la voile déployée, ils regagnent la haute mer.

CHANT TROISIÈME.

I.

N'avez-vous pas observé le silence profond qui règne sur la forêt, les prairies et les vallées, lorsque le tonnerre vient de gronder soudain dans la nue et que l'écho a répété sa voix lointaine? Le seigle ne fléchit plus sa tête dorée dans les riches sillons; le feuillage mobile du tremble cesse de faire entendre son frémissement monotone; aucun souffle ne balance les touffes de la giroflée jaune qui tapisse les ruines du vieux château, jusqu'à ce qu'enfin l'orage s'éveille, s'approche avec un murmure sourd, et balaie avec fracas la colline retentissante.

II.

Tel fut le silence solennel qui succéda aux accens prophétique du prêtre en cheveux blancs. Dociles à ses ordres, les moines ont livré leur voile aux vents du sud avant qu'une seule parole ait été entendue dans le château. Bientôt des murmures qui expriment le doute et la terreur interrompent ce calme imposant. On se parle à l'oreille avec inquiétude, et l'on fixe un œil curieux sur le prince des Iles, qui, dans une embrasure à l'écart, semblait intercéder le seigneur de Lorn, dont l'air distrait et les gestes pleins de courroux témoignaient le dédain et l'impatience.

III.

Lorn cesse enfin de se contenir; il regarde Ronald d'un œil menaçant, seeoue la tête, et s'éloigne de lui avec un geste farouche. —Me crois-tu donc, dit-il, d'une humeur assez facile pour oublier une guerre à mort, et pour serrer en signe d'amitié une main teinte du sang de mon parent? Est-ce là le juste retour d'une confiance fondée sur des sermens réciproques? Je vois bien la vérité du proverbe qui nous avertit de la foi inconstante des insulaires. Mais, puisqu'il en est ainsi... crois-moi : tu apprendras avant peu que nous savons, dans nos montagnes, nous venger d'un outrage... Qu'on appelle Edith... Où est la fille de Lorn? Où est ma sœur? lâches esclaves... Elle et moi nous ne nous exposerons pas plus long-temps à de nouveaux mépris... Venez, Argentine, venez; nous n'aurons jamais pour allié ni pour frère un ami de Bruce et un ennemi de l'Angleterre.

IV.

Mais comment peindre la fureur du Chef, lorsqu'on eut vainement cherché Edith depuis la salle la plus basse du donjon jusqu'au faîte de la tour! — Perfidie!... Trahison!... s'écria-t-il... Vengeance!... vengeance sanglante!... Une riche récompense à celui qui me vengera : je lui promets les terres d'un baron! Sa rage eut peine à se calmer lorsqu'on vint lui dire que Morag avait suivi sa sœur dans sa fuite, et que deux femmes, qu'on n'avait pu distinguer dans le tumulte de la nuit, s'étaient rendues secrètement au navire de l'abbé. — Que toutes mes galères s'arment... Volez; qu'on les poursuive. Le prêtre me paiera cher sa perfidie... J'espère que bientôt nous saurons le prix que Rome réserve à sa prophétie prétendue. — C'est ainsi que le fier seigneur de Lorn exprimait son indignation. Prompt à exécuter ses ordres, Cormac-Doil hisse sa voile et lève l'ancre : Cormac-Doil était un franc pirate, charmé d'avoir un prétexte quelconque pour parcourir les mers.

Les autres officiers de Lorn hésitent encore en se disant tout bas :

— Edith a donné son premier amour à Ronald des Iles ; craignant que son frère ne veuille la forcer à recevoir la main de Clifford, elle a été chercher un refuge dans le cloître d'Iona. Elle veut sans doute habiter ce saint asile comme une recluse, jusqu'à ce que l'abbé *apaise par sa médiation* ces nouvelles querelles.

V.

Pendant que le château retentissait des cris d'impatience et de colère du seigneur de Lorn, qui ne cessait de demander son bouclier, son manteau, et d'appeler tous ses gens au nom de leur respect pour sa personne, Argentine s'adresse à Bruce avec une courtoisie mêlée d'une dignité sévère.

— Comte, dit-il ; je consens encore à donner ce titre à Bruce quoiqu'il ait perdu ses titres et son nom depuis qu'il a pris les armes et s'est déclaré rebelle ; comte ou vassal, n'importe... Tu t'es permis tout à l'heure des menaces qui regardaient Argentine :... l'honneur m'oblige à t'en demander raison à toi-même. Nous n'avons pas besoin de nous dire que nos bras savent également manier l'épée ; je requiers de toi une grâce qu'un guerrier peut exiger. Place ce gant sur ton cimier au premier combat où nous nous rencontrerons, et je dirai, comme j'ai toujours dit, qu'égaré par l'ambition, tu n'as pas cessé d'être un noble chevalier.

VI.

— Et moi, répondit le prince, si j'avais la glorieuse épée d'Argentine, je regarderais comme une honte de la tirer du fourreau pour défendre un tyran ; mais, quant à la demande que tu m'adresses, sois certain que dans tous les combats on verra flotter sur mon cimier le gage que me remet ta main ; si mes paroles irréfléchies ont outragé ton honneur, il recevra une satisfaction digne de l'offense. Aucun gant donné aux jours de ma jeunesse par une dame ne fut aussi précieux à mon cœur que celui que je tiens de toi. Ainsi donc, noble ennemi, puisses-tu ne rencontrer que bonheur jusqu'au moment où nous nous reverrons; et alors... adviendra ce que le ciel voudra.

VII.

C'est ainsi qu'ils se séparèrent... Déjà les amis de Lorn se retirent avec un murmure semblable aux sourds mugissemens des vagues que repoussent les rochers de la plage. Chacun des Chefs, suivi de ses vassaux, se rend à son château des montagnes, réfléchissant à l'incertitude des projets de l'homme.

Cependant, par les ordres de Ronald, une double garde veilla sur les remparts d'Artornish. Les portes furent soigneusement fermées par de triples barres de fer, des verrous et des chaînes. Le prince pria ensuite ses hôtes, avec courtoisie, de l'excuser de l'interruption de la fête, et leur offrit un asile sûr dans sa forteresse.

Les chefs et les chevaliers, précédés par des vassaux qui portent des torches, sont conduits aux lits qui leur ont été réservés. L'oraison du soir est dite, et déjà chacun cède à ce profond sommeil qui verse sur les paupières fatiguées l'oubli d'un jour de travaux.

VIII.

Mais, bientôt réveillé, le monarque crie à Edward qui dort à côté de lui : — Lève-toi, mon frère... je viens d'entendre résonner une porte secrète; une torche luit sur le plancher... Debout, Edward; debout, te dis-je; quelqu'un se glisse vers nous comme un fantôme nocturne... Arrête... c'est notre hôte généreux.

Ronald s'approche suivi du Chef de Dunvegan... L'un et l'autre fléchissent le genou devant Bruce en signe de fidélité; ils lui offrent leurs épées et le saluent du nom de monarque légitime d'Écosse. — O toi, qui es l'élu du ciel, ajouta Ronald, dis-moi si tu me pardonnes les erreurs de ma jeunesse; les artifices des traîtres me détournèrent des sentiers du devoir, et j'osai lever contre toi un fer rebelle... Mais, alors même que j'étais armé contre tes droits, je ne cessai jamais de rendre un sincère hommage à ta noble valeur.

— Hélas! ami, répondit Bruce, la faute en est à ces temps de malheur; moi-même, plus coupable que toi....
— Il s'interrompit à ces mots, accablé par le remords de la défaite de Falkirk; il pressa le lord des Iles contre son cœur, et soupira amèrement.

IX.

Les deux chevaliers lui offrent leurs armes et leur influence pour reconquérir ses droits; mais leurs avis doivent être mûrement pesés avant d'arborer la bannière des combats et de réunir des troupes; l'or de l'Angleterre et les intrigues de Lorn avaient créé un grand nombre d'ennemis au monarque malheureux.

Bruce déclara franchement ses hardis desseins à ses nouveaux sujets : — Après avoir passé l'hiver dans l'exil, je voulais, dit-il, me rendre au rivage de Carrick : il me tardait de voir le lieu de ma naissance et d'être témoin des banquets que donne Clifford dans mon château, dont il s'est déclaré le seigneur. Mais je me dirigeai d'abord vers Arran, où le vaillant Lennox me prépare des secours. Une tempête est venue poursuivre nos navires et les disperser. Traversé dans mes projets, j'aurais été forcé de m'éloigner du but de mon voyage pour éviter une voile ennemie; cette sage inspiration qui maîtrise nos volontés nous a guidés dans le château d'un allié.

X.

Torquil prit alors la parole : — La nécessité nous dit de nous hâter; un retard nous serait funeste; nous devons presser notre souverain d'éviter les périls d'un siège. Altéré de vengeance, Lorn, avec toutes ses troupes, n'est que trop près des tours d'Artornish; les vaisseaux légers de l'Angleterre sillonnent de leurs proues les ondes de la Clyde, prêts à partir au premier signal pour garder tous les détroits et surveiller tous les rivages. Avant que l'alarme soit donnée, notre prince doit se trouver en sûreté dans les parages amis de Skye... Torquil sera son pilote et son guide.

— Non, brave Chef, s'écria Ronald; j'accompagnerai moi-même notre monarque; j'irai appeler aux armes les guerriers de Sleate; et toi, Torquil, sage dans les conseils, tu dirigeras leur bravoure et tu leur en imposeras par tes cheveux blancs.

— Si mes paroles sont trop légères dans la balance, dit Torquil, cette épée la fera pencher pour nous.

XI.

— Ce projet me sourit, dit Bruce; cependant il serait prudent qu'Isabelle allât chercher un asile avec mon navire et mes gens sur les rivages hospitaliers d'Erin. Edward, tu iras avec elle pour distraire son inquiétude, pour la défendre au besoin, et rallier autour de toi nos amis dispersés.

On eût cru lire dans les yeux de Ronald que cette résolution était loin de le satisfaire; mais la plus grande promptitude fut adoptée pour l'exécution de ces plans; deux navires, secrètement équipés, sortirent de la baie, faisant voile de deux côtés différens, l'un vers la côte de Skye, et l'autre vers le rivage d'Érin.

XII.

Nous suivrons Bruce et Ronald.

D'abord, un vent favorable enfla leurs voiles; ils reconnurent avec peine les sombres hauteurs de Mull et les collines azurées d'Ardnamurchan. Mais là, des rafales les assaillirent et les forcèrent de baisser les vergues pour se servir de l'aviron. Ils luttèrent le jour et la nuit contre ces mers orageuses, et ce ne fut qu'avec l'aube matinale qu'ils aperçurent les rivages romantiques de Skye. Ils virent la lumière naissante du soleil couronner la crête aride de Coolin; mais leur navigation fut si pénible et si lente, qu'avant qu'ils fussent entrés dans la baie de Scavigh, l'astre du jour répandait ses dernières clartés dans l'occident. Ronald dit alors : — Si mes yeux ne me trompent, voilà les déserts qui s'étendent au nord de Strathnardill et de Dunskye. Aucun mortel n'y porte la trace de ses pas ; et, puisque les vents contraires nous repoussent, qui nous empêche de descendre à terre? Si mon prince aime l'arc du chasseur, ne pourrions-nous pas percer de nos flèches un chevreuil de ces montagnes? Allan, mon page, viendra avec nous ; il sait bander l'arc d'un bras adroit ; et, si nous rencontrons du gibier, il nous répond du succès de la chasse.

Chacun d'eux s'arme ; la chaloupe est mise en mer ; ils s'élancent à terre, et abandonnent l'esquif et leurs rameurs au lieu où un torrent rapide accourait en mugissant sur son lit de rochers pour mêler ses flots à ceux de l'Océan.

XIII.

Ils s'avancèrent quelque temps en silence comme des chasseurs qui cherchent une proie ; enfin le roi Bruce dit à Ronald : — Sainte Marie, quel spectacle! J'ai parcouru bien des montagnes dans ma patrie et dans les climats étrangers, ma destinée m'a fait plus souvent chercher un refuge que les plaisirs : aussi ai-je erré dans maints déserts, gravi des rochers et franchi des torrens ; mais, par le toit de mes pères! je n'ai rencontré nulle part un spectacle aussi sauvage et aussi sublime dans ses horreurs que celui qui s'offre à ma vue.

XIV.

Le monarque pouvait bien parler ainsi ; jamais les yeux des hommes n'ont connu un tableau plus sévère que ce lac effrayant avec les rochers escarpés qui le bornent. Il semble qu'un antique tremblement de terre a ouvert une route à travers le sein de la montagne, et que chaque précipice, chaque ravin, chaque sombre abîme atteste encore ses ravages. Le vallon le plus aride nous offre quelques marques de l'influence vivifiante de la nature ;

de vertes mousses tapissent les cimes du Benmore, la bruyère fleurit dans les profondeurs du Glencoë, et un taillis croît sur le Cruchan-Ben; mais ici vous chercheriez vainement au loin, et de quelque côté que vos regards se tournent, un arbre, un buisson, une simple fleur, le moindre indice de végétation; tout est ici rocs jetés au hasard, vagues sombres, hauteurs arides, bancs de pierre, comme si le ciel avait refusé à ce séjour les rayons du soleil et la douce rosée du printemps, qui produisent les nuances variées des coteaux les plus incultes.

XV.

A mesure qu'ils pénétraient plus avant, les rochers sourcilleux et le lac profond paraissaient plus sauvages. D'énormes terrasses de noir granit étaient pour eux des sentiers rudes et d'un accès peu facile. C'étaient des débris de granit arrachés, par l'orage, des flancs de la montagne, et amoncelés les uns sur les autres dans une de ces nuits de terreur où le chevreuil prend la fuite pendant que le loup hurle dans sa tanière; quelques uns de ces fragmens informes étaient suspendus sur un appui incertain, et le bras d'un enfant eût ébranlé ces masses qu'une armée entière n'aurait pu soulever, quoique tremblantes sur leur base comme la pierre des druides. Les brouillards du soir, dans leur course inconstante, couvraient tantôt la chaîne des monts, et tantôt abandonnaient leurs fronts chauves pour étendre leur voile vaporeux sur les ondes du lac, ou se disperser en légers tourbillons sur l'aile des vents. Souvent aussi, se condensant tout-à-coup, ils s'arrêtent immobiles; des torrens s'échappent de leurs flancs entr'ouverts, et se précipitent en flots écumeux de la cime de la montagne, aussitôt que reparaît la clarté joyeuse du soleil.

XVI.

— Quel est, dit Bruce, le nom de ce sombre lac dont les barrières effrayantes sont des précipices escarpés qui n'offrent au chevreuil d'autre sentier que l'étroite lisière que foulent nos pas? Comment appelez-vous ces monts arides, et ce pic gigantesque, élevant jusqu'aux nues ses gouffres affreux et ses crevasses, qui sont comme les cicatrices de sa crête brisée par la foudre?—Coriskin est le nom du lac, et Coolin celui de la montagne, ainsi appelée par nos bardes depuis le chef Cuchullin, d'antique mémoire; mais plus familiarisés dans nos îles avec les tableaux hideux de la nature qu'avec ses créations riantes, nos bardes se plaisent souvent, suivant le caprice de leur imagination, à donner des noms fictifs à de semblables objets. Je voudrais que le vieux Torquil pût vous montrer ses jeunes filles avec leur sein de neige, et vous dire d'écouter le chant monotone de sa nourrice. Les jeunes filles, ce sont d'énormes rochers à saillies blanchâtres; la nourrice, un torrent à la voix menaçante. Nous pourrions aussi vous faire admirer l'étang glacé de Corryvrekin, connu sous le nom de la Sorcière au chaperon blanc. C'est ainsi que l'imagination de nos insulaires a trouvé des noms fantastiques pour les lieux sauvages qu'ils habitent.

XVII.

Bruce répondit: — Une âme rêveuse pourrait trouver ici des idées plus morales. Ces rochers sublimes qui portent jusqu'à la voûte des cieux leurs têtes stériles, indifférens aux rayons du soleil et aux insultes des frimas, ne sont-ils pas l'image du sort d'un monarque? Elevé au milieu des orages politiques, placé trop haut pour goûter les simples plaisirs d'une vie obscure, son âme est un roc insensible, son cœur un aride désert; sa tête couronnée est au-dessus de l'amour, de l'espérance et de la crainte... Mais que vois-je sous cette pointe de rocher? ce sont des chasseurs qui ont tué un cerf. Qui peuvent-ils être? Vous disiez tout à l'heure que jamais mortel ne pénétrait dans cette île?

XVIII.

—Je l'ai dit... et je le croyais, répondit Ronald. Cependant je vois aussi cinq hommes qui nous observent et viennent à nous. Par la ganse qui décore leurs bonnets je les reconnais pour des vassaux de Lorn, pour des ennemis de mon prince.—Peu importe, j'ai vu maint combat plus inégal. Nous sommes trois contre cinq; mais le pauvre page ne peut guère nous aider : convenons donc de notre plan de bataille... S'ils nous disputent le passage, attaquez-en deux, je me charge des autres. — Non, mon prince, c'est à mon épée qu'il appartient de résister à trois ennemis. Si Ronald succombe, ce sera une perte plus facile à réparer que celle de Bruce... Mais nos insulaires sont bientôt des soldats... Allan a une épée aussi bien qu'un arc; et, si mon roi l'ordonne, deux flèches vont égaliser le nombre des deux côtés. — Non, reprit Bruce, dût-il m'en coûter la vie; j'ai déjà à répondre de trop de sang inutilement versé... Nous saurons bientôt si ces gens-là viennent à nous comme amis ou comme ennemis.

XIX.

Ces étrangers s'approchaient toujours, et leur aspect sinistre était loin de rassurer le monarque : ils s'avançaient d'un pas irrésolu, le regard en dessous et cherchant à n'être pas vus. Les deux premiers, mieux équipés, portaient le costume, le plaid et les armes des montagnards : des dagues, des claymores, un arc et des flèches. Les trois autres, qui suivaient à un court intervalle, semblaient des serfs d'une classe inférieure : des peaux de chèvres ou les dépouilles du daim protégeaient leurs épaules contre le souffle du vent; leurs bras, leurs jambes et leurs têtes étaient nues, leur barbe mêlée, et leurs cheveux crépus; une massue, une hache et un glaive rouillé composaient toutes leurs armes.

XX.

Ils continuaient de venir à la rencontre de Bruce et de Ronald en gardant le silence. —Dites-nous qui vous êtes, s'écria Bruce, ou arrêtez! quand on se rencontre dans des déserts, on ne s'aborde pas comme dans les villes paisibles. Ils s'arrêtent à ces paroles sévères, font un salut brusque, et répondent brièvement avec un ton peu gracieux qui prouve qu'ils sont courtois par crainte, mais non avec franchise :

— Nous errons, comme vous peut-être, jetés ici par les vents et les flots. Si vous y consentez, nous partagerons avec vous ce dernier fruit de notre chasse.

— Si vous tenez la mer, où est votre navire ?

— A dix toises au fond de l'Océan. Nous fîmes hier naufrage; mais des hommes tels que nous font peu d'attention au danger. Les ombres s'épaississent... le jour a fui... voulez-vous venir dans notre hutte ?

— Notre vaisseau nous attend dans la baie, nous vous remercions de votre offre. Adieu.

— Serait-ce votre vaisseau qui côtoyait ce soir cette île ?

— Oui sans doute.

— Epargnez-vous la peine de le chercher; nous l'avons aperçu tout à l'heure du haut de la montagne; un navire anglais avec le pavillon rouge de Saint-Georges s'est montré tout-à-coup; le vôtre a levé l'ancre et gagné le large.

XXI.

— Par la croix sainte! voilà une fâcheuse nouvelle, dit tout bas lord Ronald à Bruce. Il ne fait plus assez jour pour la vérifier; ces gens-là semblent grossiers, mais on trouve de bons cœurs sous une rude écorce : suivons-les. La nourriture et l'abri qu'ils nous offrent nous sont nécessaires; nous nous tiendrons en garde contre la trahison, et chacun de nous fera sentinelle à son tour pendant que les autres goûteront le sommeil... Braves gens, nous acceptons avec reconnaissance, et nous vous récompenserons... Allons, conduisez-nous à votre cabane... Mais, doucement, ne mêlons pas nos deux bandes. Montrez-nous le chemin à travers ces rochers, marchez devant, et nous vous suivrons.

XXII.

Ils arrivèrent sous une tente formée avec des voiles attachées contre une roche; et en entrant ils trouvèrent un jeune garçon dont la taille délicate et le maintien noble s'accordaient mal avec un lieu si sauvage. Il avait une toque et un manteau de velours vert; le reste de son habillement, de couleur noire, ressemblait au costume des ménestrels; des cheveux bouclés cachaient à demi son front flétri par la douleur, et ses yeux baignés de larmes. — Quel est ce pauvre enfant? demanda Ronald. La voix du prince des Iles vint soudain le distraire de sa douleur. Il parut sortir d'un songe pénible, il tressaillit, leva la tête en poussant un cri, et promena alentour ses yeux égarés : puis il se tourna du côté du mur en rougissant.

XXIII.

— Quel est cet enfant? demanda une seconde fois Ronald. — La guerre l'a rendu notre prisonnier, il sera tout à l'heure le vôtre, si la musique a pour vous plus de prix que l'or : muet depuis le berceau, ce jeune garçon est habile sur le luth, et sait abréger les heures par les accords les plus doux. Quant à nous, le vent favorable qui pousse notre proue en mugissant nous paraît mille fois plus mélodieux. — Entend-il du moins les paroles qu'on lui adresse? — Oui : c'est ce que nous a dit sa mère, qui a péri dans le naufrage. Voilà ce qui fait pleurer ce jeune musicien. Je ne puis vous en apprendre davantage; il n'est notre captif que depuis hier; au milieu de la tempête nous n'avons guère pu nous occuper de lui... Mais c'est trop perdre de temps en paroles; partagez notre repas, et déposez vos armes. — Au même instant le captif tourne la tête et lance à Ronald un rapide coup d'œil : c'était un regard significatif que le guerrier comprit facilement.

XXIV.

— Amis, dit-il, nous ferons feu et table à part. Apprenez que c'est un pèlerinage que mon compagnon, ce page et moi, nous avons entrepris. Nous avons fait serment d'abstinence et de veille, jusqu'à ce que notre vœu soit rempli; nous ne pouvons quitter nos plaids et nos glaives, ni partager le repas d'un étranger. Pendant les heures du sommeil, l'un de nous est tenu de veiller. Ainsi ne vous offensez pas si nous choisissons ce coin de la hutte pour nous y retirer. — Etrange vœu ! dit le plus âgé des montagnards; il est difficile de le bien observer. Que diriez-vous donc si, pour répondre à la méfiance dont vous récompensez notre bon accueil, nous refusions de vous faire part de notre chasse ? — Nous vous dirions que nos épées sont d'une bonne trempe, et que notre vœu ne nous contraint point à mourir de faim quand nous pouvons nous procurer des mets avec de l'or ou du fer. Le front de l'étranger s'enflamme de colère, il grince les dents; mais tout son ressentiment s'éteint devant le regard étincelant de Ronald : son lâche cœur ne peut soutenir le front calme et intrépide du monarque : — Que chacun suive donc la coutume de son clan, dit-il avec un faux sourire; que chacun se tienne dans ses quartiers séparés, et y mange et dorme à son gré.

XXV.

Un double feu s'allume. Pendant le repas, Ronald, Bruce et le page veillent tour à tour. Le visage du vieux montagnard n'annonçait rien de bon; il semblait méditer quelque noir stratagème, et ne cessait de regarder en dessous avec un air de circonspection. On remarquait sous ses épais sourcils l'expression du doute et de l'astuce. Le plus jeune, qui paraissait être son fils, avait ce sombre aspect qui fait peur aux âmes timides; quant aux serfs qui se tenaient derrière eux, il y avait dans leurs regards un mélange de haine et de crainte. Mais bientôt la nuit devint plus obscure dans la cabane; ils se couchèrent tous cinq, et s'endormirent ou feignirent de dormir. Le jeune captif lui-même qui, privé de la parole, n'avait plus que ses yeux pour déplorer ses malheurs, cédant à la fatigue, s'étendit par terre pour sommeiller.

XXVI.

Le monarque ne se fiant pas à ses hôtes dangereux, laisse veiller Ronald jusqu'à minuit; alors Bruce le relève lui-même, et Allan veillera le dernier, après avoir pris le repos qu'exige son âge plus tendre. Quelle est la pensée que Ronald appelle à son secours pour résister au sommeil? car la crainte d'un aussi lâche ennemi n'aurait pu suffire pour l'occuper. Ronald pense à la charmante Isabelle, au moment où elle tomba aux genoux d'Argentine; il la revoit aussi dans le brillant tournois de Woodstock, où elle lui remit avec un sourire bienveillant le prix dû au vainqueur. Belle aux jours de la gloire, belle encore dans le malheur, la sœur de Bruce ne remplit pas seule le cœur du prince des Iles; il se rappelle aussi Edith, son aimable fiancée... Ah! comment se décidera-t-il? L'une a son amour et son cœur, l'autre sa foi et ses sermens prononcés devant le ciel. L'heure de la veille n'est pas pénible pour lui : rarement le sommeil visite les amans. Enfin le hibou fit entendre son chant de minuit; le renard y répondit en glapissant; le monarque s'éveilla, et, cédant à ses instances, lord Ronald consentit à prendre un peu de repos.

XXVII.

Quel charme employa le roi Robert pour oublier les fatigues du jour? Son imagination fit palpiter son cœur de l'enthousiasme de la liberté; il rêva au bonheur de sa patrie, aux combats livrés pour elle, aux châteaux pris d'assaut, aux villes affranchies, aux étendards de l'Angleterre humiliés par la croix triomphante d'Ecosse; aux vicissitudes de la guerre; enfin à tout ce qui fait la pensée chérie des héros. Peut-on s'étonner si le sommeil ne vint point s'appesantir sur le monarque au milieu des importans projets que méditait sa grande âme? Déjà une lumière pâle couronne la cime orientale de Coolin : la loutre va se cacher dans sa retraite, la mouette s'éveille avec un cri perçant... Le monarque se résout à goûter un sommeil nécessaire. Le page veille à son tour.

XXVIII.

Il est plus difficile aux yeux d'Allan d'observer la veille qu'exige la sûreté de ses compagnons et la sienne. Il garnit le foyer des rameaux pétillans du pin à la flamme bleuâtre, puis il regarde ses hôtes enveloppés dans leurs plaids. Mais son âme était peu accessible à la crainte; issu d'une race de héros, Allan, s'il vit, égalera un jour les plus vaillans chevaliers. Il pense au château de sa mère, aux bosquets qu'aimaient ses jeunes sœurs, et aux jeux de son enfance. Mais bientôt la clarté de la flamme semble mourir devant ses yeux fatigués. Il se relève, considère le lac où les premières lueurs de l'aurore commençaient à briller. Le brouillard cachait la cime des rochers, la brise du matin ridait légèrement la surface de l'onde; les vagues faiblement agitées frappaient le rivage avec un bruit continuel et monotone. Allan rêve aux récits qui amusèrent ses jeunes années : aux apparitions des pèlerins, aux esprits et aux fantômes; à la chaumière fatale de la sorcière, et aux grottes d'albâtre de la sirène qui habite sous l'Océan dans la retraite enchanté de Strathaire. Son imagination le transporte dans ce séjour : les voûtes de la grotte frappent sa vue au lieu de la sombre enceinte de la hutte; il pense fouler aux pieds le pavé de marbre; au-dessus de sa tête les sculptures magiques étincellent comme les étoiles du firmament... Écoute, infortuné ! cesse de croire que le cri aigu que tu entends est la voix de la naïade irritée !... Hélas ! le cri secourable du captif interrompt trop tard le rêve d'Allan. Au moment où il se relève en sursaut, la dague de l'un des brigands a trouvé le chemin de son cœur; il tourne vers le ciel ses yeux troublés... murmure le nom de son maître, et meurt.

XXIX.

Le réveil de Bruce fut fatal au meurtrier : sa main a

saisi un tison ardent, première arme qui se présente à lui ; le jeune Allan est déjà vengé : le scélérat tombe et rend le dernier soupir. Le prince des Iles seconde le monarque ; un des serfs montagnards expire percé de son épée ; un autre, renversé par son bras redoutable, attend le coup du trépas ; mais, pendant que lord Ronald lui enfonce son épée dans le cœur, le chef de ces assassins vient par derrière lever sur lui une main perfide !... Que ne peut-il être secouru un moment jusqu'à ce que Bruce, qui ne peut frapper deux ennemis à la fois, en ait étendu un second sur le premier déjà expirant... Le captif a vu le péril de Ronald et s'est élancé sur le bras qui le menace ; il l'arrête, et déjà le traître a mordu la poussière, terrassé par le valeureux Robert.

XXX.

— Lâche, s'écrie le monarque, pendant qu'il te reste un souffle de vie, fais-moi connaître quelle noire trame t'arma d'un fer homicide contre de paisibles étrangers ?

— Tu n'es point un étranger, répond ce misérable avec un accent farouche ; je te connais bien, j'ai vu en toi l'ennemi de mon noble chef, du puissant Lorn. — Eh bien, dit Bruce, réponds encore à une question, et réponds sans détour, pour le salut de ton âme... D'où vient ce captif ? apprends-nous son nom, sa naissance et son pays ; répare par cet aveu ton infâme trahison. — Laisse-moi mourir ;... mon sang se glace, j'ai tout dit sur cet enfant : nous l'avons trouvé dans un navire où nous cherchions... et je pensai... — La mort lui défend de poursuivre ; Cormac périt, comme il avait vécu, au milieu du carnage.

XXXI.

Appuyé sur son glaive sanglant, le valeureux Bruce dit à Ronald : — Ami, nous devons rougir... Ce jeune ménestrel lève vers le ciel ses lèvres muettes, et il joint les mains pour rendre grâces au Très-Haut de notre délivrance miraculeuse, tandis que nous oublions d'exprimer notre reconnaissance à la Divinité.

Bruce s'approcha du jeune captif en lui parlant avec douceur; mais son épée nue le fit frémir. Le monarque essuya le sang qui la souillait et la plongea dans le fourreau. — Hélas, ajouta-t-il, pauvre enfant! ta destinée est bien peu d'accord avec ta douceur et ta faiblesse: esclave d'un pirate, tu passes sous un autre maître dont la vie errante n'est qu'une suite de combats et de dangers;... mais, quoique prince sans royaume et privé de presque tous ses amis, Bruce saura te donner un asile. — Viens, noble Ronald, tes larmes généreuses ont assez coulé sur celui qui n'est plus. Allan est d'ailleurs bien vengé; viens, quittons ces lieux, le jour a lui; allons chercher notre navire... Je me flatte que ce traître nous a trompés en nous annonçant qu'il avait pris le large.

XXXII.

Cependant, avant de quitter ce théâtre de carnage, le prince des Iles fit ses tristes adieux à Allan : — Qui racontera sa fin déplorable dans le château de Donagaile? dit-il; hélas! qui apprendra à sa pauvre mère que le plus chéri de ses fils est mort dans la fleur de son âge! Paix à ton ombre, page infortuné; compte sur moi pour le soin des prières funèbres. Quant à ces lâches, les hurlemens du loup et le cri du corbeau retentiront sur leurs cadavres privés de sépulture.

Déjà une lumière de pourpre et d'or se répand sur la crête orientale de Coolin et sur les sombres vagues du lac; elle brille des plus riches nuances depuis le pic aérien de la montagne jusqu'aux ravins et aux précipices. (C'est ainsi que les grandeurs de la terre nous abusent de loin par leur éclat, et couvrent sous la magnificence les soucis secrets qui les accompagnent.) Bruce et Ronald suivent un sentier inégal à travers les saillies d'un dur granit. Les deux guerriers s'entretiennent tristement, et le captif les suit en silence.

CHANT QUATRIÈME.

I.

Étranger, si tes pas audacieux ont parcouru les contrées septentrionales de l'antique Calédonie, où l'orgueilleuse reine du désert a placé son trône solitaire près des lacs et des cataractes, ton âme a éprouvé un plaisir sublime, mais triste, en contemplant les vallons incultes et la cime des monts; en écoutant les torrens rapides qui se précipitent des flancs des rochers et mêlent leurs voix mugissantes aux cris de l'aigle, au murmure du lac et au sifflement des aquilons.

Oui, ce spectacle t'a paru sublime, mais plein de mélancolie;... la solitude a pesé sur ton âme, le désert a lassé tes yeux; un sentiment solennel et sévère, une terreur étrange, ont accablé ton cœur; tu aurais désiré trouver non loin de toi la cabane d'un bûcheron ou quelque indice d'une créature vivante; tu aurais aperçu avec ravissement la fumée s'élever en légers flocons au-dessus du toit hospitalier; tu aurais répondu avec joie au chant matinal du coq ou aux cris des enfans, sous la verdure des saules.

Quels sont les lieux dont la sauvage grandeur excite cet effroi adouci par un soupir? Ce sont les lacs du sombre Rannoch, la vallée de Glencoë, ou bien encore ces cavernes blanches d'écume des climats du nord, où le Loch-Eribol mugit de colère. Mais que le ménestrel aille juger si ces solitudes imposantes ne le cèdent pas au terrible rivage qui voit s'élever l'aride crête de Coolin, et qui entend rugir le Coriskin.

II.

Les guerriers traversaient ces déserts, lorsque le son d'un cor et des clameurs répétées frappèrent leurs oreilles.
— C'est le cor d'Edward, dit Bruce; quelle cause a pu déterminer un si prompt retour? Regarde, généreux Ro-

nald... vois-le s'élancer sur les rochers avec la légèreté du cerf poursuivi. C'est ainsi qu'Edward Bruce précipite toujours ses pas dans les jeux de la paix comme aux jours des batailles... Il nous a vus; avant qu'il soit auprès de nous, ses cris vont nous instruire des motifs qui l'amènent.

III.

Edward s'écrie : — Que faites-vous ici à la poursuite du chevreuil, lorsque l'Écosse réclame son roi? Un navire de Lennox, qui s'est croisé avec le nôtre, m'accompagne pour vous en porter à la hâte l'heureuse nouvelle. Stuart appelle aux armes les vallons de Teviot, et Douglas ceux où il reçut le jour. Ta flotte, ô Bruce! est parvenue malgré la tempête dans la baie de Brodick. Lennox n'attend que ton arrivée et tes ordres pour embarquer une troupe de braves dévoués; mais il me reste encore une faveur du ciel à t'apprendre : le plus cruel de tes ennemis, Edward d'Angleterre, vient d'expirer sur les frontières, en marchant contre nous à la tête de son armée.

IV.

Bruce demeura calme... son front sévère témoignait rarement sa joie. Mais bientôt un noble enthousiasme colora son visage : — Terre d'Écosse, s'écria-t-il, tu verras donc, avec la volonté du ciel, tes enfans libres et vengés de leurs ennemis. Mais, Dieu tout-puissant, je te prends à témoin qu'il ne se mêle aucun ressentiment personnel à la joie que me cause la mort d'Edward : je reçus de sa main l'épée de chevalier; je lui dus mon rang et mon sceptre, et je puis avouer qu'en arrachant de l'histoire la page des affronts faits à l'Écosse, la postérité ne pourrait plus voir en lui qu'un monarque sage, courageux, et chéri de son peuple. — Que les bourgeois de Londres déplorent la perte de leur prince, que les moines de Croydon chantent ses louanges, reprit Edward avec vivacité; ma haine, éternelle comme la sienne, franchit les barrières de la vie et ne meurt pas avec celui qui n'est plus. Telle a été la haine de notre persécuteur sur les sables de Solway, quand la rage contractait encore sa main presque insensible pour montrer la terre d'Écosse, et qu'il prononçait pour dernières paroles des malédictions contre son successeur, s'il épargnait la patrie de Bruce avant que tous les prétendus rebelles fussent étendus sur leurs sillons ensanglantés. Telle a été sa haine lorsque, renonçant aux paisibles demeures des morts, il a ordonné à son armée impitoyable de transporter ses ossemens sur nos frontières, comme si son œil glacé pouvait encore jouir du spectacle de nos infortunes. Telle a été la haine du tyran; cruelle, terrible, éternelle... comme la mienne.

v.

— Edward, laisse les femmes s'attaquer avec des mots, et les moines avec des malédictions; l'épée est la seule arme des guerriers. Crois qu'il nous restera assez d'ennemis vivans pour satisfaire ta haine et ta vengeance. Tourne les yeux vers la mer, et vois ces galères qui nous invitent à profiter du vent favorable. A bord, à bord, et qu'on mette à la voile. Dirigeons-nous sur Arran, où nos amis dispersés se sont réunis au loyal Lennox, à Delahaie, et à Boyd si audacieux dans les batailles. Il me tarde de commander ces vaillans soldats et de voir flotter de nouveau mon étendard... Le noble Ronald veut-il nous accompagner, ou rester pour réunir les forces de ces îles? — Advienne ce qu'il pourra, heur ou malheur, reprit le chef, Ronald ne quittera jamais le côté de Bruce. Puisque deux galères sont entrées dans la baie, la mienne ira, avec l'agrément de mon souverain, appeler aux armes les clans d'Uist et tous ceux qui entendent les rugissemens du Minche sur les rivages de Long-Island. Quant aux habitans des îles plus voisines, nous pouvons, sans éprouver un grand retard, les avertir nous-mêmes en continuant notre route; et bientôt la côte d'Arran verra Torquil arriver avec une flotte, si ses insulaires de l'ouest respectent toujours les ordres de leur prince.

VI.

Ce projet fut adopté. Mais avant qu'on remît à la voile, Coolin et le sombre Coriskin entendirent les lamentations des funérailles. Les insulaires attristés portèrent jusqu'au rivage le corps du page malheureux, en suivant à pas lents les bords de ce lac, digne théâtre d'un spectacle aussi douloureux. A chaque halte, les chants du coronach s'élevaient jusqu'aux nues; et, quand le cortège se remettait en marche, les cornemuses célébraient avec les sons aigres du pibroch le jeune héritier de Donagaile. Les rochers et les cavernes du Coolin répétèrent l'hymne des tombeaux. Ces funèbres accords allaient mourir sur les brouillards de la montagne; car jamais accens formés par les mortels n'atteignirent sa cime escarpée qui ne répond qu'à la voix terrible de la tempête, ou aux roulemens de la foudre.

VII.

Le navire sillonne rapidement les flots, et bondit, poussé par la brise des montagnes de Ben-na-Darch, qui se joue dans les voiles; le frémissement qui agite les cordages ressemble au rire de la gaieté; les vagues divisées bouillonnent et murmurent comme pour répondre par un semblable son. La mouette précède le vaisseau, et rase la plaine liquide d'une aile légère. La cime du Coolin et les rochers de Sapen ont déjà disparu. Ce fut alors que des signaux guerriers se firent voir aux noires tours du Dunscaith et du lac d'Eisord; bientôt d'épais nuages de fumée s'élèvent en tournoyant sur Cavilgarrigh. A cet aspect, qui flatte leur soif de guerre et de vengeance, les clans belliqueux de Sleat et de Strath, impatiens d'en venir aux mains, coururent aux armes et se couvrirent de leurs boucliers. Le Chef de Mac-Kinnon, blanchi dans les batailles, est chargé de les commander et de les conduire à la baie de Brodick.

VIII.

Un autre signal éclaire au loin la terre et la mer du

haut de la tour de Canna, suspendue sur l'abîme comme le nid du faucon. Ne cherchez point à gravir le rocher sur lequel est assis ce château, pour y contempler ses ruines; c'est une entreprise hasardeuse, si ce n'est pour le daim ou l'agile chevreuil. Arrêtez-vous sur les sables argentés de la plage, et faites répéter au vieux berger son antique tradition. Il imposera silence aux sauvages aboiemens de son chien, étendra son plaid sur les grèves de l'Océan, vous invitera à vous y asseoir, et vous racontera comment un Chef amena jadis une dame étrangère dans cette sombre tour. Une noire jalousie put seule inspirer à cet époux sévère de confiner dans une telle prison une aussi belle captive.

Souvent, lorsque les rayons de la lune dormaient sur le sein des vagues, cette aimable étrangère s'inclinait en pleurant sur les créneaux des remparts, et tournait les yeux vers les climats du sud. Pensant peut-être à des temps plus heureux, elle touchait son luth, et chantait de plaintives romances dans la langue de sa patrie. De nos jours encore, quand la clarté de l'astre des nuits se reflète sur le rocher et la baie, quand chaque brise est muette, l'habitant des Hébrides croit entendre, avec un plaisir mêlé de crainte, le murmure d'un luth et la voix d'une captive qui déplore ses malheurs dans une langue inconnue... Ce récit est touchant... mais il a déjà trop occupé la harpe du ménestrel... Hélas! qui peut passer près du rocher et de la tour en ruines, sans accorder le tribut d'un soupir à l'infortunée dont ils rappellent la mémoire?

IX.

Cependant le pilote a dirigé le navire vers les montagnes de Ronin; les peuples qui les habitent sont accourus sur le rivage; leur arc est détendu. Soumis aux lois du lord des Iles, ils laissent l'épieu des chasseurs pour le fer des guerriers. Bientôt la flamme qui brille sur Scooreigg appelle ses habitans sous les drapeaux de leur prince, race nombreuse avant que le farouche Macleod vint dans leur île, armé de la vengeance. Vainement la caverne de l'Océan offre un refuge à ses victimes. Le Chef inexorable en ferme l'entrée avec des bruyères en feu; d'épaisses vapeurs remplissent le souterrain; les menaces des guerriers, les gémissemens des enfans, les cris des mères sont vainement entendus; le Chef, n'écoutant que sa rage, entretient les flammes jusqu'à ce que toute une tribu expire dans son dernier asile. Les ossemens encore entassés dans la caverne attestent cette fatale vengeance.

X.

Le navire sillonne rapidement les flots, semblable à l'alouette qui fend les airs au retour de l'aurore, ou au cygne qui traverse l'onde amère dans un jour d'été. On aperçoit à l'est les rivages du Mull, Colonsay, Ulva et le groupe des îles qui entourent Staffa, célèbre par le temple de l'Océan; parmi ses colonnes ignorées, le cormoran trouve un asile paisible; le timide veau marin repose sans crainte dans cet édifice merveilleux, que la nature semble avoir voulu élever elle-même à la gloire de son créateur, pour surpasser tous les temples construits par des architectes mortels. Pour quelle autre divinité se seraient élevées ces colonnes, et ces arches se seraient-elles arrondies? Telle est la pensée solennelle qu'inspire la voix retentissante des vagues, répétée par l'écho dans les intervalles du flux et du reflux, avec une mélodie plus imposante que celle de l'orgue. Ce n'est point sans dessein que l'entrée de l'édifice fait face à l'antique temple d'Iona; la nature semble dire à l'homme:
— Enfant fragile de la poussière, tu as construit un monument auguste et vanté au loin;... mais regarde le mien!

XI.

Le navire continue sa route rapide, comme le dauphin qui échappe au tyran des mers, ou tel qu'un daim poursuivi par la meute. Ronald laisse le Loch-Tua du côté opposé au vent; il se fait reconnaître aux guerriers du sauvage Tiry, et au Chef de l'île sablonneuse de Coll. Il ne s'arrête point au port de Saint-Colomba, quoique l'airain des clochers retentisse solennellement. — Le fier et vaillant lord de Lochbuie vit son signal, et ceignit son épée; la verdoyante Iloy réunit tous ses braves; avec eux s'armèrent l'île de Scarba, battue par les flots menaçans du Corryvrekin, et la solitaire Colonsay. Lieux chantés par une harpe aujourd'hui muette, il a cessé de vivre, celui qui vous célébra! il est éteint, ce flambeau qui aimait à répandre au loin la clarté du savoir. Un rivage étranger a reçu le dépôt des cendres de Leyden!

XII.

Le vent n'a pas cessé d'être favorable, mais le navire ne sillonne plus les mers. C'est une route inusitée qu'il suit, de peur de rencontrer la flotte ennemie du sud, en tournant autour de la péninsule de Cantire; il entre dans le lac de Tarbat: l'équipage est obligé de traîner le vaisseau sur l'isthme, jusqu'à la baie de Kilmaconnel. Ce fut un spectacle étrange de voir les mâts passer au-dessus de la cime des arbres, et le vaisseau glisser librement le long des rochers et des bois. Maint devin des montagnes sut tirer d'importans présages de ce prodige, rappelant aux habitans de ces parages les anciennes légendes qui disaient: — Que lorsqu'un navire royal voguerait sur la mousse de Kilmaconnel, l'antique Albyn triompherait dans les batailles, et verrait pâlir et trembler tous ses ennemis à l'aspect de sa croix d'argent. —

XIII.

Lancée une seconde fois dans la mer, la galère, fière de cet augure, fit voile pour l'île d'Arran; avant de s'éclipser derrière Ben-Ghoil, montagne des vents, le soleil éclaira d'une clarté propice cet âpre sommet et le Loch-Ranza. Bruce et ses compagnons saluent ces lieux avec joie; l'île semblait reconnaître son monarque, tant la côte était brillante, tant l'Océan était pur. Chaque vague diamantée roulait paisiblement dans la baie, où les couleurs de l'or étaient mêlées à celles de l'azur et de l'émeraude. La tour, la colline, le vallon et le bocage étaient richement nuancés par les teintes de la dernière heure du soir. Le vent, qui soupirait avec amour, interrompait seul par intervalles ce silence solennel. Qui aurait voulu détruire le charme de ce tableau enchanté par des entretiens de combats et de malheurs?

XIV.

Est-ce de la guerre que parle Ronald? La rougeur qui colore ses joues, son regard timide et baissé, l'hésitation de sa voix, indiquent un tout autre discours; le front du roi Robert laisse connaître qu'une pensée profonde l'absorbe, et qu'il doute de ce qu'il peut répondre à une demande importante; cependant on lit aussi parfois dans ses yeux un regard de compassion mêlé à ce sourire de bienveillance de l'homme sévère qui écoute parler d'amour. Lord Ronald plaide sa cause avec inquiétude : — Quant à ma fiancée, dit-il, mon souverain sait comment Edith a fui d'Artornish ; elle est trop à plaindre pour que je croie avoir le droit de blâmer cette prompte évasion ; que le bonheur l'accompagne !... Mais elle a fui l'hymen ; et Lorn a retiré sa promesse en présence de nos Chefs assemblés. J'ai offert ma main pour accomplir l'alliance projetée par nos pères... Repoussé avec dédain, je connaîtrais mal les lois de l'honneur, mon cœur serait bien lâche, si je jouais encore le rôle de suppliant pour le plaisir de Lorn.

XV.

— Ami, répondit Bruce, c'est à l'Église à décider cette question ; mais il serait peu juste, il me semble, puisque Edith accepte, dit-on, Clifford pour son époux, que le lien qu'elle a rompu pût encore te retenir; quant à ma sœur Isabelle, qui nous répondra des caprices d'une femme? Le chevalier du Rocher, vainqueur dans le tournoi de Woodstock, ce chevalier inconnu, couronné de sa main, a su lui plaire, je le soupçonne; mais depuis le malheureux sort de mon frère Nigel, depuis la ruine de notre maison, ma sœur, pensive et triste, est bien changée! Peut-être, ajouta le monarque en souriant, peut-être ce que je viens d'entendre pourra lui causer d'autres rêveries : nous le saurons bientôt; ces montagnes nous cachent le couvent de Sainte-Brigite, c'est là qu'Edward a déposé Isabelle, qui doit y demeurer jusqu'à des temps plus prospères; c'est là que je porterai ta requête; crois que ton ami saura parler pour toi.

XVI.

Pendant qu'ils conversaient ainsi, le ménestrel muet était auprès d'eux, et appuyait son front contre le mât; un chagrin qu'il voulait en vain réprimer arrachait d'amers soupirs de son sein haletant; ses mains pressaient ses paupières comme s'il eût voulu arrêter ses larmes au passage; mais elles ruisselaient malgré lui à travers ses doigts délicats. Edward, qui se promenait plus loin sur le tillac, s'aperçut le premier de cette douleur contrainte; aussi irréfléchi que brave, il s'empressa de consoler le jeune homme affligé avec une bienveillance mêlée de brusquerie. Il arracha la faible main qui cachait ses yeux baignés de pleurs; le captif résistait... mais le guerrier, avec une rudesse qu'il prenait pour une marque d'amitié, essuya lui-même ses joues, en lui disant : — N'as-tu pas honte de pleurer?... Je voudrais que ta langue muette pût me dire quel est celui qui cause ta peine; fût-il le meilleur de nos matelots, j'en aurais raison. Allons, console-toi; te voilà propre à servir de page à un guerrier : tu seras le mien. Un beau palefroi te sera confié pour me suivre à la chasse ou pour porter mes messages à ma belle; car je pense bien que tu ne trahiras point le nom de ma divinité.

XVII.

Bruce s'approche à ces mots. — Joyeux Edward, dit-il,

ce n'est point là le page qu'il te faut pour garder ton arc, remplir ta coupe, ou porter tes messages auprès de la beauté. Tu es un maître trop rude et trop irréfléchi pour cet orphelin. Ne vois-tu pas comme il aime à rester nuit et jour à l'écart? Il est assurément plutôt fait pour servir notre sœur Isabelle dans les paisibles occupations du cloître, et pour y prier le ciel avec le père Augustin, que pour courir les aventures avec un guide tel que toi.
— Grand merci de tes complimens flatteurs! répondit gaiement Edward. Mais un jour nous verrons qui de nous deux protégera ou emploiera mieux ce pauvre enfant... Notre vaisseau est en vue du rivage, lançons la chaloupe et débarquons.

XVIII.

Le roi Robert sauta légèrement à terre et fit trois fois retentir son cor, qui réveilla les échos de Ben-Ghoil. C'était là que Douglas et Delahaie serraient de près un cerf aux abois, et que Lennox excitait la meute trop lente au gré de son impatience.

— C'est l'ennemi, s'écria Boyd qui accourut haletant et l'œil en feu... c'est l'ennemi; que chacun de nous, vaillans chevaliers, laisse son arc et prenne son épée. — Non, reprit le lord James, ce n'est point là un cor anglais; je l'ai souvent entendu animer les combattans, les exciter à la victoire ou arrêter la déroute: Douglas, reconnais le signal de Bruce; que chacun de nous se rende aux bords du Loch-Ranza; ce cor est celui de notre monarque.

XIX.

La nouvelle se répand; les guerriers courent au rivage en poussant les acclamations de la fidélité. Ils se pressent autour de Bruce, lui serrent les mains et versent des larmes. Les uns étaient de vieux guerriers dont le casque cachait les cheveux blancs, et dont la hache était encore souillée du sang des Danois; les autres, des enfans dont la faible main pouvait à peine frapper de leurs épées pesantes contre le fer des boucliers. Il en était aussi qui portaient les cicatrices de blessures reçues dans les malheureuses guerres d'Albyn, au fatal combat de Falkirk et aux défaites de Teyndum et de Methven. On remarquait le robuste Douglas, l'aimable Lennox, Kirkpatrick, le chevalier redoutable de Closeburn, Lindsay farouche et bouillant, l'héritier de Delahaye, victime d'un meurtrier, le grave Boyd et le gai Seton. Ils entourent le roi qui leur est rendu ; ils pleurent, et le pressent sur leur cœur ; vieillards et jeunes gens, seigneurs et vassaux ; celui qui n'a jamais tiré le glaive du fourreau, comme le guerrier familiarisé avec les périls, tous sont déterminés à tout braver, et à vaincre ou à mourir aux côtés de Bruce.

XX.

Guerre ! tu as tes farouches plaisirs, tes rayons de joie qui brillent et éblouissent comme l'éclair de lumière qui jaillit du bouclier sur le champ de bataille. Tels sont les transports que fait naître le cri de victoire, ou le serment de vengeance après une défaite, quand une armée proclame les noms de ceux qui ont succombé en braves. Terre des Bretons, tu fus toujours la patrie des héros ! et tes nobles soldats aimeront toujours les sons de la lyre anglaise ! O vous à qui l'honneur est cher, ne connaissez-vous pas cette joie sévère qui fait vibrer tous les ressorts secrets du cœur et inonde les yeux de larmes ? Pourriez-vous donc blâmer Bruce, si son mâle visage offrit des traces de pleurs lorsqu'il aperçut à ses genoux, et lui tendant les bras, les courageux patriotes qui avaient salué les premiers jours de son règne ? Pourriez-vous le blâmer ? Son frère osa le faire : tout en partageant sa faiblesse, mais honteux, il détourna la tête avec un sourire de fierté, et se hâta d'essuyer la larme qui le faisait rougir.

XXI.

L'aurore a lui ; la cloche de matines a cessé depuis long-temps de retentir dans le cloître de Sainte-Brigite. Une ancienne sœur accourt à la cellule d'Isabelle et s'écrie : — Hâtez-vous, jeune princesse, hâtez-vous; un noble étranger vous attend à la grille. Les pauvres recluses de Sainte-Brigite n'ont jamais vu chevalier à l'air si imposant; c'est à lady Isabelle qu'il veut parler, a-t-il dit. — La belle princesse était agenouillée pour réciter son rosaire; elle se lève et répond : — Qu'il vous confie son message; je ne puis entretenir un inconnu. — Sainte Brigite m'en préserve, madame! reprit la tourière en se signant; je ne voudrais pas pour le titre de prieure refuser un aussi grand seigneur. — Eh! quoi donc, dit Isabelle, les grandeurs de la terre peuvent-elles quelque chose sur une sœur de votre ordre? Êtes-vous, comme les femmes mondaines, éblouie par un vain éclat? —

XXII.

— Non, madame; depuis long-temps les pierreries et le faste n'ont aucun prix à mes yeux; mais un vain cortège n'indique point le rang de l'étranger, un jeune page forme toute sa suite. C'est l'aspect, le regard et l'accent de ce seigneur qui imposent. Sa haute stature le fait ressembler à une tour; mais elle est si parfaite dans ses proportions, qu'elle ne manque ni d'aisance ni de grâces. Ses cheveux, noirs comme le jais et déjà nuancés par la neige de l'âge, se bouclent sur son front comme les festons de la vigne. L'habitude des combats a laissé un air farouche dans ses traits majestueux; mais il y a tant de dignité dans ses regards, que, malheureuse et suppliante, je serais sûre de trouver dans ce guerrier bienveillance et protection; coupable, je le redouterais plus que la sentence qui m'aurait condamnée au trépas. — Assez, interrompit la princesse; c'est l'espoir de l'Écosse, sa joie, son orgueil; jamais le front des vulgaires mortels ne fut si auguste et si imposant : c'est l'élu du ciel qui est rendu enfin à la patrie : hâte-toi, Mona, hâte-toi d'introduire mon frère chéri, le roi Bruce.

XXIII.

Le frère et la sœur s'embrassent, avec le sentiment

qu'éprouvent des amis qui se sont quittés avec douleur et qui ne se revoient qu'avec une espérance douteuse. Mais quand les premières émotions de cette entrevue furent calmées, Bruce promena ses regards dans l'humble cellule, sur la muraille nue et le lit de veille. — Et ce sont là, ma pauvre Isabelle, dit-il, ta demeure et ta couche royales! Les riches étoffes et les joyaux qui conviennent à ton rang sont donc remplacés par un simple rosaire et une ceinture de crin! Au lieu des fanfares du clairon qui annoncent les banquets ou les jeux de la cour, c'est la triste voix de la cloche qui t'appelle à la prière et à la pénitence! Malheureuse sœur de celui qui a hérité des droits du premier David, pourquoi faut-il que la fortune des armes ait trahi la justice de ma cause!

XXIV.

— Laisse ces vains regrets; sois l'inébranlable Bruce, s'écria-t-elle : je serais moins glorieuse de devoir une couronne au hasard, que d'avoir partagé tes disgrâces, lorsque ton bras s'arma pour la défense de la patrie. Ne t'afflige pas si je ne me laisse plus égarer par le rêve trompeur des joies du monde. Le ciel a daigné jeter un coup d'œil sur mon inexpérience et me préserver du naufrage. Il m'a éprouvée avec toute la sévérité de ses jugemens! La ruine de ma maison, ta défaite, la mort de Nigel, ont subjugué mon cœur; j'ai fixé toutes mes espérances dans le ciel : les vaines grandeurs ne me séduiront plus dans ce monde du péché.

XXV.

— Non, Isabelle, répondit Bruce, non, avant de faire ce choix, écoute la voix de ton frère... Réfléchis bien; crains que dans la pénitence du couvent de plus douces pensées ne viennent te distraire... Peut-être le souvenir de ce chevalier inconnu, vainqueur au tournoi de Woodstock... Tu rougis; que dirais-tu s'il mettait à tes pieds un laurier plus brillant encore! — L'œil pénétrant de Bruce avait aperçu la rougeur passagère d'Isabelle, aussi rapide que le dernier rayon du jour qui colore la nue et s'évanouit aussitôt. Mais Isabelle répondit avec un regard assuré :—Je devine l'intention de mon frère ; car la renommée a pénétré jusque dans ce cloître silencieux, et nous a appris que la voix de Ronald a rangé tous les habitans des îles sous ses nobles drapeaux. Mes yeux m'ont *déjà fait* reconnaître que le chevalier vainqueur du tournoi et le brave lord Ronald ne sont qu'un. Si, libre de tout autre lien, il eût brigué plus tôt mon alliance, son nom et l'appui de mon frère auraient peut-être... Mais fais éloigner ce page ; je ne puis te répondre devant lui.

XXVI.

Le page se tenait à l'écart autant que pouvait le permettre l'étroite enceinte de la cellule. L'œil troublé, le cœur ému, il s'appuyait sur l'épée de Bruce. Chargé aussi du manteau du monarque, il s'en couvrait le visage.— Ne crains rien de ce témoin, dit Robert, je lui dois la vie. Il quitte rarement mon côté ; je suis sûr de sa discrétion, puisque la nature l'a condamné à un éternel silence. Sa douceur est sans égale ; je veux qu'il habite dans la cellule du père Augustin, et qu'il consacre ses services à ma sœur Isabelle. Ne fais point attention à ses larmes ; je les ai vues couler comme l'onde qui s'échappe des monts au retour du printemps, c'est un jeune ménestrel qui mérite tout notre intérêt, mais trop timide pour braver les dangers et les flots ; ceux qui veulent suivre Bruce doivent savoir lutter contre l'orage. Continue, ma chère Isabelle : que dois-je répondre à lord Ronald ?

XXVI.

— Eh bien ! que Ronald apprenne que le cœur qu'il désire obtenir n'appartient plus qu'à Dieu. Mon amour fut comme la tendre fleur d'été qui se flétrit dans la saison des frimas ; enfant de l'orgueil et de la vanité, il s'est évanoui avec les brillantes chimères qui l'ont produit. Si Ronald insiste, dis-lui qu'il est lié à celle qui reçut sa foi ; l'anneau de l'hymen, ses sermens sur la croix et son épée sont des nœuds sacrés qui l'enchaînent. Et toi, Robert, qui plaides ici pour lui, je t'ai vu te déclarer le protecteur d'une femme malheureuse. Le danger te menaçait de près; les Anglais étaient à ta poursuite; la retraite était pour toi le seul moyen de salut; tu entends les cris d'une femme dans les douleurs de l'enfantement; soudain tu fais retourner et arrêter tes guerriers; tu braves tous les efforts de l'ennemi plutôt que d'abandonner, en lâche chevalier, une femme dans la détresse à des soldats impitoyables. Voudrais-tu donc aujourd'hui refuser ton assistance à une fiancée opprimée et outragée; soutenir la perfidie de Ronald et m'imposer la loi de favoriser son inconstance? J'en atteste le ciel! si les sentimens terrestres qui émurent jadis mon cœur n'étaient pas tous immolés à l'espérance d'une autre vie, je repousserais les hommages de Ronald jusqu'à ce qu'il eût déposé à mes pieds l'anneau nuptial et un écrit de celle qu'il dédaigne, pour attester qu'elle le dégage de sa foi.

XXVIII.

Cédant à une impulsion soudaine, le page s'élance vers le sein d'Isabelle; puis, revenant à lui-même, il baisse la tête au même instant, fléchit le genou, baise deux fois la main de la princesse, se relève, et sort de la cellule. Isabelle interdite rougit, et se montre irritée de cette hardiesse; mais le bon roi Robert s'écrie : — Pardonne-lui, ma sœur,... mon page s'exprime par signes; il a entendu quel emploi je lui destine, et il n'a pu retenir les transports de sa joie... Mais toi, chère Isabelle, réfléchis au choix que tu veux faire, et crois que je ne veux point agir en tyran; ni pour te contraindre au don de ta main et de ton cœur, ni pour souffrir que Ronald outrage pour toi la fille de Lorn. Penses-y donc bien; il n'y a pas long-temps encore que tu aimais à soupirer en secret, et que les chants que tu préférais étaient toujours ceux d'une tendresse malheureuse. Aujourd'hui que te voilà libre, c'est le cloître qui est l'objet de tous tes vœux.

Ah! si notre frère Edward connaissait ce changement, comme son humeur satirique trouverait un beau texte à s'exercer sur les caprices des femmes!

XXIX.

— Mon frère, répondit Isabelle, je ne serais pas surprise des sarcasmes d'Edward ; bon, mais franc avec rudesse, il fut toujours ennemi de la contrainte et des pensées rêveuses ; mais toi, tu es d'un autre caractère. Je te charge donc de dire à Ronald, répéta-t-elle, que, s'il ne dépose à mes pieds l'anneau qui engagea sa liberté, il doit s'abstenir de rechercher ma main : que cet anneau soit volontairement rendu par Edith. Mais, quand même il serait affranchi du nœud qui l'enchaîne, je ne promets point de préférer un époux à l'ombre du cloître. Adieu, mon frère, adieu pour un temps ; la cloche m'appelle à d'autres devoirs.

XXX.

— La voilà perdue pour le monde, dit Bruce en quittant cette fille des rois. Quelle pierre précieuse sera ensevelie dans ce cloître! Hélas! c'est là main cruelle du malheur qui a détruit dans ce jeune cœur les tendres sentimens de l'amour?... Mais qu'ai-je à faire avec l'amour? des soins plus sérieux réclament mes pensées.

— Nous ne pouvons demeurer dans cette île : d'ailleurs elle ne suffirait bientôt plus à nos besoins : vis-à-vis, sur le continent, sont les tours de Turnberry, qui attendent mes troupes... Le vieux chapelain de mon père, Cuthbert, qui habite toujours ce rivage, ne pourrait-il pas m'avertir, par la flamme d'un signal, de l'heure propice du départ?... Espérons ; un ami fidèle lui portera mon message : c'est Edward qui trouvera le messager. Si une fois cette forteresse est en notre pouvoir, la flotte des Iles se réunira sur la côte de Carrick.

— O terre d'Écosse! pourrai-je enfin venger tes outrages dans un combat ; lever mon front victorieux, et voir la liberté rendue à tes collines et à tes vallons! ce spectacle de bonheur est tout ce que je demande au ciel avant de mourir.

En prononçant ces paroles, il descendait lentement le coteau, s'arrêtant souvent d'un air pensif. Il arrive enfin au lieu champêtre où son armée avait assis son camp.

CHANT CINQUIÈME.

I.

Les rayons de l'aube matinale éclairent le beau Loch-Ranza. La fumée s'élève en légers nuages des cabanes du hameau solitaire qu'une baie profonde et une chaîne de montagnes séparent du reste du monde.

Le pêcheur a déroulé sa voile; le berger mène ses chevreaux sur la cime escarpée du Ben-Ghoil. Assise devant la porte de sa chaumière et ranimée par la chaleur vivifiante du soleil, la vieille ménagère tourne ses fuseaux. Partout les mortels se réveillent au travail et aux soucis.

Les sons d'une cloche à demi couverte de mousse appellent à d'autres devoirs les vierges des couvens. Les prières sont dites: le saint sacrifice est accompli; chaque sœur, docile à la règle, entre dans sa cellule pour réciter son rosaire. Isabelle s'agenouille pour prier dans le recueillement; un rayon du soleil, s'échappant à travers l'étroite jalousie, tombe sur son cou d'albâtre et sur ses cheveux noirs, qui ombragent sa tête dévotement inclinée.

II.

Sa prière est finie; elle lève les yeux. Soudain elle aperçoit sur le plancher une bague enrichie d'un diamant, et lit ces mots sur un papier fixé à la bague par un fil de soie: — A lady Isabelle. — Elle l'ouvre: — Cette bague fut jadis le gage de sa foi. Je la lui rends ainsi que ses promesses: je cède mes droits sur sa main à celle qui possède son cœur. O vous, qu'attend une meilleure destinée, ne refusez pas un soupir de compassion à l'infortunée Edith de Lorn! — Un rayon de plaisir brilla dans les yeux d'Isabelle étonnée, mais il s'évanouit aussitôt, et la honte, qui colora son front, la punit de ce mouvement de joie.

— Loin de moi, sentimens indignes de ma famille, pensées viles et coupables qui avez fait battre mon cœur en voyant les espérances d'une rivale déçues!

— Gage des sermens qui lièrent un homme ingrat à une fiancée trop crédule, tu ne séduiras pas Isabelle. Je te placerai dans un lieu où meurent toutes les pensées du monde, où toutes les grandeurs de la terre perdent leur éclat imposteur. — A ces mots, Isabelle déposa la bague au pied de son crucifix.

III.

Une autre réflexion s'éleva bientôt dans son âme.... Celle à qui cette bague appartient est loin de ces lieux! Comment ce bijou a-t-il pu lui arriver à travers ces grilles et ces verroux?

Mais le grillage de la fenêtre est entr'ouvert, Isabelle regarde; elle voit la rosée du matin légèrement foulée. Sur le mur tapissé de mousse, elle suit l'empreinte d'un pied qui, en glissant, avait détaché la verdure; les branches de lierre étaient arrachées et entrelacées comme pour faciliter une escalade. — Quel est le hardi messager qui a pu tenter une telle entreprise? Je conçois d'étranges soupçons. Mais Mona vient à moi; rien n'échappe à son œil curieux. — Ma bonne mère, dites-moi quels sont les étrangers qui sont entrés aujourd'hui dans cette sainte demeure. — Madame, il n'en est venu aucun de distinction : seulement le page de votre frère est arrivé à la pointe du jour. Je l'ai invité à se rendre à la chapelle où l'on disait la sainte messe; mais il a fui plus rapide que la flèche. Des larmes semblaient rouler dans ses yeux.

IV.

A ces mots, la vérité se montra aux yeux d'Isabelle,

comme un rayon de soleil échappé de la nue. — C'est Edith elle-même... Sa douleur muette, sa démarche, ses regards m'expliquent assez ce mystère. Ma chère Mona, qu'à l'instant on descende à la baie, qu'on prie le roi de venir dans ma cellule, et d'amener avec lui ce jeune page muet qu'il aime avec tant d'affection. — Eh quoi ! madame, ignorez-vous que, dès la pointe du jour, le roi a quitté ce rivage ! Mes yeux affaiblis par les ans ont vu, du haut de la tour, le départ des guerriers. Hier, ils ont campé au milieu de la forêt, et au lever de l'aurore le cor de leur vaillant prince s'est fait entendre ; ils ont pris leurs rangs ; leurs lances ont brillé à travers les armes et les broussailles. Dans leur empressement, ils sont partis sans avoir imploré la protection du ciel, semblables aux cerfs qui, le matin, secouent les gouttes de rosée dont la nuit les a couverts, relèvent fièrement leur tête ornée de rameaux, et s'enfuient vers la plaine. — Mais en quels lieux mon frère a-t-il porté ses pas? — J'ai appris qu'il se dirigeait vers la baie de Brodick, où l'attendent, à ce qu'on assure, une vingtaine de barques qui doivent le porter, au premier signal, aux rivages de Carrick. — Si tel est son dessein, ajouta l'inquiète Isabelle, il faut se hâter... Faites venir auprès de moi le père Augustin. — La nonne obéit, et le moine arriva bientôt.

v.

— Mon père, allez en toute hâte à la baie de Brodick : soyez mon messager auprès de Bruce. Dites-lui que je le conjure, au nom du ciel, de ne point quitter ce rivage avant de m'avoir parlé. Ou bien, si ses projets ne souffrent aucun retard, qu'il vous confie ce jeune page muet qui fait partie de sa suite ; dites-lui que c'est une grâce que lui demande Isabelle, et qu'elle a des motifs qu'elle ne peut expliquer. Allez, bon père, songez que votre diligence peut donner ou la vie ou la mort. — Le vieux prêtre se couvrit de son capuchon, s'appuya sur son bâton noueux, chaussa ses sandales, et, semblable au pèlerin courbé par l'âge, il se mit en route.

VI.

Les pas de la vieillesse sont tardifs : le trajet était long et pénible; mais il n'y avait dans ce lieu aucune autre personne à qui l'on pût confier cet important message. Le moine chemina lentement au milieu des taillis. Il suivit le cours de maints torrens qui, se précipitant avec fracas du sommet des montagnes, roulaient en mugissant leurs eaux rapides, et se brisaient en brillante écume. Le sauvage courlis voltigeait sans crainte autour du vieillard. Il traversa des chemins bordés de précipices dont les infractuosités demandaient un œil vigilant et une démarche assurée. Le voyageur reposa son front sur ces pierres druidiques, antiques autels de nos pères ; et, au milieu des monumens solitaires des héros païens, il murmura une humble prière pour ceux qui moururent avant que le soleil de Siloé se fût levé pour eux. Il s'agenouilla au pied de la croix de Macfarlane, dit son rosaire sous l'ombrage, et apaisa sa soif dans l'onde du ruisseau voisin. De là, poursuivant sa route, il gravit, à l'approche de la nuit, la colline qui porte sur sa cime verdoyante les gothiques tours de Brodick. Douglas les avait enlevées les armes à la main au dernier des Hastings, vassal de l'Angleterre. Le soleil, en se couchant derrière l'île, la colorait encore de ses derniers rayons.

VII.

Malgré l'approche de la nuit, tout était en mouvement dans la baie de Brodick. Les soldats de Bruce s'étaient déployés sur le rivage. Les uns démarrent les navires et les chaloupes, d'autres déroulent les voiles ou agitent les rames. Leurs yeux se tournent souvent vers un point lumineux qui brillait à l'horizon et que l'on aurait pris pour une étoile de la voûte azurée, si cette lumière eût été moins vive et moins étendue. Ce feu lointain brillait au sud. Au déclin du jour, sa clarté semblait pâle et mourante; mais quand la nuit eut jeté son voile sombre sur les rivages de Carrick, la flamme resplendissait de plus en plus.

Les pas appesantis du moine foulent les sables du rivage; il se trouve au milieu d'un spectacle étrange pour un ministre des autels. Ce sont des guerriers qui s'arment pour le combat, et qui préparent leurs bagages de guerre. Leurs mains agitent des lances et des haches; souvent les oreilles du saint homme sont frappées par un langage auquel elles étaient peu accoutumées. Les chefs hâtent l'embarquement, et, bouillans comme la vague de l'orage, ils parlent aux soldats avec les mots impérieux de l'impatience.

VIII.

Le moine traversa cette armée, et parvint jusqu'à Bruce. Il le trouva appuyé contre une galère restée à sec sur le rivage, et que la marée montante devait remettre à flot. Bruce comptait chaque vague qui s'enflait sur la grève, et qui venait baigner les flancs du navire. Il tournait parfois ses regards vers ce feu lointain, fixait son baudrier et agitait son épée dans le fourreau. Edward et Lennox étaient auprès de lui. Douglas et Ronald pressaient l'embarquement des troupes... Le moine s'approche du roi, et s'incline en sa présence. — Êtes-vous arrivé de si loin, lui dit Bruce, pour nous bénir avant notre départ?
— Prince, sujet loyal, j'invoquerai le ciel pour le succès de vos armes: mais j'ai une autre demande à vous faire. Alors il lui exposa le message d'Isabelle. — Par saint Giles, s'écria le roi, vous me désespérez; ce matin j'ai envoyé le page à Sainte-Brigite avec l'ordre exprès d'y demeurer. — Il y est venu, nous a dit la tourière; mais, seigneur, son séjour n'a pas duré long-temps.

IX.

— Edward prit alors la parole: C'est moi qui ai trouvé pour le page une mission plus importante. Je cherchais dans mon inquiétude un messager qui fût habile à porter vos ordres à Cuthbert : le hasard m'a fait entrer à la pointe du jour dans une chapelle où l'on célébrait la messe ; là, j'ai vu le page muet assis sur un tombeau et pleurant sur sa jeunesse destinée à l'obscurité des cloîtres. Je lui ai proposé cette mission. Aussitôt la surprise et la joie ont rayonné dans ses yeux. Il s'est élancé dans un léger esquif ; le vent propice enflait sa voile, et je vois qu'il a rempli fidèlement mes ordres ; car le feu qui brille à l'horizon nous annonce que Clifford garde négligemment le château de nos pères.

X.

— Imprudent ! s'écria le roi, comment as-tu pu avoir la barbarie d'exposer à un pareil danger un orphelin, un enfant, incapable de fuir, incapable de se défendre, et qui ne peut même implorer la pitié ? Oui, si le ciel m'avait rétabli dans mes droits, j'aurais donné ma couronne plutôt que d'exposer ainsi cet enfant sans défense. — Mon frère et mon roi, répondit Edward partagé entre la colère et le respect, je m'attendais peu à de pareils reproches. J'ai cru qu'un messager étranger s'introduirait dans la demeure du chapelain plus facilement qu'aucun de nos chevaliers, qui tous y sont connus. Sa présence ne sera pas remarquée. Son intelligence est active, et son malheur sera sa défense. S'il est découvert, on ne devinera jamais le but de son voyage ; et s'il est arrêté, sa bouche ne peut le trahir... D'ailleurs, cette flamme propice mériterait le pardon d'une faute plus grave encore que la mienne. — Ta conduite fut imprudente, reprit le roi ; mais à présent tous ces discours sont superflus. Hâtons-nous de partir. Bon père, racontez à Isabelle quel malheureux hasard m'empêche de la satisfaire. Si la victoire nous sourit, j'aurai soin de lui rendre ce page. Allez porter mes félicitations à ma sœur ; ne nous oubliez pas dans vos prières.

XI.

— Ah ! répondit le prêtre, tant que cette faible main

pourra élever le calice et faire un signe de croix, tant que ma voix cassée par l'âge pourra prononcer quelques paroles, jamais le roi Bruce ne sera oublié du fidèle Augustin. Alors Ronald s'approcha de lui et lui dit à voix basse : — Portez ces paroles à la princesse ; dites-lui que, puisque je combats sous les drapeaux de Bruce, pour l'Écosse et la liberté, je la supplie de permettre à son chevalier de porter quelque marque de son suffrage ; elle brillera sur mon cimier et fera trembler les plus braves chevaliers de l'Angleterre. Quant à ce page, des soins plus importans vont réclamer l'attention de Bruce : c'est Ronald qui veillera sur lui. Mon manteau lui servira de couche, mon bouclier de défense. A ces mots, le chevalier cessa de parler, car déjà l'effort de mille bras vigoureux avait lancé les barques à la mer. Elles étaient au nombre de trente; chacune portait cent quatre-vingts hommes d'élite ; et c'était avec de telles forces que Bruce allait conquérir ou l'empire ou la mort.

XII.

Toutes les barques sont à flot; elles se balancent sur le vaste Océan. Les équipages sont prêts. Déjà les vagues brisées sous l'aviron jaillissent en étincelles argentées ; la flotte s'éloigne; l'armure des guerriers ne renvoie plus au rivage que des éclairs affaiblis ; le murmure lointain des voix se confond avec celui des bardes.

— Daigne les protéger, ô mon Dieu! dit le prêtre en voyant les barques glisser sur les flots ; quand les glaives sont tirés du fourreau pour l'indépendance des peuples et les droits des monarques, c'est de ta propre cause qu'il s'agit : ordonne que les coups de ces fils de la liberté portent une double blessure ; renverse les étendards ennemis ; et que les nations reconnaissent que la victoire vient de Dieu seul.

Quand il eut gravi la colline, Augustin se retourna pour bénir encore une fois la flotte de Bruce. Ses yeux la suivirent long-temps jusqu'à ce qu'elle eût entièrement disparu. Alors il dirigea ses pas vers la tour de Brodick qui lui offrit un asile pour la nuit.

XIII.

Ils ont perdu de vue ces lieux enchanteurs où les îles de Cumray bordent d'une ceinture de feuillage le bassin de la Clyde; les bois de Bute fuient au loin sur les flots; les matelots joyeux frappent de l'aviron le sein paisible de l'Océan; et les chevaliers, plus accoutumés à manier la lance, se mêlent aux rameurs. La lune à demi voilée jette des rayons pâles et obscurs sur les voiles blanchissantes. Les pilotes dirigent leur gouvernail vers cette lumière qu'on aperçoit au loin : des cris souvent répétés (tel était l'ordre du roi pour que toutes les galères abordassent à la fois) avertissent les navires de presser ou de ralentir leur course. La flotte s'avance ainsi vers les terres de l'ouest. Bientôt elle va toucher les rivages de Carrick. Elle voit les feux du signal croître rapidement. Cette lumière, qui, de loin, ressemblait à peine à une étoile solitaire, brille maintenant comme une flamme majestueuse qui jette un vif éclat. Elle embrase le ciel et s'étend sur les flots. Les rochers de la côte et les îles voisines semblent nager dans un océan de lumière. L'oiseau de mer ébloui pousse un cri d'alarme et disparaît sous la vague écumeuse. Le cerf s'enfuit dans les taillis lointains; et le coq, croyant saluer les rayons de l'aurore, fait entendre son chant matinal. Bientôt toute la plaine paraît enflammée comme si un vaste incendie dévorait un antique château.

— Eh bien ! mon frère, que pensez-vous, dans votre sagesse, de mon rusé de page?

— Qu'on avance toujours, répliqua le roi, nous apprendrons bientôt la vérité, quelle qu'elle puisse être; car le page et le chapelain n'auraient pu allumer seuls de semblables signaux.

XIV.

Cependant les galères s'approchaient de la côte. — Celle d'Edward s'engagea dans le sable. Alors l'impatient chevalier s'élança dans la mer ; et, ayant de l'eau jusqu'à la ceinture, il aborda le premier au rivage, quoique les soldats de chaque galère se disputassent l'honneur de sauter à terre les premiers. Soudain cette étrange lumière, qui, de loin, semblait immobile comme l'étoile polaire, parcourt les airs, semblable au char enflammé du prophète ; les casques, les haches et les lances en réfléchissent le miraculeux éclat, et les soldats distinguent la figure de leurs camarades pâles de terreur. Mais déjà la clarté disparaît, et l'obscurité couvre tout le rivage.

Ronald implore le ciel ; l'intrépide Douglas fait le signe de la croix : — Grand saint Jacques, veille sur nous, s'écrie Lennox. Mais Edward, avec un air d'insouciance, dit à part à Kirkpatrick : — Penses-tu que ce soit l'âme irritée de Comyn qui nous soit apparue dans cette flamme ; et n'oserais-tu plus changer en certitude le doute de sa mort[1]?... — Silence, interrompit le roi, nous saurons bientôt si ces feux sont une vaine apparition ou un stratagème de nos ennemis. La lune brille à l'horizon ; que chaque chef range ses soldats sur la plage.

XV.

La clarté douteuse de la lune n'avait remplacé que faiblement l'éclat de cette lumière surnaturelle dans la baie silencieuse et sur les sables humides. Le roi Bruce formait les rangs de ses soldats sous l'abri des rochers, lorsqu'on aperçut le page muet se glissant le long d'un sentier qui menait à la mer. Il fléchit respectueusement le genou sur le sable, et remit à Bruce un rouleau de papier. — Qu'on apporte une torche, s'écria le monarque, nous allons savoir ce que nous mande Cuthbert.

Cuthbert ne donnait que de tristes nouvelles ; l'armée de Clifford était nombreuse, et se tenait sur ses gardes ; ce matin même elle avait été renforcée d'une troupe de montagnards commandée par le baron de Lorn. Le courage et la fidélité n'habitait plus cette terre depuis

---

(1) Voyez la note 7 du chant II.

long-temps flétrie par un joug cruel. Le sombre sommeil de l'esclavage s'était appesanti sur les habitans de Carrick.

Cuthbert avait vu la flamme du signal sans en deviner la cause; dans la crainte de quelque trahison, il renvoyait le messager muet d'Edward, pour avertir le roi du danger qu'il courait en abordant à ce fatal rivage.

XVI.

Les chefs s'étaient rassemblés autour de la torche. Bruce lut à haute voix ces nouvelles inquiétantes.—Maintenant, nobles chevaliers, dites quel est votre avis. Nous mettrons-nous en embuscade dans les bois, attendant une chance favorable pour terminer notre entreprise, ou faut-il regagner nos navires pour fuir dans un nouvel exil? Le farouche Edward répondit:—Advienne ce qu'il pourra, les seigneurs de Carrick doivent rester à Carrick. Je ne voudrais pas que jamais ménestrel pût dire qu'un météore ou un feu follet nous fît reculer. Si le roi entre vainqueur dans ces remparts, ce premier succès réveillera la fidélité dans tout ce qu'il y a de cœurs nobles et généreux. — Quelle honte, ajouta lord Ronald, si Torquil, venant au rendez-vous, trouvait qu'après tant de vaines forfanteries nous avons abandonné ces rivages sans frapper un seul coup? Je ne puis croire que cette terre si féconde en cœurs généreux, la nourrice de Bruce et de Wallace, puisse long-temps transiger avec ses tyrans. —Il faut tenter la fortune, s'écrièrent en même temps Boyd, Delahaie, Lennox et tous les chefs. Bruce se rendit à leurs désirs. — Les fiers habitans du sud se sont établis dans mon château, dit-il, mais l'heure n'est pas loin où je vais, à la tête de mes braves guerriers, forcer Clifford d'acquitter sa dette. Qu'on me suive, ces bois et ces sentiers me sont connus, je vais vous conduire dans un asile assuré.

XVII.

Que vous répondrais-je maintenant, si vous me demandiez d'où venait cette lumière merveilleuse dont la clarté trompa nos guerriers? On n'a jamais su qui l'alluma; mais nos ancêtres superstitieux ont cru que ce ne fut point une main mortelle. On dit encore que tous les ans, dans la même nuit où Bruce débarqua sur la côte de Carrick, la même lumière colore d'une teinte rougeâtre les montagnes et les vallées, la plage et l'Océan. Mais que ce soit une lumière céleste qui favorisa la descente du roi, ou un feu sorti de l'enfer pour l'attirer à sa défaite et à la mort, ou peut-être encore un de ces étranges météores qui trompent parfois le voyageur égaré, c'est ce que j'ignore... et ce qu'on ignorera toujours.

XVIII.

L'armée de Bruce se dirigeait dans un défilé hérissé de rochers; Ronald, fidèle à sa promesse, donnait le bras au jeune page, pour l'aider à marcher dans ce sentier difficile.

— Courage, pauvre Amadine (c'est le nom que les pirates avaient donné à leur captif)! pourquoi ton cœur palpite-t-il? N'es-tu pas appuyé sur mon bras? N'es-tu pas réchauffé par les plis de mon manteau? Cette triple peau de buffle ne forme-t-elle pas un bouclier suffisant pour nous deux? L'épée du clan de Colla n'est-elle pas d'un bon acier? Page timide, peux-tu sentir encore la crainte? Allons, courage, que ton cœur se rassure : Ronald ne cessera jamais de veiller sur toi.

Il arrive quelquefois qu'une flèche lancée au hasard atteint le but que l'archer ne visait pas; souvent une parole prononcée sans dessein flatte ou déchire un cœur malheureux partagé entre le plaisir et la crainte : le page se pressait contre Ronald. Le sentiment d'une joie délirante lui fit oublier ses terreurs, sa lassitude et ses chagrins; l'amour absorba toutes ses pensées.

XIX.

Les soldats ont franchi les barrières de ces sombres rivages et la cime escarpée des rochers. Sur les remparts du château lointain l'on entend les sentinelles s'appeler;

leur voix retentit dans la plaine et sur la mer : elle prouve la vigilance de l'ennemi.

Bruce a atteint le vaste parc du château. N'en cherchez plus l'auguste ombrage; la hache, la charrue, ont tout détruit; mais il existait alors des bouquets d'arbres qui ornaient cette plaine couverte d'un tapis de verdure; ici de belles et hautes fougères couvraient le vallon, et donnaient un asile au faon timide; là on voyait quelques tertres élevés, qu'ombrageaient des taillis verts et touffus. A l'entour régnait une pelouse digne d'être foulée par des fées. Le houx aux feuilles lustrées se plaisait dans ces lieux; l'if y projetait son ombre épaisse; de vieux chênes cicatrisés par la faux du temps y dominaient avec leurs rameaux desséchés. La lune caressait amoureusement de ses rayons cette belle plaine, ces monticules, ces clairières et ces vallons. Bruce soupira à l'aspect de ces lieux qu'il avait tant aimés dans son enfance. Il était libre alors, et aujourd'hui il erre comme un proscrit sous ces ombrages silencieux.

XX.

Les guerriers hâtent leurs pas : ils connaissaient cette marche mesurée par laquelle une troupe s'avance en bataillons serrés dans une retraite ou dans une charge. Malheur à eux si l'aurore les surprenait dans la plaine découverte. Ils traversent les taillis et les ruisseaux, foulent aux pieds tour à tour les sables et la mousse; les gouttes d'une sueur froide ruissellent sur le front abattu du jeune page. Il traînait avec peine ses pas languissans. — Courage, lui dit Ronald; encore quelques efforts. Je vais t'aider à supporter la fatigue. Mes bras sont vigoureux; il me sera facile de porter un fardeau aussi léger que toi. Eh quoi, tu me refuses! enfant capricieux. Eh bien, je te laisse à tes propres forces... Encore cette nuit, et je veux te placer auprès d'une belle dame; là tu accorderas ton luth pour dire combien Ronald aime Isabelle. — A ces mots, épuisé par la fatigue et la douleur, Amadine abandonne le manteau; ses membres tremblans lui refusent leurs secours; il tombe au milieu de la rosée du soir.

XXI.

Que faire? Le jour va luire, l'armée de Bruce avance à pas précipités, et ce serait pour Ronald une honte éternelle s'il ne combattait pas au premier rang. — Vois ce chêne, dit-il, le temps a creusé son tronc comme une grotte obscure; entre dans cet asile, tu t'y reposeras enveloppé dans un manteau. Je ne serai pas loin, tu peux m'en croire; mais il ne m'est pas possible d'abandonner l'armée. Je saurai reconnaître l'arbre qui te cache, et tu me verras bientôt de retour pour te mettre hors de danger. Allons, sèche tes larmes, pauvre enfant!... dors en paix, et réveille-toi au bonheur. — Ronald ayant caché le page dans cette étroite retraite, continua sa route et atteignit bientôt l'armée.

XXII.

Ainsi délaissé, le jeune page pleura et sanglota longtemps; mais la fatigue l'emportant sur la douleur, il s'endormit... Les accens d'une voix rauque interrompirent son sommeil. — Oui, c'est ici, près de ce bois, que la bête a passé... — Le vieux Ryno s'est arrêté sous le chêne! — Que vois-je! un manteau écossais, un jeune enfant enveloppé dans ses plis! Allons, dehors; quel est ton nom? que fais-tu ici?... Comment, il ne répond pas?... Ha, ha, je le devine; tu es cet espion envoyé à Cuthbert et arrivé d'Arran hier matin... Camarades, retournons, notre seigneur trouvera un moyen pour rendre la parole à cet espion muet... Donne-moi la corde de ton arc pour le garrotter. Mais il pleure, je crois; il a l'air tout effrayé; eh bien! nous le conduirons sans liens. N'aie point de peur... C'est un bel enfant, ma foi, pour un Écossais! Les chasseurs conduisirent sans délai leur pauvre prisonnier.

XXIII.

Le vaillant Clifford se préparait dans la cour de son

château à la chasse du matin. Tantôt il s'entretenait avec Lorn, tantôt il s'occupait des chiens et des coursiers. Les palefrois et les chevaux de bataille, dans leur impatience, creusaient la terre avec leurs pieds; les chiens de chasse aboyaient... Amadine, en entendant la voix trop connue du baron de Lorn, qui se mêlait au bruit des fanfares, crut être abusé par les visions que donne le délire de la fièvre; ces accens le troublèrent, comme ces sons de douleur que l'imagination du rêveur solitaire croit distinguer au milieu du mugissement des vagues et du sifflement des tempêtes. Mais les paroles des deux Chefs frappèrent bientôt plus distinctement les oreilles du page.

XXIV.

— C'est donc ainsi qu'elle vous fut enlevée? disait Clifford. Soyez sûr que le moine s'en repentira. Mais vous l'avez interrogé, que dit-il? — Il avoue qu'Edith déguisée entra dans son esquif; il fut le seul à la connaître. Il ajoute qu'une barque partie de Lorn les aborda le même jour, et que les pirates firent ma sœur captive. Le moine offrit de l'or pour prix de sa rançon, et ils l'acceptèrent; mais avant qu'on fût d'accord, le vent souffla avec violence, les vagues se soulevèrent en mugissant; les deux navires furent séparés, et depuis lors ils ne se sont plus revus. Telle était la violence de la tempête, que le vaisseau, l'équipage, la jeune fugitive, tout fut abîmé sous les flots. Fasse le ciel qu'il en soit ainsi; qu'une vague ait englouti avec Edith la honte qu'elle a imprimée à sa noble race! Il eût mieux valu pour elle qu'elle ne fût jamais née, que d'avoir couvert de déshonneur le nom glorieux de Lorn.

XXV.

En cet instant Clifford aperçut le captif: — Que nous amènes-tu là, Herbert? lui cria-t-il. — C'est un espion que nous avons trouvé blotti dans le creux d'un chêne. — Et que dit ce jeune homme?... — Rien; car il fait le muet. — Eh bien, qu'on fasse un nœud coulant à cette corde,... à moins que le vaillant Lorn ne s'oppose à l'exécution de la sentence, en faveur du plaid que porte le captif. — C'est un tartan de Colla, dit Lorn dont les regards indifférens se portaient sur le vêtement plutôt que sur les traits du jeune homme ; ce sont les femmes de ce clan qui préparent ce tissu. Ni le manteau ni celui qui le porte n'ont de droit à ma protection. Si on veut m'en croire, il faut l'attacher au vieux chêne et le balancer dans les airs jusqu'à ce que l'effroi lui délie la langue ; qu'il ne meure pas sans les rites funèbres de sa tribu... Angus-Roy, assiste à l'exécution, et fais entendre le chant de mort de Clan-Colla.

— Frère toujours cruel ! dit en lui-même le captif ; mais ces mots ne passèrent pas ses lèvres ; ferme dans sa résolution, il soupira le mot d'*adieu* sans le prononcer.

XXVI.

Sa constance ne sera-t-elle pas ébranlée à l'aspect du trépas ? Un seul mot suffit pour lui rendre la vie et la liberté. Amadine restera-t-il sourd à cette voix de l'instinct qui nous crie de tout sacrifier à la conservation de l'existence ? Mais l'amour, aussi puissant que la mort, a fortifié son cœur, et lui donne une force surnaturelle. Il ne succombera point ; le mot qu'il prononcerait livrerait Ronald à l'épée de son ennemi.

Le chant de mort du clan de Colla retentit au loin, l'exécuteur de la sentence est auprès du page. Les voilà dans le parc. Ils arrivent sous le vieux chêne destiné au supplice. Quelles sont les pensées d'Amadine lorsque ses regards cherchent en vain dans la plaine quelque espoir de secours ? quelles sont ses pensées quand son oreille effrayée entend les prières de la mort ? Se résoudra-t-il à cette mort barbare ; ou son secret sortira-t-il de son cœur ? La terreur couvre son front d'une sueur froide ; ses lèvres sont devenues livides. Non, la dernière agonie d'un mourant n'a rien de comparable à ce moment affreux.

CHANT CINQUIÈME.

XXVII.

Mais non loin de là sont d'autres témoins qui rient de la peur, et savent défier le trépas.

Les sons lugubres du chant de mort furent entendus des soldats de Bruce placés en embuscade. Le prince des Iles lève les yeux, il voit... — Par le ciel! s'écrie-t-il transporté de fureur, c'est le jeune page qu'ils mènent à la mort. Ce chant funèbre est une raillerie contre Ronald. Ils la paieront cher.

Bruce le retient par le bras. — Ils n'arracheront pas un cheveu de sa tête, dit-il; mais attendez mon ordre. Douglas, conduis cinquante soldats dans le lit de ce torrent; fais-les coucher par terre, ils fermeront le chemin aux fuyards. Une lance élevée au-dessus du taillis vous annoncera que cette embuscade est prête. Toi, Edward, avec quarante hommes armés de lances, tu iras à travers les arbres te placer auprès de la porte du château; et quand tu entendras le bruit du combat, tu marcheras en avant pour occuper le passage. Rends-toi maître du pont-levis, force la porte, et maintiens-toi dans la cour. Le reste de nos soldats va me suivre à pas lents le long des arbres, jusqu'à ce que Douglas soit arrivé à son poste.

XXVIII.

Semblable au cheval de bataille avide de combats et impatient du signal, Ronald frémit de rage en restant caché sous le feuillage. Il tient son épée dont l'acier bleuâtre sera bientôt teint du sang des vaincus. Cependant Bruce suit d'un œil attentif les mouvemens de ses soldats, et mesure l'espace que Douglas doit parcourir avant d'arriver au torrent désigné. Mais les chants funèbres ont cessé; le cortége s'avance d'un pas grave et solennel vers le chêne fatal; une prière prononcée à voix basse prépare la victime à la mort. Quel est cet éclair qui brille au milieu de l'obscurité des bois? C'est la lance de Douglas qui donne le signal. — Noble Chef, je ne te retiens plus, s'écrie Bruce; Ronald, tu peux partir.

XXIX.

Bruce! Bruce! ce cri si connu est répété par l'écho des rochers et des bois qui ont vu naître le monarque. Bruce! Bruce! ce cri terrible est le signal de mille morts. Les Anglais étourdis cherchent de quel côté doit éclater la tempête que présage ce nom terrible : elle fond sur eux de toute part. Surpris, cernés, ils sont tous taillés en pièces. Bruce s'élance au milieu de la mêlée; la redoutable épée du clan de Colla exerce ses ravages : tous ceux qui résistent tombent percés de coups; malheur aussi à ceux qui prennent la fuite; la lance de Douglas les attend. Deux cents soldats étaient sortis du château, pas un seul n'y rentra.

XXX.

L'épée de Ronald ne poursuivit point les fuyards : un plus tendre intérêt réclamait ses soins. Il releva le page que la crainte avait fait tomber par terre à demi mort. Deux fois dans cette matinée la surprise manqua lui ravir son secret, que l'aspect de la mort n'avait pu lui arracher. Quand Amadine revint à la vie, le nom de Ronald allait s'échapper de ses lèvres, et il eut peine à le remplacer par un murmure confus. Qu'il lui en coûta encore de ne point se trahir quand le prince des Iles voulut délivrer son sein oppressé du vêtement qui protégeait sa pudeur !... Mais soudain le cor de Bruce retentit : il faut retourner aux combats.

XXXI.

Le bouillant Edward cherchait une victoire plus difficile; il avait attaqué les portes du château sans attendre le signal. Telle était sa bravoure et sa témérité habituelle; et souvent cette valeur impétueuse remportait un plein succès, et son audace réussissait là où la prudence eût échoué. Il se précipita sur le pont, brisa les chaînes qui servaient à le lever, et d'un coup de sa hache abattit sur le seuil de la porte la sentinelle de garde, dont le cadavre s'opposa aux efforts de ceux qui essayèrent de la fermer.

Quoique surpris, les Anglais se défendirent vaillamment;
Lorn et Clifford combattirent en braves, mais Edward
s'ouvrit une route à travers cent ennemis; bientôt on entendit le cri de Bruce! Bruce! Il ne restait plus d'espoir
aux Anglais; de nouveaux combattans se précipitaient à
tout moment dans le château; encouragés par le succès
et enivrés de sang, ils chassaient devant eux l'ennemi de
poste en poste. Le glaive vengeur fut impitoyable, le sang
ruisselait à grands flots; les gémissemens de la mort se
mêlaient aux cris des combattans; les coursiers s'élançaient
dans la cour; les aboiemens des chiens retentissaient dans
les tourelles. Bientôt il ne resta plus d'ennemis en vie
que ceux qui, étendus par terre, poussaient les derniers
gémissemens.

XXXII.

Le vaillant Clifford n'est plus; son sang a coulé sous
l'épée de Ronald; mais, plus heureux que lui, Lorn parvint à gagner le port avec une suite peu nombreuse. Son
vaisseau était abrité sous la citadelle; il coupa le câble
qui le retenait; c'en était fait de lui si, dans ce moment
de furie et de carnage, Bruce l'eût rencontré.

Les vainqueurs firent retentir leurs cris de joie sous les
sombres voûtes des tours. Les habitans de Carrick virent
flotter sur le donjon du château la croix de Saint-André,
blasonnée en argent sur un large drapeau.

XXXIII.

Bruce a reconquis le château de ses pères. — Braves
amis, vous tous, mes camarades, réjouissons-nous : que
les plaisirs et l'allégresse soient avec nous; vous êtes tous
mes amis, le prince, le lord, le capitaine, le soldat, et le
page muet. Grand Dieu! la demeure de mes aïeux est donc
redevenue la mienne! c'est ici que se sont traînés les premiers pas de mon enfance. Les voici ces arches voûtées
dont l'écho répondait aux cris de ma jeunesse, et qui retentirent si souvent du bruit de mes jeux. Dieu du ciel!
c'est à toi le premier que j'adresse mes actions de grâce,

puis à vous tous, ô mes amis ! Bruce s'interrompt à ces mots, se signe,... et jette sur la table son épée encore fumante et teinte jusqu'à la garde du sang des habitans du sud.

XXXIV.

— Rapportez-moi, ajouta-t-il, les quatre coupes conservées par mes pères. Qu'on les fasse circuler autour de la table, et qu'elles soient le gage de la délivrance de l'Écosse. Qu'il soit tenu Écossais déloyal, celui dont les lèvres effleureront le vin, et qui, dans son cœur, ne fera pas comme moi le serment sincère de ne tenir ni à sa vie ni à ses biens jusqu'à ce que la liberté soit conquise ; que la honte éternelle soit son partage. Asseyez-vous, mes amis ; une heure de bonheur est courte ; il faut consacrer une heure à la joie. Les rayons du soleil ont plus d'éclat encore au milieu de l'orage.

— Nous avons commencé la délivrance de la patrie ; mais il nous reste beaucoup à faire. Qu'on expédie des courriers dans toute la contrée ; rassemblons nos vieux amis ! obtenons-en de nouveaux : que les chevaliers de Lanark revêtent leurs cottes de mailles ; que les braves fils de Teviotdale se joignent à nous ; que les archers d'Ettrick aiguisent leurs flèches : leur fidélité égale leur adresse. Appelez à nous toute l'Écosse, depuis les défilés de Reedswair jusqu'aux contrées sauvages du cap Wrath. Qu'on sache partout que l'aigle du nord a déployé ses ailes.

CHANT SIXIÈME.

I.

Qui pourra jamais les oublier les émotions délicieuses de ces jours d'enthousiasme, où le matin et le soir on voyait accourir sur la place publique des courriers hors d'haleine ? La voix tonnante du bronze, le son des cloches, nous annonçaient à chaque instant des victoires nouvelles. L'espérance, long-temps comprimée, prit enfin son sublime essor. Nos yeux ouverts dès la pointe du jour virent nos bannières triomphantes saluer les premiers rayons du soleil.

Jour de bonheur! tu mis un terme à nos incertitudes, à nos douleurs et à nos craintes; à vingt ans de dévastation, de carnage et de larmes. La tristesse elle-même leva ses yeux humides pour mêler, en soupirant, ses actions de grâces aux transports qui célébraient la chute du despote, la paix et la liberté.

C'est ainsi que la Renommée parcourut en triomphe toutes les montagnes de l'Écosse, quand le sort des armes eut frappé les usurpateurs, et que la bannière de Bruce flotta victorieuse sur les sommets de Loudon, et dans les plaines d'Ury. La vallée de Douglas fut maintes fois inondée du sang des ennemis. L'intrépide Edward mit en fuite le vaillant Saint-John; les vents du sud emportèrent sur leurs ailes les cris de guerre de Randolph; les villes et les châteaux devinrent la conquête de Bruce; et la gloire proclamait chaque jour un nouvel exploit du héros.

II.

Le bruit de ces succès retentit dans le château du suzerain et dans la chaumière du laboureur. Il vint aussi réveiller dans leurs cellules solitaires les vierges de Sainte-Brigite. O Isabelle! toi qui renonces au titre de princesse, et que des vœux enchaînent au cloître, la règle qui t'ordonne de porter le voile avec le scapulaire de laine, et de couper les tresses de tes noirs cheveux, cette règle sévère condamnait-elle le noble transport qui animait tes yeux humides, quand le ménestrel ou le pèlerin racontait quelque nouveau triomphe de ton frère valeureux? Mais quelle est cette jeune compagne qui partage tes espérances, tes craintes et tes prières? Ce n'est point une vierge des cloîtres. On la reconnaît aux boucles de sa chevelure, à la rougeur de son front, à ses soupirs, à ses tressaillemens involontaires, quand la gloire du valeureux Ronald se trouve mêlée aux exploits de Bruce.

III.

Quand le roi eut reconquis le château de ses pères et que sa noble entreprise fut heureusement commencée, ses premiers soins avaient été d'envoyer le page muet à l'île d'Arran; mais un déguisement étranger ne put tromper long-temps les regards d'une sœur. Les deux amies habitèrent dans la même cellule. Le tardif consentément de Bruce permit enfin à Isabelle de prendre le voile et de prononcer les vœux. Edith est avec elle; l'auguste fille de Lorn vit inconnue; et, tandis que l'Écosse s'agite au milieu des combats, elle passe ses jours dans le calme de la retraite.

IV.

Plusieurs années s'étaient écoulées, quand des nouvelles d'une haute importance arrivèrent à Sainte-Brigite.

De toutes les conquêtes faites en Écosse par l'épée victorieuse d'Édouard Ier, son fils n'avait plus vers le nord de la Tweed que le château de Stirling, assiégé par le roi Bruce. Un armistice avait été conclu, et l'on convint que si les assiégés ne recevaient pas de secours du roi d'Angleterre avant la veille de la Saint-Jean, ils livreraient la place à Bruce. Toute la Bretagne fut appelée aux armes. Des courriers et des hérauts parcouraient les provinces, sommant les princes et les seigneurs de se rendre à l'appel du suzerain, et de venir à Berwick pour faire lever le siège de Stirling. La Saint-Jean approchait... Tous les soldats du sud se réunirent à la hâte, préparés au combat. On voit accourir tout ce que l'Angleterre avait de nobles chevaliers et d'archers habiles. Les contrées qu'ils traversèrent semblaient embrasées par l'éclat que jetaient leurs boucliers et leurs bannières; mais les Anglais belliqueux n'obéirent pas seuls à cet appel; on vit aussi accourir les guerriers de la Neustrie et de la Gascogne. La Cambrie, récemment soumise, fit marcher ses montagnards;

et Connoght vit sortir du fond de ses forêts et de ses déserts les cent tribus dociles au sceptre du sombre O'Connor.

v.

L'orage s'approche, gronde, et menace l'Écosse. C'est ainsi qu'un sombre nuage s'arrête suspendu dans les airs, et, s'abaissant peu à peu, dérobe le sommet des montagnes aux yeux du pèlerin tremblant. Mais ce ne fut point avec un regard timide que le roi Bruce vit l'orage s'avancer. Résolu à soutenir le choc, il fit proclamer que tous ceux qui le reconnaissaient pour maître eussent à prendre les armes et à venir combattre à ses côtés. Oh! qui pourrait nommer tous les illustres chevaliers qui se rendirent à cet ordre, et qui s'armèrent pour la bonne cause, depuis les monts Cheviot jusqu'aux côtes de Ross, depuis les sables de Solway jusqu'à Marshal! La nouvelle de ces préparatifs de guerre fut portée par un courrier du roi dans la vallée solitaire d'Arran; mais des ordres secrets étaient destinés à sa sœur Isabelle, qui s'empressa le lendemain d'en faire part à la fille de Lorn.

vi.

— Est-il besoin de vous dire, Edith, combien la sincère union de nos cœurs est chère à votre Isabelle? Jugez donc de ma douleur quand il faut vous dire adieu. L'ombre triste d'un cloître ne fut pas faite pour vous : allez, mon amie, où un sort plus heureux vous attend; mais ne croyez pas, ma chère Edith, que vous ayez été trahie, quoique mon frère sache que la fille de Lorn et son page muet n'étaient qu'un. Bruce connaît toute l'inconstance des hommes; il épia l'impression que reçut Ronald en écoutant les derniers adieux d'Isabelle, qui lui prescrivaient de respecter les droits plus légitimes d'Edith, et d'être fidèle à ses sermens... Pardonnez-lui, pour l'amour de votre sœur. Si d'abord de vains regrets s'élevèrent dans l'âme de Ronald, ils sont éteints depuis long-temps. Il reconnaît maintenant quels droits vous avez sur lui, il se blâme souvent de son manque de foi; ô Edith! pardonnez-lui pour l'amour de vous-même.

VII.

— Non jamais, reprit Edith, je n'irai implorer l'alliance de Ronald.

— Que votre impatience ne m'interrompe plus; écoutez mon récit jusqu'à la fin.

— Le roi mon frère voudrait qu'Edith consentît à redevenir son page mystérieux. Elle pourrait alors juger par son cœur et par ses yeux du repentir de son amant... Libre, sous les auspices du roi, elle reviendrait, inconnue, habiter encore cette cellule et finir ses jours avec Isabelle, si tel était son dessein.

Le monarque avait peut-être des vues politiques en faisant cette proposition. Dunstaffnage avait été pris; le château de Lorn reconnaissait la puissance de Bruce. Le frère d'Edith retiré en Angleterre y était mort dans l'exil; sa mort donnait à sa sœur des droits sur ses vastes domaines, et ces droits ne seraient pas dangereux pour Bruce entre les mains fidèles de Ronald.

VIII.

Le trouble de ses yeux, son embarras, la rougeur de son front, trahirent l'émotion et le plaisir d'Edith. Elle feignit cependant de résister; ne devait-elle pas blâmer son amie d'une indiscrétion qui livrait à un tiers ses importans secrets? Comment se résoudre à quitter Sainte-Brigite, cette paisible demeure? Comment se séparer d'Isabelle et reprendre encore une fois ce vêtement étranger à son sexe, pour retourner au milieu des armées? Qui veillera sur elle dans son voyage? Elle désirait au moins un délai. Isabelle sourit, et pardonna ce léger artifice d'une jeune fille qui craint de paraître céder au premier retour d'un amant infidèle.

IX.

Oh! ne la blâmez pas; quand le zéphyr se réveille, son haleine fait tressaillir la feuille mobile; quand le soleil dissipe les brouillards du mois d'avril, ses rayons font éclore la violette; et l'amour, malgré tous les efforts d'un cœur offensé, doit renaître avec l'espérance. Edith opposa de tendres raisons aux murmures de sa pudeur. Ronald lui était destiné depuis sa plus tendre jeunesse, Ronald avait reçu ses sermens et sa foi;... et puis pouvait-elle ne pas obéir aux volontés de Bruce, son souverain, dont elle et ses biens dépendaient? Mais elle se promit de ne garder son déguisement de page que pendant un court espace de temps,... pendant un jour au plus : inconnue à tous, et surtout à Ronald, elle le verra encore une fois, elle l'entendra... (ne blâmez pas ce désir), elle l'entendra prononcer le nom d'Edith; et, de retour dans sa retraite, elle rapportera la consolante idée qu'il s'est repenti. Isabelle, qui depuis long-temps avait observé sa pâleur et sa tristesse, et qui se reprochait d'être la cause, innocente à la vérité, de ses malheurs, se réjouissait d'avoir trouvé ce moyen de réparer sa faute involontaire. Elle s'écria avec un cœur sincère :

— Elle sera donc récompensée de toutes ses souffrances!

L'heure du départ arriva bientôt; Edith s'embarqua sous la garde d'une troupe de montagnards. Fitz-Louis, leur chef, avait reçu l'ordre de conduire à Bruce le page muet, connu sous le nom d'Amadine, avec tous les honneurs qui sont dus au favori du prince.

X.

Le roi avait espéré que la belle Edith arriverait avant le jour du combat, mais une tempête et les hasards de la mer retinrent le navire loin du rivage. Ce fut le matin même du jour où la bataille devait se livrer qu'Edith parut sur la colline de Giles. L'horizon semblait embrasé comme une fournaise; aussi loin que l'œil pouvait atteindre, on apercevait des lances ondoyantes, semblables aux épis de l'été; les troupes du roi Bruce, divisées en quatre corps d'armée, se déployaient dans la plaine; un corps de réserve placé au pied de la montagne était destiné à porter du secours en cas d'évènemens imprévus ; le reste de l'armée était rangé en ordre de bataille entre le ruisseau de Bannock et l'église de Saint-Ninian ; les trois ailes, quoique isolées par leur position, étaient à portée de se secourir mutuellement.

Plus loin on découvrait l'armée anglaise, comme une forêt de piques dont l'œil cherchait en vain à mesurer l'étendue : là même où l'horizon semble se confondre avec les collines, on voyait encore étinceler les armes de ces innombrables soldats.

XI.

La jeune fille descendit la montagne, effrayée de cet appareil de guerre. Elle arriva au corps de réserve ; là se trouvaient réunis les hommes de Carrick et d'Ayr, ceux de Lennox et de Lanark, et tous ceux des terres de l'ouest. Les vaillans soldats des Iles s'étaient joints à eux, rangés en ligne de bataille et couverts de leurs plaids. L'étendard glorieux de Bruce se déployait avec orgueil dans le centre, non loin de la bannière de lord Ronald, dont les armoiries étaient un vaisseau à pleines voiles. Les cottes de mailles des guerriers de Bruce formaient un singulier contraste avec le plaid et la toque surmontée d'un panache des Hébridiens ; mais ce qui charma surtout les yeux de la fille de Lorn, ce fut le costume des montagnards, qu'elle n'avait pas vu depuis trois longues années. — Il est un guerrier surtout que ses regards cherchent dans la foule ; ce guerrier est loin d'elle au milieu des rangs : elle contemple avec le trouble de la tendresse les plis flottans de sa bannière, puis jette un coup d'œil sur le nombre immense des ennemis, et frémit en pensant aux chances de la guerre.

XII.

Fitz-Louis conduisit le page jusqu'au centre de l'avant-garde ; c'était là qu'on voyait les vaillantes cohortes des Marches, les guerriers de Loudon, la troupe peu nombreuse, mais redoutée, des archers de Liddell et d'Ettrick.

L'intrépide Douglas et le jeune Stuart commandaient les hommes de Nith et de la vallée d'Arran et les courageux lanciers de Teviotdale. Près de l'église de Saint-Ninian étaient réunis, sous les ordres du valeureux Randolph, les soldats envoyés par l'Écosse depuis Tay jusqu'à Sutherland. Le reste de l'avant-garde, commandée par Edward Bruce, était protégé vers l'ouest par les ravins profonds de Bannock. Derrière eux était posté le brave Keith, le lord maréchal. Un rideau de feuillage cachait ses hommes d'armes avec leurs lances, leurs casques et leurs panaches flottans. Telle était la disposition des différens corps d'armée que Bruce avait ordonnée. Edith et son guide se dirigèrent vers le monarque.

XIII.

Arrivés au premier poste, ils s'arrêtèrent. Le roi, placé à une portée de javelot du front de bataille, observait l'ennemi et faisait aligner ses soldats. Armé de pied en cap, il guidait un léger palefroi, attendant le moment de l'attaque pour monter son cheval de bataille. Le diadème d'or brillait sur son casque d'acier; au haut de son cimier était attaché le gant d'Argentine, gage de son défi; la hache d'armes remplaçait dans ses mains le bâton de général.

A trois portées de javelot plus loin paraît l'armée anglaise. Les chefs, appuyés sur leurs armes, tiennent conseil, et se demandent s'il faut engager le combat dans la nuit même, ou le différer jusqu'au lever de l'aurore.

XIV.

Qu'il est beau, mais qu'il est terrible le spectacle qu'offre la première ligne de cette armée! L'or et l'acier y étincellent de toute part. Le roi d'Angleterre y est avec tous ses pairs.

Quel est celui qui, voyant ce monarque entouré de tout son royaume armé pour défendre ses droits, eût osé prédire le triste sort qui le menaçait? Il fait caracoler avec grâce son noble coursier; et l'on reconnaît dans ses yeux quelques étincelles du feu des Plantagenets. Son regard naturellement distrait se ranime à la vue des boucliers et des armes.

— Argentine, dit-il, connaissez-vous ce chevalier qui range en bataille les lignes ennemies ? — Le gage qui surmonte son casque me dit que c'est Bruce lui-même : je le reconnais. — Comment ce traître, dit Edouard, a-t-il l'audace de braver ma présence et nos drapeaux ? — Sire, répondit Argentine, que n'est-il monté sur un coursier comme le mien, pour que la partie fût égale ; j'irais rompre une lance avec lui. — Dans un jour de bataille, repartit le roi, les lois de la chevalerie sont mises de côté. Ce rebelle ose irriter mon courroux, qu'on fonde sur lui et qu'il disparaisse de mes yeux. — A cet ordre du roi, sir Henry Boune sortit des rangs.

XV.

Sir Henry était issu de l'illustre sang de Hereford, si renommé dans la chevalerie ; brûlant de se signaler devant le roi par quelque exploit digne de sa race, il pressa son coursier, mit la lance en arrêt et s'élança sur Bruce. Immobile comme le rocher qui brave le choc de la vague irritée, Bruce resta ferme sur ses arçons. Tous les cœurs palpitèrent, tous les yeux se fixèrent sur les deux combattans. Plus rapide que la pensée, le regard et l'éclair, sir Henry fondit sur le roi. Le faible palefroi de Bruce aurait-il pu soutenir un tel choc ? La perdrix résisterait plutôt au faucon. Evitant la rencontre du chevalier au moment même où il était prêt à frapper, Bruce se détourne avec adresse : sir Henry va poursuivre sa carrière... mais sa course ne fut pas longue. Bruce, affermi sur ses étriers, lança avec force sa hache d'armes, qui alla frapper si violemment sur le chevalier anglais, que son casque en fut écrasé comme le fruit du noyer, et que la hache d'armes se brisa jusqu'à la garde. Le cheval tressaillit et abandonna sur le sable le corps inanimé de son maître.

Ah! combien fut soudaine et rapide la mort de Boune, première victime de cette fatale journée!

XVI.

Bruce jeta un regard de pitié sur le cadavre de son ennemi : puis, ayant tourné la bride de son coursier, il regagna tranquillement les rangs de l'armée écossaise. Les Chefs s'approchèrent de lui et le blâmèrent à haute voix d'exposer ainsi à l'épée d'un aventurier une vie si précieuse et si chère. Bruce, remarquant alors sa hache, répondit d'un air indifférent : — Je paie cher mon imprudence, ma fidèle hache d'armes s'est brisée dans mes mains.

Dans ce moment, Fitz-Louis aborda respectueusement le roi et s'acquitta de la commission d'Isabelle. Edith déguisée se tenait à quelques pas de distance, et cachait sa rougeur en se couvrant le visage de ses mains. En l'apercevant, le monarque jeta loin de lui sa hache ensanglantée, et s'avança vers le prétendu page, cherchant à donner plus de douceur à son regard. Il prit la main d'Amadine avec la grâce d'un chevalier, et son sourire bienveillant promettait au page timide l'amitié d'un frère chéri.

XVII.

—Ne crains rien, lui dit-il, jeune Amadine; et il ajouta tout bas : — Que ce nom soit encore le tien; la fortune règle nos destinées; elle t'envoie près de nous dans un moment de crise qui, je l'espère, va nous mettre pour toujours à l'abri de ses caprices; car vainqueur ou vaincu, je reste sur ce champ de bataille. Pour toi, monte sur cette colline, asile de ceux qui suivent l'armée et qui ne peuvent porter les armes. (Fitz-Louis, veillez sur lui.) Nous nous rejoindrons si le ciel nous seconde; s'il en est autrement, retourne dans la demeure sacrée d'Arran; vis avec Isabelle, car le brave Ronald a fait vœu de ne jamais revoir la belle fille de Lorn, objet de ses plus tendres vœux, s'il désertait le champ de bataille ou la cause de Bruce et de l'Ecosse... Silence... les sons de ces trompettes m'appellent!... excuse ce prompt départ; adieu, adieu. Et il ajouta d'une voix plus basse: — Adieu donc, aimable Edith; adieu.

XVIII.

— D'où vient ce nuage de poussière qui s'élève du côté de l'aile gauche? cria le monarque au comte de Moray, qui se tenait à cheval près de lui. Eh quoi, déjà les ennemis ont cerné votre poste? Ah! Randolph! vous avez perdu une fleur de votre couronne! Alors le comte baisse sa visière. — Elle va refleurir, dit-il, ou ma vie se flétrira avec elle. A moi, vassaux de Randolph! Et ils se précipitèrent, prompts comme la foudre, sur les ennemis. — Sire, dit alors le noble Douglas, le comte Randolph peut à peine opposer un de ses hommes contre dix Anglais; laissez-moi lui porter du secours. — Restez à votre poste; le comte réparera la faute qu'il a commise. Il ne faut point affaiblir notre corps de bataille.

Alors on entendit s'élever le cri de la mêlée. Le cœur du généreux Douglas bondit: — Sire, écouterai-je avec patience ces clameurs, qui peut-être m'annoncent le chant de mort de Moray? — Eh bien! va donc, mais hâte-toi de revenir.

Douglas s'élança suivi de son clan. Arrivé au sommet de la montagne, il arrêta sa troupe. — Reconnaissez-vous les Anglais taillés en pièces et mis en déroute! Le comte a su vaincre; voyez son étendard flotter au milieu du désordre de la mêlée. Amis, retournons à nos postes, notre présence diminuerait sa gloire: nous sommes arrivés trop tard. — Douglas rejoignit l'armée; dans tous les rangs on apprit l'heureuse nouvelle que Dayncourt avait péri de la main de Randolph, et que ses soldats avaient été mis en fuite. Cette escarmouche termina la journée. Les deux armées gardèrent leur ordre de bataille et passèrent la nuit sous les armes.

XIX.

C'était une nuit du riant mois de juin; la lune poursuivant sa carrière dans un ciel sans nuage, laissait tomber ses molles clartés sur Demayet et sur les antiques tours de Stirling : les flots de la rivière se succédaient comme les anneaux d'une chaîne argentée. Astre paisible, tu dois éclairer bientôt un autre spectacle... des étendards en lambeaux, des armes brisées, des monceaux de cadavres ; et les morts et les blessés confondus dans les flots ensanglantés du Forth.

Tu entends maintenant les cris de la débauche au milieu des troupes anglaises, tandis que les légions de l'Écosse implorent le ciel, et préparent le saint sacrifice. Ici le nombre a fait naître la présomption ; là c'est dans le Dieu des armées que les soldats de Bruce mettent leur force.

XX.

La belle Edith se tenait sur la colline de Saint-Giles, dont le sommet dominait le champ de bataille. Avec elle sont les serfs et les pages, trop jeunes encore pour porter les armes. Avec quelle agitation pénible elle voit l'aurore colorer l'horizon ! Déjà le soleil brille sur les hauteurs d'Ochil, et dissipe les ténèbres du sombre Demayet. Est-ce le chant de l'alouette ou le cri sourd du héron qui frappe son oreille ? Non ; ce sont les accens confus, mais de plus en plus sonores, des trompettes qui se mêlent aux roulemens du tambour. L'armée d'Écosse répond par le son des cornemuses et des cors. Chaque soldat fait le signe de la croix et saisit ses armes. Le spectacle de la guerre se montre dans tout son appareil.

XXI.

Les forces de l'Angleterre se déploient dans une immense étendue, comme les flots de l'Océan, quand l'impétueux vent d'ouest annonce par ses sourds mugissemens l'approche de la tempête. Aux premières lignes marchent les braves archers ; derrière eux s'avancent les hommes d'armes ; et c'est au milieu de ce corps qu'on reconnaît le roi entouré de chevaliers, les uns aguerris aux combats, les autres ayant nouvellement reçu les éperons et brûlant de les mériter. Argentine est à ses côtés avec le vaillant de Valence, l'orgueil des Pembroke, choisis l'un et l'autre pour tenir les rênes de son coursier. Au moment où le roi porta ses yeux sur l'armée écossaise, il vit avec étonnement que l'on abaissait les bannières, les lances et les boucliers ; la pointe de tous les glaives est tournée vers la terre ; chaque guerrier fléchit le genou. — Les rebelles se repentent, dit-il à Argentine ; les voilà qui s'agenouillent pour implorer leur grâce. — Oui ; mais leurs genoux fléchissent devant une autre puissance ; ils implorent un autre pardon que le nôtre. Voyez-vous ce prêtre, les pieds nus, qui les bénit en élevant les mains ? Ils trouveront ici la victoire ou la mort. — Eh bien, risquons la bataille. Ordonnez au comte de Glocester de commencer l'attaque.

XXII.

Au moment où les troupes écossaises se relevèrent, le comte Gilbert agita son bâton de commandement. A ce signal, les archers anglais font un pas en avant, élèvent la main gauche et approchent leurs arcs de l'oreille droite ; le frémissement de dix mille cordes se fait entendre, et dix mille flèches frappent l'ennemi comme la grêle de décembre. Ni le bouclier doublé d'une épaisse peau de buffle, qui couvre le soldat des montagnes, ni la cotte de mailles que portent ceux des plaines, ne les sauvent de cette tempête. Malheur, malheur à la superbe Écosse ! Les cavaliers de Bruce ont mis pied à terre et se tiennent auprès de leurs chevaux. Le bouillant Edward, le pied sur l'étrier et la main sur la crinière de son cheval, pouvait à peine contenir son impatient courroux ; enfin, les archers anglais s'avancent dans la plaine. — A cheval, braves guerriers ! s'écria-t-il, et au même instant les cavaliers se trouvèrent en selle. Leurs brillantes aigrettes s'agitèrent comme les feux follets qui s'élèvent de la terre. La poitrine défendue par leur bouclier, ils tiennent la lance en arrêt. Edward s'écrie : — En avant, tombons sur ces misérables, brisons les cordes de leurs arcs !

XXIII.

L'éperon déchire les flancs des chevaux ; ils se précipitent au milieu du corps des archers. Sans retranchemens pour se mettre à l'abri, sans armes pour les arrêter, les archers ne peuvent résister avec leur armure légère au choc de ces lourdes massues et aux fers de ces longues piques. Leur courtes épées sont inutiles contre des chevaux bardés de fer et des guerriers couverts de cottes de mailles ; ils ont perdu leurs rangs ; le glaive plane sur leurs têtes : on entend les cris de victoire et les plaintes des mourans. Les archers soutiennent quelque temps le combat avec une valeur opiniâtre ; mais enfin, rompus de toute part, ils sont forcés de chercher leur salut dans la fuite.

Cerfs de Sherwood et de Dallom-Lee, bondissez de joie, les arcs brisés à Bannock-Burn ne dirigeront plus de flèches contre vous. Que les jeunes filles ornent de feuillage le joyeux mai de Wakefield, et tournent leurs regards inquiets vers le nord ; leur attente sera trompée, elles ne reverront plus ceux qui les animaient à la danse. Dispersés, taillés en pièces, criblés de mille coups, foulés par le pied des chevaux, les archers couvrent de leurs cadavres la plaine ensanglantée de Bannock.

XXIV.

Le roi d'Angleterre s'indigne de leur fuite. — Les voilà, disait-il, ces valeureux archers ! il n'est pas un de ces grossiers paysans qui ne se vantât de porter dans son carquois la vie de douze ennemis. Les lâches ! ils sont plus propres à dévaster nos forêts qu'à se mesurer contre un ennemi courageux. Allons, gentilshommes et chevaliers, en avant ! montrez votre vaillance ; il vous appartient de rétablir le combat.

A la droite du champ de bataille se trouvait un chemin facile et uni, mais le prévoyant Bruce l'avait fait couper par des fossés, qui, recouverts de broussailles et de gazon, cachaient un piège inévitable. Douze mille cavaliers se précipitèrent dans ce chemin, la lance en arrêt, le cœur brûlant de vengeance et défiant de loin l'ennemi avec des cris terribles mêlés au bruit des clairons. Hommes et chevaux s'élancent en aveugles sur le champ de bataille; les premiers sont déjà tombés dans l'abîme ouvert sous leurs pas; ceux qui les suivent s'y précipitent après eux : les casques, les boucliers, la cotte de mailles, la lance et l'épée, la force, la bravoure, rien ne préserve de cette mort. Des clameurs confuses s'élèvent du milieu de ces précipices ; ce sont les cris des mourans et les hennissemens de mort des chevaux. Ils accouraient, semblables au torrent descendu des montagnes, qui roule à travers les rochers; ils se sont engloutis comme ses vagues écumeuses dans une caverne obscure : le torrent bouillonne encore ; et chaque flot disparaît en mugissant.

XXV.

Mais l'Angleterre ne cède pas sitôt le champ de bataille; ses plus nobles preux combattent pour elle; il lui reste maint chevalier à qui la crainte ne fut jamais connue. Le courageux comte de Norfolk, de Brotherton, l'illustre De Vere d'Oxford, Glocester, Berkley, Grey, Bottetourt, Sanzavere, Ross, Montague, Mauley, le superbe Courtenay, Percy, vivent encore. Leurs noms, connus avec honneur dans les guerres d'Ecosse, à Falkirk et à Dunbar, s'illustrèrent plus encore dans la suite par les combats de Crécy et de Poitiers. Argentine et Pembroke font avancer l'arrière-garde; ils foulent avec précaution cette terre couverte de cadavres, et que le sang a rendue glissante. Arrivés à l'ennemi, les hallebardes, les haches et les lances se croisèrent avec une égale furie. C'est alors que Douglas put déployer sa force, et Randolph sa généreuse valeur. Stuart se montra digne d'être un jour le chef d'une race royale. Anglais, Écossais, combattent avec le même courage. Que de nobles cimiers jonchèrent la terre! que de chevaliers illustres reçurent le trépas! Le carnage moissonne tous les rangs.

XXVI.

Chaque soldat combattait corps à corps; les coups succédaient aux coups; le cliquetis des armes et les cris de guerre étouffaient les soupirs des mourans. Dans les deux partis, que de motifs différens inspiraient tous ces héros de l'Angleterre et de l'Écosse! Le chevalier mourait pour la gloire, le citoyen pour son pays, le jeune homme pour faire preuve de son courage ou pour mériter l'amour de sa dame; quelques-uns venaient assouvir une horrible soif de sang; l'habitude et une bravoure naturelle conduisaient les autres; mais, quel que soit leur but, soldat loyal, serf ou noble, tous suivirent la même route... celle du tombeau.

XXVII.

Quoique l'ardeur des combattans commence à s'éteindre, la victoire est incertaine. Le soleil est arrivé au milieu de sa course. La poussière s'élève en nuages plus épais. Les coups sont devenus plus faibles. Douglas s'appuie sur son épée. Randolph essuie son front couvert de sang. Les troupes anglaises ne sont pas moins fatiguées d'un combat qui dure depuis la pointe du jour. Le vaillant Egremont s'arrête pour reprendre haleine; Beauchamp relève la visière de son casque. La lance s'échappe des mains de lord Montague. Et toi aussi, brave De Vere, tu laissas tomber ton épée; les coups que portait le robuste Berkley se ralentirent. Le cor de l'intrépide Pembroke perdit ses accens guerriers. Ton bras s'abaisse, Argentine; et je n'entends plus la voix de Percy qui criait:
— Camarades, avançons.

XXVIII.

Bruce, dont l'œil vigilant comme celui du pilote, s'aperçoit de la lassitude des combattans, s'est écrié: — Encore un effort, et l'Écosse sera libre. Lord des Ilés, ma confiance en toi est ferme comme le rocher d'Ailsa ; fonds sur l'ennemi avec les montagnards, moi je vais charger à la tête de mes lanciers de Carrick. Allons, courons au combat. — Aussitôt le pibroch se fait entendre ; Bruce ordonne la charge. — En avant, lanciers de Carrick! l'ennemi lâche pied ; marchons, nobles fils d'Innisgail : vous combattez pour vos femmes, vos enfans, pour votre patrie, votre liberté, pour votre vie ; le succès ne sera pas long-temps douteux. —

XXIX.

Ce nouveau choc fit reculer les Anglais, qui laissèrent leurs meilleurs soldats baignés dans leur sang. Argentine seul élève son bouclier orné d'une croix rouge : il rallie les débris de l'armée, et dispose un nouvel ordre de bataille. Ses efforts rétablirent le combat, mais cette nouvelle lutte ne dura pas long-temps.

La belle Edith avait entendu les cris de joie des soldats anglais, elle les vit se retourner tout-à-coup au milieu de leur déroute. Le son des clairons est à la fois un son de douleur et de triomphe. Edith croit voir les soldats de Ronald enveloppés par l'ennemi. — O ciel! le combat recommence, point de secours! Et vous, témoins impassibles de la ruine de votre patrie, portez-vous donc des cœurs de rocher? —

XXX.

Ceux qui de loin observaient les deux armées, n'avaient pu voir sans émotion Bruce combattre pour les droits de l'Écosse. L'amour de la patrie embrasait tous les cœurs. L'adolescent, le vieillard, le prêtre, le laïque, les femmes mêmes tendaient les mains à la vue d'une hache ou d'une épée ; mais quand Amadine recouvra la parole pour leur adresser ces reproches, l'enthousiasme s'empara de cette multitude. — Des prodiges accusent notre lâcheté ; c'est un muet qui nous rappelle nos devoirs ; celui qui rend la voix au muet peut donner la force aux faibles ; l'Écosse est notre patrie comme celle de Bruce ; elle est notre terre promise à tous, c'est à nous comme à lui de venger les outrages de notre nation. Comme lui, nos cœurs doivent choisir entre la mort et la liberté. Aux armes! aux armes! — Alors tout devient lance, épée ou massue : des drapeaux sont faits à la hâte, et cette armée nouvelle fond sur les Anglais fatigués.

XXXI.

Déjà les escadrons du sud, dispersés dans la plaine, n'écoutant plus ni les reproches, ni les prières, ni les ordres, fuyaient ou ne faisaient qu'une résistance douteuse; mais quand ils crurent voir des troupes encore fraîches marcher sur eux, les plus courageux rompirent les rangs. Rendons justice à leur malheureux prince : vainement il se jeta au milieu de la mêlée; ses menaces, ses pleurs, son désespoir, tout fut inutile. Enfin, Pembroke, détournant la bride de son coursier, le força de s'éloigner du champ de bataille. Argentine le suivit jusqu'au sommet de la colline; mais là il s'arrêta. — J'ai laissé un gage sur le champ de bataille, dit-il; l'honneur, plus cher que la vie, m'ordonne de retourner au combat. Hâtez-vous de vous éloigner, sire, le cruel Douglas suit vos traces; je reconnais sa bannière qui s'avance. Que le Seigneur envoie à mon maître joie et prospérité; que ses armes soient désormais plus heureuses. Adieu, sire, adieu. —

XXXII.

Il retourne sur le champ de bataille, et voit les Anglais en fuite, prisonniers ou sans vie. — Maintenant, dit-il en mettant sa lance en arrêt, me voilà au terme de ma carrière; encore un effort, ce dernier exploit va mettre fin à ma race. — Alors, se levant sur ses étriers, il porte à haute voix ce défi : — Saint-Jacques pour Argentine! — Quatre de ceux qui poursuivaient les fuyards furent désarçonnés; mais le brave chevalier reçut un coup de lance qui le frappa au défaut de la cuirasse, et un coup de hache brisa son cimier. Malgré sa blessure, il court sur le vaillant lord de Colonsay, et enfonce dans son sein le fer de sa lance. Le montagnard se débat contre le fer meurtrier qui le fixe à la terre; il brandit encore son épée, et frappe son ennemi; le sang d'Argentine ruisselle; il chancelle sur ses étriers, et le farouche Colonsay sourit au milieu des angoisses de l'agonie, en voyant sa fidèle épée venger si bien son trépas.

XXXIII.

Bruce s'occupait de recueillir les fruits d'une victoire si glorieuse. Il ordonnait à sa cavalerie de poursuivre l'arrière-garde des Anglais, et d'empêcher leurs corps dispersés de se réunir, lorsque le cri de guerre qu'Argentine prononçait vint frapper de loin son oreille. Aussitôt il s'écrie : — Épargnez ce noble et brave chevalier. Les escadrons ouvrent au roi un libre passage. Il s'approche du blessé; hélas! il n'élevait plus son bouclier orné d'une croix rouge; son casque, son armure étaient couverts de son sang. Quand il vit Bruce s'avancer, il recueillit ses forces pour mettre sa lance en arrêt; vain effort! son éperon ne peut exciter son coursier. Le chevalier, épuisé de fatigue et de blessures, tombe sur l'arène; le généreux Bruce accourt, s'empresse de le relever et de délier les courrois de son casque.

— Seigneur comte, lui dit Argentine, la journée est à toi. Les ordres du roi mon maître et le sort ennemi nous ont fait rencontrer trop tard; mais Argentine mourant peut encore demander une grâce qu'il attend d'un ancien frère d'armes, une messe comme chrétien, et un tombeau comme chevalier.

XXXIV.

Bruce pressa sa main mourante qui voulut lui rendre cette étreinte amicale; mais elle se raidit et devint froide entre les mains de Bruce.

— Adieu! s'écria le vainqueur. O toi, la fleur et l'orgueil de la chevalerie, on vantera à jamais ton bras valeureux, ta courtoisie, ta haute race, ta foi sans tache et la noblesse de tes traits. Que les torches s'allument dans l'église de Saint-Ninian ; qu'on prépare le service funèbre d'Argentine : jamais torches ne brûlèrent, jamais prières ne furent prononcées sur le cercueil d'un plus vaillant chevalier !

XXXV.

Ce ne fut point pour d'Argentine seul que les prières de la mort se firent entendre dans l'église de Saint-Ninian, et que les torches s'allumèrent ; leur clarté lugubre éclaira aussi mainte armure brisée et sanglante, et les débris de maints cimiers, dépouilles des barons, des comtes et des baronnets. Les plus illustres fils de l'Angleterre eurent aussi leur part de la pompe funèbre.

Ne pleure point, patrie de la gloire, quoique, depuis l'invasion de Guillaume-le-Conquérant, jamais les léopards n'eussent été mis en fuite dans un combat aussi funeste ; tes annales peuvent aussi se vanter de plus d'une bataille gagnée sur les Écossais. Ne leur envie point leur victoire : ils combattaient pour les droits de leur indépendance. Ces droits, si chers à tous les cœurs amis de la liberté, ne sont-ils pas plus chers encore à la terre d'Albion ?

XXXVI.

Revenons à Bruce, curieux d'apprendre de Fitz-Louis le miracle qui vient de s'opérer. Mille voix répètent autour de lui : — Le page a recouvré la parole ! — Le page ! interrompt Fitz-Louis ; dites plutôt un ange descendu des célestes régions pour briser le joug des Anglais. J'ai vu tomber sa toque ornée de plumes, quand nous descendions la montagne ; son front, rempli de douceur, ses longs cheveux, qui se déroulaient avec grâce, ont donné un nouvel éclat à ses yeux ; son pied léger effleurait à peine le gazon, comme s'il eût été soutenu par des ailes inaperçues. — Que disait-il en ce moment ? Une seule parole est sortie de sa bouche, quand il a vu le Lord des Iles retourner au combat. — Et quelle réponse ce seigneur lui a-t-il adressée? — Il est tombé à genoux; ses yeux se baissaient vers la terre; il murmurait à voix basse des mots sans suite, respectueux dans sa joie, comme s'il eût parlé à l'habitant d'une sphère supérieure.

XXXVII.

Le roi Robert, oubliant un moment les hautes pensées qui l'occupent, ne peut s'empêcher de sourire.

— Quoi donc, dit-il, le page avait une grâce angélique, un front noble, des cheveux ondoyans; et Ronald s'est prosterné devant lui! Dans ce cas, nous aurons besoin de l'Église. Que mon chapelain soit averti avant que ces étranges nouvelles se répandent plus loin; qu'il aille à Cambuskenneth, et dispose l'autel pour célébrer une messe solennelle. Mon peuple remerciera le ciel de son heureuse délivrance; mais qu'une autre cérémonie se prépare pour célébrer l'hymen d'un prince. Nous avons, aux jours de nos disgrâces, interrompu la fête nuptiale; je veux, avant le retour de l'aurore, assister à l'hymen de la fille de Lorn.

CONCLUSION.

Allez, mes vers, allez au hasard; ne blâmez pas le ménestrel de n'avoir point choisi pour ses humbles chants un protecteur dont le nom et l'amitié partiale auraient pu vous aplanir le chemin de la gloire. *Il était...* Ah! que de douloureux regrets dans ces deux mots! il était une amie généreuse, qui, si le sort l'eût permis, vous aurait, ô mes vers, donné le droit de marcher fièrement à côté des plus nobles productions des Muses.

Aujourd'hui elle est devenue l'égale des anges... Il lui manquait si peu de chose pour l'être déjà dans son pèlerinage dans ce bas monde! A quoi bon rappeler cette patience qui lui faisait cacher ses douleurs pour adoucir celles des autres? A quoi bon dire comment la flamme pure de la vertu avait encore plus d'éclat en elle? A quoi bon apprendre au monde que la modeste guirlande destinée à orner son front est suspendue sur son cercueil pour s'y flétrir loin de tous les yeux?

NOTES.

CHANT PREMIER.

NOTE 1. — Paragraphe II.

Les veaux marins ont pour la musique un goût décidé, tel qu'on n'oserait l'attendre de leurs habitudes et de leurs mœurs. Ils suivront long-temps un bateau où résonnera un instrument quelconque; le son même le plus simple suffit pour les attirer.

NOTE 2. — Paragraphe VII.

Le détroit de Mull, qui divise cette île du continent de l'Écosse, offre un des plus curieux spectacles des Hébrides.

NOTE 3. — Paragraphe VIII.

Le nombre des îles occidentales de l'Écosse monte au-delà de deux cents. (Voyez *Martin, Description des Hébrides.*)

NOTE 4. — Paragraphe VIII.

Somerled était taniste d'Argyle et lord des Iles vers le milieu du douzième siècle. Son descendant, le héros de ce poème, portait le nom d'Angus Og. Nous avons substitué à ce nom celui de Ronald, *euphoniæ gratiâ.*

NOTE 5. — Paragraphe XI.

La maison de Lorn était descendue, comme celle du lord des Iles, d'un fils de Somerled.

NOTE 6. — Paragraphe XXI.

Ce phénomène, appelé *feu de mer* par les matelots, est un des plus beaux et des plus intéressans qu'on admire dans les Hébrides. Parfois l'océan paraît entièrement illuminé autour du vaisseau, et une longue trace de lumière le suit dans l'obscurité. Ces clartés phosphoriques, dont l'origine n'est pas encore bien éclaircie par les naturalistes, nous semblent être causées par le rapide mouvement du vaisseau, lorsque les vagues sont saturées de frai ou d'autres substances animales. Ce passage rappelle la description bizarre des serpens marins par Coleridge (l'auteur de *Cristabel*), dans sa ballade éminemment poétique du vieux marin :

Beyond the shadow of the ship
I watched the water-snakes, etc.

CHANT II.

Note 1. — Paragraphe III.

Égidius ou Giles d'Argentine, fut le chevalier le plus accompli de ce siècle, après Henri de Luxembourg et Robert Bruce. Il avait fait la guerre en Palestine, et il mourut en héros après avoir assuré la retraite d'Edward. Son éloge est contenu dans ces deux vers léonins d'un poème de Barton, ménestrel qu'Edward avait amené pour célébrer son triomphe, et que les vainqueurs forcèrent de célébrer le leur:

> Nobilis Argenten, pugil inclyte, dulcis Egidi,
> Vix scieram mentem cùm te succumbere vidi.

Note 2. — Paragraphe IV.

On a long-temps conservé dans le château de Dunvegan, manoir romantique de Macleod, Chef du clan de ce nom, une coupe antique et d'un travail curieux; c'était l'usage de faire faire *la ronde* à la coupe parmi les Chefs des îles, qui se faisaient un point d'honneur de ne jamais laisser sortir un tonneau vide de la salle du festin.

Note 3. — Paragraphe VI.

L'écuyer tranchant (à qui appartenait, plutôt qu'au sénéchal, l'office d'assigner les rangs aux convives) était un officier d'importance dans la famille d'un Chef des Hébrides.

Note 4. — Paragraphe IX.

On doit s'apercevoir que l'histoire d'Écosse est ici nécessaire à connaître pour l'intelligence de ce poème.

Note 5. — Paragraphe XI.

L'histoire et la tradition ont également célébré le combat particulier où Bruce n'échappa aux vainqueurs qu'en abandonnant son manteau, dont l'agrafe fut long-temps conservée dans la famille des Mac-Dougal.

Bruce était d'une force de corps extraordinaire.

La *fibula* ou agrafe d'un plaid était un bijou de prix, quand celui qui en était revêtu était un chef distingué. Martin parle d'une agrafe d'argent de la valeur de cent marcs.

Note 6. — Paragraphe XIII.

Sir James, appelé le bon lord Douglas, fut blessé à la bataille de Dalry. Sir Nigel ou Niel Campbell, beau-frère de Bruce, y fut tué.

Note 6. — Paragraphe XIII.

En sortant de l'église où, après une vive altercation, il venait de poignarder Comyn, Bruce rencontre James de Lindsay et Kirkpatrik : — Quelles nouvelles? lui demandent-ils. — Mauvaises, répond Bruce. J'ai peut-être tué Comyn. — *Peut-être?* reprit Kirkpatrick, *ce sera bientôt sûr ;* et il courut l'achever.

Note 8. — Paragraphe XIV.

Il paraît que le caractère des bardes d'Écosse, si grand dans les temps reculés, dégénéra bientôt. Les Irlandais disent que des lois furent nécessaires pour réprimer l'avarice des leurs. Dans les montagnes d'Écosse, ils tombèrent bientôt dans le mépris ainsi que les *orateurs* : emploi qu'un même individu exerçait quelquefois avec celui de poète.

NOTE 9. — Paragraphe XXV.

C'était une coutume des montagnes d'amener la fiancée à la demeure de l'époux. Elle y restait quelquefois en expectative pendant des mois entiers, et le fiancé avait encore le droit de la répudier. De là grandes querelles, etc., etc.

NOTE 10. — Paragraphe XXVI.

Voyez les chroniques de Stowe sur l'exécution du célèbre Wallace, qui fut livré aux Anglais par trahison.

NOTE 11. — Paragraphe XXVI.

Voici le distique léonien de Mathew de Westminster sur Edward :

 Scotos, Edwardus, dùm vixit, suppeditavit,
 Tenuit, vicit, depressit, dilianiavit.

NOTE 12. — Paragraphe XXVII.

Les Macleod, et presque toutes les familles de distinction dans les Hébrides, étaient d'extraction scandinave, et encore imparfaitement convertis au christianisme.

NOTE 13. — Paragraphe XXIX.

Ce fut en expiation de ce sang répandu dans l'église, que Bruce, à ses derniers momens, fit porter son cœur à Jérusalem par lord James Douglas.

NOTE 14. — Paragraphe XXXI.

Il n'y a point ici de métaphore ; les échos de l'Écosse retentirent en effet des aboiemens des chiens qui poursuivaient le monarque fugitif.

Un des limiers de Lorn avait appartenu à Bruce lui-même, et devait, par conséquent, perdre la piste avec moins de facilité. Ce ne fut pas sans peine que le roi d'Écosse parvint à s'échapper.

CHANT III.

NOTE 1. — Paragraphe IV.

Plus d'un Chef des Iles exerça le métier de pirate jusqu'à ce que la civilisation eût introduit dans les Hébrides quelque idée du droit des gens.

NOTE 2. — Paragraphe VIII.

J'ai suivi la tradition vulgaire sur la bataille de Falkirk ; mais il est inexact que Bruce y ait combattu contre Wallace. Voyez sa justification dans les *Annales de l'Écosse* par lord Hailes.

NOTE 3. — Paragraphe XII.

Le paysage extraordinaire que j'ai essayé ici de décrire, est unique dans l'Écosse. L'épisode des pirates que Bruce rencontre est emprunté de Barbour, avec les changemens qu'exigeait le sujet.

NOTE 4. — Paragraphe XXVIII.

L'imagination ne peut rien concevoir de plus beau que la grotte découverte, il y a quelque temps, dans le domaine d'Alexandre Mac-Allister de Strathaire. La description en a été publiée par le docteur Marc-Leay d'Oban.

CHANT IV.

NOTE 1. — Paragraphe XV.

Arrêté par la mort dans ses projets de vengeance, Edward Ier ordonna à son fils de l'ensevelir en vue de l'Écosse, et d'en poursuivre la conquête; mais son fils, se souciant peu de continuer la guerre, transporta le corps de son père à Londres, et le déposa dans un tombeau de Westminster Abbey avec cette inscription :

Edwardus primus, Scotorum malleus, hic est, Pactum serva.

NOTE 2. — Paragraphe VIII.

Tradition romantique de l'île de Canna ou Cannay.

NOTE 3. — Paragraphe IX.

Vengeance attestée par les ossemens des victimes. En 1745, pendant les persécutions dont le catholicisme était l'objet, le prêtre d'Eigg disait la messe dans cette caverne sur une saillie de rocher. Ce prêtre et les montagnards, assemblés dans ce souterrain, formaient un tableau digne de Salvator.

NOTE 4. — Paragraphe X.

La caverne de Staffa ou le Palais de Neptune ne peut guère être décrit. Elle paraît plus vaste et plus étonnante chaque fois qu'on la revoit.

Rien de pittoresque comme le groupe d'îles, dont Staffa est la plus remarquable.

NOTE 5. — Paragraphe XII.

La péninsule de Cantire est réunie au Knepdale par un isthme très étroit. Pour éviter les dangers d'une navigation peu connue, autour du promontoire de Cantire, il n'y a pas long-temps encore, dit Pennent, que des navires de neuf ou dix tonneaux étaient tirés par des chevaux pour passer du lac de l'ouest dans celui de l'est.

NOTE 6. — Paragraphe XVI.

Le contraste du caractère des deux frères est bien peint par Barbour, dans son histoire de Bruce.

NOTE 7. — Paragraphe XVII.

Cet incident mit dans tout son jour la générosité chevaleresque de Bruce. C'est un de ces traits que Barbour raconte avec une naïveté charmante. (*Vide* Barbour's Bruce, book XVI.)

CHANT V.

Note 1. — Paragraphe vi.

L'intérieur de l'île d'Arran offre plusieurs vues de montagnes très remarquables. Les collines qui sont couvertes de rochers et de précipices forment plusieurs cataractes d'une hauteur prodigieuse, quoique de peu d'étendue.

Note 2. — Paragraphe vi.

L'île d'Arran, comme celles de Man et d'Anglesey, offre encore de nombreux vestiges des superstitions païennes, et probablement de la religion des druides.

Note 3. — Paragraphe vii.

Barbour raconte avec la plus grande simplicité une anecdote qui prouverait assez que l'habitude des juremens profanes, devenue par la suite si générale en Écosse, n'existait à cette époque que dans les armées. Douglas, après le retour de Bruce en Écosse, traversait le pays montagneux de la Tweddale, près du lac Line, quand par hasard il entendit parler quelques personnes dans une ferme, et prononcer le mot de *diable*; concluant de cette expression hardie que cette maison était habitée par des militaires, il l'attaqua aussitôt, et eut le bonheur de faire prisonnier Thomas Randolph, qui fut dans la suite le comte de Murray, et Alexandre Stuart lord Bonkle : tous les deux se battaient alors pour la cause de l'Angleterre, et étaient venus en Écosse dans l'intention d'en chasser Douglas : ils se rangèrent dans la suite parmi les plus zélés partisans de Bruce.

Note 4. — Paragraphe xvii.

On raconte généralement, et plusieurs y ajoutent une foi religieuse, que ce feu était réellement l'ouvrage d'une puissance supérieure, et qu'il n'était entretenu par la main d'aucun être mortel. L'on ajoute que, pendant plusieurs siècles, la même flamme apparaissait tous les ans, dans la nuit et à la même heure à laquelle le roi la vit pour la première fois de la tour du château de Brodick. Plusieurs vont même jusqu'à dire que si ce moment était connu d'une manière précise, on la verrait encore.

Note 5. — Paragraphe xxxiii.

J'ai suivi la tradition qui rapporte que Bruce, après sa descente sur la côte d'Ayrshire, s'empara immédiatement du château de sa mère.

Note 6. — Paragraphe xxxiv.

Ces coupes s'appelaient *mazers*. Il en est fait mention dans un inventaire fort curieux des trésors et bijoux de Jacques III.

CHANT VI.

Note 1. — Paragraphe iv.

Edward Ier, selon la politique ordinaire des conquérans, employa les Gallois qu'il avait soumis, dans les guerres d'Écosse, pour lesquelles leurs habitudes, comme montagnards, les rendaient singulièrement propres.

Note 2. — Paragraphe ix.

Les Fitz-Louis ou Mac-Louis, autrement appelés Fullarton, sont une ancienne famille de l'île d'Arran. On dit qu'ils sont d'origine française, comme l'indique leur nom. Ils s'attachèrent à Bruce lors de sa première descente à Arran.

Note 3. — Paragraphe x.

L'ordre de bataille qu'adopta le roi Robert à la bataille décisive de Bannock-Burn nous a été transmis très exactement par Barbour; c'est une leçon utile aux tacticiens. Cependant, jusqu'à ce qu'il ait été commenté par lord Hailes, cet important trait d'histoire a été, en général, étrangement défiguré par les historiens.

Note 4. — Paragraphe xx.

C'est une vieille tradition, que ce refrain écossais si connu *hey tulli tailli* était la marche de Bruce à la bataille de Bannock-Burn.

Note 5. — Paragraphe xxi.

Maurice, abbé de Inchoffray, se plaçant sur une éminence, célébra la messe à la vue de l'armée écossaise.

Note 6. — Paragraphe xxiv.

Roger Ascham rapporte un proverbe écossais qui dit : « Que chaque archer anglais porte à sa ceinture vingt-quatre Écossais. » Le bon lord Douglas redoutait si fort les archers anglais, qu'il donnait à ceux qu'il faisait prisonniers le choix de perdre le pouce ou l'œil droit.

Note 7. — Paragraphe xxiv.

Il m'a été dit que ce vers demandait une note explicative; et, dans le fait, ceux qui ont été témoins de la patience muette avec laquelle les chevaux se soumettent aux plus cruels traitemens, pourraient douter de leurs plaintes dans le moment d'une douleur soudaine et insupportable. Lord Erskine, dans un discours prononcé à la chambre des lords sur un bill tendant à prescrire l'humanité envers les chevaux, fit connaître un fait remarquable, que je craindrais d'affaiblir en essayant de le répéter. Le hasard me fit entendre, à moi-même, un cheval au moment de son agonie, poussant un cri perçant que je regarde encore comme le son le plus mélancolique que j'aie jamais entendu.

Note 8. — Paragraphe xxv.

Outre d'Argentine, il périt plusieurs chevaliers des plus nobles familles d'Angleterre. Barbour dit qu'on trouva deux cents paires d'éperons dorés sur le champ de bataille; et l'auteur pourrait ajouter que tous ne furent pas recueillis, car il possède un éperon antique fort curieux, trouvé depuis peu de temps.

Les résultats de la bataille de Bannock-Burn furent d'établir complètement l'indépendance nationale de l'Écosse.

LA VISION
DE
DON RODRIGUE.

> Quid dignum memorare tuis, Hispania, terris,
> Vox humana valet!
> CLAUDIEN.

AUX SOUSCRIPTEURS
DU COMITÉ
POUR LE SOULAGEMENT DES MALHEUREUX PORTUGAIS,
ET A JOHN WHITMORE, ESQ.,
LEUR PRÉSIDENT
CE POÈME, COMPOSÉ AU BÉNÉFICE DE LA CAISSE DU COMITÉ,
EST RESPECTUEUSEMENT DÉDIÉ PAR L'AUTEUR,

WALTER SCOTT.

Le poème suivant est fondé sur une tradition espagnole. Don Rodrigue, le dernier roi goth d'Espagne à l'époque de l'invasion des Maures, eut, dit-on, la témérité de descendre dans un antique souterrain près de Tolède, dont l'ouverture était regardée comme devant être fatale à la monarchie espagnole. La légende ajoute que son audacieuse curiosité fut punie par une représentation emblématique de l'invasion de ces mêmes Sarrazins, qui, dans l'année 714, le défirent en bataille rangée, et réduisirent l'Espagne sous leur domination. J'ai tenté de prolonger la vision des révolutions de la Péninsule jusqu'à la crise ctuelle, et de la diviser en trois périodes par un changement supposé de scène. La première représente l'invasion des Maures, la défaite et la mort de Rodrigue, et se termine à l'occupation paisible du pays par les vainqueurs. La seconde période embrasse l'état de la Péninsule après que les conquêtes des Indes, par les Espagnols et les Portugais, l'eurent élevée à l'apogée de la gloire, souillée cependant par la superstition et la cruauté : une allusion aux barbaries de l'inquisition termine ce deuxième tableau. La dernière partie du poème retrace l'époque qui précéda la trahison sans exemple de Buonaparte, donne une esquisse de l'usurpation, et se termine à l'arrivée des secours de l'Angleterre.

Il est peut-être convenable de déclarer ici que l'objet de ce poème est moins de célébrer ou de détailler des incidens particuliers, que de donner un tableau général des différentes périodes.

Je connais trop bien le repect dû au public, surtout par un auteur déjà souvent honoré de son indulgence, pour ne pas la lui demander encore ici, s'il trouve que ce poème est bien au-dessous de son sujet. Il faut qu'on sache que, pendant que je me pressais d'exécuter un ouvrage composé pour une circonstance passagère et sur des évènemens rapides, ma tâche fut cruellement interrompue par la mort successive du lord président Blair, et du lord vicomte Melville. Dans ces personnages distingués, j'avais non seulement à regretter deux hommes importans pour l'Écosse, mais encore deux nobles protecteurs, dont l'estime et la faveur honorèrent mon début dans le monde, et qui, je puis l'ajouter avec orgueil et douleur, avaient daigné m'accorder, dans un âge plus avancé, une amitié généreuse.

J'aurais toujours eu de la peine à rendre ces vers dignes de mon sujet; mais je puis attribuer à cette interruption plusieurs négligences.

Édimbourg, 24 juin 1811.

INTRODUCTION.

I.

Est-il une harmonie dont les sons inspirés puissent se faire entendre distinctement au milieu du tumulte des batailles; ou s'est-elle perdue à jamais avec ce maître de la lyre qui chanta le siège et les malheurs d'Ilion ? De tels accords, ô Wellington, parviendraient à ton oreille au-delà de la plaine immense de l'Océan; ni les acclamations, ni le bruit des armes n'en dénatureraient la pure mélodie : ils s'élèveraient jusqu'aux cieux dans les intervalles des bruyantes fanfares qui annoncent la victoire de la Bretagne et la vengeance de la Lusitanie.

II.

Oui ! cette harmonie puissante se marierait à tous les sons confus, à tous les accens de terreur ou de triomphe, de tristesse ou de joie, qui retentissent sur les rives ravagées du Mondego; — aux cris des guerriers couronnés par la victoire, à la voix plaintive des femmes, aux gémissemens du laboureur ruiné, aux acclamations des captifs qui voient rompre leurs fers, au murmure farouche de l'oppresseur repoussé, et à l'hymne d'une nation qui célèbre la chute de l'usurpation tyrannique.

III.

Mais nous, faibles ménestrels des âges modernes, qui ne savons qu'imiter les antiques bardes, — nous, timides, et à qui les transports de l'inspiration sont inconnus, pourrons-nous payer le tribut que réclame ta gloire ? Tu fournis à nos lyres un sujet digne de ces favoris des muses, qui seuls auraient pu éterniser ton nom, un sujet digne de la lyre d'Homère et du noble génie de Milton... pourrons-nous y prétendre, nous poètes dégénérés !

IV.

Montagnes sauvages, dont le sein servit d'asile aux défenseurs de la liberté écossaise, et vous, torrens dont les sombres mugissemens les invitaient au sommeil, quand ils revenaient vainqueurs du champ de bataille, dites, avez-vous perdu tous ces accords augustes et majestueux que vous confiaient les chœurs des bardes ou des druides, alors que leurs chants de gloire s'élançaient jusqu'aux nues, que le vallon de Cattraeth retentissait du concert de la harpe mystérieuse de Merlin et de la voix de Llywarch aux cheveux blancs?

v.

Oh! si vos solitudes conservent cette antique mélodie, comme semblent souvent le dire vos brises changeantes, quand tour à tour bruyans précurseurs des tempêtes, et paisibles messagères des beaux jours, elles imitent les éclats sonores de la trompette, et les modulations de la harpe... Si vous pouvez faire répéter à vos échos cette harmonie triomphante, communiquez-la au ménestrel qui vous aima avec tant de constance, qui recueillit pieusement les vieilles traditions éparses dans vos déserts, et tenta de leur donner une voix nouvelle dans ses chants.

vi.

Jamais jusqu'ici, quoiqu'il se soit si souvent distrait de plus graves travaux par le charme des vers, jamais il n'a imploré dans une phrase poétique l'inspiration d'une muse ou des divinités champêtres; il abandonnait dans le vague des airs les accords échappés à sa lyre. S'il fut applaudi, il ne rechercha jamais les suffrages; ce n'est pas pour lui qu'il vous adresse encore aujourd'hui cette prière : que ses chants soient dignes de la gloire d'un héros! qu'ils soient immortels!... et que le nom du poète soit oublié.

vii.

Écoutez! leur réponse m'est adressée du haut de ce rocher brumeux :

— Ménestrel, ta lyre romantique, dans son essor capricieux, a obtenu une renommée passagère; mais elle sera peut-être bientôt perdue comme la légère vapeur du foyer d'une chaumière. Si tu as la présomption de remplir une telle tâche, ce n'est pas à nous qu'il faut demander des accords dignes d'un héros.

Les siècles ont roulé sur les siècles, des générations se sont écoulées depuis que nos vallons et nos rochers entendirent le tumulte des combats et les joyeuses fanfares des vainqueurs.

VIII.

— Les leçons de nos traditions antiques s'effacent, excepté dans ces lieux où la naïve laitière aperçoit encore les fées qui renouvellent leurs danses sous les berceaux de la blanche aubépine ou autour de la source enchantée de Minchmore ; il est encore quelques vieux bergers qui chantent leurs légendes, auxquelles tu daignes presque seul prêter une oreille attentive, et qui racontent d'obscures querelles, les ravages de la frontière et les grossiers exploits des excursions nocturnes faites sur le Teviot, la Tweed ou la Tyne.

IX.

— Non, cherche ces contrées romantiques où le soleil, plus rapproché de la terre, y verse sans cesse la flamme éthérée de ses rayons, et où le villageois, après avoir terminé ses travaux, chante en vers improvisés quelque nom chéri, soit que ce tribut soit réclamé par les charmes d'Olalia aux yeux de diamant et aux cheveux d'ébène ; soit qu'inspiré par les exploits de Grœme, il chante sur un air moresque la claymore sanglante de l'antique Albyn et la baïonnette de la verte Innisfaïl.

X.

— Cherche ces régions où la crête pierreuse de la sauvage Nevada porte un diadème de neige éternelle ; va visiter l'orgueilleux Alhambra, qui dans son sein déchiré offre les pompeux monumens d'un peuple barbare ; arrête-toi près de Tolède, dont la tour voit flotter les bannières d'un ennemi plus impitoyable que le Maure farouche. Là, du haut de ses vastes remparts, le citoyen ne cesse de jeter dans la plaine des regards inquiets, pour tâcher de découvrir les armées réunies de l'Angleterre, du Portugal et de l'Espagne.

XI.

— Là une étincelle du feu de Numance brille encore

dans les yeux de l'Espagnol basané par le soleil. Son port majestueux, sa démarche grave et son visage sombre indiquent encore un orgueil et une constance inaltérables. Si l'éclat de la chevalerie féodale n'est plus, comme autrefois, le titre de gloire de tes gentilshommes, ô Ibérie, souvent du moins leurs vassaux sans cimiers ont vu fuir l'hildago couronné d'un panache, sans cesser de rester immobiles sur le champ de bataille... Ils ont su résister bravement à la fortune et mourir.

XII.

— Ce peuple, toujours le même, chérit encore des récits dignes d'une harpe plus harmonieuse que la tienne ; ses étranges traditions perpétuent le mystérieux souvenir des légendes, des visions, des prophéties et des miracles qui illustrèrent l'Espagne. Vole aux lieux où les bizarres merveilles de l'architecture arabe se marient aux créations plus sombres des Goths, et forment un modèle qui doit inspirer le ménestrel. C'est là que tu obtiendras ce que tu demandes ; pars ! —

Ainsi parla l'Esprit des montagnes : j'écoutai avec un respect filial, et j'obéis.

LA VISION DE DON RODRIGUE.

I.

Elevant leurs sommets au milieu d'un ciel sans nuage, qu'éclaire la blanche clarté de la lune, les tours et les clochers de Tolède semblent s'élancer du sein tremblant d'un lac argenté. Leurs ombres mêlées interceptent la vue de la vaste enceinte destinée aux sépultures qui s'étend à leurs pieds ; rien ne trouble le silence de la nuit, tout dort plongé dans les ténèbres ou dans les brillans reflets de la lune. Tout se tait, excepté le murmure éternel des flots rapides du Teïo.

II.

Parfois on distingue encore dans le lointain le hennissement ou les pas d'un coursier lorsque les cavaliers vigilans font leur ronde et relèvent les gardes du roi Rodrigue; car les vapeurs dont la nuit couvre le fleuve laissent entrevoir obscurément des pavillons superbes, des tissus de soie et d'argent, des étendards déployés, et les armes des soldats sur lesquelles se reflète le flambeau de la lune.

III.

Mais depuis que l'airain religieux a appelé les fidèles à la prière du soir, les guerriers choisis auxquels est confiée la garde de Rodrigue occupent le même poste sous le porche de la vaste cathédrale; peu semblables aux Goths leurs ancêtres, ils portent d'élégans javelots et des casques incrustés d'or, au lieu de la lourde massue et du casque de fer. Des baudriers garnis de clous d'argent décorent leurs épaules auxquelles est attaché un carquois d'ivoire au lieu d'un glaive pesant.

IV.

Ils murmurent du retard de leur maître avec la légèreté des courtisans frivoles, et le raillent de la longueur de ses prières.

—Quoi! se disent-ils, Rodrigue demeurera donc ici jusqu'au matin, passant la nuit en vaines oraisons? Est-ce qu'il ferait pénitence, pour réparer sa violence envers la belle Florinda?

Et puis ils tournent vers l'orient leurs yeux fatigués, hâtant par leurs désirs impatiens l'aurore paresseuse.

V.

Cependant, dans le chœur du temple, le prélat de Tolède écoutait avec une surprise mêlée de terreur les aveux du monarque. Une lampe d'argent, seul témoin de cette confession douloureuse, leur prêtait sa mélancolique clarté. Rodrigue dévoilait ces secrets qu'il est si pénible de confier quand les craintes, les remords et la honte déchirent le cœur, accablé de l'invisible fardeau du crime, et que la conscience cherche dans ses aveux un refuge contre le désespoir.

VI.

Les rayons vacillans de la lampe éclairaient pleinement le visage du prélat et sa blanche chevelure, mais les traits de Rodrigue étaient cachés par sa main et les plis de son manteau, quoique sa tête fût découverte. Pendant qu'il déclarait les péchés secrets de son âme, le fier descendant d'Alaric n'aurait pu souffrir qu'aucun mortel observât son aspect, ou pût se vanter d'avoir vu la crainte sur le front d'un monarque, et le remords troubler les regards d'un guerrier.

VII.

Les joues flétries du vieillard pâlissaient à chaque secret révélé par le roi, qui exprimait par ses gestes et ses regards tout ce que ses lèvres tremblantes n'osaient articuler.

— C'est ainsi, dit-il, que périt le roi Witiza [1]; cependant, saint père, ne crois pas que je sois l'auteur de ce meurtre. — L'ambition cherche toujours à voiler ses crimes. — Crois plutôt, ajouta-t-il, que ce fut la nécessité sévère : le soin de ma conservation m'en fit une loi; il me fallut l'immoler ou mourir.

VIII.

— Et si Florinda fit entendre des cris d'alarme, si elle invoqua vainement son père absent, et implora ma pitié en se jetant à mes genoux, crains néanmoins, vénérable pasteur, de prononcer sur moi une sentence téméraire!.. Il est des apparences trompeuses : les femmes sont connues par leur adresse à déguiser leurs vrais sentimens.

Mais ici sa conscience, dédaignant cette coupable arrogance, colora ses joues d'un sang brûlant; il s'interrompit à ces mots, et le prélat se leva.

(1) Prédécesseur de Rodrigue, et qui fut assassiné par ce prince, suivant Rodriguez de Tolède.

IX.

— Digne descendant d'une race de fer! que dirai-je de tes crimes? ô don Rodrigue! quelles aumônes, quelles prières, quelle pénitence, peuvent effacer la noire souillure du meurtre et celle de la trahison! *Comment intercéder pour le farouche ravisseur qui hésite dans son repentir, et se fait une gloire de son forfait?*

— Comment espérer que l'Éternel daigne retarder la vengeance, à moins que, dans sa miséricorde pour cette armée chrétienne, il n'épargne le pasteur de peur de perdre avec lui le troupeau?

X.

Le tyran sentit s'allumer sa prompte colère, et son front reprit toute sa sombre audace.

— Eh bien! dit-il, j'accepte l'avenir dont je suis menacé; que le sang appelle le sang; que la trahison soit punie par des traîtres, et la violence par de justes malheurs! Mais ces malheurs, je veux savoir d'où ils nous viendront; je veux connaître ceux qui seront nos ennemis; tu peux exaucer ce désir, auguste prélat.... Donne-moi la clef fatale, et guide-moi dans ce souterrain mystérieux, où, si la tradition n'est point un mensonge, un roi espagnol doit voir un jour les destinées futures de sa patrie.

XI.

— Malheureux prince! révoque cette demande désespérée, ou tarde encore d'accomplir l'antique prédiction. Songe que ces portes magiques refusèrent de s'ouvrir aux monarques qui t'ont précédé sur le trône, et qu'elles ne s'ouvriront, dit l'oracle, qu'au dernier roi de leur race, sous lequel l'empire touchera à sa ruine, miné sourdement par la trahison et menacé par l'orage de la divine vengeance.

XII.

— Prélat! la volonté d'un monarque ne souffre pas de délai... Conduis-moi!

Le prélat prend la clef pesante et la lampe à la flamme incertaine; il guide le roi dans les détours d'un escalier, sous de sombres voûtes, et par un passage ignoré, au bout duquel il montre de l'œil un antique portail. Pendant que Rodrigue n'écoutant que son désespoir, essaie la clef, les sourds mugissemens de la foudre ébranlent la cathédrale: il s'arrête deux fois, et deux fois fait de nouveaux efforts; enfin les énormes verrous cèdent, et les gonds bruyans gémissent tout-à-coup.

XIII.

Ces voûtes étaient élevées, vastes et profondes; les arceaux, le pavé, les murailles en étaient d'un marbre poli, noir comme celui des tombeaux, et tout sculpté d'emblèmes et de caractères étrangers. Une pâle lumière, comme celle de l'aube matinale, brillait dans cette enceinte, sans qu'on pût en découvrir la source; il n'y avait aucune ouverture: cependant don Rodrigue put observer des merveilles inconnues jusqu'à ce jour aux yeux des mortels.

XIV.

Sentinelles farouches, deux statues de bronze étaient placées contre le mur; leurs formes étaient massives, leur stature gigantesque; des couronnes d'or ceignaient leurs fronts menaçans. On eût dit deux images de ces rois géans qui vécurent et péchèrent avant les flots vengeurs du déluge. L'une tenait une faux; l'autre s'appuyait sur une massue: la première avait des ailes déployées, comme pour prendre l'essor; la seconde semblait rêver. L'une et l'autre paraissaient sévères, inflexibles et inexorables.

XV.

Le géant placé à main droite avait le regard fixé sur un cristal rempli de sable fugitif que tenait son frère; celui-ci semblait en mesurer les mouvemens rapides par un énorme livre de fer, sur lequel était écrite l'histoire des nations déchues, des empires détruits et des rois exilés. Au-dessus de la tête de ces deux géans se déroulait un

écriteau sur lequel on lisait leurs noms ainsi qu'il suit : —
Voici le *Destin* et le *Temps*, à qui le ciel a livré pendant
quelques siècles le gouvernement de la terre.

XVI.

Cependant le sable fuit; et au moment où les derniers
grains s'écoulent plus lentement, le géant de la droite
commence à lever sa massue comme un homme qui se
réveille d'un profond sommeil. La massue frappe soudain
avec la force du tonnerre la partie la plus élevée de la
voûte, qui s'écroule aussitôt en monceaux de ruines, et
offre à Rodrigue étonné de nouvelles scènes de terreur.

XVII.

Il aperçoit par cette large brèche, comme dans les visions d'un songe, les royaumes de l'Espagne, châteaux et
cités, qui semblaient réunis dans un tableau par un artiste habile. Ici les ombres d'une sauvage sierra [1] s'abaissent sur des plaines immenses dont l'œil du voyageur ne
peut mesurer l'étendue; là le pampre et l'olivier toujours
vert couronnent des coteaux; plus loin s'étend une noire
forêt, et de puissans fleuves murmurent et se déroulent
lentement.

XVIII.

Comme sur les théâtres antiques, on voyait passer tour
à tour des cortèges de personnages différens de forme et
de costume, pendant qu'une musique choisie préparait
la mémoire des spectateurs; de même les yeux attristés de
Rodrigue voient défiler en rangs successifs sur cette scène
mystérieuse des groupes divers, qui lui représentent d'avance les batailles qui doivent se livrer, et les évènemens
à venir; de temps à autre d'étranges sons frappent son
oreille.

XIX.

Ce fut d'abord le cri isolé d'une femme plaintive. Rodrigue sembla reconnaître cette voix, car il pâlit involontairement. Bientôt les échos du souterrain retentirent du

(1) Montagne.

son des tymbales, de tous les instrumens mauresques et des cris guerriers du Lélies et du Tecbir. Rodrigue n'a nul besoin qu'on lui explique ce tumulte de terreur : — Les Maures ! s'écrie-t-il, les Maures ! qu'on sonne le tocsin.

XX.

Ils arrivent, les voici ! La plage blanchit sous les turbans de ces hordes de l'Arabie.

Le sombre Zaarah rassemble ses tribus d'infidèles : Allah et Mahomet ! tel est leur signal ; il faut céder au Coran ou au cimeterre... Mais les chrétiens courent aux armes... Ces clameurs annoncent-elles une bataille? Ces armées de fantômes en viennent aux mains ; maintenant que Dieu et saint Jacques combattent pour l'Espagne !

XXI.

O ciel ! les Maures sont vainqueurs, les chrétiens sont repoussés !... Leur lâche chef donne le signal de la fuite. L'indigne monarque tourne bride !... — N'est-ce pas Orélia ? Oui, c'est toi, noble coursier ; jamais Orélia n'avait fui le combat : mais voyez le lâche qui la presse de l'éperon ! Que la malédiction et la colère du ciel poursuivent ce vil esclave, que les torrens l'engloutissent sous leurs vagues. — Arrête, dit le prélat d'une voix tremblante ; arrête, téméraire ; ce fantôme c'est toi-même !

XXII.

Dans ce moment un torrent arrête la course du roi fugitif ; il veut tenter ce dangereux passage, mais les flots engloutissent le cheval et le cavalier, qui disparaît comme le villageois qu'un fleuve débordé surprend dans la nuit. Les orgueilleux Musulmans couvrent toute l'Espagne : ils sont innombrables comme ces sauterelles qu'apportent les vents de l'Afrique. Les fils de Berber et d'Ismaël se partagent les dépouilles, mesurent le sol avec la lame de leurs cimeterres, et avilissent les peuples conquis par le joug de l'esclavage.

XXIII.

Alors s'élèvent les portes grillées des harems pour renfermer les vierges chrétiennes que leur beauté désigna comme victimes ; alors, serviles flatteurs de l'infidèle, les jeunes nobles de la Castille lui versent le vin défendu ; alors la croix, symbole sacré du salut, est arrachée de l'autel par des mains sacrilèges. L'écho de la nef du temple profané s'étonne de répéter au lieu de l'hymne religieux et de la mélodie de l'orgue, les plaintes grotesques du fakir et la danse frénétique du santon.

XXIV.

Que devient don Rodrigue ? Il ressemble au misérable qui voit les flammes dévorantes briller sur le noir manteau de la nuit, entend autour de lui les cris de ses enfans et regarde les pâles spectateurs immobiles d'effroi, tandis que sa conscience lui donne la preuve amère que son imprudence ou son crime ont causé son malheur. Le toit près de crouler reste encore suspendu sur sa tête... Il maudit la terre et le ciel ;... il se maudit lui-même... désespérant des secours de la terre et des secours du ciel.

XXV.

Le géant armé de la faux retourne son sablier fatal, et le crépuscule étend ses ailes sur ce spectacle de douleur. Les cris de guerre s'éloignent jusqu'aux montagnes d'Asturie, et sont remplacés par les sons du rebec ou du tambourin qui règlent la danse joyeuse du Maure, et se marient au son argentin de ses sonnettes ; les bazars retentissent du tumulte confus du commerce ; le Musulman lance son jerrid dans les tournois ; et quand la nuit descendit sur l'Espagne, le chant de l'iman se fit entendre du haut des minarets.

XXVI.

Ainsi se termina cette première scène : avant qu'une seconde lui succédât, le théâtre fantastique fut rempli d'une fumée dont les flocons sulfureux étaient traversés par des traits de flamme accompagnés d'une explosion si terrible que Rodrigue crut que les anges de l'enfer avaient brisé leurs chaînes et déployaient contre le ciel l'étendard de la révolte. La guerre avait emprunté un langage nouveau et inconnu aux anciens guerriers; la fumée et l'éclair étaient devenus son souffle, et le tonnerre sa voix.

XXVII.

Les nuages s'écartent, et laissent voir un nouveau tableau de l'Espagne... Les chrétiens ont reconquis leur héritage; l'éclat du croissant a pâli devant la croix; partout s'élèvent des monastères, de superbes églises et d'humbles ermitages.

C'est un chevalier et un ermite qui gouvernent les descendans de Rodrigue, et qui sont pendant plusieurs âges les génies de l'Espagne. Le premier est revêtu d'une brillante armure, son nom est la Valeur; le second est couvert d'une haire, et s'appelle la Superstition.

XXVIII.

La Valeur ressemblait à un chevalier des temps antiques, armé de pied en cap et prêt à toutes les aventures; son épée était trempée dans les flots glacés de l'Ebre; la plume de l'aigle de la Moréna ornait son cimier, et les dépouilles du lion d'Afrique défendaient son sein. Il s'avançait avec arrogance, et jetait son gant comme pour défier les plus braves. Son compagnon le suivait d'un air sombre et grave.

XXIX.

Le génie guerrier laissait lire sur ses traits tout l'orgueil de son âme, et ne cessait de vanter ses titres, son origine, ses exploits et sa gloire; cependant le moine aux pieds nus était encore plus orgueilleux que lui; et comme le lierre embrasse le chêne de ses bras flexibles, de même le moine entourait les âmes les plus nobles de ses artifices, et subjuguait par ses enchantemens secrets l'homme libre et fier. La vieillesse décorée de l'hermine et la jeunesse fameuse dans les armes, honorant sa discipline et sa haire, baisaient dévotement la trace de ses pas.

XXX.

C'est ainsi que la Valeur, ce chevalier incomparable

qui jamais n'avait baissé la visière devant les rois, et qui fut toujours victorieux dans les combats et dans l'arène depuis le jour où il revêtit ses membres d'une cotte de mailles, la Valeur s'humilie devant cet anachorète, renonce à raisonner sur le bien et le mal, met à son premier signe la lance en arrêt, et trouble l'univers par ses barbares exploits. La Valeur était un champion aussi farouche que brave, aussi impitoyable que vigoureux.

XXXI.

Souvent ses navires vont aborder à quelque nouveau monde que le soleil visite avant ou après le nôtre. Sans cesse la Valeur revient jeter aux pieds du magicien les dépouilles conquises par son bras; ce sont les lingots d'or du Potose, les couronnes des Caciques, les aigrettes des Omras, dont les pierres précieuses qui les composent sont brisées et ternies; ce sont les idoles d'or enlevées aux temples païens et souillées d'un sang que l'ermite remarque avec un regard affreux et en souriant sous son capuchon.

XXXII.

L'ermite bénit ces offrandes, et ordonne qu'on rende au ciel des actions de grâces : à sa voix les hymnes se font entendre, les encensoirs d'argent sont balancés; mais aux vapeurs embaumées se mêle la noire exhalaison des victimes étouffées dans la flamme : les gémissemens des captifs troublent les chants religieux; des cris d'agonie couvrent la voix des choristes, tandis qu'au milieu de ce bruit confus la scène s'obscurcit et s'efface aux yeux de Rodrigue.

XXXIII.

Un prélude harmonieux se fit entendre au moment où le géant renversa de nouveau les grains du sable. Cette musique ressemblait à celle qui annonce la danse champêtre et appelle les vendangeurs des rians coteaux de Xérès. Le jeune Castillan se réunit à sa compagne pour commencer le léger boléro; ils sont fiers, lui de sa toque brodée, elle de ses noires tresses et de son gracieux corset; déjà les danseurs s'élancent et agitent leurs castagnettes.

XXXIV.

Ces accords conviennent au nouveau tableau offert aux yeux du monarque. La Valeur a adouci son regard enflammé : tel qu'un lion apprivoisé, le champion est étendu aux pieds d'une dame, et son air languissant exprime qu'il ne peut plus soutenir le poids d'une armure. Devenu aussi moins pieux, il se hâte de marmotter ses prières. Mais le joyeux villageois émonde la vigne, le muletier parcourt en sifflant les coteaux et les vallons; sur la pelouse du village résonnent les airs joyeux de la séguidille.

XXXV.

L'antique royauté, devenue impuissante, laisse échapper le sceptre de ses mains sans vigueur; elle voit avec insouciance sa puissance usurpée par une femme infidèle et son audacieux favori. Mais la paix règne dans les chaumières, loin des intrigues de la cour et des querelles des factions : l'amour fait ses tendres aveux sous l'ombre du châtaignier, au son de la guitare. Le soleil disparaît lentement, et cède à regret le ciel à la douce étoile du soir.

XXXVI.

Comme ce nuage de la mer qui fut aperçu des hauteurs du Carmel par le prophète Tishbite, et qui, semblable à une main, couvrit lentement de son ombre la terre d'Israël, offrant d'abord quelques teintes brillantes d'or et de pourpre empruntées aux rayons du soleil, mais qui bientôt roulant plus épais et plus sombre, obscurcit entièrement la voûte du ciel, et versa une pluie de grêle au milieu des sifflemens de la tempête; —

XXXVII.

Tels on vit s'avancer au milieu de ce peuple tranquille les bataillons de l'étranger, semblables à des groupes de nuages. Leur chef portait son épée dans le fourreau; son front annonçait la paix ; il tendait la main en signe de franchise, déguisant la perfidie qu'il méditait sous un masque spécieux, jusqu'à ce qu'il eût pris possession de tous les passages. Alors s'évanouirent le serment de l'honneur et les liens de l'amitié ! Il étendit sa serre de vautour, et déclara que l'Espagne était sa proie.

XXXVIII.

Son front soucieux portait une couronne de fer, digne diadème d'un cœur comme le sien, qui jamais n'accorda rien aux remords, à la pitié et à la honte : élevé dans les rangs des soldats, il croyait que la gloire du guerrier pouvait être fière d'une guirlande conquise dans les batailles, quoique son nom ne fût consacré ni par la loyauté ni par l'honneur. Placé sur un trône par la fortune, il se souciait peu de la bonne foi des monarques et de la voix royale de la clémence.

XXXIX.

Il naquit dans une île sauvage ; l'étincelle qui, échappée du foyer d'une cabane, embrase peu à peu une ville entière, n'a pas une origine plus vile et plus basse ; et quant à l'âme qui anima ce fléau de la terre... : elle n'a pas une source plus corrompue et plus impure, cette noire inondation qui, sortie d'un fétide marécage, corrompt les germes des moissons, et se rend fameuse par la famine qu'elle cause [1].

XL.

Devant ce chef marchait à grands pas le fantôme d'une femme qui portait une torche semblable à un météore, avec laquelle elle le guidait à travers les orages de la guerre ; Rodrigue le vit renverser tout ce qui s'opposait à son passage, sans craindre ni même remarquer ce qu'il écrasait sous ses pieds. Chaque fois que le fantôme se-

---

(1) Il est juste de rappeler que ceci fut écrit en 1812, dans toute l'exaltation de l'animosité réciproque des deux nations. Malheureusement, plus tard, le langage de l'historien ne fut pas plus impartial, et se sentit toujours des premières impressions du poète. — Éd.

couait sa torche, des royaumes ne pouvaient rassasier son orgueil, ni le sang désaltérer sa soif; ce fantôme était l'Ambition, entourée de toutes ses terreurs, et qui ne daignait plus, comme jadis, revêtir une forme séduisante.

XLI.

Une vengeance vulgaire n'est plus indigne de ses projets; elle n'épargne plus un ennemi vaincu, comme lorsque, pour changer les destins de Rome antique, elle traversa le Rubicon à côté de César; ce n'est plus son bonheur de répandre en largesse les dépouilles qui ornent son triomphe, comme lorsque les guerriers de la Grèce se virent réunis sous les drapeaux du jeune roi de Macédoine; son nouveau favori ne lui demande aucun masque qui la déguise, il a vu les traits hideux du fantôme, et l'a aimé dans sa nudité.

XLII.

Le prélat contemple ses bannières représentant des victoires remportées sous de lointains climats, et les aigles victorieux qui le précèdent.

— Espères-tu donc, dit-il, que ta puissance sera durable?... tu as semé sur le sable, et tu l'as arrosé avec le sang du carnage. Sache, cruel fléau envoyé par l'Éternel, que les arbres qu'une telle pluie a humectés périront avant de fleurir, et que l'homme de sang périra d'une mort sanglante.

XLIII.

L'impitoyable chef appelle du geste une ombre pâle. C'est son frère à qui il ordonne de fléchir les genoux, et de recevoir sur son front la couronne d'Espagne pendant que les trompettes sonnent et que des hérauts crient: Castille!

— Est-ce l'amitié fraternelle qui inspire le tyran? Non, ce cœur farouche n'aime que lui-même; cependant il entoure de ses guerriers le trône de ce nouveau prince, afin que le pauvre mannequin puisse jouer son rôle d'esclave couronné, et se mouvoir par ses signes.

XLIV.

Le silence de la terreur ne pèse pas long-temps sur ce royaume outragé; ses citoyens s'indignent enfin du parjure. D'une voix unanime ils s'écrient tous : Aux armes! et ils volent tous au combat. Le génie de l'Espagne, la Valeur se réveille et s'arrache au plaisir et à la mollesse, comme le Nazaréen[1], interrompant son sommeil, brisa soudain ses liens, et opposa son terrible bras à ses perfides ennemis.

XLV.

Ce roi de théâtre promène un regard inquiet sur les satrapes qui l'entourent, il se dépouille de son manteau royal, détache le diadème qui lui ceint le front, et cherche son salut dans la fuite. Les clairons des patriotes de l'Espagne retentissent depuis Tarik jusqu'aux montagnes de Bilboa. Les satellites du roi fugitif défendent encore quelque temps son trône déserté, s'intéressant peu à sa cause, mais combattant pour eux et pour la gloire.

XLVI.

On entend ces clairons sur les cimes de l'Alpuhara. L'écho de Comuna en répète les sons. La noble Grenade leur répond par un cri de guerre. Ils vont ébranler les palais maures de Grenade; la Galice envoie ses enfans au combat, la sauvage Biscaye en tressaille de joie, Valence se réveille, et, toujours les premiers au danger, les ardens miquelets courent à leurs carabines.

XLVII.

Incapables de trembler et altérés de combats, les agresseurs s'avancent, sûrs de la victoire, habiles dans l'art de réunir ou de diviser leurs forces, habitués aux triomphes et aux fatigues. Leur chef sait aussi assurer ses conquêtes en soufflant la discorde, en semant la jalousie, imposant par ses forfanteries et sachant corrompre et séduire, tan-

(1) Samson.

dis que l'Espagnol n'a que des cœurs exaltés par la liberté, et des bras disposés à frapper pour elle.

XLVIII.

Ils s'avancent fièrement!... mais ils ne termineront pas une campagne par une seule bataille, comme lorsque leurs aigles, parcourant le nord, détruisaient un ancien royaume chaque fois qu'elles s'arrêtaient. Le ciel destine un autre sort à l'Espagne : en vain le fer et le feu s'unissent pour la dompter, de nouvelles armées de citoyens semblent sortir des tombeaux de ceux qui ne sont plus. Le vaste incendie de la guerre s'étend au loin, et souvent le dieu des batailles favorise le parti de la justice.

XLIX.

Aux lieux où les ennemis de la liberté triomphent, leurs ravages ne restent pas sans expiation. Les soldats du tyran dévastaient pendant le jour les vallons et les collines, mais au retour des ombres, les guérillas, semblables aux tempêtes nocturnes, vengeaient la patrie sanglante, perçaient les cœurs et mutilaient les bras des meurtriers: quand l'aurore venait éclairer l'ouvrage de la nuit, on reconnaissait les cadavres des oppresseurs au milieu des ruines qu'ils avaient amoncelées.

L.

Quel ménestrel pourrait dire combien de fois, au milieu de ces combats fantastiques que contemplait Rodrigue, les étendards de l'Espagne furent renversés et relevés, toujours glorieux dans la défaite comme dans la victoire? Cette vision représentait tous les évènemens et les combats de l'avenir. Le carnage et le démon des ruines, montés sur l'aile de la tempête, poussaient des cris de joie en voyant les cadavres entassés interrompre le cours des fleuves, et le sang inonder la terre.

LI.

Saragosse! maudit soit le ménestrel qui prononce ton nom sans les éloges qui lui sont dus! Jamais la harpe des bardes ne célébra une fidélité mieux éprouvée, un courage plus constant! La mine, la bombe, tous les arts de la destruction étaient ligués contre tes remparts. Deux fois l'ennemi fut repoussé de tes ruines, et lorsque enfin la destinée te livra aux conquérans, ils ne trouvèrent plus Saragosse, mais le tombeau de ses enfans.

LII.

Lève fièrement la tête, cité malheureuse! quoique dans les fers, tu ne saurais être esclave! tu peux exiger le respect de tous les cœurs qui chérissent la liberté, dont tu as si bien servi les autels!... Que ta sainte héroïne soit à jamais honorée par tous ceux qui aiment l'honneur, quelle que soit leur croyance! Telles que les restes d'un bûcher qui mérita le ciel à un bienheureux martyr, que tes cendres fumantes soient sacrées pour tout cœur loyal.

LIII.

Tu ne fus pas la seule livrée à la destruction! Belle Girone, tes guerriers ont aussi des droits aux louanges du poète; tes guerriers qui, fidèles jusqu'à la mort, demeurèrent sur tes remparts pendant qu'un nuage aussi noir que la vapeur d'une forge était suspendu sur leurs têtes. Cette fumée plus épaisse par l'explosion de la mine, était passagèrement traversée par l'éclair du canon, par les éclats des bombes et la lueur rougeâtre qui découvrait l'ennemi prêt à monter à l'assaut.

LIV.

Pendant que tout était danger, terreur et carnage, pendant que la terre tremblait et que le ciel était obscurci, on entendit au milieu du fracas assourdissant des ruines le cri trois fois répété qui exprime l'enthousiasme d'Albion, soit qu'elle salue la coupe ou le combat, soit qu'elle excite le courage de ses enfans ou leur gaieté.

LV.

Don Rodrigue se tourne du côté d'où s'élève cette acclamation. La scène change : là où l'Océan se confond avec les nuages, une belle flotte fend avec fierté l'onde amère. Les mâts sont ornés du symbole de saint George uni à la croix d'argent que chérit l'Écosse. Les navires s'approchent de la côte; le soleil brille sur les baïonnettes, les glaives et les lances; l'écho du rivage renvoie aux matelots leurs joyeuses clameurs.

LVI.

C'était un spectacle terrible, et cependant bien fait pour exalter le cœur. Les vagues écumaient sous les coups de mille avirons. A peine débarqués, les bataillons serrent leurs rangs. Le rivage est orné de leurs bannières: le bronze tonne; le signal guerrier du tambour se mêle aux fanfares des clairons et aux airs perçans du fifre; l'espérance de la patrie se réveille, la crainte est réduite au silence, les enfans de l'Océan viennent au secours de la Liberté.

LVII.

C'est une armée dont les rangs déploient toutes les formes de la guerre: les bataillons s'alignent, se serrent, et présentent une forêt de baïonnettes. Les escadrons foulent la prairie retentissante, et font luire l'éclair de leurs sabres; l'artillerie traîne ses foudres; et les officiers d'ordonnance se préparent à partir sur leurs légers coursiers, qui rivalisent de vitesse avec l'éclair.

LVIII.

Trois royaumes ont envoyé ces guerriers, tous frères d'armes, mais rivaux de gloire; l'Angleterre réclame les exploits de ses enfans pour en décorer sa couronne. On les reconnaît à leur démarche fière, à leur regard martial, à leur mépris de la mort quand il s'agit de la liberté, à leurs yeux bleus, à leur blonde chevelure, à la franchise de leurs paroles et à ces pensées patriotiques qui tachent le soldat aux lois de son pays.

LIX.

Et vous aussi, guerriers de la terre natale du ménestrel, Rodrigue voit vos toques et vos tartans; des formes et des traits plus rudes, un maintien plus grave, distinguent les fils des montagnes; mais dans les batailles jamais cœur ne fut plus brave que celui qui bat sous le plaid écossais. Quand le pibroch donne le signal, vous obéissez à cette voix de la gloire... quel ennemi peut résister à votre charge impétueuse?

LX.

Écoutez! quel rire bruyant s'élève au milieu de ces bataillons qui mêlent les bons mots de la gaieté à la musique des batailles? Qui sont ces soldats qui vont à la mort en riant? Ce sont tes fils, ô Erin, tes fils braves et francs, affectueux dans la paix, terribles à l'heure du péril, vrais enfans de la nature, et capricieux comme elle. — Quel est le chef de toute l'armée? Ile d'Erin, prépare tes harpes; ce héros t'appartient.

LXI.

Je devrais maintenant montrer Vimeira sur la scène; je devrais dire comment Rodrigue vit le combat de Talaveyra, Corunna pleurant sa victoire, et la crête de Busaco enflammée par la foudre : mais la fable ne pourrait plus servir aux louanges des héros; ce théâtre fictif est-il assez vaste pour représenter tous les triomphes réels de l'histoire; les fleurs de la poésie mensongère oseraient-elles se mêler aux lauriers immortels qui décorent les cimiers et la tombe des fils de la victoire?

LXII.

Ou bien pourrais-je donner un libre essor à l'imagination, et porter une main téméraire sur le voile sacré qui dérobe l'avenir à l'inquiétude curieuse de l'espérance? Peindrai-je les trophées de la gloire, l'Europe réveillée au récit de l'Espagne délivrée, et les nations courant aux armes, pendant que la renommée, les ailes déployées, appelle avec sa trompette le monde outragé à la liberté et à la vengeance?

LXIII.

C'est en vain que mon regard cherche à pénétrer cet avenir que la destinée se réserve. La destinée ne livre aux poètes que le passé glorieux, les récits de l'histoire et les trophées des héros.

Le souterrain magique n'est plus ; le monarque, le prélat, tous les fantômes de ma création se sont évanouis comme la vapeur que dissipent les rayons du soleil ; cependant un dernier chant du poète citoyen est encore dû à la fidélité, à la valeur et à l'Espagne.

CONCLUSION.

I.

— Qui pourrait commander au torrent d'Estrella de remonter à sa source, quand il est poursuivi par le courroux de la tempête ? Et, quand le golfe de la Gascogne mugit indigné contre les vents, qui pourrait lui imposer silence, comme une nourrice apaise un enfant ? Que celui qui aurait ce pouvoir magique en use contre moi ! Quand le torrent obéira à sa voix, quand les orages de la Biscaye se tairont à son signe, qu'il vienne, et qu'il tente de s'opposer au passage de mes aigles : seul il les verra dociles à ses accens arrêter leur vol impétueux.

II.

— Qu'il vienne avant que leurs ailes victorieuses les aient portées sur les tours de Lisbonne, où elles se fixeront comme le symbole de notre conquête ; qu'il vienne avant que les îles d'Albion soient englouties par les flots de la mer où elles règnent.

C'est ainsi que, sur le roc d'Alverca, le chef de la Gaule parle à ses maréchaux, à ses ducs et à ses pairs, pendant que ses légions s'avancent. Devant eux la terre, riche de vignobles et de troupeaux, sourit comme Eden aux premiers jours du monde ; derrière eux s'étend un vaste désert où fume le sang du carnage.

III.

Le chef superbe accomplira-t-il sa menace, quoique le

ciel ait entendu les gémissemens de cette terre opprimée ; quoique la Lusitanie aiguise son glaive vengeur, et que les Bretons s'arment pour sa cause, commandés par Wellington ?

Non, les montagnes de fer de Busaco lui opposeront un rempart inexpugnable ! On verra reculer ses bandes en désordre, comme les flots du torrent écumeux, repoussés par un roc immobile, vont chercher une issue détournée.

IV.

Mais vainement le vautour d'Alcoba vient de faire sa proie de ses plus braves guerriers ; fier du nombre de ses bataillons, le chef impérial ne renonce pas à satisfaire sa soif de sang et de rapines. La conquête qu'il s'est promise est devant ses yeux, et les femmes de Lisbonne peuvent compter du haut de leurs remparts ces soldats qui conquirent la moitié du monde ; elles peuvent entendre les roulemens lointains du tambour qui rassemble les fils de la France pour livrer l'assaut.

V.

Pendant cinq lunes on entendit résonner ce tonnerre menaçant, et l'on vit cette armée ennemie jeter sur sa proie des regards avides, comme des loups affamés qui guettent une bergerie... Mais un lion est sur le chemin, qui va leur fermer le passage. Ils se mettent enfin en marche, mais c'est pour abandonner leur camp et retourner sur leurs pas ; ces feux que vous voyez briller ne les guident plus à la gloire, mais à une fuite lâche, ignominieuse et cruelle.

VI.

O triomphes des démons de la débauche et du carnage ! Quelles horreurs signalent leur passage ! Le villageois est égorgé sous le chaume, le prêtre en cheveux blancs au pied de l'autel ; la vieillesse et l'enfance implorent en vain la pitié ; la chaste épouse est livrée à l'infamie, et les démons n'oublient aucun des crimes qui proclament leur haine immortelle pour l'homme et leur mépris pour le nom sacré du Très-Haut.

VII.

Le dernier des soldats de la Grande-Bretagne s'arrêtait pour contempler avec horreur ce spectacle de désolation ; partageant son morceau de pain avec un pauvre malheureux, il essuyait la larme de son œil sévère, et saisissait son fusil avec une nouvelle ardeur. Les fils pacifiques de la Bretagne ne paieront pas avec moins de zèle et d'enthousiasme la dette d'une généreuse sympathie. Ni le riche, ni le pauvre, ni le pair, ni le prince, ne refuseront leur tribut ; on verra le paysan porter son obole, et le poète son poème, quoique indigne d'un tel sujet [1].

VIII.

Mais toi, favori de la fortune, céderas-tu sans combats au destin ? l'avantage du terrain ne pourra donc même plus te rendre ton ancienne confiance ; voilà le passage de Marcella, les montagnes de Guarda ! Fugitif, tant de fois vainqueur, tourne encore une fois la tête, regarde la Fontaine-de-l'Honneur [2], ainsi nommée sans doute par quelque barde doué de l'esprit de prophétie, à qui il fut révélé que, près de ces ondes, tu laverais la tache faite à ta gloire ; retourne-toi, fils déchu de la Fortune ; rachète ici les faveurs de la déesse.

IX.

Mais auparavant réunis tous tes soldats, et surtout ceux qui n'ont pas entendu rugir le lion, ou qui ont oublié Talaveyra et le rivage de Mondégo ; réunis tous tes soldats ; appelles-en de nouveaux ; épuise tous les stratagèmes de la guerre ; précipite légions sur légions contre ton ennemi, fatigue son bras ; tu ne saurais abattre son âme.

---

(1) Allusion à la pensée qui inspira le poème dédié au comité des secours pour les prisonniers. Il est curieux de voir le soldat anglais si sensible ! Le fut-il toujours et partout ? — Éd.

(2) Traduction littérale des mots espagnols *Fuente de Honor*.

X.

Vainement les rives de l'Aguéda sont hérissées de fer; vainement tes escadrons couvrent la plaine d'Alméda, et bravent le bronze des batailles avec cette impétueuse valeur qui leur donna tant de fois la victoire; cesse de te réjouir des cris plaintifs des Calédoniens qui gémissent de la mort de Cameron... La vengeance et la douleur redoublent leur force... Les montagnards, altérés de vengeance, mettent les gardes-géans du despote en fuite.

XI.

Va! fanfaron déçu dans tes projets, va fléchir le courroux de ton maître impérieux! va lui apprendre le sort de ses légions! Dis-lui que leur courage et ton habileté ont cédé à la valeur généreuse des Anglais, défenseurs de la liberté. Ajoute que Wellington fut ton vainqueur, et, s'il se met en courroux, qu'il vienne lui-même tenter la fortune : nous avons pour nous Dieu et la justice de notre cause.

XII.

Mais vous, héros de cette journée, un poète inhabile et inconnu osera-t-il vous payer son tribut de louanges à chacun de vous, et attacher sur vos fronts les lauriers de la victoire? Cependant ma harpe voudrait bien au moins lancer au loin sur les mers le nom de Cadogan; et lui peut-être reconnaîtrait-il la voix du ménestrel, s'il n'a pas oublié qu'il eut avec lui une courte entrevue dans les îles éloignées de l'occident où mugit la mer atlantique.

XIII.

Mais c'est une tâche difficile, quand les Bretons tirent l'épée, de célébrer chaque chef et chaque bataille. Écoutez : Albuera fait retentir le nom de BERESFORD, et Barosa celui de l'intrépide GROEME! Ah! si le poète avait une voix capable de rivaliser avec celle du bronze pour répéter de tels noms et en multiplier l'écho dans l'univers! Jamais plus glorieux lauriers ne couronnèrent des vainqueurs plus braves.

XIV.

Oh! qui disputerait les lauriers d'Albuera à celui qui conduisant au combat un peuple régénéré, l'excita à se montrer l'émule de ses pères, guida son impétueux ressentiment, fortifia son courage, releva le bouclier déchu de la belle Lusitanie, aiguisa son glaive, et apprit à ses enfans l'art oublié de manier les armes? — Brisée soit ma harpe avec toutes ses cordes, si jamais elle perdait le souvenir de tes mérites, ô Beresford!

XV.

Le jour de cette sanglante bataille, quoique les légions de la France fondissent sur lui comme des torrens, on ne vit pas la moitié de sa valeur; il ne risquait en ce jour illustre que sa vie; mais, quand il fit faire de savantes évolutions à ces soldats qui combattirent aussi bien que les Anglais, il brava les traits de la censure et de la honte plus aigus que le fer de la lance polonaise, ou que la pointe de la zaguaie; il risqua sa gloire militaire plus chère que la vie.

XVI.

Mais gloire aussi à celui qui s'efforça de cacher sous l'armure du guerrier la blessure d'une tendre affection, et dont le ciel n'exauça pas le vœu, par amour pour sa patrie; il chercha le danger et la mort, il trouva la gloire. De climat en climat cet exilé volontaire accourait partout où sonnait le clairon de la guerre. Cependant, Calédonie, tu occupais seule sa pensée sous la tente et dans les marches militaires. Au milieu des Alpes, il rêvait aux monts d'Athole; dans la voix de l'Èbre il entendait la voix du Lyndoch chéri.

XVII.

Ah! héros d'une race renommée depuis des siècles, dont le cri de guerre a retenti sur les champs de bataille depuis ces premiers combats où l'on vit tomber la muraille romaine! cri glorieux de Grœme, tu fus répété encore aux côtés de Wallace, et plus tard à Alderne,

Kilsythe et Tibber. Le défilé de Tummel s'en souvient avec effroi ; mais jamais tu ne te fis entendre sur un plus noble champ d'honneur, que lorsque les échos de la sauvage Ronda apprirent à te mêler aux sons de la victoire.

XVIII.

[1] Mais trop long-temps déjà ma barque téméraire s'est hasardée au travers des mers inconnues, au milieu des écueils. Pour terminer, comme ferait Spencer, je profite du vent favorable pour regagner le rivage. J'aperçois de loin la côte bleuâtre, je vois le port s'ouvrir devant moi ; je ploie gaiement ma voile fatiguée ; ma proue légère touche le sable. J'arbore le pavillon de la Calédonie, et j'amarre ma nacelle.

(1) Imitation de Spencer.

NOTES.

NOTE 1. — Stance IV de l'introduction.

Cattraeth, lieu célèbre par une bataille.

Llywarch, monarque et barde tout à la fois, était prince d'Argood dans le Cumberland.

Merlin Wild ou Merlin le sauvage appartient à l'Écosse, par sa retraite dans un bois de l'ancienne Calédonie.

NOTE 2. — Stance VIII.

Le peuple de Selkirkshire croit encore aujourd'hui à l'existence et aux fêtes nocturnes des fées. Une fontaine appelée Cheesewell est regardée comme consacrée à ces esprits fantastiques, et c'était l'usage de se les rendre propices en jetant quelque chose dans cette onde en passant. Une épingle était l'offrande ordinaire, et cette cérémonie est quelquefois renouvelée de nos jours.

NOTE 4. — Stance IV de la première partie.

Florinda, fille du comte Julien, était appelée par les Maures Caba ou Cava.

NOTE 5. — Stance X.

Extra muros, septentrionem versùs, vestigia magni alius theatri sparsa visuntur. Auctor est Rodericus, Toletanus archiepiscopus, antè Arabum in Hispanias irruptionem, hic *fatale palatium* fuisse ; quod inscienti vastes æterna ferri robora claudebant, ne reseratum Hispaniæ excidium afferret ; quod in fatis non vulgus solùm, sed et prudentissimi quique credebant, sed Roderici ultimi Gothorum regis animum infelix curiositas subiit sciendi quid sub tot vetitis claustris observaretur ; ingentes ibi superiorum regum opes et arcanos servari ratus. Seras et pessulos perfringere curat invitis omnibus : nihil præter arculam repertam, et in eâ linteum; quo explicato, novæ et insolentes hominum facies habitusque apparuêre, cum inscriptione latinâ : *Hispaniæ excidium*, ab illâ gente imminere; vultus, habitus Maurorum erant. Quamobrem ex Africâ tantam cladem instare regi cæterisque persuasum, nec falsò, ut Hispaniæ annales etiamnum quæruntur. — *Hispania Ludov. Nony.*, cap. LIX.

NOTE 6. — Stance XIX.

Le tecbir (*allah acbar*, Dieu est grand) cri de guerre des Sarrasins.
Le lélies est l'acclamation d'allah, illah, allah.

NOTE 7. — Stance XXI.

Orélia, la cavale de Rodrigue, est célébrée dans les romans espagnols, et aussi par Cervantes [1].

NOTE 9. — Stance XLIII.

Au couronnement d'un roi de Castille les hérauts crient trois fois : *Castilla, Castilla, Castilla;* cette cérémonie ne fut pas oubliée à l'inauguration de Joseph Buonaparte.

NOTE 10. — Conclusion. — Stance XIV.

Ce fut le feld-maréchal Beresford qui disciplina les Portugais.

NOTE 11. — Stance XVII.

Allusion à la gloire des Grœme ou Grahame, qui date des siècles de l'empereur Sévère. Montrose était de cette famille antique, et le vicomte de Dundee.

(1) Southey l'appelle Orelio. — ÉD.

LE CHAMP DE BATAILLE DE WATERLOO.

POÈME.

> C'est en vain que Valois brava le jeune Edward:
> Vainement de Français une élite nombreuse
> Attaqua sous Albert notre noble étendard,
> Vere, et de ses archers la troupe généreuse,
> Les écuyers d'Audley, de Mowbray les soldats,
> Dont une longue route a ralenti le pas,
> Retrouvant tout-à-coup leur force et leur vaillance,
> Emmènent prisonnier le monarque de France.
>   AKENSIDE.

A SA GRACE
LA DUCHESSE DE WELLINGTON,
PRINCESSE DE WATERLOO, ETC., ETC.,
CE POEME
EST DÉDIÉ COMME UN RESPECTUEUX HOMMAGE,
PAR L'AUTEUR.

I.

AIMABLE Bruxelles, tu es loin derrière nous, quoique nous puissions encore entendre le son prolongé de la cloche de l'horloge, dont le vent nous apporte la voix solennelle du haut de l'orgueilleuse tour de Saint-Michel. Nous voici au milieu de la sombre forêt de Soignies, dont les hêtres, les bouleaux et les chênes, entrelaçant leurs branches touffues, forment sur nos têtes un dôme de verdure. L'épais taillis semble inviter le voyageur; mais l'œil curieux y cherche en vain un accès; le tapis de feuilles fanées qui couvre le sol ne reçoit ni les rayons du soleil, ni l'humidité de l'air, ni l'eau de la pluie. Aucune vallée ne s'ouvre devant nos pas; aucun ruisseau ne traverse le sentier; l'étroite allée que nous suivons se prolonge en sombres arcades, dont les voûtes uniformes se perdent dans l'éloignement.

II.

Mais enfin un tableau plus animé s'offre à nous; la forêt s'écarte en groupes épars. Des halliers, des chaumières, des prairies et des champs de blé apparaissent dans les intervalles. Le diligent villageois saisit gaiement sa faucille. — Ah! quand ces épis étaient encore verts, le laboureur, voyant la destruction si près de lui, désespérait de jouir jamais de leur maturité! Quel est ce hameau et ce clocher rustique?—Que vos regards ne dédaignent pas sa grossière architecture: vous êtes à Waterloo!

III.

Ne craignez pas la chaleur, quoique le soleil éclaire le ciel d'automne, et qu'à peine un des arbres voisins de la forêt nous prête l'ombre de son feuillage. Ces champs ont vu un jour plus ardent que celui qui fut jamais embrasé par le soleil. Avancez encore un mille : — Cette haie couronne une colline qui domine la plaine, et s'abaisse avec une pente si douce, que les plis du voile d'une beauté ne forment pas des ondulations plus faciles. A quelque distance plus loin, le terrain, s'élevant de nouveau, forme du côté opposé un rideau qui borne l'horizon. Le vallon renfermé dans cette enceinte forme un terrain uni pour le pas des chevaux; la nymphe la plus timide peut sans trembler abandonner dans ces sentiers les rênes de son blanc palefroi: aucun arbre, aucun buisson ne s'opposent à son passage ou n'effraient sa monture; point de fossés, point de palissades, excepté aux lieux où s'élèvent les tours démantelées d'Hugomont.

IV.

Apercevez-vous dans ces lieux solitaires quelques traces des évènemens dont ils furent naguère le théâtre? — Un étranger pourrait répondre : — Cette plaine couverte de chaume paraît avoir été récemment dépouillée de ses épis, et là de noires traces indiquent le passage des chariots pesans du laboureur, chargés des gerbes de la moisson. Sur ces larges monceaux de terrain foulés aux pieds, peut-être les villageois ont-ils formé de ces danses que Téniers aimait à dessiner; là où le sol est noirci par la flamme ils ont préparé leur repas frugal, et la matrone du hameau a entretenu un feu de paille.

V.

Voilà ce que vous croyez! voilà ce que croient tous ceux qui voient ces lieux tels qu'ils sont en ce moment! Mais d'autres moissons que celles qui réclament la faucille du laboureur ont été recueillies par des mains plus terribles, armées de la baïonnette, du sabre et de la lance. A chaque coup fatal des rangs entiers de héros tombaient comme les tiges dorées du froment : avant la fin du jour on vit çà et là des monceaux de cadavres : moisson terrible des batailles.

VI.

Regardez encore : cette place noircie vous indique le bivouac; ces sillons profonds, les vestiges de l'artillerie tour à tour fatale aux deux armées. Non loin de cette vase durcie, le vaillant dragon précipita son coursier au milieu des torrens de sang. Ces excavations ont été produites par l'explosion de la bombe : ces vapeurs souillées que le soleil aspire de ce monticule, vous déclarent que le carnage s'y est rassasié de victimes.

VII.

Ah! ce sont bien d'autres moissons que celles qui appellent la faucille, dont ces campagnes furent témoins! La mort plana sur cette fête rurale, et le cri perçant des batailles invita les combattans à un banquet sanglant.

L'œil du démon de la guerre observait tous les conviés à travers les nuages de fumée; son oreille ravie distinguait tous les sons de ce tumulte confus, la voix tonnante de bronze, les aigres accens de la trompette, les acclamations des escadrons, leur charge bruyante, les gémissemens des blessés, et les derniers soupirs des mourans.

VIII.

Assouvis-toi, cruel ennemi des mortels, assouvis-toi! mais ne pense pas qu'un combat si terrible puisse longtemps durer. Les guerriers sont des hommes, et leurs efforts cessent avec leur vigueur épuisée. — Vain espoir! Le soleil, caché par les nuages, entendit les premières clameurs du carnage, avant d'atteindre le milieu de sa carrière, et il allait s'éclipser derrière les ombres de la nuit, quand ces mêmes clameurs montèrent de nouveau jusqu'à lui; pendant deux longues heures de nouvelles troupes entretiennent la bataille; les colonnes ne cessent de se heurter; l'orage des canons et des bombes continue; la force et l'habileté guerrière s'aident réciproquement, et l'issue de cette sanglante journée est encore douteuse.

IX.

Bruxelles, quelles pensées étaient les tiennes pendant que tu entendais ce tonnerre lointain! Chacun de tes citoyens, respirant à peine, écoutait ces sons avant-coureurs de la mort, du pillage et des flammes[1]. Quel affreux spectacle attristait leurs regards lorsque des blessés victimes de ce long combat traversaient tes rues sur des chariots, d'où le sang ruisselait sur la poussière comme les gouttes d'une pluie!

Combien de fois le tambour semblait annoncer l'approche du cruel usurpateur, précédé du dieu des ruines qui agitait sa torche incendiaire et son glaive homicide! —

---

(1) Des prisonniers de guerre ont affirmé que Bonaparte avait promis à sa troupe le pillage de Bruxelles pendant vingt-quatre heures. — W. S.

L'auteur se trompe ici en disant des *prisonniers de guerre*, il devait dire des *transfuges*. — ÉD.

Rassure-toi, belle cité; c'est vainement que sa main est étendue comme pour saisir sa proie; c'est vainement que, peu accoutumé à la résistance, il s'irrite jusqu'à la fureur; c'est vainement qu'il renouvelle le combat.

X.

— Avancez, avancez, s'écrie-t-il d'un ton farouche; bravez le feu des batteries, précipitez-vous sur ces bronzes ennemis; avancez, ô vous, mes cuirassiers, mes hussards, ma garde, mes guerriers d'élite; chargez pour la France, pour la France et Napoléon!

Ces braves lui répondent par leurs acclamations, et applaudissent à l'ordre qui les envoie affronter un destin que leur chef évite de partager.

Cependant celui qui est le bouclier et l'épée d'Albion, toujours à la tête des siens, présent partout où le danger l'appelle, prompt dans l'action et bref dans ses paroles, accourt comme un rayon de lumière, et s'écrie:

— Soldats, soutenez le choc; l'Angleterre redira vos exploits.

XI.

L'orage crève, l'éclair de l'acier brille à travers les nuages de fumée. La mêlée devient plus terrible; trois cents canons tonnent et vomissent une grêle de fer. Le cuirassier s'élance, le lancier se précipite; l'aigle guide au carnage ces cohortes jusqu'alors invaincues; leurs acclamations les précèdent, et font entendre le nom impérial au milieu du feu et des vapeurs sulfureuses.

XII.

Mais les Bretons reçoivent cette charge sans éprouver de terreur: leurs yeux ne perdent rien de leur fierté, aucun d'eux ne recule, tous voient de sang-froid les mourans et les morts.

Car à peine leurs rangs sont-ils ouverts par les foudres ennemies, que chaque ligne se serre de nouveau; la place de ceux qui ne sont plus est occupée par d'autres, jusqu'à ce qu'ils aperçoivent les casques et les panaches ennemis à la distance de trois lances; c'est alors que leur feu se réveille : chaque fusilier décharge son arme avec la régularité qu'on admire un jour de parade. Les casques et les lances tombent; les aigles descendent de leurs bannières, les coursiers et les cavaliers chancellent et sont renversés, les cuirasses se brisent en éclats, et les bannières sont en lambeaux. Pour augmenter le désordre, la cavalerie anglaise prend l'ennemi en flanc, et force sa résistance. Aux décharges de mousqueterie succède alors le cliquetis des épées, le hennissement des chevaux; les glaives retentissent sur les cuirasses comme le marteau du forgeron sur l'enclume. Les canons, bien servis, achèvent la déroute; lanciers, cuirassiers, infanterie, cavalerie, confondent leurs rangs, et se retirent sans chefs et sans étendards.

XIII.

Wellington, ton œil perçant reconnut que c'était l'heure critique pour décider du sort de nos armes. Les guerriers de la Bretagne avaient soutenu le choc des enfans de la France comme les rochers de leur île celui des flots; mais quand ta voix eut dit, Avancez ! ils furent eux-mêmes les flots impétueux de leur Océan.

O toi, dont les funestes desseins ont exposé ton armée à cette heure de honte, penses-tu que tes braves fatigués pourront résister à ces vagues qui fondent sur eux ? Tu tournes les yeux du côté de ces nouveaux escadrons qui accourent dans le lointain : d'autres bannières se déploient, d'autres canons résonnent !— Cesse de croire que ce sont tes propres troupes qui arrivent triomphantes de la Dyle... Blucher t'est-il donc inconnu ? As-tu oublié les sons de haine et de vengeance que les trompettes de la Prusse te firent entendre si souvent aux jours de tes disgrâces ?

Que te reste-t-il à faire ? te mettras-tu toi-même à la tête du reste de tes guerriers pour tenter un dernier effort ? Tu aimais à distraire tes loisirs par l'histoire de Rome, et tu n'ignores pas quels furent les destins de ce chef qui, s'égarant jadis dans les sentiers de l'ambition, entreprit avec les gladiateurs de conquérir l'empire. Ah! si du moins il affronta les périls auxquels l'exposait son audace téméraire, il n'abandonna pas les victimes qu'il avait entraînées à leur ruine; il creusa sa tombe sanglante avec sa propre épée, et fut enseveli sur le champ de bataille, théâtre de sa défaite, abhorré, mais non méprisé.

XIV.

Mais si une pensée moins généreuse te fait préférer la vie, quelque prix qu'elle doive te coûter, tourne bride; quoique vingt mille Français soient morts dans cette journée fatale, se sacrifiant à ta gloire, que tu n'hésites pas à déserter lâchement pour prolonger tes jours. Les âges futurs croiront-ils ton histoire pleine d'inconséquences? Es-tu l'homme du pont de Lodi, de Marengo et de Wagram! ou ton âme est-elle comme le torrent des montagnes, qui, enflé par les pluies d'hiver, roule ses flots redoutés; mais qui, privé de ces secours, dégénère en un obscur ruisseau, dont le cours ignoré n'offre plus que les vestiges de ses anciens ravages?...

XV.

Fuis! puisque tu as pu entendre sans émotion tes vétérans s'écrier, en te voyant prendre la fuite : — Ah! s'il avait seulement su mourir! — Fuis, puisque tu as pu voir leurs yeux verser des larmes de rage et de honte.

Mais cependant, regarde encore une fois avant de quitter la colline fatale; regarde tes guerriers en désordre, sur lesquels la lune jette une sinistre clarté, comme celle qu'elle fait luire sur les flots troublés, quand les fleuves franchissent leurs rives, et qu'elle découvre à demi, aux yeux du laboureur ruiné, les débris que le courant entraîne. Telle est la confusion des bannières, des batteries et des armes partout où la déroute poursuit ces guerriers qui, au lever de l'aurore, défiaient tout un monde.

XVI.

Écoute. Ces cris de vengeance t'annoncent que la lance

des Prussiens est teinte du sang des vaincus. Elles furent moins terribles ces clameurs que tu entendis quand les flots glacés de la Bérésina furent rougis et fondus par le sang et la flamme, et que les enfans du Don répétaient leurs sauvages hourras en te poursuivant. Non, ton oreille ne fut pas frappée d'un cri d'horreur plus sinistre quand, abandonné par toi,... — oui par toi,... le vaillant Polonais trouva le tombeau d'un soldat dans le fleuve de Leipsick, encombré de cadavres. Dans ces divers périls du passé, le destin te réservait d'autres leçons pour l'avenir; du dé fatal que tu viens de jeter ne dépend pas une seule bataille, une seule campagne!... ta gloire, ton empire, ta dynastie, ton nom, sont perdus à jamais; et sur ta tête dévouée, la dernière goutte de l'urne fatale des vengeances célestes est répandue.

XVII.

Puisque tu veux vivre, ne refuse plus de courber la tête devant ces démagogues, naguère objets de ta haine et de tes mépris, qui vont livrer à de vains débats ta destinée impériale... Ou dirons-nous que tu t'abaisses moins en demandant un refuge à l'ennemi contre le sein duquel ta main dirigeait sans cesse ton glaive, aux jours de ta prospérité?

Un pareil hommage fut rendu autrefois par des héros de la Grèce et de Rome; ton choix serait honorable, s'il était fait librement... Mais viens sans crainte; dans un homme descendu si bas, et dénué de tout secours, nous ne pouvons reconnaître un ennemi, quoiqu'une expérience chèrement acquise nous force d'ajouter que jamais nous ne saluerons en toi un ami! Viens toutefois; mais ne conserve plus dans ton cœur ce germe d'orgueil qu'y découvrait dernièrement [1] un barde inspiré, l'espoir de ressaisir le sceptre impérial; ne pense pas que nous laissions encore une fois l'ambition relever sa tête superbe; viens sans crainte, mais aucune île ne t'appellera plus

---

(1) Lord Byron, *Ode à Napoléon Bonaparte.*

son roi; tu n'auras plus de gardes, plus de symbole de ton règne passé, qui puisse devenir un poignard dans la main à laquelle nous avons arraché l'épée.

XVIII.

Cependant, dans l'étroite prison qui t'est destinée, puisses-tu penser à une victoire plus noble que toutes celles qui t'ont illustré; une victoire remportée sans verser de sang, qui t'appartiendra tout entière, c'est celle qui t'est réservée, si tu parviens à dompter ces passions et cette âme opiniâtre qui corrompirent tes jours de prospérité. C'est ce qu'ose te faire entendre un cœur qui ne peut comparer sans émotion et sans soupir *ce que tu es*, avec *ce que tu aurais pu être*.

XIX.

Et toi, dont les faits d'armes sont au-dessus de la reconnaissance d'une nation, tu trouveras ta véritable récompense dans ton propre cœur. Les justes acclamations de tout un peuple, celles de toute l'Europe, le sourire de ton prince, les décrets honorables de notre sénat, le rang ducal, l'ordre de la jarretière, ne pourraient te procurer une jouissance aussi pure que celle que tu goûteras en pensant à la vue de ton épée : — Ce glaive fut toujours tiré du fourreau pour le bien public, et le ciel a voulu qu'il n'y rentrât jamais qu'après la victoire.

XX.

Jetons un dernier coup d'œil sur ce champ de bataille, et ne repoussons pas l'émotion plus douce qu'il produit dans nos cœurs; le triomphe et la douleur sont proches l'un de l'autre, et la joie elle-même s'exprime souvent par des larmes. Hélas! que de liens d'amour a brisés en ce jour la main cruelle de la guerre! car jamais victoire ne fut si chèrement achetée. Voyez dormir d'un commun sommeil tous ceux que l'affection pleurera long-temps : ici est un père qui ne pressera plus ses enfans sur son sein; là un fils que la voix de sa mère ne bénira plus dans sa terre natale; à côté de l'amant qui s'est arraché aux premiers embrassemens de sa pudique fiancée, repose l'époux dont de longues années d'amour fidèle avaient consacré l'hymen. Quand vous voyez une jeune fille cacher son pâle visage sous un voile de deuil, ou une femme verser soudain des larmes aussitôt qu'elle entend le son du tambour, tandis que, consumé d'une douleur plus mâle, un père étouffe un soupir dans son sein... épargnez vous une vaine question pour en savoir le cause, et pensez à Waterloo.

XXI.

Jour de gloire et de regrets, que de héros tu vis périr ! que de noms consacrés par le souvenir de la Bretagne obtinrent ici leurs derniers titres à l'immortalité ! Tu vis expirer dans des flots de sang Picton à l'âme de feu ; Ponsonby blessé, et De Lancy échanger les guirlandes de l'hymen contre les lauriers d'un beau trépas ; Miller jette son dernier regard sur les étendards d'Albion ; Cameron succombe comme un vrai descendant de Lochiel, et le généreux Gordon se sacrifie au salut de son chef. Ah ! quoique l'ange protecteur de la Bretagne couvrît de son bouclier le héros de notre île, la destinée lui fit éprouver ses rigueurs en le frappant dans ses amis.

XXII.

Pardonnez-moi, illustres morts, ces vers imparfaits : qui pourrait vous nommer tous ? quelle harpe sublime pourrait donner à chacun la gloire qu'il a si légitimement acquise, depuis ce capitaine déjà fameux, jusqu'au soldat encore ignoré ? Que les larmes arrosent vos tertres de gazon, que le sommeil des braves soit sacré jusqu'au moment où le temps finira ; que jamais un Anglais ne passe auprès de leur noble tombeau sans bénir les guerriers qui combattirent à Waterloo.

XXIII.

Adieu, champ de douleur, qui portes encore les traces des ravages de ce jour terrible : ma mémoire se rappellera long-temps tes chaumières renversées et toutes les traces de destruction qui noircissent les tours d'Hugomont. Mais quoique les vertes arcades de tes jardins aient été transformées en poste d'artilleurs, quoique tes arbres aient été consumés par l'explosion de la bombe, et les vergers dévastés, n'as-tu pas du moins conquis un nom immortel? Oui, on peut oublier Azincourt, Crécy et Blenheim; mais l'histoire et la poésie consacreront pendant des siècles les tours d'Hugomont et Waterloo.

CONCLUSION.

Sombre fleuve de la vie humaine! tu ne connais point de repos; mais, poursuivant ton cours depuis le berceau jusqu'à la tombe, tu entraînes toujours sur tes flots de nouvelles générations à leur fin; ton onde reçoit également la barque joyeuse sur laquelle flottent les bannières du plaisir, le bateau au fond duquel se cache le crime, l'esquif du pêcheur et la barque qui porte une cour: tous ces navires voguent ensemble vers le même port.

Sombre fleuve du temps! quelles alternatives d'espérance et de terreur ont parcourues nos barques fragiles! jamais des vicissitudes aussi étranges n'avaient été connues à une seule génération; jamais ces changemens multipliés, ce passage subit de la joie à la douleur et de la douleur à la joie, jamais des luttes aussi terribles ne se renouvelleront pour les âges à venir jusqu'au terme où tes flots cesseront de couler.

Tu t'es généreusement montrée, ô ma patrie! tu as continué avec vaillance le combat dans la bonne comme dans la mauvaise fortune; tu es restée constante dans la cause la plus juste, celle du ciel et de tes droits; soit qu'une moitié du monde ait tourné contre toi tous ses guerriers réunis, soit que, revenue à de plus nobles projets, l'Europe ait tiré l'épée pour seconder la reine de l'Océan.

Te voilà dignement récompensée, quoique l'éclat de ta

gloire ait triomphé lentement, semblable aux premières lueurs de l'aurore dans l'horizon, qui peu à peu embrasent la vaste circonférence du ciel. L'Égypte vit s'élever ses premiers rayons; ils brillèrent enfin sur les myrtes de Maida, où le soldat, rempli d'une généreuse émulation, rivalisa avec les héros de la mer, et se lava d'un injuste reproche dans le sang des ennemis.

Maintenant, île impériale, lève la tête, et déploie la bannière de ton patron, saint Georges, la fleur des chevaliers! car tu as affronté comme lui un dragon, délivré l'innocence et foulé aux pieds la tyrannie vaincue. Tu peux montrer fièrement au monde l'emblème de ton saint chevalier, qui humilia l'orgueil, et vengea la vertu outragée.

Toutefois, au milieu de la confiance que t'inspire une gloire chèrement acquise, mais qui ne doit t'en être que plus chère, écris, ô terre d'Albion, écris cette leçon morale :

— Ce n'est pas seulement ton courage et ta discipline admirée sur maint champ de bataille qui doivent te rendre fière; l'amour d'une vaine gloire, la soif de l'or peuvent produire de tels exploits; mais c'est la constance dans la bonne cause qui seule légitime les trophées de la valeur.

MÉLANGES POÉTIQUES.

LA DANSE DE LA MORT.

I.

La nuit allait disparaître devant l'aurore sur la plaine de Waterloo : les coqs avaient fait entendre leur chant matinal ; mais aucun rayon n'avait encore brillé sur les hauteurs du mont Saint-Jean : des nuages prolongeaient le règne des ténèbres ; des tourbillons de vent, des coups de tonnerre et une pluie d'orage annonçaient une heure fatale. L'éclair luisait fréquemment à travers la nuit, et découvrait le bivouac où le soldat était étendu, glacé par le froid, trempé par la pluie, et désirant le retour de l'aurore, quand bien même le jour devrait lui apporter la mort.

II.

C'est à une heure semblable que les magiciens, les magiciennes et les démons ont tout pouvoir, et que des formes hideuses apparaissent aux yeux doués de seconde vue, au milieu du brouillard et de la pluie ; c'est alors que l'oreille du prophète effrayé entend d'étranges paroles qui présagent la mort et la ruine aux enfans des hommes.

A quelque distance des guerriers d'Albyn, le vieux Allan était tourmenté par l'insomnie ; le vieux Allan, qui pendant de longues années avait suivi, en vassal fidèle, dans la mêlée des combats, le vaillant Fassiefern, petit-fils de Lochiel. Il n'accompagne plus ce chef qui succomba au milieu du sang de ses amis et de ses ennemis; mais longtemps encore les rives du lac qui l'ont vu naître, Sunart, Ardgower et Morven raconteront comment le brave Cameron entendit en expirant à Quatre-Bras les acclamations de la victoire.

III.

La sentinelle fatiguée entendait dans le lointain les pas fréquens des coursiers de la patrouille; mais les sons qui frappent l'oreille d'Allan ne frappent que la sienne; ils ne sont visibles qu'à ses yeux les fantômes qui exécutent leur danse magique, semblables aux météores des marais; ce sont les fantômes qui président à la destinée de ceux qui sont réservés au trépas. Tels furent les sons que l'on entendit et les fantômes qui apparurent quand Jacques d'Ecosse se préparait à marcher vers la fatale plaine de Flodden; tels étaient les spectres chargés de désigner les victimes, et qu'adoraient les Danois encore païens quand ils tiraient du fourreau leurs glaives impitoyables. Les fantômes dansent les mains entrelacées et avec des gestes effrayans: le prophète, qui les distingue confusément sur les nuages, voit les flammes de l'éclair plus rouges à travers leurs formes vaporeuses; leurs chants sinistres avaient pour objet la bataille et les guerriers destinés à la mort.

IV.

CHANT DES FANTOMES.

— Allons, recommençons nos danses magiques pendant que l'éclair luit et que le tonnerre gronde; appelons le brave à sa tombe sanglante, où il dormira sans linceul.

— Nos pieds aériens et légers ne courbent point le seigle, qui fléchit la tête quand la tempête mugit, et qui se balance en ondulant chaque fois que la brise souffle; cependant les épis que nos pieds ont foulés au lever de l'aurore sont ravagés le soir, et confondus dans un mélange de sang et de noire poussière.

v.

— Allons, continuons nos danses pendant que l'éclair luit et que le tonnerre gronde; appelons le brave à sa tombe, où il dormira sans linceul.

— Continuons nos danses! Valeureux fils de la France, nous allons vous céder la place où doivent se déployer au loin votre appareil de guerre, vos bannières, vos panaches et vos lances. Approchez, approchez, fiers cuirassiers; place aux hommes bardés de fer : le glaive pénétrera à travers les casques et les cuirasses.

vi.

— Allons, continuons nos danses pendant que l'éclair luit et que le tonnerre gronde; appelons le brave à sa tombe, où il dormira sans linceul.

— Fils de la lance, vous reconnaissez notre approche dans vos songes affreux; l'œil de l'imagination vous découvre nos formes; vous distinguez notre cri fatal. Avant la nuit, quand vos âmes séparées du corps prendront leur essor d'une aile tremblante pour le séjour des félicités ou celui des tourmens, vous apercevrez plus clairement le chœur de la mort.

vii.

— Continuons nos danses pendant que l'éclair luit et que le tonnerre gronde; appelons le brave à sa tombe sanglante, où il dormira sans linceul.

— Fondez-vous, nuages, en torrens de pluie; une pluie de sang nous est destinée. L'orient commence à blanchir; cédons la place à une fête plus terrible; les carreaux et les flammes lancés par les mortels vont le disputer aux foudres de l'air; la rage des élémens n'est rien auprès de celle de l'homme. —

viii.

Au retour du matin les compagnons d'Allan entendirent avec un étonnement mêlé de crainte le récit de sa vision ; mais l'œil du devin était sombre, son oreille insensible et ses membres glacés avant la fin du jour. Il repose loin des bruyères de ses montagnes ; mais souvent ses compagnons répètent l'histoire de sa vision, autour du feu de la garde, quand l'aurore vient faire pâlir la flamme des tisons à demi éteints.

LE BRAÇONNIER.

FRAGMENT.

(Imitation du style de Crabbe.)

— Grave étranger ! sois le bienvenu dans nos vertes retraites où sont réunis l'exercice, la santé et l'indépendance ; sois trois fois le bienvenu, sage dont le plan philosophique mesure les droits de l'homme sur les limites de la nature ; salut, homme généreux comme celui qui tantôt crie vive la liberté, et tantôt paie cher un schall de cachemire, qui se rit de la cour et de la douane, trompe les percepteurs et nargue les rois. Semblable à son âme intelligente, la tienne, je pense, regarde les lois comme des pièges tendus aux hommes, et tu vois avec un sourire approbateur chaque rat qui échappe à la trappe ; ton oreille a entendu avec mépris nos juges de paix expliquer les actes répressifs qui fixent des peines contre les chasseurs aux filets, et qui condamnent à la prison les bergers prenant les perdrix dans leurs lacs ; ton bras vengeur briserait volontiers cette dernière chaîne de la servitude féodale pour rendre à tous les enfans libres de la nature la propriété du gibier de la forêt et du désert. Aussi as-tu vu avec douleur les habitans de Londres privés du bienfait d'une chasse annuelle, et tu aurais voulu renouveler pour eux le jour où la populace de Paris se rendit en foule à Chantilly, armée de fusils, de pistolets et de mousquetons. La décharge de tout un escadron épouvantait le pauvre levraut, et une brigade entière faisait feu sur une volée de perdrix : la *douce Humanité* approuvait la chasse, car l'alarme était grande et le mal peu de chose ; les acclamations patriotiques solennisaient cette expédition, et les échos de la Seine répétaient : *Vive la liberté!*

Mais le *citoyen* féroce, redevenu un souple *monsieur*, a repris ses anciennes chaînes et de plus pesantes encore ; puisque tu ne peux plus revoir en France un spectacle semblable, viens observer avec moi un de tes héros, un homme dont les actions libres vengent la cause de la liberté champêtre sur les lois féodales. Pénétrons sous les ombrages où le chêne robuste domine la vaste étendue des bouleaux et des coudriers, laissant dans les intervalles des tertres isolés où la bruyère se confond avec un dur gravier, et où s'élèvent çà et là l'if solitaire et quelques houx aux feuilles lustrées. C'est ici qu'un sentier un peu dégradé descend par des détours sinueux dans une vallée profonde... Suis-moi, mais prends garde de faire un faux pas : la philosophie peut glisser dans la fange. Marche avec prudence sur ce terrain mouvant, jusqu'à ce que, guidés par la fumée du charbon, nous arrivions à la porte barricadée de cette chaumière de la misère. Aucun foyer ne reçoit le feu, aucune issue n'est ouverte à la fumée, les murailles sont de claie, et la toiture de feuillage ; car, d'après les statuts de nos forêts, si une hutte semblable peut être construite dans l'espace d'une nuit et d'un jour, dans le même comté où l'éperon du fils de Guillaume-le-Conquérant[1] est encore l'insigne de la loi, celui qui l'élève avec cette promptitude a le droit de l'habiter comme propriétaire.

Approche, et jette un coup d'œil à travers la croisée, ne tremble pas ; celui qui y demeure dort enveloppé de

---

(1) Telle est la loi dans le Hampshire, qui tend à augmenter le nombre des voleurs et des braconniers. Pour marque de sa charge, le président de la cour qui juge des délits de la chasse porte un ancien éperon qu'on dit être celui de Guillaume-le-Roux.

ses sales couvertures; car les travaux du pillard sont finis jusqu'à ce que le soleil s'abaisse à l'occident. Chargé et prêt à armer une main désespérée, son fusil est à son côté; autour de la hutte sont déposés en désordre le butin, et les instrumens de son coupable métier, levier, scie et bâton, qu'il emploie tour à tour pour résister ou fuir, voler de vive force ou par ruse; c'est dans ce coin là-bas qu'il tient sa poudre, fruit d'un larcin, et le plomb qu'il a dérobé au toit de l'église.

Ici sont des harpons et des filets, là des peaux de daims et de lièvres, des plumes de faisan, des ficelles et des fils d'archal pour fabriquer des lacets; d'un autre côté est renfermé le gibier tué récemment, et qui attend la charrette du coquetier complice.

Regarde son sale grabat, et observe son sommeil. A combien d'émotions troublées son sein est en proie; son front basané est inondé d'une froide sueur, sa respiration est courte et oppressée; entre chaque effort qu'elle fait, la nature demande une pause. Son gosier semble tiraillé par des mouvemens convulsifs, tandis que ses lèvres bégaient comme si elles hésitaient à prononcer tout bas des paroles de sinistre augure, des mots de passe, des menaces et des imprécations: quoique engourdi par la fatigue et le brandevin, son corps goûte le sommeil, mais son âme inquiète veille sans cesse au dedans de lui, exerçant dans les bois ses déprédations, ou se voyant avec effroi en présence de la justice.

— Ce tressaillement de terreur et de désespoir, ces yeux roulans dans leur orbite, cet air effaré, sont-ils l'expression du regret d'avoir tué un lièvre? ses cheveux se hérissent-ils, fronce-t-il les sourcils pour avoir massacré en mars le coq de bruyère ou une perdrix?

— Non, railleur, non, écoute ma réponse avec une attention sérieuse; il n'est point de guichet à la porte des lois; celui qui veut franchir cette porte redoutable doit écarter tous les barreaux de fer qui la ferment. L'occasion, l'habitude, l'orgueil et la passion se réunissent pour l'assaillir et la forcer.

Ce coquin, évité et redouté de tous les honnêtes gens, et que les voleurs, les braconniers et les contrebandiers appellent Ned [1] le Noir, était autrefois Édouard Mansell ; le plus frivole de tous ceux qui dansaient le dimanche sur la pelouse, et le chef de tous les jeux de Noël. La fête de la moisson s'embellissait de sa présence, et l'archet parcourait plus librement les cordes du violon quand Édouard indiquait l'air et conduisait la ronde. Son cœur était bon, ses passions ardentes, son rire partait du cœur : il aimait à manier un fusil, son père jurait que ce n'était qu'un goût de jeunesse qui passerait bientôt, et que lui-même avait eu il y avait trente ans.

Mais celui qui s'affranchit du joug légitime des lois doit fréquenter ceux qui en ont rompu tous les liens. Une peur commune de la justice unit bientôt le paysan qui dévaste la garenne ou trompe la douane, avec des félons plus coupables et qui sont peut-être teints du sang de son ami ou de son frère. Bientôt, comme dans les épidémies, la contagion se communique des individus aux masses, le coupable se ligue avec le coupable, et le même motif leur fait à tous regarder l'impunité comme leur espérance, et la loi comme l'objet de leur crainte... Leurs amis, leurs ennemis, leurs rendez-vous sont les mêmes jusqu'à ce que la caisse du gouvernement étant pillée, et le gibier détruit, l'exemple conduit le contrebandier et le braconnier à des actions plus noires.

Le vent mugissait à travers les rameaux de la forêt, et fréquemment le hibou répétait son cri funèbre ! le spectre de Guillaume-le-Roux errait autour du lieu où il reçut jadis le coup mortel ;... quand il jeta son fatal coup d'œil sur le marécage, le vol soudain du butor agita les joncs de l'onde stagnante. La lune, brillant de l'incertaine lueur qui présage les tempêtes, paraissait et disparaissait

(1) Diminutif familier pour Édouard.

par intervalles. Le vieux chêne abaissait ses branches, et puis les redressait avec un sourd craquement dans les airs troublés.

Cette même nuit, tapi au milieu des broussailles desséchées, le jeune Mansell épiait le chevreuil dans le parc de Malwood : le chevreuil passe, et reçoit le plomb meurtrier. Le garde vigilant accourt : un combat s'engage ; le braconnier tombe, et se voyant vaincu tire son couteau!... Le lendemain matin on trouva un cadavre dans le bois... ce sommeil troublé peut vous dire le reste.

LE PÈLERIN.

Oh! ouvrez la porte, ouvrez par pitié; la bise souffle avec violence, la neige tombe par flocons et couvre toute la plaine : il est difficile de trouver le sentier.

Je ne suis point un vagabond qui frappe à la porte du château pour y chercher un refuge après avoir chassé le daim du roi; mais un vagabond lui-même dans une nuit pareille aurait quelques droits à la compassion.

Je suis un pèlerin fatigué, affaibli par de longs voyages, j'erre au loin pour faire pénitence de mes péchés. Oh! ouvrez pour l'amour de Notre-Dame, obtenez la bénédiction du pèlerin.

J'apporte des indulgences de Rome et de saintes reliques. Ah! si ce n'est pas assez pour vous décider à m'ouvrir, ouvrez-moi du moins par charité.

Le lièvre est tapi dans son gîte, le cerf est à côté de la biche, et moi, pauvre vieillard, exposé à l'orage, je ne puis trouver aucun asile.

Vous entendez le mugissement sourd de l'Ettrick ; son cours est grossi par les pluies ; je serai forcé de traverser à gué les sombres flots de l'Ettrick si vous n'avez pitié de moi.

Elle reste fermée la porte de fer à laquelle je frappe. Le cœur du châtelain est encore plus inaccessible, puisqu'il peut entendre, sans en être ému, mes douloureuses plaintes.

Adieu, adieu! Puisse la vierge Marie, quand vous serez chargé d'ans et infirme, vous faire la grâce de ne jamais avoir besoin de l'asile que vous me refusez.

Le maître du château, mollement étendu dans sa couche, dédaigne son humble requête; mais souvent au milieu des orages de décembre il entendra de nouveau cette voix plaintive;

Car lorsque l'aurore brilla sur l'onde de l'Ettrick à travers les vapeurs, elle découvrit un cadavre sans vie parmi les sureaux de la rive : c'était le cadavre du pèlerin.

LA VIERGE DE NEIDPATH.

Selon une tradition du Tweeddale, pendant que le château de Neidpath, près de Peebles, était habité par les comtes de March, une passion mutuelle s'alluma entre une fille de cette noble famille et le fils du laird de Tushielaw dans la forêt d'Ettrick. Comme les parens de la jeune fille se refusèrent à une union peu assortie, le jeune homme s'exila dans les pays étrangers. Pendant son absence sa maîtresse tomba malade de langueur, et enfin le père consentit à ce que le fils du laird fût rappelé, comme seul moyen de lui sauver la vie. Le jour qu'il était attendu et qu'il devait traverser Peebles pour se rendre à Tushielaw, la jeune fille, quoique épuisée, se fit transporter sur le balcon d'une maison appartenant à sa famille pour voir passer celui qu'il lui était enfin permis d'aimer. Son inquiétude et son empressement donnèrent tant de force à ses organes qu'elle distingua, dit-on, le bruit des pas du cheval à une longue distance; mais Tushielaw, qui ne s'attendait pas à la trouver si changée ni à la voir dans un tel lieu, passa outre sans s'arrêter et sans même ralentir le pas. La jeune fille, incapable de supporter ce coup, expira dans les bras de ses suivantes.

On trouve un récit analogue à cette tradition dans le conte d'Hamilton, Fleur-d'Épine.

I.

Oh! la vue des amans est perçante, et leur oreille entend de loin : au terme de l'existence, l'amour peut accorder une heure de force et de santé. La maladie avait pénétré dans l'appartement de Marie, la douleur l'avait affaiblie, quoiqu'elle fût assise en ce moment sur la tour de Neidpath pour épier le retour de son amant.

II.

Ses yeux si brillans sont flétris et troublés, ses regrets ont consumé la fraîcheur de son teint; on pourrait voir pendant la nuit la clarté d'un flambeau à travers sa main amaigrie. Par intervalles le vermillon colore passagèrement ses joues, par momens elle devient si pâle que ses suivantes croient qu'elle va rendre le dernier soupir.

III.

Toute son énergie semble être concentrée dans les deux sens de l'ouïe et de la vue; avant que le dogue, gardien du château, ait dressé l'oreille, elle entend les pas du coursier; à peine un point apparaît-il dans le lointain, qu'elle reconnaît son amant, et fait un geste pour le saluer : elle se pencha sur les créneaux comme prête à voler à lui.

IV.

Il arrive, il passe et jette sur elle un regard indifférent comme sur une étrangère; les tendres paroles que Marie bégaya furent perdues dans le bruit des pas du coursier. La voûte du château, dont l'écho répond au plus léger murmure, put à peine saisir le faible gémissement qui annonça que le cœur de Marie venait de se briser.

L'ABSENCE DE WILLIAMS.

J'ai été privée de tout bonheur le jour que tu m'as quittée pour monter sur un vaste navire, et parcourir l'immensité des mers! Oh! maudit soit ton vaisseau! j'errai sur le rivage; et je le maudis parce qu'il me séparait de mon Williams.

Tu as suivi ta fortune au loin sur les vagues, tu as souvent combattu les flottes de la France et de l'Espagne. Le baiser du retour vaut trente baisers d'adieu; j'ai retrouvé mon Williams.

Quand le ciel était sombre et que les vents gémissaient, je m'asseyais sur le rivage, les larmes aux yeux; je pensais au navire sur lequel était mon Williams, et je désirais que la tempête soufflât tout entière sur moi.

Maintenant que ton noble vaisseau est au mouillage, et que Williams absent est en sûreté parmi nous, je trouverais des sons harmonieux dans le mugissement des vents qui poursuivraient les flots écumeux sur les grèves d'Inchkeith.

Quand les tonnerres étincelaient, que les canons tonnaient et que tous les cœurs se réjouissaient d'une grande victoire, je pleurais en secret sur les dangers des combats, et ta gloire suffisait à peine pour me consoler.

Mais tu vas maintenant entretenir mon impatiente curiosité de l'histoire de tes aventures et de tes nobles cicatrices. Ah! crois-moi, je pourrai sourire, quoique une larme vienne mouiller mes yeux; car les récits de la guerre sont doux après le danger.

Oh! que d'incertitudes quand la distance sépare les amans, quand leurs yeux ne peuvent plus être les interprètes de leurs cœurs! Que de fois les plus tendres deviennent volages!... l'amour des plus fidèles a son flux et reflux comme la mer.

Parfois, — pouvais-je m'en empêcher? — je soupirais

en me demandant si l'amour changeait d'accens comme l'oiseau sur les arbres touffus. Maintenant je ne veux pas savoir si tes yeux ont été volages; il me suffit que ton cœur loyal m'ait été fidèle.

Sois le bienvenu de tes courses sur les flots, toi qui viens de braver les fatigues et les périls pour l'honneur; toi qui viens de fournir des récits aux annales de la gloire, sois le bienvenu, mon guerrier, dans les bras de Jenny.

C'est assez humilier la Hollande et l'Espagne pour l'amour de la gloire; tu ne me feras plus pleurer, tu ne me quitteras plus; je ne veux plus me séparer de mon Williams [1].

CHANSON DE CHASSE.

Réveillez-vous, joyeux seigneurs, aimables dames; le jour luit sur la montagne; tous nos chasseurs sont réunis avec leurs faucons, leurs chevaux et leurs pieux; les limiers accouplés deux à deux aboient, les faucons sifflent, les cors résonnent gaiement; tous ces accords se confondent : réveillez-vous, joyeux seigneurs, aimables dames.

Réveillez-vous, le brouillard a quitté la montagne, les sources ruissellent à la clarté de l'aurore, les diamans brillent sur la bruyère, les gardes-forêts ont suivi avec soin la trace du chevreuil dans le vert taillis; nous répétons notre chanson : réveillez-vous, joyeux seigneurs, aimables dames.

Réveillez-vous, hâtez-vous d'accourir dans le bois; nous pouvons vous montrer le lieu où est tapi l'animal au pied agile, à la taille svelte; nous pouvons vous montrer les vestiges qu'il a laissés en aiguisant son bois contre le chêne; vous le verrez bientôt aux abois : réveillez-vous, joyeux seigneurs, aimables dames.

(1) Cette ballade a dans l'original un charme de simplicité que la prose du traducteur ne peut reproduire que bien imparfaitement. A. P.

Chantez, chantez plus haut : réveillez-vous, joyeux seigneurs, aimables dames; la jeunesse et la gaieté sont de la partie. Qui peut frustrer le temps, ce sévère chasseur, intrépide comme le limier, agile comme le faucon? pensez à lui, et levez-vous avec le jour, joyeux seigneurs, aimables dames.

LA VIOLETTE.

Sous son berceau de feuillage où le bouleau mêle son ombre à celle du coudrier, la violette peut se vanter d'être la plus belle fleur du vallon, du coteau et de la forêt.

Mais quoique ses pétales bleues, penchées sous le poids de la rosée, soient si belles, j'ai vu un œil d'un azur plus doux, briller à travers les larmes.

Le soleil sèchera cette rosée avant que le matin soit passé, la larme de nos tristes adieux n'humecta pas plus long-temps les yeux de mon infidèle.

A UNE DAME

EN LUI OFFRANT DES FLEURS CUEILLIES SUR UNE MURAILLE ROMAINE.

Agréez ces fleurs, dont la couleur de pourpre orna les ruines d'un rempart sur lequel les enfans de la liberté se virent bravés par l'étendard impérial de Rome.

Cette brèche offrait jadis aux guerriers le péril et des lauriers; elle n'accorde plus au passant qu'une guirlande de fleurs pour les cheveux de la beauté.

LE CHANT DU BARDE,

composé a l'époque d'une menace d'invasion (1804).

La forêt de Glenmore est sombre, la nuit confond les ombres du pin et du chêne; le vent cher aux montagnes siffle entre leur feuillage; la lune se montre à travers les nuages rapides; mais le lac troublé ne réfléchit point son disque; les vagues blanchâtres se précipitent et se brisent sur les écueils du rivage : il sort une voix du milieu des arbres, qui se mêle au craquement du chêne, à la bise de l'orage et au choc des flots contre les rochers; c'est la voix d'un barde inspiré qui traverse la forêt de Glenmore, et dont le chant se fait entendre malgré l'ouragan.

— Réveillez-vous du sommeil de la mort, ménestrels et bardes des anciens jours! car le vent de la nuit souffle sur la bruyère, et les météores font luire leurs sinistres clartés! l'Esprit à la main sanglante [1] erre dans la forêt, le hibou et le corbeau observent un silence de terreur; c'est l'heure d'évoquer les morts! Ames des bardes, réveillez-vous, et dites quels accords sublimes rendirent vos harpes quand Lochlin sillonna les flots, et jeta sur vos rivages ses guerriers nourris de sang et de rapines, pourvoyeurs des vautours, et que vos harpes condamnèrent à mourir à Larg et à Loncarty [2].

— Quoi, vous êtes tous muets! aucun murmure étrange ne m'est apporté par la brise nocturne, aucune harpe ne fait entendre sa sauvage harmonie à travers les pins gémissans! Êtes-vous donc muets? Il n'en était pas ainsi quand le meurtre aux traces sanglantes et la rapine au bras de fer planaient sur vos montagnes. Oh! réveillez-vous encore une fois! répétez les chants par lesquels furent célébrés les exploits des chefs d'Albion, depuis Coil-

---

(1) La forêt de Glenmore est la demeure d'un esprit appelé Lhamdcarg ou Main-Sanglante.

(2) Où le roi de Norwège, qui envahit l'Écosse, fut deux fois battu.

gach[1], qui le premier fit rouler son char à travers les rangs profonds des Romains, jusqu'à celui qui mourut vainqueur à Aboukir.

— Par leurs glaives, par leurs blessures et par leurs noms, charme tout-puissant, par toutes leurs guerres et leurs trophées, bardes, levez-vous, pour répéter le chant de gloire; plus farouches que les soldats d'Hengist, plus impies que les Danois païens, plus ambitieuses que Rome, les légions terribles de la Gaule nous menacent.

— Le vent s'est tu, le lac est tranquille; d'étranges murmures frappent mon oreille; mes cheveux se hérissent, mes membres frissonnent à la voix effrayante de ceux qui ne sont plus.

— « Quand les boucliers se heurtaient, quand les clai-
» rons sonnaient, quand les glaives étaient suspendus sur
» les casques des héros, nous étions aux premiers rangs,
» et nous chantions l'hymne de la liberté. »

ÉPITAPHE

Destinée à un monument de la cathédrale de Lichtfield, sépulture de la famille de miss Seward.

Un simple marbre indique la tombe d'un père, sous les ailes de cet édifice où naguère ses préceptes indiquaient le sentier qu'il suivit pour aller au ciel. Ceux qu'il aima dans sa vie sont à ses côtés : ce monument d'une famille bienfaisante fut érigé par l'amour filial.

Voulez-vous encore savoir pourquoi un saule fléchit la tête avec grâce sur le marbre? — pourquoi à ses rameaux est suspendue une harpe muette, emblème des ménestrels, et quel est le poète qui observe le silence dans ce cercueil jusqu'au jour où il se réveillera pour se joindre aux concerts des justes? Hélas! une seule ligne suffit pour

(1) Le Galgacus de Tacite.

ma réponse! Honorée, chérie, pleurée, ici gît Anna Seward. Que l'amitié vous dise quelle fut la bonté de son cœur; allez demander son génie à ses vers immortels.

LE RETOUR A ULSTER.

J'entends donc de nouveau (mais que je suis changé depuis ma première absence!), j'entends donc de nouveau la voix sonore du Lagan, et les pins du Clanbrassil répondant aux échos du charmant Tullamore. Hélas! mon pauvre cœur, pourquoi t'embraserais-tu? Les lieux où je passai ma jeunesse peuvent-ils me rendre mes ravissemens? puis-je renaître à cette douce vie d'illusion qui était mon partage quand ces échos répondirent pour la première fois à mes chants?

Alors, quoique je fusse pauvre et inconnu, le charme d'un enchantement mystérieux était jeté autour de moi. Les ondes étaient d'argent, les gouttes de rosée des perles, et la terre un Eden. J'avais entendu parler de nos bardes, et mon âme s'enflammait au souvenir de leurs vers et des accords de leur lyre. Ce n'étaient plus pour moi des fables ou des légendes; leurs récits étaient des visions claires et distinctes pour mes yeux.

A ma voix s'éveillaient les héros d'Ultonia, et ils renouvelaient la pompe sauvage de la chasse et des fêtes; l'étendard de Fingal resplendissait soudain comme l'éclat de lumière que jette le soleil à l'approche de la tempête [1]. Il me semblait que la harpe d'Erin allait rivaliser avec son ancienne gloire! mais, mon pauvre cœur, pourquoi t'enflammerais-tu encore à ce souvenir! c'étaient alors des jours d'illusion qui ne reviendront plus.

Mais était-elle aussi un fantôme la jeune fille qui se te-

---

[1] Dans l'ancienne poésie irlandaise, l'étendard de Fion ou Fingal est appelé *the Sun-burst* (éclat soudain du soleil, explosion de lumière), épithète faiblement rendue par le *sun-beam* (rayon de soleil) de Macpherson.

naît non loin de moi pour écouter mes chants en évitant mes regards? était-elle aussi une apparition qui m'abusait un moment pour se réunir aux rayons du soleil ou se fondre en rosée? Oh! plût au ciel que cela fût! plût au ciel que ses yeux n'eussent été qu'un rayon fugitif, et que sa voix si tendre et si mélodieuse n'eût été qu'un zéphyr qui soupire et se tait!

Oh! plût au ciel que cela fût... ce pauvre cœur n'eût pas éprouvé combien il est cruel d'aimer et de quitter ce qu'on aime, de porter seul et sans secours le poids de ses soucis! Plût au ciel que cela fût! je ne dirais pas, en maudissant à mon automne des biens que je ne puis partager :
— Otez-moi la gloire et mes trésors, et rendez-moi le rêve de mon printemps.

LE MASSACRE DE GLENCOE.

I.

— Oh! dis-moi, ménestrel, pourquoi tes accords de douleur résonnent-ils dans la solitude de Glencoë, où personne ne peut entendre leur mélodie? dis-moi si tu les adresses aux nuages rapides, au daim fugitif ou à l'aigle qui du haut de son aire te répond seul par ses cris.

II.

— Non, non! tous ceux que tu me nommes ont un lieu de repos : le nuage s'arrête en paix sur la cime des monts, le cerf dans son repaire et l'aigle dans son nid, où ils sont en sûreté; mais ceux pour qui ma harpe résonne n'ont pu trouver de refuge contre la trahison dans l'ombre de cette vallée profonde, sur la montagne ni parmi les bois.

III.

Leur étendard était ployé; leur tambour avait cessé de se faire entendre; les chiens mêmes du logis étaient muets, n'aboyant plus à des hôtes qui recevaient un accueil généreux de leur maître. Le joueur de cornemuse choisissait ses airs les plus gais ; la jeune fille ornait ses cheveux de son plus beau ruban ; la matrone abandonnait ses fuseaux pour présider aux soins du festin.

IV.

La main de celui qui s'assit à la table s'arma pendant la nuit d'un perfide acier, et en perça le sein de ses hôtes pour les récompenser de leur hospitalité. Le foyer où cette main s'était réchauffée l'arma du tison qui alluma la flamme dévorante d'un vaste incendie.

V.

Alors on entendit les cris de la mère au désespoir et de son faible enfant, qui n'excitèrent pas plus la pitié que les derniers soupirs du guerrier. Le vent glacé de l'hiver, la neige qui couvre la colline, sont moins impitoyables que les barbares assassins du sud.

VI.

Depuis long-temps ma harpe a perdu sa mélodie, ses cordes sont en petit nombre, leur son est affaibli et ne peut plus se distinguer que dans la solitude où le vieux barde traîne sa misère. Ah ! si mes cheveux blancs pouvaient devenir des cordes pour ma harpe, chacun d'eux ferait retentir un son d'imprécation jusqu'à ce que l'Écosse s'écriât : — Aux armes ! vengeance ! mort aux traîtres !

PROLOGUE

DE LA LÉGENDE ÉCOSSAISE.

TRAGÉDIE DE MISS J. BAILLIE.

Il est doux d'entendre le dernier soupir de la brise d'été expirer dans les forêts déjà revêtues de la pourpre d'automne ; il est doux d'entendre les sons mélancoliques d'une musique lointaine ; mais il est un charme plus doux encore à écouter sur la terre étrangère les légendes de la patrie qui nous retracent tous les souvenirs chéris de notre jeunesse ; tes traditions surtout, romantique Calédonie, éveillent de vives émotions dans le cœur de tes enfans, soit qu'ils travaillent sur les côtes brûlantes de l'Inde, soit qu'ils promènent le soc de la charrue sur le sol glacé de l'Acadie[1] ; leurs cœurs palpitent, leurs yeux se mouillent de larmes à chaque récit qui leur rappelle la terre natale ! Illusions consolantes ! Ils revoient le vallon témoin de leurs premiers jeux, la forêt, le torrent, la tour qui menace la plaine, la pierre moussue qui couvre les cendres du héros, la chaumière sous le simple toit de laquelle les vieillards répétaient leur histoire au groupe des enfans qui interrompaient leurs jeux, et des jeunes filles qui s'arrêtaient en souriant. — L'exilé se croit de nouveau citoyen de l'Écosse.

Le vulgaire seul éprouve-t-il ces sentimens ? sont-ils inconnus à l'âme divine du poète ? Non ; celle qui dans ses vers peignit si bien les passions, a aussi ressenti l'influence magique des souvenirs, et consacre aujourd'hui sa lyre à vos traditions. Vous allez en juger : tous ceux qui ont abordé à la côte sombre de Mull ont déjà entendu la légende de ce soir. Le batelier enveloppé de son plaid et appuyé sur sa rame, montre du doigt le rocher fatal au milieu de l'écume des vagues, et raconte ce que vous allez voir sur notre humble théâtre.

Que la Calédonie approuve cet hommage d'une de ses filles.

SAINT-CLOUD.

Paris, 5 septembre 1815.

I.

Une belle nuit de septembre déployait dans les cieux son voile d'azur foncé : des milliers d'étoiles brillaient sur la terrasse de Saint-Cloud.

(1) Acadie, ou Nouvelle-Écosse.

II.

Les brises du soir soupiraient doucement comme la voix d'un amant fidèle, et semblaient gémir sur les rivages de l'aimable Saint-Cloud.

III.

On entendait dans le lointain les roulemens du tambour et les fanfares des trompettes qui rappelaient les houlans et les housards de la garnison de Saint-Cloud.

IV.

Les naïades mutilées abandonnaient l'ombrage avec effroi, et le silence avait remplacé l'harmonieux murmure de la cascade, honneur de Saint-Cloud.

V.

Nous étions assis sur ses marches de pierre, et nous ne pouvions lui reprocher ce silence, quand notre propre musique réveilla les échos de Saint-Cloud.

VI.

La Seine *à regret fugitive* en écoutait les accords, qui tombaient sur son sein aussi doucement que la rosée, après avoir traversé l'horizon de Saint-Cloud.

VII.

Jamais harmonie plus douce ne fut connue de ses ondes, quoique la musique des rois ait souvent retenti à Saint-Cloud.

VIII.

Jamais ravissement n'égala le nôtre lorsque nous nous rangeâmes en cercle autour de notre chanteuse de Saint-Cloud.

IX.

Peu d'heures de bonheur sont accordées aux mortels ; soyons reconnaissans pour celles dont il nous est permis de jouir, et comptons parmi les plus heureuses les heures que nous avons passées à Saint-Cloud.

LE BARDE MOURANT,

ou

LE DERNIER CHANT DE CADWALLON.

Composé pour les Mélodies de Georges THOMSON.

Air : *Dafydd y Garreg-wen* [1].

La tradition galloise dit qu'un barde, sur son lit de mort, demanda sa harpe et fit entendre l'air auquel ces vers sont adaptés, en exprimant le désir qu'il fût joué à ses funérailles.

I.

— Pleure, Dinas Emlinn, car le moment approche où tes échos muets n'existeront plus dans le bocage. Cadwallon n'ira plus rêver sur les aimables rives de Teivi et ne mariera plus ses accords au murmure sauvage des flots.

II.

Au printemps tes nobles ombrages reverdiront sans honneur, et en automne ils se flétriront de même, car bientôt seront insensibles les yeux qui les voyaient avec transport et les lèvres qui aimaient à les célébrer.

III.

Tes fils, Dinas Emlinn, peuvent se mettre fièrement en marche et chasser les orgueilleux Saxons des coteaux de Prestatin; mais quelle harpe donnera la vie à leurs noms, quel barde consacrera la renommée de ces héros?

IV.

O Dinas Emlinn! tes filles sont belles, leur sein d'ivoire se soulève avec grâce, et leur noire chevelure flotte en boucles charmantes; mais quel enthousiaste inspiré chantera leurs beaux yeux, quand une partie de leurs attraits aura péri avec Cadwallon?

V.

Adieu donc, flots argentés de Teivi! J'abandonne vos rives aimables pour aller joindre le triste chœur des

---

(1) David du Rocher blanc.

bardes qui ne sont plus; je vais avec Lewarch, Meilor, le vieux Merlin et le sage Taliessin, former de célestes concerts.

VI.

Adieu, Dinas Emlinn! puissent tes ombrages reverdir à jamais, tes guerriers être invincibles, et tes beautés sans égales; et toi dont les faibles accens annoncent ma fin prochaine, adieu, ma harpe chérie, mon dernier trésor, adieu!

LA VIERGE DE TORO.

I.

Le soleil plus pâle s'abaissait sur le beau lac de Toro, le faible murmure du vent agitait le sombre feuillage des arbres, lorsqu'une aimable vierge accablée de douleur mêla ses tristes soupirs à ceux de la brise, et ses larmes aux flots limpides : — O bienheureux, qui m'écoutez des demeures célestes! vierge propice, qui exauces les vœux plaintifs de ceux qui te supplient, accorde ce que j'implore de toi dans mon désespoir : rends-moi mon Henri, ou fais mourir Éléonore.

II.

Le bruit confus de la bataille se distingue à peine dans le lointain, il s'élève et meurt avec la brise, jusqu'à ce qu'enfin les acclamations, les gémissemens, le tumulte de la mêlée et les clameurs du triomphe se fassent entendre de plus près. La jeune fille jette un regard d'effroi sur la forêt : un guerrier s'approche à pas lents; des flots de sang marquent les traces de ses pas; son casque était brisé, et la douleur était peinte sur son visage.

III.

— Oh! sauve-toi, belle Éléonore, car nos armées sont en fuite; oh! sauve-toi, belle Éléonore, ton défenseur a succombé : ton courageux Henri est étendu sans vie sur la bruyère, et l'ennemi arrive à travers les arbres,

A peine l'étranger put-il bégayer ces fatales nouvelles, à peine put-elle les entendre, glacée par le désespoir; bientôt le soleil s'éclipsa dans le lac de Toro, et il ne se leva plus pour le brave ni pour son amie.

HELLVELLYN.

(Au printemps de 1805, un jeune homme doué des plus heureux talens et d'un caractère aimable, s'égara et périt sur le mont Hellvellyn; ce ne fut que trois mois après qu'on découvrit ses restes, qu'on trouva gardés par une chienne fidèle, qui avait été sa compagne dans ses excursions solitaires aux déserts du Cumberland et du Westmoreland.)

I.

Je montai sur la cime de l'Hellvellyn; sous mes pas s'étendaient au loin les lacs et les montagnes; tout était paisible et silencieux, excepté par momens que le cri de l'aigle réveillait les échos surpris. A ma droite, Studen-Edge serpentait autour de Redsarn, à gauche était Calchedicam, et devant moi s'élevait une énorme roche sans nom, quand j'aperçus le lieu fatal où avait péri le malheureux égaré.

II.

Une verdure sombre marquait la place ou gisait cet amant de la nature, exposé aux injures des élémens comme le cadavre d'un proscrit que les vents de la montagne défigurent peu à peu. Il n'était pas entièrement délaissé, quoique au milieu de la solitude, car, fidèle après le trépas de son maître, son chien avait défendu ses restes et repoussé le renard et le corbeau loin de lui.

III.

Combien de jours pris-tu donc son silence pour celui du sommeil! combien de fois tressaillis-tu quand le vent soulevait les plis de son vêtement! combien de semaines comptas-tu avant de voir s'anéantir sous tes yeux l'ami de ton cœur! Aucune prière n'a été prononcée sur lui, aucune mère n'a arrosé son cercueil de ses larmes, aucun ami n'a fait entendre ses regrets; toi seul, faible gardien, tu t'es étendu à son côté: le pèlerin a quitté la vie sans pompe funèbre.

IV.

Quand un prince cède à la destinée du villageois, de noires tentures tapissent les murs du palais, le cercueil est orné d'écussons d'argent, des pages se tiennent immobiles et muets auprès du drap funéraire; les torches brillent la nuit dans les cours: les bannières flottent sous les voûtes de la chapelle; la musique sacrée résonne le long de la nef gothique, en honneur du chef du peuple.

V.

Mais il était plus convenable pour toi, amant de la nature, de reposer ta tête comme le timide agneau des montagnes quand il se laisse tomber des flancs escarpés d'une roche, et rend le dernier soupir auprès de sa mère. Ah! ta couche est bien plus noble sur les rives du lac, où le pluvier chante l'hymne de tes funérailles avec un seul ami fidèle pour témoin de ta mort, entre le mont Hellvellyn et Calchedicam.

JOCK D'HAZELDEAN.

MÉLODIE ÉCOSSAISE.

(La première stance de cette ballade est ancienne; les autres furent écrites pour l'Anthologie d'Albyn.)

I.

— Pourquoi pleurez-vous sur cette rive, jeune fille, pourquoi pleurez-vous sur cette rive? Je veux vous unir à mon plus jeune fils, et vous serez son épouse. Oui, vous serez son épouse, jeune fille dont les yeux ont tant d'attraits!

— Mais hélas! elle continue à laisser tomber des larmes pour Jock d'Hazeldean.

MELANGES POÉTIQUES.

II.

— Cessez de vous livrer à cette tristesse, essuyez les larmes qui inondent vos joues pâles; le jeune Frank est Chef d'Errington et lord du Langley-Dale; personne n'a plus de grâce que lui dans les jeux de la paix; son épée est fameuse dans la guerre.

— Mais hélas! elle continue à laisser tomber ses larmes pour Jock d'Hazeldean...

III.

— Vous aurez des chaînes et des tresses d'or pour nouer vos cheveux; vous aurez un ardent limier, un faucon bien dressé, un palefroi agile sur lequel vous marcherez à notre tête, comme notre reine de la chasse.

— Mais hélas! elle continue à laisser tomber ses larmes pour Jock d'Hazeldean.

IV.

Le château est orné dès le matin, l'éclat des flambeaux resplendit; le prêtre et le jeune époux attendent la fiancée, le chevalier est avec eux. On la cherche dans tous les appartemens, la fiancée ne se trouve plus! — Elle est sur la frontière, elle s'est enfuie avec Jock d'Hazeldean.

LE CHANT DE LA NOURRICE

D'UN JEUNE CHEF ÉCOSSAIS.

Air: *Gadil gu lo* [1].

I.

Oh! dors en paix, mon nourrisson; ton père fut un chevalier, ta mère une dame aimable et belle. Tous ces bois et ces vallons que nous voyons du haut des tours sont ton héritage, ô mon nourrisson!

O ho ro, iri ri, gadil gu lo,
O ho ro, iri ri, gadil gu lo.

(1) *Dors jusqu'au matin.* Ces mots, adaptés à une mélodie qui diffère de l'original, sont chantés dans le drame dont *Guy Mannering* a fourni le sujet à mon ami M. Terry.

II.

Ne crains pas les accens sonores du cor, ils appellent les guerriers qui veillent sur ton sommeil; leurs arcs seraient bandés, leurs glaives rougis dans le sang, avant qu'un ennemi eût mis le pied auprès de ton berceau.

O ho ro, iri ri, gadil gu lo, etc., etc.

III.

Dors en paix, mon nourrisson; le temps viendra où ton sommeil sera interrompu par les trompettes et les tambours. Dors en paix, mon enfant, repose pendant que tu le peux, car les combats arrivent avec l'âge mûr, et le réveil avec le jour.

O ho ro, iri ri, gadil gu lo,
O ho ro, iri ri, gadil gu lo.

PIBROCH DE DONALD DHU [1].

Composé pour l'Anthologie d'Albyn.

(Air d'un ancien pibroch du clan Macdonald, et qu'on suppose avoir été composé pour l'expédition de Donald-Balloch, qui, en 1431, envahit Lochaber et défit à Inverlochy les comtes de Mar et de Caithness avec une armée inférieure à la leur.)

I.

Pibroch de Donald Dhu, pibroch de Donald, fais-toi entendre de nouveau; appelle aux armes le clan Conuil. Accourez, accourez, soyez fidèles à cet appel; accourez tous en armes, nobles et vassaux.

II.

Accourez des vallons et des montagnes, la cornemuse et la bannière sont à Inverlochy: venez avec vos plaids, venez avec vos glaives, cœurs fidèles et bras robustes.

(1) Donald-le-Noir.

III.

Abandonnez les troupeaux au milieu des campagnes; laissez les morts sans sépulture, les fiancées à l'autel! Laissez le cerf et le coursier, laissez les filets et les barques; venez avec votre appareil de guerre, vos claymores et vos boucliers.

IV.

Accourez comme les vents quand les forêts sont abattues; accourez comme les vagues quand les navires sont engravés; accourez vite, toujours plus vite, Chefs, vassaux, pages et varlets.

V.

Ils accourent, ils accourent; voyez-les se rassembler. Les plumes d'aigle de leurs panaches flottent au gré des vents. Dépouillez-vous de vos plaids, tirez vos claymores, que chacun se tienne prêt au combat! Pibroch de Donald Dhu, donnez le signal de la charge.

LE SERMENT DE NORA.

Air : *Cha teid mis a chaoidh* [1].

Pour l'Anthologie d'Albyn.

I.

Ecoutez ce que disait Nora, beauté de nos montagnes: — Je n'épouserais point le fils du comte quand toute la race des hommes finirait et qu'il ne resterait que lui et moi dans la nature. Pour tout l'or du monde, pour tous les trésors, pour tous les domaines conquis par la valeur, je n'épouserais pas le fils du comte.

II.

— Les sermens d'une fille, dit le vieux Callum, sont prononcés légèrement et violés de même. La bruyère commence à parsemer de ses fleurs de pourpre les hauteurs

---

(1) Je n'irai jamais avec lui.

de la montagne ; le vent d'hiver dépouillera bientôt les coteaux et les vallons de leur riche parure ; eh bien ! Nora, avant que la bruyère soit flétrie, épousera peut-être le fils du comte.

III.

— Le cygne, disait-elle, désertera le cristal limpide du lac pour le nid de l'aigle, les flots impétueux de l'Awe retourneront à leur source ; on verra tomber Ben-Cruaichain et Kilchurn s'écrouler, nos clans dans le feu d'une mêlée pourront tourner le dos à l'ennemi, avant que j'épouse le fils du comte.

IV.

Le cygne continue à faire son nid sous l'ombre du nénuphar, Ben-Cruaichain est toujours immobile sur sa base, le fleuve écumeux de l'Awe n'a point dévié de son cours rapide, aucun montagnard n'a pris la fuite pour éviter l'acier ennemi, et le cœur de Nora est séduit, elle est l'épouse du comte [1].

LE CHANT DE GUERRE DE MAC-GRÉGOR.

Air : *Thain' a Gregalach* [2].

Composé pour l'Anthologie d'Albyn.

Ces vers sont adaptés à un air bizarre des Mac-Grégors. Cette ballade fait allusion au traitement sévère de ce clan, et à la proscription de son nom.

I.

La lune est sur le lac, les brouillards sur la fougère ; le nom du clan ne peut se prononcer le jour : rassemblez-vous, rassemblez-vous, Mac-Grégors, rassemblez-vous, rassemblez-vous !

(1) Dans le chant montagnard qui a fourni l'idée de cette chanson, la dame fait à peu près les mêmes protestations ; mais il est juste d'avouer que nous n'avons adopté cette conclusion que sur le simple soupçon que nous ont inspiré ces protestations trop solennelles.

(2) Le Mac-Grégor est venu.

II.

Notre signal pour le combat, qui nous fut donné par des monarques, se fera entendre la nuit dans notre cri de vengeance : crions donc Gregalach, crions Gregalach, Gregalach, Gregalach.

III.

Les fières montagnes d'Orchy Coalchuirn et ses tours, Glenstrae et Glenhyon, ne nous appartiennent plus ; nous sommes dépouilles, dépouillés, Gregalach, dépouillés, dépouillés.

IV.

Mais, quoique voué au trépas et proscrit par tous les seigneurs et leurs vassaux, Mac-Grégor conserve son cœur et son épée. Courage donc, courage, Gregalach, courage, courage, courage !

V.

S'ils nous ravissent notre nom et nous poursuivent avec leurs limiers, livrons leurs toits aux flammes et leurs cadavres aux aigles : vengeance donc, vengeance, vengeance, Gregalach, vengeance, vengeance, vengeance !

VI.

Tant qu'il y aura des feuilles dans les forêts et des flots dans les fleuves, Mac-Grégor fleurira en dépit d'eux. Arrive donc, Gregalach ! Arrive, Gregalach, arrive, arrive, arrive !

VII.

Le coursier fournira sa carrière dans les profondeurs du Lock-Katrine, les navires vogueront sur le sommet du Ben-Lomond, les rochers de Royston Craig se fondront comme de la neige, avant que nos outrages soient oubliés et notre vengeance assouvie. Rassemblez-vous donc, Mac-Grégors, rassemblez-vous, rassemblez-vous !

LES LAMENTATIONS DE MACKRIMMON.

Air : *Cha till mi tuille* [1].

Mackrimmon, joueur de cornemuse héréditaire du laird de Macleod, composa, dit-on, ce chant lugubre la veille du départ de son clan pour une expédition lointaine et dangereuse; le ménestrel était préoccupé du pressentiment qu'il serait tué dans cette guerre. C'est à quoi font allusion ces mots en langue gallique :

> Cha till mi tuille;
> Ged thillis Macleod,
> Cha till Mackrimmon.

— Je ne reviendrai jamais; quand Macleod reviendrait, Mackrimmon ne reviendrait pas.

Sa prédiction fut vérifiée par l'évènement.

Cette ballade est trop bien connue; car c'est celle que chantent les émigrans des montagnes et des îles de l'ouest quand ils s'éloignent de leur rivage natal.

I.

Le pavillon enchanté de Macleod sort des voûtes du vieux château : les rameurs sont assis sur leurs bancs; les galères sont démarrées, les haches d'armes et les claymores étincellent, les carquois et les boucliers retentissent, pendant que Mackrimmon chante :

— Adieu, Dunvegan, pour toujours! adieu, rocher sur lequel la vague vient mourir en écumant; adieu, vallée profonde dans laquelle le serf s'égare; adieu, Skye solitaire, lac, fleuve, montagne ! Macleold peut bien revenir, mais Mackrimmon, jamais !

II.

Adieu, brillans nuages endormis sur Quillan; adieu, jeunes beautés qui pleurez sur le rivage; adieu, toutes les illusions du ménestrel, adieu pour toujours. Mackrimmon vous quitte pour ne plus vous revoir! La voix sauvage de la Banshie chante devant moi le chant de mort; le crêpe funèbre a remplacé mon manteau; mais mon cœur ne tremblera pas, je resterai inébranlable, quoique je parte pour ne plus revenir.

---

(1) Nous ne reviendrons plus.

III.

Trop souvent le chant de tristesse de Mackrimmon sera répété par les Écossais qui s'embarquent pour l'exil ! Chère patrie, adieu, rivages dont nous nous séparons à regret ! Hélas ! plus de retour, plus de retour !

> Cha till, cha till, cha till mi tuille,
> Cha till, cha till, cha till, mi tuille,
> Ged thillis Macleod, cha till Mackrimmon.

Quand Macleod reviendrait, Mackrimmon ne reviendrait plus.

VERS
COMPOSÉS SUR LES MONTAGNES DE LA FORÊT D'ETTRICK.

Ces vers furent écrits après une semaine passée à la chasse et à la pêche avec des amis.

I.

Qu'il est doux d'entendre l'explosion du salpêtre dans la forêt d'Ettrick, et de chercher le gibier de la bruyère dans la solitude à l'heure du midi ! qu'il est doux de s'égarer autour de maint rocher où les Chefs des anciens temps dorment du profond sommeil de la mort, et auprès de ces sources où les vieux bergers prétendent que les fées aiment encore à se réunir !

II.

Qu'il est doux de promener un hameçon dans les ondes argentées du Tweed, quand le saumon s'élance sur l'appât trompeur et que la ligne siffle au milieu des cercles de la rivière ! le poisson fait jaillir l'écume autour de lui et cherche à s'échapper avec le courant, jusqu'à ce que l'œil vigilant et la main prudente conduisent sur la rive la proie épuisée.

III.

Qu'il est doux pendant la nuit de guider un bateau d'un bras robuste, de brandir la lance enflammée et de la plonger tout-à-coup dans l'onde! les arbres et les rochers brillans de lumière éclairent au loin le fleuve, et nos compagnons sur la rive ressemblent à des génies armés de traits de flamme.

IV.

Qu'il est doux, quand vient le soir, de raconter nos bons et nos mauvais succès, soit à la table magnifique d'Alwyn [1], ou sous le toit plus modeste d'Ashesteel [2]! nos récits se font à la joyeuse clarté du foyer et en vidant nos verres. Jours exempts de soucis, nuits paisibles! j'aimerai toujours le souvenir de la forêt d'Ettrick.

LE SOLEIL

SUR LA COLLINE DE WEIRDLAW.

L'air de ce chant a été composé par l'éditeur de l'Anthologie d'Albyn. Les paroles furent destinées à faire partie des *Mélodies écossaises*, publiées par Georges Thomson.

I.

Le soleil s'abaisse doucement sur la colline de Weirdlaw dans la vallée d'Ettrick, le vent d'ouest s'est tu; le lac dort immobile à mes pieds; et cependant le paysage n'offre plus à mes yeux les brillantes couleurs dont il était naguère revêtu, quoique le soir dore de ses plus riches nuances les coteaux du rivage d'Ettrick.

II.

Je vois d'un œil distrait les flots argentés du Tweed serpenter dans la plaine, je contemple sans émotion les ruines sacrées du couvent de Melrose; le lac paisible, le fleuve, les tours, les bois, ne sont-ils pas ce qu'ils étaient, ou le changement n'existe-t-il qu'en moi seul?

(1) Alwyn, résidence de lord Somerville, seigneur généreux et hospitalier, voisin et ami de l'auteur, et qui aujourd'hui n'est plus. *W. Walter Scott.*

(2) Ashesteel était alors la demeure de sir Walter Scott.

III.

Hélas! la toile brisée peut-elle recevoir les couleurs du peintre? comment une harpe, dont les cordes sont sans harmonie, peut-elle répondre à la touche savante du ménestrel? Tous les sites perdent leur charme pour des yeux attristés, la moindre brise glace le cœur du malade, et les berceaux délicieux de l'Arabie ou d'Eden seraient arides pour moi comme cette colline sauvage.

LA FILLE D'ISLA.

Composée pour les *Mélodies écossaises* publiées par Georges Thomson.

I.

O fille d'Isla, du haut de ce rocher qui menace les cieux et domine les vagues troublées, ne vois-tu pas ce petit esquif luttant contre l'Océan? Repoussé par les vents et les flots courroucés, pourquoi persiste-t-il à poursuivre sa route et à soutenir ce combat inégal? — O fille d'Isla, cet esquif cherche l'asile d'où il est parti.

II.

O fille d'Isla! observe cet oiseau de mer dont les blanches ailes se remarquent à travers le brouillard et l'écume. L'orage l'entoure de ses terreurs. Pourquoi, bravant l'obscurité des nuages et le courroux des vagues, persiste-t-il à se diriger vers ce rocher solitaire? — O fille d'Isla, c'est là qu'est son nid.

III.

Telle que les vents et la brise ligués contre cet esquif, tu te montres constamment opposée à mes vœux, et tu restes froide comme ce rocher battu par les orages où les oiseaux de mer vont reposer leurs ailes fatiguées. Mais vainement tu seras pour moi froide comme le rocher, inflexible comme les vagues, je reviendrai toujours à toi, fille d'Isla; car Allan Vourich n'espère qu'en ton amour ou dans la tombe.

L'EXCURSION SUR LES FRONTIÈRES.

Musique composée par John Whitefield, mus. doct. cam.

I.

Le dernier de nos bœufs a été servi sur la table, notre dernière bouteille a rougi nos verres de sa liqueur; debout, debout, mes braves parens ! ceignons nos épées et partons : il est des périls à braver, et du butin à conquérir.

II.

Il faut que ces yeux, qui naguère nous regardaient en souriant, soient tristes un moment et cherchent à distinguer du haut des tours, au milieu de la nuit et de la tempête, la crinière de nos coursiers et le balancement de nos panaches.

III.

La pluie descend, le vent souffle avec violence, la lune a voilé d'un nuage son rouge signal; tant mieux, mes amis, les gardiens de la frontière dormiront sans méfiance et ne rêveront pas de notre approche.

IV.

Nos coursiers sont impatiens ; j'entends mon brave Gris-pommelé, son pied frappe la terre dans son ardeur, son hennissement exprime l'espérance. Telle que la flamme ondoyante d'un météore, sa crinière guidera votre marche à travers les ténèbres et la pluie.

V.

Le pont-levis est abaissé, la trompe a sonné; encore une santé à boire, ensuite le pied à l'étrier et partons ! A l'honneur et au repos de ceux qui resteront avec les morts; santé, bonheur à ceux qui reverront le Teviot !

LA MARCHE DES MOINES DE BANGOR.

Destinée à faire partie des *Mélodies* de Georges Thomson.

(Ethelfrid ou Olfrid, roi de Northumberland, ayant assiégé Chester en 613, et Brachmael, prince breton, s'étant avancé pour secourir cette ville, les religieux du monastère voisin de Bangor firent une procession pour implorer la protection du ciel en faveur de leurs concitoyens; mais les Bretons ayant été complètement défaits, les vainqueurs païens passèrent les moines au fil de l'épée, et détruisirent leur monastère. L'air auquel ces vers sont adaptés est appelé la *Marche des moines*, et l'on suppose qu'il fut joué pendant leur fatale procession.).

I.

Quand la trompette païenne retentit autour des murs assiégés de Chester, les nonnes voilées, les moines gris sortent en long cortège de la belle abbaye de Bangor; leur antienne se fait entendre, l'écho du vallon de Cestria répond à leur hymne pieux.

O miserere, Domine!

II.

La procession s'avance. Une auréole d'or entoure leurs croix, et la Vierge-Mère sourit dans leur bannière paisible. Qui aurait pu croire que cette troupe sainte fût destinée à périr par des mains sacriléges? tel fut le décret divin.

O miserere, Domine!

III.

Ces religieux, qui ne chantaient que de saintes messes, et dont les mains n'agitaient que l'encensoir, aperçurent les lances et les arcs du nord, et entendirent le sauvage cri de guerre : Malheur au faible bras de Brachmael! malheur au glaive sanglant d'Olfrid! malheur à la cruauté saxonne!

O miserere, Domine!

IV.

Étendus au milieu des cadavres des guerriers foulés par les coursiers à la crinière sanglante, égorgés par le fer païen, les moines paisibles de Bangor sont déposés dans le tombeau : mots d'adieu sans réponse, point d'adieu, plus de messe, plus d'hospitalité! Disons par charité pour leurs âmes :

O miserere, Domine!

V.

Bangor, après le silence de la mort, tes murs dirent encore long-temps ton histoire ; tes tours ruinées, tes voûtes écrasées rappelèrent long-temps la marche funèbre [1]. Aucun flambeau ne brûle sur tes autels, jamais tes religieux ne reparaîtront ; le pèlerin soupire, et chante pour eux :

O miserere, Domine!

ÉPITAPHE DE MISTRESS ERSKINE.

Qu'une tombe simple comme la dignité naturelle s'élève pour celle que nous avons perdue. Que le marbre soit blanc et sans tache, emblème de sa beauté et de son âme pure ; mais quel symbole pourrait représenter la douceur, l'esprit, la sagesse de celle que nous avons tant chérie ? Quelle sculpture rappellera les liens brisés qui attachèrent tant de cœurs à la mère, l'épouse et l'amie ? Pourrons-nous, Euphémie, graver sur le marbre tous les titres par lesquels ton urne réclame nos larmes ? Instruits par ta résignation à souffrir avec patience et à voir l'espérance au-delà du tombeau, nous graverons seulement ces vers consacrés à ta mémoire, et courts comme les jours qui furent ton partage ici-bas.

---

(1) William de Malmesbury dit que de son temps les ruines de l'abbaye existaient encore, et portaient les traces du massacre.

Tot semiruti parietes ecclesiarum, tot anfractus porticum, tanta turba ruderum, quantùm vix alibi cernas.

MELANGES POÉTIQUES.

ADIEU A MACKENSIE,

NOBLE CHEF DE KINTAIL.

(Ces vers sont adaptés à un air écossais de la plus belle harmonie, et du genre des *Jorams*, ou chansons de bateaux, avec quelque différence pourtant. Ils furent composés par un ancien barde pour le départ du comte de Seaforth, obligé de se réfugier en Espagne après avoir tenté une insurrection malheureuse en faveur de la famille de Stuart en 1718.)

I.

Adieu, Mackenneth, comte du Nord, seigneur du Lòch-Caron, de Glenshiel et Seaforth ; adieu, le Chef qui est parti ce matin lançant son navire sur les vagues comme un cygne. Il a mis à la voile pour une terre lointaine! Adieu, Mackensie, noble Chef de Kintail !

II.

Que son navire soit agile et son équipage déterminé, que son capitaine soit habile et ses matelots fidèles, intrépides, infatigables, quelque orage qui s'élève, et malgré les vagues révoltées de l'Océan. J'ai pris le repas d'adieu sur le tillac du vaisseau ; adieu Mackensie, noble Chef de Kintail !

III.

Réveille-toi, brise du sud, souffle doucement sur sa voile comme les soupirs de ses vassaux, dure autant que leurs regrets, sois constante comme leur loyauté, fidèle comme leur douleur. Brise propice, sois toujours douce, constante et fidèle pour conduire Mackensie, noble Chef de Kintail.

IV.

Que son pilote soit expérimenté et prudent pour sonder les flots et étudier les cieux ; qu'il fasse hisser toutes les voiles ; mais qu'il les déploie surtout, s'il le ramène sur nos rivages, jusqu'à ce que les rochers de Skourouna et l'aimable vallée de Conan saluent Mackensie, noble Chef de Kintail.

SUITE ET IMITATION DE LA CHANSON PRÉCÉDENTE, PAR SIR WALTER SCOTT.

I.

Ainsi chantait le vieux barde dans le chagrin de son cœur quand il vit son seigneur chéri quitter son peuple ! Aujourd'hui, ô Albyn, on n'entend plus sur tes montagnes ni la voix ni la harpe du barde ; ou ses cordes ne vibrent plus que par le contact des vents d'hiver, comme si elles gémissaient d'elles-mêmes pour Mackensie, dernier Chef de Kintail.

II.

Un ménestrel arriva des frontières lointaines du Sud, et il attendait que quelque barde du Nord promenât sa main savante sur la harpe antique pour en mêler les accords sauvages au murmure des vents ; mais aucun Chef n'était resté dans la terre du Nord pour gémir sur Mackensie, dernier Chef de Kintail.

III.

Et dormiras-tu donc, s'écria le ménestrel, comme l'homme sans nom, inconnu à la gloire? Non, fils de Fitz-Gerald, le chant que tu aimais résonnera sur ton cercueil en accens de douleur, et fera redire à l'écho des montagnes l'hymne funèbre pour Mackensie, dernier Chef de Kintail.

IV.

En vain la destinée, jalouse de tes nobles qualités, rendit ton oreille insensible et enchaîna ta langue ; aucun obstacle ne peut s'opposer à l'éclat rayonnant du génie ! Quel est celui de la terre du Saxon et de celle du Gaël qui pourrait rivaliser avec Mackensie, dernier Chef de Kintail ?

V.

Tes fils croissaient autour de toi, héritiers de tes talens et de ton amour, espoir d'un père, orgueil de tes amis. — Mais pourquoi dire ici tes chagrins? Ils périrent au printemps de leur vie si riche en promesses ; de la race de Fitz-Gerald il ne reste pas un enfant mâle, pour porter le glorieux nom de Kintail.

VI.

Et toi, aimable dame, chargée malgré ta douleur de tous les soins d'un Chef, et que six lunes ont vue frappée de six coups successifs ; toi, privée d'un époux, d'un père et de tes frères, qu'il est cruel pour ton cœur de t'entendre saluer l'héritière de la race de Kintail !

CHANSON.

IMITATION DE THOMAS MOORE.

I.

Oh ! ne dis pas, ma bien-aimée, avec cet air confus, qu'avec ton printemps s'est enfui le temps de tes plaisirs ; ne me dis pas de m'adresser à de plus jeunes beautés pour obtenir ces ravissemens que tu peux encore donner.

II.

Si avril couronne ses temples de la première verdure de la vigne, c'est août qui mûrit pour nous la grappe dont la liqueur toute-puissante vivifie l'univers.

III.

Quoique ta taille, qui fut élancée et légère comme celle d'une fée, se soit peu à peu arrondie, et que ton regard, alors brillant comme celui de l'aigle, soit aujourd'hui plus sérieux,

IV.

C'est assez qu'après une longue absence tes pas se meuvent vers moi avec transport ; c'est assez que tes regards moins vifs conservent pour moi le tendre langage de l'amour.

CHANSON

POUR LA RÉUNION ANNUELLE DU PITT-CLUB D'ÉCOSSE.

I.

Terrible était le temps! et plus terribles les présages quand les braves furent égorgés à Marengo, et que voyant la grande Europe terrassée par son ennemi, Pitt, dans sa douleur, ferma la Carte de son empire! Mais le destin de la grande Europe ne put faire plier le courage de Pitt jusqu'à lui faire accepter pour son pays la sécurité de la honte. Maintenant donc que l'Europe triomphe, souvenez-vous des mérites de Pitt, et videz avec respect le verre qui s'emplit à son nom.

II.

Quand le laboureur trace son sillon, les brouillards de l'hiver et ses froides pluies peuvent mouiller son front ; il peut labourer péniblement et semer avec tristesse, soupirant de la crainte de semer en vain ; il peut mourir avant que ses enfans moissonnent dans la joie. Mais la famille des moissonneurs se rappellera son père : interrompant son allégresse pour vider avec une respectueuse tristesse le verre rempli à son nom.

III.

Quoique Pitt ait consumé sa vie dans des soins anticipés et dans des travaux incertains pour le pays sauvé par ses soins; quoiqu'il soit mort avant qu'un rayon eût lui sur les nations pour éclairer, même passagèrement, la longue nuit du doute et du désespoir ; la Grande-Bretagne, au jour de sa riche moisson de gloire, se souviendra des orages qu'il brava dans l'hiver moral de notre patrie, et elle videra avec respect le verre rempli en son nom.

IV.

N'oubliez pas non plus la tête blanchie de CELUI qui, dans les ténèbres de l'affliction, est sourd au récit de nos victoires et au bruit le plus doux pour l'affection paternelle, les acclamations de son peuple saluant ce fils chéri. N'oubliez pas ses droits acquis par son inaltérable fermeté dans la bonne ou mauvaise fortune, et par son long règne de vertus. Au tribut de reconnaissance que nous payons à Pitt joignons la louange de son maître, quoiqu'une larme se mêle dans le verre rempli à son nom.

v.

Mais remplissez de nouveau le verre; changeons cet air de tristesse, après les hommages sacramentels de notre douleur et de notre gratitude; vidons-le à notre prince, à nos héros, à la sagesse qui préside les conseils, au dévouement qui exécute les ordres. Remplissez le verre de Wellington jusqu'à ce qu'il soit brillant comme sa gloire; n'oubliez pas nos braves Écossais Galhousie et Grœme. Dans mille ans d'ici les cœurs bondiront au récit de leurs exploits; et sera vidé respectueusement le verre rempli à leurs noms.

CHANSON

A l'occasion de la bannière de la maison de Buccleugh, qui fut portée à une grande partie de ballon.

I.

Du faîte noirci de Newark, notre signal fait briller au loin ses plis flottans du milieu de la flamme et de la vapeur. Chaque joyeux forestier, descendant de sa montagne, bondit d'un pas léger sur la bruyère pour venir joindre la partie.

CHOEUR.

Levez donc la bannière, que les vents des forêts l'agitent; elle a brillé sur Ettrick il y a huit siècles et plus. Nous la suivrons dans ses jeux, nous la défendrons dans le combat, de bon cœur et vaillamment, comme avant nous faisaient nos pères.

II.

Quand l'envahisseur anglais répandait sur ses pas le désordre et le ravage, la vue de ces croissans [1] le firent s'arrêter et reculer ; car autour de cette bannière étaient réunis l'orgueil du Border, la fleur de la forêt d'Ettrick, les bandes de Buccleugh.

CHOEUR. Levez donc, etc.

III.

La faible main d'un enfant l'a portée à notre fête : ce n'est pas une main armée de gantelet qui la tient, ce ne sont point des lames qui l'entourent ; mais avant qu'un audacieux ennemi l'eût attaquée ou insultée, mille cœurs fidèles auraient cessé de battre.

CHOEUR. Levez donc, etc.

IV.

Nous oublions les dissensions civiles; nous saluons comme frères Home, Douglas et Car : Elliot et Pringles sont invités à nos jeux, bienvenus dans la paix comme leurs pères dans la guerre.

CHOEUR. Levez donc, etc.

V.

Allons donc, braves garçons, et courage, quoique la saison soit dure; et si par hasard vous tombiez, il est dans la vie pires choses qu'une culbute sur la bruyère, et la vie elle-même est un jeu de ballon.

CHOEUR. Levez donc, etc.

VI.

Après la partie nous boirons un rouge-bord à la santé des lairds et des dames témoins de notre lutte, à tous ceux qui ont pris part à nos plaisirs, à ceux qui ont perdu, à ceux qui ont gagné.

CHOEUR. Levez donc, etc.

VII.

Puisse la forêt être toujours florissante, soit dans le bourg, soit dans les campagnes, dans les châteaux du

---

(1) Armes des Scotts, dont les Buccleugh sont la première famille. — ÉD.

parc comme au coin du feu de la chaumière ; et houzza ! mes braves, pour Buccleugh et son étendard, pour le roi et le pays, le duc et son clan.

Chœur. Levez donc, etc.

ÉPILOGUE

DE LA COMÉDIE INTITULÉE L'APPEL.

(Prononcé par Mrs Siddons.)

I.

Jadis une chatte (ou le vieil Ésope a menti) fut changée en une jeune et jolie femme ; mais apercevant une souris le jour même de ses noces, elle oublia son mari et sauta sur sa proie. C'est ainsi que dans la pièce mon fiancé le légiste m'a plantée là pour s'emparer de mon père : relâchant le lien mystique de l'hymen autour de son cou, il a serré le vrai nœud autour du cou de mon père. Tels sont les fruits de nos travaux dramatiques : depuis que la nouvelle prison est devenue notre passion, tous les cœurs sont changés ; car dans le temps de mon père les légistes étaient les patrons du théâtre. Quoique bien montés depuis, voilà les bancs (*montrant le parterre*) qui reçurent les premiers le poids de leurs corps ; c'est nous qui les premiers avons vu le sage interprète des lois prononcer la sentence sans perruque, et plaider sans salaire.

II.

Mais maintenant voici que pour étourdir chaque lutin mimique, au lieu des légistes vient la loi elle-même ; voisin redoutable, c'est à notre droite qu'elle élève ses tours et creuse ses canaux ; tandis qu'à gauche elle agite la ville avec la terrible question de *abattez* ou relevez.

III.

C'est ainsi que nous nous trouvons entre Scylla et Carybde, entre le terme final de *la loi* et les incertitudes de *la loi.* Mais doucement, qui vit à Rome doit flatter le pape; les prisons et les procès ne sont pas matière à rire. Ainsi — adieu; nous attendrons avec un grave respect que votre plaisir ou votre censure nous *fasse la loi*, espérant en nos humbles efforts et en votre indulgence; nous vous reconnaissons pour notre cour et notre conseil, notre juge et notre jury.

LA RÉSOLUTION.

CHANSON IMITÉE D'UN VIEUX POÈME ANGLAIS.

I.

Il faut que j'expose nécessairement ma destinée bizarre, quoique ce soit au moins inutile : j'aimai, je fus payé de retour, et tout cela n'était qu'un songe ; de même que je fis facilement la conquête du cœur de ma belle, de même sa flamme fut bientôt éteinte. Je renonce au feu de l'amour, je vivrai seul.

II.

Aucune belle ne séduira ma pensée par ses mots flatteurs, ses gestes gracieux, ses regards et son sourire : je n'appellerai plus les blessures de l'amour des blessures heureuses, je ne me brûlerai plus à sa flamme : j'aime mieux vivre seul.

III.

Je défierai l'amour de me surprendre en se cachant dans le sourire de la beauté ; et je regarderai les yeux d'une femme comme aussi trompeurs que ses sermens. Je ferai peu de cas d'un cœur qui se donne trop aisément. Je protégerai mon sein par une cuirasse d'acier ; j'apprendrai à vivre seul.

IV.

La torche a bientôt cessé de répandre sa clarté ; le diamant conserve ses rayons ; la flamme lance en un moment tout son éclat, le diamant cache le sien. Je croyais posséder une pierre précieuse ; mais puisqu'il faut se résoudre à la montrer à tous les yeux, j'aime mieux vivre seul dans les ténèbres.

v.

Aucune rêverie n'abusera ma pensée par de vaines couleurs ; aucun filet de soie ne me prendra plus ; je ne chercherai plus l'esprit chez une autre, je me contenterai du mien ; aucune passion ne le troublera ; j'aime mieux vivre seul.

vi.

C'est ainsi que je rendrai le calme à mon cœur, en lui disant : Toutes tes peines d'amour sont finies, tu ne seras plus heureux pour être plus malheureux ensuite. La colombe veuve meurt sans chercher d'autre compagne ; le phénix est seul de son espèce, et ne songe jamais à l'amour. Je veux l'imiter : je préfère vivre seul.

ADIEUX DE M. KEMBLE

AU THÉATRE D'ÉDIMBOURG.

Tel que le coursier fatigué qui, entendant le son de la trompette, relève sa crinière, hennit, frappe la terre d'un pied impatient, dédaigne le repos que son maître généreux lui accorde, et brûle de se précipiter dans les rangs ennemis ; de même, en entendant vos applaudissemens, je puis à peine supporter l'idée que voici l'heure de vous dire adieu, et que ces applaudissemens sont les derniers que recevra un acteur prêt à quitter la scène pour toujours. Pourquoi me séparer de vous tant qu'il me reste quelques moyens de vous plaire encore ? Le zèle ne peut-il suppléer aux forces de la jeunesse, et le sentiment de mes devoirs enflammer mes yeux languissans ? Les outrages des années ne peuvent-ils être bravés par l'ardeur de ma reconnaissance ? Non ; la lampe qui va s'éteindre peut bien, par intervalles, jeter un éclat passager, mais elle ne peut se renouveler ni durer longtemps; le zèle et la reconnaissance ne peuvent lutter que quelques instans contre les glaces de l'âge. Oui, il serait peu convenable, me souvenant de ce que je fus, d'épuiser votre patience et de prendre comme une aumône les louanges qui m'étaient dues autrefois, jusqu'à ce que j'entendisse dire à la jeunesse moqueuse : Est-ce donc là l'homme qui charmait nos pères? Attendrai-je que le mépris, affectant le faux-semblant de la compassion, m'avertisse de ne plus charger la scène d'un acteur inutile? Cela ne peut être, et d'ailleurs des devoirs plus graves exigent de moi que je mette quelque intervalle entre le théâtre et la tombe; comme ce Romain mourant au Capitole, il faut que j'ajuste mon manteau avant de tomber; l'acte si court de ma vie a été tout entier offert au public, je dois au moins me réserver la dernière scène.

Adieu donc, pendant qu'un reste de talent peut encore fixer dans vos cœurs votre ancien favori, et le sauver d'un oubli complet, même quand vous verrez des acteurs plus jeunes et plus habiles. Si vos cœurs reconnaissent généreusement cette dette de souvenir, pourrais-je oublier, moi, pourrais-je oublier combien de fois je suis venu ici ému d'une espérance inquiète, et combien de fois enfin cette faible main a agité, au milieu de votre cercle, la baguette magique de l'immortel Shakespeare, jusqu'à ce que l'inspiration se soit réveillée en moi et vous ait fait sentir sa noble flamme?

Tant que sa mémoire vivra, le souvenir de ces heures subsistera, et je vous en devrai tout le charme.

O terre favorisée du ciel, renommée par les arts et la gloire, par le talent de tes citoyens et les attraits de tes femmes! ah! si ce cœur trop plein de son émotion pouvait ranimer ma verve, que de bénédictions j'appellerais sur toi! Mais ma dernière scène est terminée, mon heure est venue où même vos louanges ne peuvent plus qu'être bégayées par mes lèvres. Tout ce que je puis vous dire, ô mes amis et mes protecteurs, c'est : ADIEU !

LE FÉROCE CHASSEUR.

AVANT-PROPOS.

Le poëme suivant est une imitation du Wilde-Jeïger du poëte allemand Bürger. La tradition sur laquelle il est fondé nous apprend que jadis un wildgrave ou gardien des forêts royales, nommé Falkenburg, était si adonné au plaisir de la chasse, et surtout si dissolu et si cruel, qu'il ne se livrait à ce profane amusement que le dimanche ou les autres jours consacrés aux devoirs religieux, et qu'il se permettait l'oppression la plus inouïe sur les paysans ses vassaux. Quand ce second Nembrod mourut, le peuple adopta une superstition qu'ont fait naître probablement les divers bruits entendus au fond d'une forêt de la Germanie pendant le silence de la nuit. On croit reconnaître les cris de la meute du wildgrave défunt, sa voix bien connue, le galop de son cheval et le bruissement des branches que cause la poursuite du gibier par les chiens et les chasseurs ; mais les fantômes sont rarement visibles.

Une fois un chasseur, surpris par la nuit, entendit le bruit de cette chasse, et il ne put s'empêcher de se joindre à la voix du spectre inaperçu ; en s'écriant comme lui : *Gluck zu, Falkenburg!* Bonne chasse, Falkenbourg ! Me souhaites-tu bonne chasse ? répondit une voix rauque ; tu partageras le gibier ; et il tomba à ses pieds une énorme pièce de venaison corrompue. L'audacieux chasseur perdit bientôt après deux de ses meilleurs chevaux, et ne se rétablit jamais entièrement de la peur que lui causa cette apparition.

Ce conte, malgré les diverses versions que l'on en a faites, est généralement un article de foi en Allemagne.

Les Français avaient une tradition analogue touchant un chasseur aérien qui infestait la forêt de Fontainebleau. Il était quelquefois visible, et apparaissait comme un chasreur hideux entouré de chiens. On peut trouver quelques détails sur ce fantôme dans les *Mémoires de Sully*, qui dit qu'on l'appelait le *grand-veneur*. Un jour il vint chasser si près du palais, que les officiers et Sully lui-même, si je ne me trompe, descendirent dans la cour, croyant que c'était le roi qui revenait de la chasse. Ce fantôme est ailleurs appelé saint Hubert.

Cette superstition semble avoir été répandue partout; et dans le *choix des poèmes descriptifs écossais*, on trouve une belle description d'une chasse analogue entendue dans les forêts du Ross-Shire.

Un miracle posthume du père Lesly, capucin écossais, eut lieu sur une colline où retentissaient les cris d'une meute invisible. Depuis qu'on y eut déposé ses saintes reliques, le bruit cessa. Le lecteur trouvera ce miracle avec d'autres dans la Vie du père Bonaventure, écrite en italien très élégant.

LE FÉROCE CHASSEUR.

I.

Le wildgrave sonne de son cor de chasse; à cheval! à cheval! hallali! hallali! Son ardent coursier aspire dans ses larges naseaux l'haleine du matin, et ses nombreux vassaux suivent leur seigneur.

II.

La meute découplée s'élance pleine d'ardeur à travers buissons, fougères et taillis. Les limiers, les cors et les coursiers se répondent; ils font tressaillir la montagne et réveillent l'écho.

III.

Les rayons du saint jour du Seigneur avaient doré la

flèche du clocher rustique; la voix lente et solennelle de l'airain appelait l'homme pécheur à la prière.

IV.

Mais le wildgrave galope toujours en avant; il répète: — Hallali! hallali! Allons, courage! — lorsque arrivant de deux côtés opposés, deux cavaliers étrangers viennent joindre la troupe.

V.

Quels sont ces étrangers qui se placent l'un à sa droite, l'autre à sa gauche? Je le devine, mais je n'oserais le dire. Le coursier du premier était blanc de neige, et celui du second noir comme l'enfer.

VI.

Le cavalier de droite était jeune et beau; son sourire rappelait le matin du mois de mai. Le cavalier de gauche lançait de son œil sombre la flamme livide d'un éclair nocturne.

VII.

Le wildgrave agita en l'air sa toque de chasse en s'écriant: — Soyez le bienvenu, noble étranger. Quel plaisir sur terre, sur mer, ou dans le ciel, pourrait rivaliser avec la chasse royale?

VIII.

— Cesse de faire retentir ton cor sonore, cria le beau jeune homme à la voix séduisante; cesse ce bruit profane pour te joindre au chœur pieux des fidèles.

IX.

Renonce pour aujourd'hui à cette chasse fatale; a cloche t'appelle au temple. Écoute aujourd'hui l'esprit qui t'avertit; demain tu peux éprouver de tardifs regrets.

X.

— En avant, et parcours le vallon, reprit le noir chasseur à la voix rude. Laisse aux moines leurs matines, leurs cloches, leurs missels et leurs mystères.

XI.

Le wildgrave pique son ardent coursier de l'éperon, et,

s'élançant, s'écrie : — Quel est celui qui, pour écouter tes sermons ennuyeux, voudrait abandonner le cor et la meute joyeuse?

XII.

Va-t'en, si nos jeux héroïques te déplaisent, va-t'en chanter et prier avec d'imbéciles dévots. Tu as bien parlé, toi, mon ami au teint basané. Hallali! hallali! et en avant!

XIII.

Le wildgrave presse la vitesse de son léger coursier à travers les plaines, les landes, les coteaux et les vallons; à sa droite et à sa gauche les deux étrangers ne cessent de le suivre.

XIV.

D'un taillis fourré s'élance un cerf plus blanc que la neige des montagnes; le wildgrave fait retentir son cor plus éclatant que jamais, et répète : — En avant! en avant! hallali! hallali!

XV.

Un pauvre imprudent a traversé le sentier; il est étendu expirant sous les pieds du coursier; mais qu'il vive ou qu'il meure, n'importe : En avant! en avant! La chasse continue.

XVI.

Voyez dans l'enceinte de cette simple haie un champ que l'automne enrichit de ses trésors; voyez prosterné aux pieds du wildgrave un laboureur bruni par le travail.

XVII.

— Merci, merci! noble seigneur, épargnez la ressource du pauvre, s'écrie-t-il; épargnez ce qu'ont acquis les gouttes de sueur dont ce front fut inondé aux heures brûlantes de juin.

XVIII.

L'étranger de la droite intercède avec instance, l'autre excite le wildgrave à poursuivre sa proie. Le comte furieux n'écoute rien, et se précipite avec ardeur sur les traces du cerf.

XIX.

— Retire-toi, vassal misérable, ou crains les coups retentissans du fouet! A ces mots, le cor fait entendre ses bruyantes fanfares; et en avant! en avant! hallali! hallali!

XX.

Aussi prompt que sa menace, il franchit d'un bond l'humble haie du laboureur; après lui se précipitent hommes, chevaux et meute, tels qu'un ouragan de décembre.

XXI.

Hommes, chevaux et meute ravagent le champ du malheureux, tandis que, triomphante sur les débris de la récolte, la hideuse famine sourit à cette troupe furieuse.

XXII.

Lancé de nouveau, le cerf timide fuit à travers les plaines, les prairies, les coteaux et les vallons : poursuivi de près, il sent ses forces défaillir, et a recours à la ruse pour sauver sa vie.

XXIII.

La solitude lui paraît trop dangereuse; il se rapproche des habitations pour y chercher un abri, et il espère cacher sa tête au milieu d'un troupeau domestique.

XXIV.

Mais à travers les plaines, les prairies, les coteaux, les vallons, les limiers suivent sa piste; et à travers les plaines et les prairies le comte furieux s'acharne sur ses traces.

XXV.

Le berger se jette à ses pieds : — Épargnez, noble baron, lui dit-il, épargnez ce troupeau, seule ressource d'une veuve; épargnez ces agneaux, seule richesse d'un orphelin.

XXVI.

L'étranger de droite intercède avec instance; l'autre

excite le wildgrave à atteindre sa proie ; le wildgrave est sourd à la prière et à la pitié, et, furieux, il refuse de s'arrêter.

XXVII.

— Vil vassal, dit-il, tes misérables lamentations ne sauraient troubler ma chasse, quand des âmes semblables à la tienne habiteraient les corps de ces troupeaux.

XXVIII.

Il sonne encore du cor : — En avant ! en avant ! hallali ! hallali ! et dans son impitoyable orgueil il excite les limiers furieux à se précipiter sur le troupeau.

XXIX.

Les victimes égorgées tombent en monceaux, et avec elles tombe le berger sanglant ; les cris des meurtriers épouvantent le cerf ; il part, et la peur lui rend sa vigueur et sa vitesse.

XXX.

Souillé de sang et d'écume, il verse des larmes de détresse, et va chercher dans l'obscurité de la forêt la sainte cellule d'un pauvre ermite.

XXXI.

Hommes, chevaux, le serrent de près, encouragés par le cor. La sainte chapelle retentit des cris : En avant ! en avant ! et de Hallali ! hallali !

XXXII.

Doux et timide au milieu de cette troupe profane, le pieux ermite la supplie : — Craignez, dit-il, de souiller de sang la maison de Dieu, révérez son autel ; retirez-vous.

XXXIII.

La dernière des créatures a des droits à la compassion : si la cruauté ou l'orgueil les dédaigne, la vengeance gronde sur la tête de l'homme inexorable : rendez-vous à mes prières, et retirez-vous.

XXXIV.

Un des étrangers intercède encore avec anxiété ; l'autre, par ses cris et ses gestes, dévoue la proie à la mort. Hélas, le comte n'écoute rien, aucune barrière ne l'arrête.

XXXV.

— Que je fasse bien ou mal, que ton autel soit sacré ou non, je méprise ton autel et ton culte. L'hymne religieux des saints martyrs ; que dis-je ! Dieu lui-même ne me fe rait point retirer.

XXXVI.

Il presse de l'éperon les flancs de son cheval, il sonne du cor, il crie : — En avant ! en avant ! hallali ! mais soudain, sur les ailes d'un ouragan, disparaissent le cerf, la chapelle et l'ermite.

XXXVII.

Il ne voit plus ni coursiers, ni cavaliers, ni meute ; il n'entend plus ni le cor ni les clameurs de la chasse ; au bruit des chevaux, aux cris des chiens, aux sons du cor, succède un morne silence.

XXXVIII.

Le comte effrayé jette autour de lui des regards effarés ; il cherche en vain à réveiller son cor, il veut en vain crier, aucun son ne peut être articulé par ses lèvres.

XXXIX.

Il écoute : aucun aboiement lointain ne lui annonce ses chiens fidèles. Son coursier a pris racine sur le sol, et reçoit, immobile, les coups poignans de l'éperon.

XL.

Les ombres cependant s'épaississent, et sont bientôt aussi profondes que celles de la tombe ; aucun son ne frappe son oreille, excepté le bruit d'un torrent lointain.

XLI.

Ce silence solennel se rompit enfin sur la tête humiliée du pécheur, et des flancs rougeâtres d'un nuage sortit comme la foudre une effrayante voix.

XLII.

— Oppresseur de l'univers créé, instrument endurci des esprits apostats! ennemi de Dieu! fléau du pauvre! la mesure de ta coupe est remplie.

XLIII.

A ton tour, sois à jamais chassé dans ces bois, fuis à jamais dans cette solitude effrayante, et que ton sort apprenne à l'orgueilleux que la dernière des créatures est l'œuvre du Très-Haut.

XLIV.

La voix s'est tue; un livide éclair illumine la forêt d'une flamme jaunâtre; les cheveux du wildgrave se hérissent sur sa tête, et l'horreur glace ses membres.

XLV.

Une froide sueur découle de tout son corps, un vent d'orage commence à siffler; et avec un bruit toujours croissant la tempête accourt sur ses ailes.

XLVI.

La terre a entendu le signal. Ses entrailles se déchirent; de ses crevasses béantes, au bruit de mille cris, au milieu d'un tourbillon de flammes sulfureuses, sortent les limiers hideux de l'enfer.

XLVII.

Quel est-il cet effrayant chasseur qui le suit? — Je le devine, mais je n'ose le dire; son œil brille comme l'éclair nocturne, son coursier a la noire couleur de l'enfer.

XLVIII.

Le wildgrave fuit à travers broussailles et buissons, poussant les cris du désespoir; sur ses traces s'élancent la meute et le chasseur : en avant! en avant! hallali! hallali!

XLIX.

Tournant la tête, il aperçoit avec angoisse la troupe furieuse sur le point de l'atteindre avec ses dents sanglantes, et dans le trouble de l'effroi il continue sa fuite.

L.

A jamais durera cette chasse horrible, jusqu'à ce que le temps lui-même finisse; pendant le jour elle a lieu dans les cavernes de la terre, à l'heure enchantée de minuit elle recommence sur sa surface.

LI.

Voilà le cor, la meute et le coursier qu'entend souvent ce laboureur surpris par la nuit; épouvanté, il fait le signe de la croix en écoutant ces étranges sons.

LII.

Le prêtre veillant pour prier laisse souvent tomber une larme sur l'orgueil de l'homme et ses malheurs, quand à l'heure de minuit il entend le cri infernal de hallali! hallali!

LE NOBLE MORINGER.

AVANT-PROPOS.

Sir Walter Scott nous apprend que la légende sur laquelle est fondée cette ballade a rapport à un incident qui, non-seulement en Germanie, mais dans toutes les contrées de l'Europe, a dû arriver plutôt cent fois qu'une, du temps que les croisés guerroyaient pendant de longues années en Palestine, et laissaient leurs dames inconsolables sans aucune nouvelle de leur sort. Une histoire à peu près semblable, mais sans l'intervention de saint Thomas, est racontée d'un des anciens seigneurs du château de Haigh, dans le comté de Lancastre, héritage patrimonial de la dernière comtesse de Balcaras; les détails en sont représentés sur un des vitraux de cet antique manoir.

LE NOBLE MORINGER,

ANCIENNE BALLADE ALLEMANDE DU QUINZIÈME SIÈCLE.

I.

Je veux raconter l'ancienne histoire d'un chevalier de Bohême, celle du noble Moringer. Uni à une dame aussi fraîche que le beau mois de mai, il reposait auprès d'elle dans la couche nuptiale, lorsque soudain il lui dit : Noble dame de mon cœur, écoute bien mes paroles.

II.

J'ai fait le vœu d'un pèlerinage à une chapelle lointaine. Je suis obligé d'aller chercher la patrie de saint Thomas et de laisser la mienne. Tu resteras ici avec tous les honneurs de notre rang ; jure-moi seulement sur ta foi que tu attendras mon retour pendant sept ans et un jour.

III.

Triste et les larmes aux yeux, la noble dame répondit : — Apprends-moi, chevalier, quels sont tes ordres pendant ton absence. Qui commandera tes vassaux ? Qui gouvernera dans tes domaines, et qui sera le fidèle gardien de ta dame quand tu seras loin d'elle ?

IV.

Le noble Moringer repartit : — N'aie aucun souci de tout cela ; il est maint vaillant gentilhomme qui dépend de mes bienfaits ; le plus fidèle gouvernera mes domaines et mes vassaux ; il sera le gardien éprouvé de mon aimable compagne.

V.

Comme chrétien, je suis forcé d'observer le vœu qui me lie ; quand je serai loin, sous les climats étrangers, souviens-toi de ton chevalier sincère. Cesse, ma douce amie, de t'affliger, ta douleur serait vaine ; permets à ton Moringer de partir, puisque Dieu a reçu son vœu.

VI.

Le noble Moringer s'arrache de son lit, descend, et

rencontre son chambellan avec l'aiguière et son manteau bordé d'une riche fourrure : il jette son manteau sur ses épaules, lave ses mains dans l'eau froide, et y baigne son front.

VII.

— Or, écoute-moi, sire chambellan, dit-il ensuite; tu es un vassal fidèle, et telle est ma confiance en ta vertu éprouvée, que, pendant sept ans, tu gouverneras dans mes tours; tu guideras mes vassaux au combat, et je remets en tes mains la foi de ma dame jusqu'à mon retour.

VIII.

Le chambellan était franc et sans détour; il répondit brusquement : — Demeurez, mon seigneur, gouvernez chez vous et recevez de moi cet avis : la fidélité de la femme est fragile. — Sept ans, avez-vous dit; je ne répondrais pas sept jours de la foi d'aucune dame.

IX.

Le noble baron se détourne et s'éloigne avec un cœur plein de souci; son brave écuyer le rencontre près de là. Il était l'héritier de Marstetten, c'est à lui que Moringer s'adresse avec anxiété : — Fidèle écuyer, consens-tu, lui dit-il, à recevoir de moi cet important dépôt pendant que je passerai les mers?

X.

Consens-tu à veiller sur mon château, à protéger mes domaines, à conduire mes vassaux à la chasse et à la guerre, à engager ton honneur pour la foi de ma dame pendant sept ans, et à la garder comme notre sainte Vierge fut gardée par le bienheureux saint Jean?

XI.

L'héritier de Marstetten était franc, généreux, mais vif, ardent et jeune; il répondit sans hésiter et avec trop de présomption : — Mon noble seigneur, bannissez tout souci, faites votre voyage, et fiez-vous à mes soins jusqu'au terme de votre pèlerinage.

XII.

Comptez sur mon serment et mon honneur que j'engage pour garder vos domaines, défendre vos tours et aller à cheval avec vos vassaux; quant à votre aimable dame, si vertueuse et si chérie, je parie ma tête que son amour pour vous n'éprouvera aucun changement, vous absenteriez-vous pendant trente années.

XIII.

Le noble Moringer reprit courage en l'entendant parler ainsi. L'inquiétude fut bannie de son sombre front, et la tristesse de ses traits; il dit à tous un long adieu, mit à la voile, et il erra dans la terre de saint Thomas pendant sept années et un jour.

XIV.

Le noble Moringer dormait dans un jardin lorsqu'un songe prophétique vint agiter ses sens assoupis; une voix lui dit à l'oreille: — Il est temps, seigneur baron, de te réveiller. Un autre va posséder ta dame et ton héritage.

XV.

Une autre bannière est arborée sur ta tour; un bras étranger guide les rênes de tes coursiers, et ta vaillante troupe de vassaux fléchit sous une nouvelle autorité. Elle aussi, ta dame bien-aimée, jadis si fidèle et si tendre, va, cette nuit, dans le château de son père, épouser l'héritier de Marstetten.

XVI.

Le noble Moringer s'éveille en sursaut et s'arrache la barbe. — Oh! que ne suis-je jamais né! s'écrie-t-il; que viens-je d'entendre? Perdre ma seigneurie et mes domaines, ce serait pour moi un faible souci, mais Dieu! qu'un infidèle écuyer épouse ma belle dame!

XVII.

O bon saint Thomas, écoute-moi, je te prie: tu es mon patron! un traître me dépouille de mes domaines pendant que j'accomplis mon vœu; il couvre d'infamie mon épouse naguère si pure, et moi je suis dans une terre étrangère où il me faut subir cette honte.

XVIII.

Ce fut le bon saint Thomas qui exauça la prière de son pèlerin, et qui lui envoya un sommeil si profond qu'il absorba tous les soucis du chevalier : il se réveilla dans la belle terre de Bohême, sur le bord d'une petite rivière ; à sa droite était un château élevé, à la gauche un moulin.

XIX.

Moringer tressaille comme s'il était délivré d'un enchantement ; étourdi de surprise et de joie, il porte autour de lui ses regards : — Je reconnais, dit-il, les antiques tours de mon père, le moulin et la rivière. Béni soit le bon patron qui a écouté la prière de son triste pèlerin.

XX.

Il s'appuie sur son bourdon et s'avance vers le moulin ; ses traits sont si altérés qu'aucun de ses vassaux ne reconnaît son maître. Le baron dit au meunier : — Mon bon ami, par charité, apprenez à un pauvre pèlerin bohémien ce qui se passe ici.

XXI.

Le meunier répond : — Je n'ai rien à vous apprendre, si ce n'est que la dame de ces domaines va choisir un nouvel époux ; son premier est mort dans une terre lointaine. C'est ce que chacun dit, du moins. Sa mort nous afflige tous ; c'était un bon seigneur.

XXII.

C'est de lui que je tiens ce petit moulin qui me fait vivre. Que la paix soit dans la tombe avec le baron ; il fut toujours généreux pour moi ; quand viendra la Saint-Martin, et que les meuniers prendront leur péage, le prêtre qui priera pour Moringer recevra une chape et une étole.

XXIII.

Le noble Moringer commence à gravir le coteau. Bientôt, l'air triste et fatigué, il est près de la porte. — Venez, dit-il, à mon secours, ô vous saints habitans du ciel, qui êtes sensibles à la pitié; faites-moi avoir accès dans mon château pour rompre ce funeste mariage.

XXIV.

Il frappe à la porte, qui rend un son triste; il appelle : sa voix a un accent douloureux et lent, car le chagrin affaisse son cœur, sa tête, sa voix et sa main. Le gouverneur du château se présente. Moringer lui dit : — Ami, allez apprendre à votre dame qu'un pèlerin venu de la terre de saint Thomas demande un jour d'hospitalité.

XXV.

J'ai fait une longue route, mes forces sont presque épuisées; si elle me ferme sa porte, je ne verrai pas le soleil de demain. Je demande la couche et l'aumône du pèlerin, au nom de saint Thomas, et pour l'âme de Moringer son époux jadis bien-aimé.

XXVI.

Le gouverneur va trouver sa dame et lui dit : — Un pèlerin épuisé de fatigue est à la porte du château; il demande l'hospitalité, et le don des pèlerins au nom de saint Thomas, et pour l'âme de Moringer votre noble époux.

XXVII.

Le tendre cœur de la dame fut ému. — Ouvrez la porte, répondit-elle; que le pèlerin soit le bienvenu au banquet et au lit qu'il demande; et puisqu'il invoque le nom de mon époux, il aura s'il veut la permission d'habiter ce château pendant un an et un jour.

XXVIII.

Le gouverneur ouvre la porte, le noble Moringer en a franchi le seuil : — Je te rends grâces, ciel compatissant, dit-il, puisque tout pécheur que je suis, tu as fait rentrer dans son château le véritable seigneur.

XXIX.

Alors le noble Moringer entre dans la grand'salle d'un pas lent et mélancolique. Il est chagrin de voir que personne ne semble le reconnaître; il s'assied sur un banc, accablé de douleur; il n'y reste qu'un temps très court, qui lui paraît un siècle.

XXX.

Le jour baisse, le banquet est terminé, l'heure approche où les nouveaux époux se rendront au lit nuptial. — La coutume de ce château, dit un des compagnons du fiancé, veut qu'aucun hôte ne reste parmi nous, à moins qu'il ne chante une chanson.

XXXI.

Le jeune époux, assis auprès de sa dame, prend la parole : — Mes braves ménestrels, dit-il, laissez vos harpes; notre hôte pèlerin doit chanter pour se conformer à l'ancienne coutume, et je le récompenserai de sa complaisance avec un beau vêtement et avec de l'or.

XXXII.

Le pèlerin obéit.

— Les chants du vieillard glacé par les années ne respirent que la tristesse; ni l'or ni les vêtemens qu'on lui promet ne sauraient inspirer sa voix. Il fut un temps, joyeux fiancé, qu'assis à une table aussi riche que la tienne, j'avais à mon côté une épouse dont les charmes étaient aussi doux que ceux que tu vas posséder.

XXXIII.

Mais le temps a gravé ses rides sur mon front, il a blanchi ma tête; au lieu de mes cheveux bouclés et du teint fleuri de mon visage, il m'a laissé ces traits flétris et cette barbe grise; jadis riche, aujourd'hui pauvre pèlerin, je suis à la fin du voyage de la vie, et je mêle à vos chants d'hyménée celui de la triste vieillesse.

XXXIV.

La noble dame écoute ce lai mélancolique, et ses larmes coulent sur les malheurs du vieux pèlerin. Elle dit à son échanson de prendre une coupe d'or et de la porter au pauvre vieillard, afin qu'il la vide pour l'amour d'elle.

XXXV.

Le noble Moringer laissa tomber au milieu du vin un anneau nuptial des plus riches et des plus brillans: ô vous, qui m'écoutez, je vous apprends que c'était le même anneau qu'il avait reçu de sa dame le jour de leur mariage.

XXXVI.

Il dit ensuite à l'échanson: — Rends-moi un service, et si mes jours heureux reviennent, tu recevras une riche récompense; rapporte cette coupe à cette fiancée si belle, et réclame de sa courtoisie qu'elle daigne boire au vieux pèlerin.

XXXVII.

L'échanson était affable; il ne lui refusa rien. Il reprend la coupe d'or et la porte à la fiancée.

— Madame, dit-il, votre hôte vénérable vous renvoie cette coupe, et réclame de votre courtoisie que vous daigniez boire au vieux pèlerin.

XXXVIII.

L'anneau a frappé les yeux de la dame; elle le regarde de plus près, et soudain on l'entend s'écrier: — Le noble Moringer est ici! Vous l'auriez vue alors s'élancer de son siège toute baignée de larmes. Pleurait-elle de joie ou de regret? c'est aux dames à nous le dire.

XXXIX.

Mais sa bouche du moins exprime des actions de grâces, et remercie tous les saints qui ont ramené le noble Moringer avant l'heure de minuit. Elle s'écrie avec serment que jamais épouse ne fut aussi fidèle qu'elle, que jamais épouse ne fut aussi cruellement éprouvée.

XL.

— Oui, dit-elle, je réclame ici la louange due aux épouses fidèles qui conservent sans reproche la foi qu'elles ont jurée; comptez et recomptez cent fois; — si vous comptez bien, sept ans et un jour seront écoulés quand l'heure de minuit sonnera.

XLI.

Alors Marstetten se lève et tire son épée du fourreau, puis il va s'agenouiller devant Moringer, et jette son glaive à terre : — J'ai trahi mon serment et ma foi de chevalier, dit-il; prends donc, mon souverain, l'épée de ton vassal, et fais tomber sa tête.

XLII.

Le noble Moringer sourit, et répond : — Il acquiert quelque sagesse celui qui a voyagé sept ans et un jour. Ma fille a aujourd'hui ses quinze printemps; on la dit aimable et belle : je te la donne au lieu de la fiancée que tu perds, et je la reconnais pour mon héritière.

XLIII.

Que le jeune fiancé accepte la jeune épouse, le pèlerin reprend la sienne, qui a tenu sa parole jusqu'au dernier moment. Mais grâces soient rendues au bon gouverneur du château, qui m'a ouvert la porte; car si je n'étais venu que demain, je venais un jour trop tard.

ADIEU A LA MUSE.

I.

Enchanteresse, adieu! toi qui m'as souvent fait errer à l'heure du crépuscule à travers les taillis, où le garde forestier était surpris de me voir contempler les lieux sauvages qu'il laissait pour se rendre sous son humble masure. Adieu! emporte avec toi tes accens harmonieux, tour à tour l'expression de la joie et de la douleur : oh!

un amant privé de ce qu'il aime peut seul juger de la peine que je ressens de notre séparation.

II.

Tu doublais pour moi tous les plaisirs, et quand le chagrin ou le regret venaient obscurcir le sentier de la vie, quelle voix pouvait comme la tienne chanter les plaisirs du lendemain et me faire oublier la tristesse du jour? Mais, quand nos amis sont rayés du nombre des vivans, tu ne peux plus, reine de la mélodie, adoucir nos chagrins ni nous abuser sur le changement graduel de ceux qui restent sujets aux langueurs de la souffrance et aux glaces de l'âge.

III.

C'est toi qui jadis, dans de tristes accords, m'appris à chanter un guerrier étendu mourant sur la plaine, pendant qu'une jeune fille penchée sur lui approchait vainement de ses lèvres le casque rempli d'une onde pure [1]. C'est vainement aussi que tu offres tes enchantemens à un barde quand le règne de l'imagination est terminé pour lui, et qu'un sommeil apathique commence d'engourdir ses sens. Adieu donc, enchanteresse; adieu ! je ne te reverrai plus.

(1) Marmion.

FIN DES ROMANS POÉTIQUES ET POÉSIES.

TABLE DES MATIÈRES

CONTENUES

DANS LES ROMANS POÉTIQUES ET POÉSIES.

TOME I. — BALLADES, ETC.

Glenfinlas, ou le Coronach de lord Ronald............ Page	1
Notes..	9
La Veille de la Saint-Jean...........................	11
Notes..	16
Le Château de Cadyow..............................	18
Notes..	26
Le Moine de Saint-Benoît...........................	27
Notes..	32
Le roi du Feu.....................................	33

THOMAS LE RIMEUR.

Introduction à la première partie.....................	39
Première partie....................................	42
Introduction à la seconde partie......................	44
Seconde partie.....................................	48
Introduction à la troisième partie.....................	51
Troisième partie....................................	52

PRÉCIS DE L'HISTOIRE DE SIR TRISTREM.

Chant Ier......................................	57
Chant II..	63
Chant III...	75
Conclusion..	82
LA RECHERCHE DU BONHEUR........................	86

LE LAI DU DERNIER MÉNESTREL,
Poème en six chants.

Avertissement.....................................	99
Introduction......................................	100
Chant Ier......................................	102
Chant II..	112
Chant III...	12

Chant IV.. 132
Chant V... 147
Chant VI.. 160
Notes... 175

MARMION, OU LA BATAILLE DE FLODDEN-FIELD,
Poëme en six chants.

Avertissement... 187
Introduction au chant Ier............................... 188
Chant Ier. Le Château.................................. 194
Introduction au chant II.................................... 207
Chant II. Le Couvent.. 212
Introduction au chant III................................... 225
Chant III. L'Hôtellerie..................................... 230
Introduction au chant IV.................................... 245
Chant IV. Le Camp... 249
Introduction au chant V..................................... 264
Chant V. La Cour.. 268
Introduction au chant VI.................................... 290
Chant VI. La Bataille....................................... 295
Notes... 321

LA DAME DU LAC,
Poëme en six chants.

Chant Ier. La Chasse................................... 329
Chant II. L'Île... 347
Chant III. La Croix de feu.................................. 368
Chant IV. La Prophétie...................................... 388
Chant V. Le Combat.. 411
Chant VI. Le Corps-de-garde................................. 433
Notes... 455

TOME II.

HAROLD L'INDOMPTABLE,
Poëme en six chants.

Introduction.. 1
Chant Ier.. 9
Chant II.. 12
Chant III... 20
Chant IV.. 27
Chant V... 36
Chant VI.. 44

TABLE DES MATIÈRES.

ROKEBY,
Poème en six chants.

Avertissement.	53
Chant Ier.	ib.
Chant II.	72
Chant III.	89
Chant IV.	108
Chant V.	128
Chant VI.	153
Notes.	177

LES FIANÇAILLES DE TRIERMAIN, OU LA VALLÉE DE SAINT-JEAN,
Conte d'un amant.

Introduction.	185
Chant Ier.	189
Chant II.	198
Introduction au chant III.	216
Chant III.	219
Conclusion.	237
Notes.	239

LE LORD DES ILES,
Poème en six chants.

Avertissement.	241
Chant Ier.	ib.
Chant II.	256
Chant III.	271
Chant IV.	288
Chant V.	304
Chant VI.	322
Conclusion.	342
Notes.	343

LA VISION DE DON RODRIGUE.

Préface.	349
Introduction.	350
La vision de don Rodrigue.	354
Conclusion.	372
Notes.	377
LE CHAMP DE BATAILLE DE WATERLOO.	379

MÉLANGES POÉTIQUES.

La Danse de la Mort	391
Le Braconnier	394
Le Pèlerin	398
La Vierge de Neidpath	399
L'absence de Williams	401
Chanson de chasse	402
La Violette	403
A une Dame	Ibid.
Le Chant du Barde	404
Épitaphe	405
Le retour à Ulster	406
Le massacre de Glencoë	407
Prologue de la Légende écossaise	408
Saint-Cloud	409
Le Barde mourant	411
La Vierge de Toro	412
Hellvellyn	413
Jock d'Hazeldean	414
Le Chant de la nourrice d'un jeune Chef écossais	415
Pibroch de Donald Dhu	416
Le serment de Nora	417
Le Chant de guerre de Mac-Grégor	418
Les Lamentations de Mackrimmon	420
Vers composés sur les montagnes de la forêt d'Ettrick	421
Le Soleil sur la colline de Weirdlaw	422
La fille d'Isla	423
L'Excursion sur les frontières	424
La Marche des moines de Bangor	425
Épitaphe de mistress Erskine	426
Adieu à Mackensie	427
Chanson. Imitation du style de Thomas Moore	429
Chanson pour la réunion annuelle du Pitt-Club d'Écosse	430
Chanson à l'occasion de la bannière de Buccleugh	431
Épilogue de la comédie intitulée : l'Appel	433
La Résolution	434
Adieux de M. Kemble au théâtre d'Édimbourg	435
Le féroce Chasseur	437
Le noble Moringer	445
Adieu à la Muse	453

FIN DE LA TABLE DES MATIÈRES.

www.ingramcontent.com/pod-product-compliance
Lightning Source LLC
Chambersburg PA
CBHW070533230426
43665CB00014B/1671